简明翻译教程

A Concise Textbook on English – Chinese Translation

主 编 吕银平
副主编 马存智 刘 榕 李 莉

北京理工大学出版社
BEIJING INSTITUTE OF TECHNOLOGY PRESS

内 容 简 介

本书依据教育部最新颁布《普通高等学校本科外国语言文学类英语专业教学指南》（2020版）编写，在教学目标、教学内容、知识考核方面遵循英汉、汉英笔译的要求，力求体现育人特色，在内容上注重简明性、实用性、新颖性。全书共分为三篇，上篇为翻译理论与技巧，主要包含翻译概论、翻译标准与翻译过程、翻译方法及翻译技巧；中篇为翻译实践，主要包含词语的翻译、句子的翻译、专有名词的翻译、文学翻译及旅游景点的文化翻译；下篇为翻译技术概述，主要讲述了翻译技术的相关知识。书中部分例句摘自全国翻译资格水平三级笔译实务真题和大学英语四、六级考试真题，对于学生应考有一定帮助。

全书结构清晰，翻译实例典型、习题难度适中，在内容安排上注重循序渐进，从基础内容到高阶赏析逐步拓宽学生的翻译思路，有利于学生逐步掌握英汉互译的相关技能。可作为师范类英语专业本专科学生的教材，也可以作为普通高校和高职院校学生的英语翻译学习参考用书。

版权专有　侵权必究

图书在版编目（CIP）数据

简明翻译教程 / 吕银平主编. -- 北京：北京理工大学出版社，2023.8
　　ISBN 978－7－5763－2705－2

Ⅰ. ①简… Ⅱ. ①吕… Ⅲ. ①英语－翻译－教材
Ⅳ. ①H315.9

中国版本图书馆 CIP 数据核字（2023）第 147492 号

责任编辑：李　薇　　　　**文案编辑**：李　硕
责任校对：刘亚男　　　　**责任印制**：李志强

出版发行 /	北京理工大学出版社有限责任公司
社　　址 /	北京市丰台区四合庄路 6 号
邮　　编 /	100070
电　　话 /	（010）68914026（教材售后服务热线）
	（010）68944437（课件资源服务热线）
网　　址 /	http://www.bitpress.com.cn

版 印 次 /	2023 年 8 月第 1 版第 1 次印刷
印　　刷 /	三河市天利华印刷装订有限公司
开　　本 /	787 mm × 1092 mm　1/16
印　　张 /	21.5
字　　数 /	502 千字
定　　价 /	58.00 元

图书出现印装质量问题，请拨打售后服务热线，负责调换

前 言

党的二十大报告明确指出:"加大国家通用语言文字推广力度。深化教育领域综合改革,加强教材建设和管理……增强中华文明传播力影响力。坚守中华文化立场,提炼展示中华文明的精神标识和文化精髓,加快构建中国话语和中国叙事体系,讲好中国故事、传播好中国声音,展现可信、可爱、可敬的中国形象。加强国际传播能力建设,全面提升国际传播效能,形成同我国综合国力和国际地位相匹配的国际话语权。深化文明交流互鉴,推动中华文化更好走向世界。"由此可见,翻译教学对于"讲好中国故事、传播好中国声音"的重要性。

说到翻译教学,这并不是一个简单的话题,在实际教学过程中,教师不能完全依赖教材照本宣科,又不能没有教材可依,而且时代发展迅猛,从事翻译教学要时刻关注学界和翻译服务领域的动向,因此,作为翻译教师要不断汲取新知识。近年来,信息技术、人工智能、各种软件对传统翻译工作带来巨大挑战,对学校的翻译人才培养也提出了更高要求,这些外在的因素给翻译教学的教材选择带来诸多挑战。

随着国内翻译学的成熟和行业需求的多样化,市面上各种教材五花八门,从翻译学的发展来说这是很好的现象,但对于从事翻译教学的老师来说却不是一件好事情。因为,如今的翻译教材实在太多,教师在选择时真的有点茫然:有些教材在使用过程中会出现内容抽象难懂、例子陈旧等问题,引不起学生的学习兴趣;有些教材存在明显的局限性,教师不得不在教材之外再编写讲义,补充相关专业知识。也就是说,对于一直从事翻译教学的教师来说,我们很难选到适合本校学生水平、能浅显易懂地展现翻译方法、帮助学生打下坚实基础的翻译教材。有鉴于此,我校从事翻译教育的老师们,结合平时的翻译教学和翻译研究方面的经验,集思广益,一起编写了这本教材。

本教材依据教育部最新颁布的《普通高等学校本科外国语言文学类英语专业教学指南》(2020版)编写,在教学目标、教学内容、知识考核方面遵循英汉、汉英笔译的要求,力求体现育人特色,在内容上注重简明性、实用性、新颖性。本教材主要为适应以学生为中心的教学理念,注重教法创新与提高学生学习兴趣,其中内容可供学生自学,也可作为学习者合作学习、讨论学习的素材,以调动学生翻译的参与性和积极性;也适用于教师以讨论兼讲授的研学形式进行教学活动,以启发式、小组合作等形式在实践中提高学生的认知能力,从多个方面培养学生的翻译实践能力。

一、本教材栏目特点

(1) 每章开头的"本章导读",有利于学生从局部到整体对教材内容有个一般了解。

(2) 书中多处设有实例分析部分,以英汉翻译对比分析为主,有英语原文,也有汉语翻译,反之亦然,并有针对译文不正确或有欠缺之处提出的"建议译文"部分,以供学生参考学习。

(3) 在每章的课后练习部分,大多设计了思考题与翻译练习,要求学生查阅相关图书资料或在互联网获取更详尽的资料,这有利于学生进一步拓宽课程学习的知识面,巩固学生对具体知识点的学习。

二、本教材内容特点

（1）本教材理论知识浅显易懂，各章节选取例子中，部分选用翻译名家作品，部分选取本地著名景点翻译实例，以及民间文化的英译，如传说、民间故事等，力求使教材内容实用有趣，让学生在学习中感受英汉两种语言的美，有助于增强学生对英汉翻译的学习兴趣。同时，本教材也为当地景点文化的翻译问题提供了一些解决方案。

（2）本教材中部分例句摘自全国翻译资格水平三级笔译实务真题和大学英语四、六级考试真题，以期在知识目标、能力目标和素养目标三个方面提高学生的语言素养，帮助学生更好地运用英汉语言翻译技巧，顺利通过大学英语四、六级考试和英语专业翻译资格证书考试。

（3）本教材在内容安排上有述有论，许多例子附有详细的对比分析，对翻译技巧、翻译方法和作者的观点作了说明，并对错误翻译进行了修改，使学生在实际课例的学习中受到启发，避免日后翻译时出现相同错误。

（4）本教材在最后一章专门安排了人工智能与现代翻译技术的知识讲解，体现出教学思想与时俱进的特点。在这一章里，教师带领学生学习翻译搜索、机器翻译与译后编辑技术方面的相关知识，探讨翻译行业的最新技术，有利于帮助学生提前适应翻译行业的各种变化，更好地应对未来。

（5）本教材在编写过程中以学生的认知能力为依据，在内容安排上注重循序渐进，从基础内容到高阶赏析逐步拓宽学生的翻译思路，有利于学生逐步掌握英汉互译的相关技能。

（6）本教材注重课程思政元素的融入，在内容选择上以"育人"为主，注重培养学生的家国情怀，有助于学生树立文化自信。

三、本教材内容编写安排

本教材是由奋战在翻译教学一线的教师团队集体努力的成果。在编写过程中，团队成员共同设计内容，根据各自擅长的领域进行编写分工，在此过程中，大家时常讨论交流，力求各部分内容科学合理、衔接紧密，能有机结合。其中第一章、第二章、第三章、第六章的第三、四节，以及第八章、第九章由吕银平老师编写；第四章由刘榕老师编写；第五章和第六章的第一、二节由李莉老师编写；第七章和第十章由马存智老师编写。在此，向以上人员致以诚挚的感谢！没有以上成员辛勤的付出，本书就不会如期出版。本书能够顺利完成也是对译界专家研究成果的继承和创新，真可谓"前人栽树，后人乘凉"，希望本教材的出版，能对业界同人起到一个抛砖引玉的作用，进而助推英汉互译教学工作的良性发展。

编写翻译教材任重而道远，尽管我们尽了最大努力，书中难免会出现疏漏与不当之处，恳请专家、学者批评指正，以备后期我们继续完善、改进。

吕银平

2023 年 6 月

目 录

上篇　翻译理论与技巧

第一章　翻译概论 ··· 3
　　第一节　说翻译 ··· 3
　　第二节　学习目标及要求 ··· 7
　　第三节　翻译课程与翻译学 ··· 10

第二章　翻译标准与翻译过程 ··· 16
　　第一节　翻译标准 ··· 16
　　第二节　翻译过程 ··· 21

第三章　翻译方法 ··· 26
　　第一节　直译和意译 ··· 26
　　第二节　归化与异化 ··· 30

第四章　翻译技巧 ··· 37
　　第一节　增词法和省词法 ··· 37
　　第二节　替代法和重复法 ··· 54
　　第三节　音译法、加注法和释义法 ··· 62
　　第四节　正反译法 ··· 73
　　第五节　顺译法和逆序法 ··· 82
　　第六节　抽象译法和具体译法 ··· 93

中篇　翻译实践

第五章　词语的翻译 ··· 107
　　第一节　颜色词的翻译 ··· 107
　　第二节　文化负载词的翻译 ··· 122
　　第三节　中国特色文化词的翻译 ··· 133
　　第四节　网络流行语的翻译 ··· 141

第六章　句子的翻译 ·· 157

第一节　从句的翻译 ·· 157
第二节　长句的翻译 ·· 163
第三节　被动句的翻译 ·· 168
第四节　句子与语篇翻译 ·· 174

第七章　专有名词的翻译 ·· 183

第一节　人名的翻译 ·· 184
第二节　地名的翻译 ·· 189
第三节　组织机构名称的翻译 ·· 192
第四节　商标名称的翻译 ·· 195

第八章　文学翻译 ·· 199

第一节　文学翻译概说 ·· 199
第二节　散文翻译 ·· 203
第三节　小说翻译 ·· 216
第四节　诗歌翻译 ·· 231

第九章　旅游景点的文化翻译 ·· 246

第一节　宁夏旅游景点文化翻译 ······································ 246
第二节　景点相关公示语翻译 ·· 251
第三节　酒店服务相关翻译 ·· 256

下篇　翻译技术概述

第十章　翻译技术 ·· 269

第一节　概论 ·· 269
第二节　搜索技术 ·· 271
第三节　语料库技术 ·· 284
第四节　计算机辅助翻译技术 ·· 287
第五节　机器翻译与译后编辑 ·· 293
第六节　翻译技术展望与翻译行业未来 ································ 298

参考答案 ·· 301

附录　英汉译音表 ·· 332

参考文献 ·· 334

上篇　翻译理论与技巧

第一章　翻译概论

本章导读

在大学一、二年级系统学习英语和汉语知识的基础上，三年级新开设的翻译课程为同学们的专业发展和今后研究开启了新的征程。在学习翻译之前，我们先来探讨一下"课程"一词的英译，因为历届学生在完成预习作业时对"课程"一词的英译很迷惑，问题如下：

1. Would you ever heard of the course of translation?
2. Do you think that anyone can be a translator when she/he knows about some English?

也就是请同学们谈谈"subject"和"course"两个词的区别。

一个模块与一个模块的知识，可以互相联系，也可以互相不联系，就是 subject，而 course 就是把要学习的问题分成不同块，但是每个块之间又互相联系。所以，可以说 subject 是"课程"，而 course 是"教程"。因此，我们常说的"翻译教程"可译为：coursebook of Translation。要完成翻译学习需要两个学期才能把所有关于翻译的基本理论、实践方法系统地学完。在此，学习一个今后常用的词"curriculum"以供区别，该词也有课程的含义，但它是课程的总称，大学四年所有要学的课程组成"curriculum"，翻译课程是所有课程中的一个部分。翻译是本科阶段的一门高端课程，是在综合英语、语法、写作等课程的基础上开设的一门必修课，是语言学习要素听、说、读、写、译的重要组成部分。

第一节　说翻译

一、翻译的作用和贡献

说到翻译的作用，在不同时期，它的使命不同，在此，罗列发生在历史上的重要事件，让学生了解翻译对人类社会发展起到的促进作用。

据记载，我国从周朝之始就出现了最早的翻译活动，当时主要翻译祭祀文件。当时的翻译工作者被称作"象胥"，后来又有"舌人""通事"之称。唐朝是中国古代历史上经济、政治、文化等发展的最繁盛时期，那时，我国的丝绸之路闻名中外，很多操着不同语言的异族人来到唐都长安，他们要么进行洽谈贸易，要么学习大唐的先进文化与精细工艺，这些人当中，不乏精通异族语言的汉族人与精通汉语的异族人，他们的翻译工作对当时的文化交流与对外贸易起到了重要的作用。

唐朝高僧玄奘，不辞辛苦长途跋涉去天竺国学习佛教文化，历时 17 年，带回大量佛学经典，回国后更是不遗余力地将印度梵文译为汉语，有力地助推了当时佛教教义的传播。据悉，当时的唐朝政府为此特意设立了"译场"，将长安的大雁塔作为玄奘法师翻译佛经的专门场所。在翻译中，玄奘倡导"直译"，保留经书中的原文化。如今，当游客在大雁塔前瞻仰伟岸的玄奘雕像时，肯定会在感叹于盛唐文化繁荣的同时，被玄奘不畏艰险地学习他国文化、传播中国文化的无私奉献精神深深折服。

从1840年到1949年，中国翻译在实践和理论方面取得了很大进展。主要原因是国人当时面临内外双重危机——内受落后封建制度的压迫，外受霸权主义侵略，为救亡图存，在这期间主动学习国外先进思想和技术。1842年，魏源在其著作《海国图志》中提出"师夷长技以制夷"的主张，引导当时的中国人通过学习西方的科学技术来富国强兵，对付西方列强。洋务运动时期，在以"中学为体，西学为用"的洋务派指导思想引领下，我国政府开始采用西方国家在教育、科学技术、武器装备等方面的一些具体措施。《天演论》（严复译）中"物竞天择，适者生存"理念的提出，引发了近代中国第一次思想解放的潮流。20世纪五四运动时期，陈独秀、李大钊等人掀起的新文化运动，介绍西方民主与科学，介绍马克思主义思想，这些新思想对中国军事、政治、经济、文化等方面的发展都有着深刻的影响。这其中翻译的作用不可被忽略，文化先驱们在翻译国外著作时也丰富了中国的翻译理论。严复的"信、达、雅"三字标准，鲁迅的"直译：宁信而不顺"等翻译思想的提出，为我国后来的翻译理论奠定了坚实的基础。

外国文学名著引入中国后，国人开始有机会了解异域他国的风土人情，如《红与黑》《安娜卡列尼娜》《简·爱》等。同时，随着中国文学经典的大量外译，世界对中国的了解也日益增强，例如，四大名著的翻译促进了国外红学研究、汉学研究的兴起。

二、翻译不是什么

说到"翻译是什么"，就要先看看"翻译不是什么"的问题。

日常生活中，我们在一些公共场合常会发现一些令人费解的翻译错误，读后会让人觉得哭笑不得。下面的例子是作者平时在一些公共场所拍摄整理的错误翻译例句。

（1）小心地滑：carefully slippery, carefully sliding
（2）开水间：between water
（3）小心地滑：Be careful, slow silde（slide）

例（1）是笔者在十三朝古都西安火车站附近一个生意红火的餐馆发现的。例（3）是本地某个三甲医院墙上贴着的提示语，更遗憾的是，他们还把"slide"误打印为"silde"。

笔者作为一个专业的翻译专业教师，发现这样的翻译错误，觉得没法容忍！为什么公共场合会出现如此严重的翻译错误？这样登不了大雅之堂的译语，不得不让人深思！看到这样的错误答案，作者思其原因，可能是非专业人员利用网络直接翻译没有做好校正工作所致。我们必须纠正人们"只要会英语，谁都可以做翻译"这样的错误观点，一定要改变人们对翻译的歪曲理解，当然，并不是所有场合的英文翻译都出错，我们能见到的公共场合的英文翻译大多是正确的。以上错译可以更正为：

小心地滑：caution, wet floor/wet painting
开水间：hot/boiling water

以上三个错误也可以回答"翻译不是什么"的问题。翻译不是看到汉语就根据字面理解把英语单词凑到一起来理解，也不是随便在网络上查单词的翻译。

三、翻译的概念

(一) 关于翻译概念常见的界定

什么是翻译？(What is translation?)

连淑能指出翻译是发生在口头或者书面语之间两种语言的再创造（此句原文为：<u>Translation</u> can be roughly defined as a reproduction or recreation in one language of what is written or said in another language.）。① 这个概念中的"再创造"是翻译的核心问题，再创造是为了目的语读者能够准确理解原文。

在进行翻译概念和相关翻译活动讲解时，有一组关键术语必须掌握：原语与目的语。

原语：通常表示为"source text（ST），source language，original"。

目的语：通常表示为"target text"，"target language"，或者"receptor language"。

在汉英互译时，我们需要记住它们的名称相对应的语言到底是原语，还是目的语。即：英译汉时，英语是原语，汉语是目的语；汉译英时，汉语是原语，译文就是目的语。

许建平在《英汉互译实践与技巧》一书中指出：翻译是把一种语言文字的意义转换成另一种语言文字，简言之，翻译是一种用不同语言文字将原文作者的意思准确再现出来的艺术。② 在这个界定中，作者提到了"艺术"一词，给翻译又赋予新的意义。在此，很明显的把翻译与艺术连在一起，提出翻译过程中需要对语言文字进行精雕细琢，也就是译者将原语转换为目的语时需要在语言上下功夫。

陈毅平、秦学信提出："翻译有多层含义，它可以是动词，意思是把一种语言文字的意义用另一种语言文字表达出来。它也可以是名词，指一种把某种语言文字变成另一种语言文字的活动，或者指这种现象，或者指一种职业。"③ 在这个观点中，将翻译以动词和名词进行区分，指出翻译实际是统称，是翻译工作的过程，也指从事翻译职业的人。

无独有偶，杨士焯对"翻译"一词的不同含义做了更详尽的解释，他把平时学习中不易理解的"翻译"延伸的四个相关词语做了清楚的区分。④

Translating（翻译过程）：进行翻译的过程，是活动而不是有形的物体。

A translation（译作）：翻译过程的产品，即译语语篇。

Translation（翻译）：一个抽象概念，包括翻译过程和翻译的产品。

Translator（译者）：翻译过程的执行者，译作的制作者。

这四个名词清楚地解释了陈毅平、秦学信对翻译以动词和名词进行的区分。而且对词根"translate"一词衍生的各种形态（-ing，-ion，-or）做了本质区分，有利于学习者透彻理解翻译课中常用的这几个易混词。

在基于保留原文效果的方法中，美国语言学家奈达和泰伯认为："Translating consists in reproducing in the receptor language the closest natural equivalent of the source – language message, first in terms of meaning and secondly in terms of style"⑤ 即：翻译是在目的语中再

---

① 连淑能. 英译汉教程 [M]. 北京：高等教育出版社，2006（9）：1.
② 许建平. 英汉互译实践与技巧 [M]. 清华大学出版社，2003（11）：4.
③ 陈毅平，秦学信. 大学英语文化翻译教程 [M]. 北京：北京外语教学与研究出版社，2014（3）：1.
④ 杨士焯. 英汉翻译教程 [M]. 北京：北京大学出版社，2006（9）：3.
⑤ 马克(Mark, S)，莫伊拉 (Moira, C). 翻译学词典 [Z]. 上海：上海外语教育出版社，2004：182.

造出与原语信息最接近的自然对等的译文——首先就意义而言,其次就风格而言。

从以上四个中外对翻译概念的界定,可以得出几个关键点:翻译是再创造,是艺术,是语言文字转换活动;翻译是原语信息在目的语中的再现;翻译要使原语在意义和风格上与译语有相应的对等关系。意义和风格上的对等是进行翻译的基本指南,它是给译者翻译提出的要求,翻译时必须以原语为依据,在目的语中再现其中的含义,并且不忘意义和风格的对等。

(二) 翻译的分类

根据所涉及的语言,翻译可分为语内翻译、语际翻译、符际翻译三类。语内翻译指一种语言本身内部的转换,例如,为了使文章更通俗易懂,将中国古汉语译为现代白话文。语际翻译指不同民族和国家之间的语言转换,如将英语文本译成中文就是"语际翻译"。符际翻译主要指将数字、图标等具有专用含义的符号转换成语言,让使用者能够读懂其中的含义,如交通标志 P 代表这里有停车场。

根据活动方式,翻译可分为口译(interpretation)和笔译(translation)两类。

口译一般指口头翻译,其基本方式有两种:一种是连续传译(consecutive interpretation),又称即席翻译,主要用于会议发言、宴会致辞、商务谈判、学术研讨、游览参观等场合,一般是发言人讲完部分或全部内容之后,由口译人员进行翻译;另一种是同声传译(simultaneous interpretation),通常用于大型正式会议上,要求译员利用专门设备,不间断地边听边译。

笔译就是笔头翻译,多用于社会科学、文学艺术和科学技术等文献资料的翻译。其有利条件是时间限制不像口译那样紧迫,往往可以反复斟酌,但在标准方面则要求更严更高。

根据翻译材料的文体,翻译可分为应用文体、科技文体、论述文体、新闻文体和艺术文体五大类。其中每一大类又包含许多小类,并各有其特点,在此,不再一一赘述。

【课后练习 1-1】

一、请同学们翻译下面短文,列出翻译的难点和问题。

An Important Aspect of College Life[①]
Woodrow Wilson

It is perfectly possible to organize the life of our colleges in such a way that students and teachers alike will take part in it; in such a way that a perfectly natural daily intercourse will be established between them; and it is only by such an organization that they can be given real vitality as places of serious training, be made communities in which youngsters will come fully to realize how interesting intellectual work is, how vital, how important, how closely associated with all modern achievement——only by such an organization that study can be made to seem part of life itself. Lectures often seem very formal and empty things; recitations generally prove very dull and unrewarding. It is in conversation and natural intercourse with scholars chiefly that you find how lively knowledge is, how it ties into everything that is interesting and important, how intimate a

---

① 连淑能. 英译汉教程(教师用书)[M]. 北京:高等教育出版社,2007(7):129.

part it is of everything that is interesting and important, how intimate a part it is of everything that is "practical" and connected with the world. Men are not always made thoughtful by books; but they are generally made thoughtful by association with men who think.

二、讨论题。

(1) 人人都可以做到科学正确地翻译吗？
(2) 请查阅资料举例说明翻译在历史上的作用。
(3) 请和组员分享读过的外文书籍，并讨论这些书籍的闪光点表现在哪些方面。
(4) 请和组员分享个人对翻译的理解，举例说明翻译对人类生活的贡献。

第二节 学习目标及要求

翻译是为人们交流服务的语言工具，因其涉及领域广，学术界一直存在百家争鸣的现象。

一、翻译课程学习目标

在讲影响翻译质量的因素之前，我们先谈谈我院英语专业翻译大纲对课程性质和培养目标的规定，以便明确认识这门课程，便于学生在学习中有理有据、有的放矢，达到事半功倍的效果。

翻译课程的性质：英语专业的"翻译"课程是一门理论与实践相结合、着重培养学生英汉与汉英翻译技能的课程。在课程设置上属于专业核心课或必修课。笔者常常对学生讲，翻译是一门高端课程，从课程设置的时间来说，大学生如果没有在大学阶段对本课程奠定良好的基础，没有对本课程中涉及的听、说、读、写具有扎实的基础，那么他在以后就很难掌握英语翻译技巧，在大三、大四阶段就很难学好本课程。没有过硬的汉语表达能力，就不能做好双语的转换工作。英语翻译课是英语语法、英语写作、英语文化等课程的一种学习能力的综合。这需要学生将所学的英语听说读写各方面的知识汇聚在一起，做好语言学习中"译"的这个工作。

(一) 知识目标

(1) 经过一个学年的学习，掌握翻译基础理论知识；
(2) 熟练掌握英汉两种语言转换中的差异和共性知识；
(3) 掌握英汉、汉英翻译的基本原则和翻译技巧知识。

(二) 能力目标

(1) 具有较高的汉语表达能力；
(2) 具有初等难度的英汉语互译能力；
(3) 具有轻松通过英语专业四级水平和翻译资格三级考试的能力；
(4) 熟练使用互联网+及数字信息技术应用的能力。

(三) 素养目标

(1) 培养学生良好的英语文化素养；
(2) 培养学生规范准确地使用英语表达思想的能力。

说明：知识目标和能力目标是教学中的重点，以学习基本的翻译知识和技能作为载体，提升各种能力以应对各种专业考试。达到了这些考试要求，学生便具备了基本从业的技能，并通过实践继续提升翻译能力。翻译工作需精雕细琢，要有一定的语言功夫，要通过日程月累的练习与实践，方见成效。

二、学好翻译对学习者的要求

翻译课程主要检测学生英汉互译的综合知识与技能掌握及整体翻译和语言文化素养情况。所以，学习翻译要求译者知识渊博，语言输出能力强，能应对各种文体文本翻译的能力，要精通目的语和原语两种语言的特征，要深谙两种文化的差异，做到在两种语言和文化之间的准确转换。

基于翻译课程的性质、培养目标，特提出对学习者的要求。

（一）译者的英汉双语运用能力

译者必须对英汉两种语言有极好的驾驭能力，即对原语和目的语双方面的驾驭能力，翻译时确保理解准确，译出通顺、忠实于原作的文本。最重要的是，译者的汉语表达水平要高，笔者经过多年的实践教学发现，学生译文质量低劣大多是因为汉语语言表达不通顺造成的。因此，英语翻译专业的学生在学习中要多在汉语表达、英语表达方面下功夫，多读英汉互译文学名著，开阔视野，提高自身的双语表达能力。

这里要提出的是，对于相同的文本，每个人翻译的译文语言表达可能会不同，因为译文表达受译者主观认识的限制，比如：每个人的汉语水平不一样，语言表达喜好不一样，因而他们翻译的英文也就不一样。

鉴于英语专业学生存在的问题，在课外学习中，笔者有意识地给学生布置汉语阅读任务，培养学生有意识提高母语水平的习惯。一般要求学生阅读中外名著，或者晨读美文、名人演讲等，同时让他们作英译汉练习，及时检验自己母语表达中存在的问题。

（二）译者的英汉双语文化素养

在翻译活动中，译者既要考虑原语和目的语间的转换，也要考虑两种语言文化的转换。汉语与英语之间除了基本的语言学范畴的句法差异，特殊的文化差异也是译者必须掌握的要点。翻译不同文体的文本时，会遇到各种各样的文化差异，尤其是文学文本，其中有典故、成语、谚语、俗语、歇后语、固定搭配等。这些特殊的语言文化增加了翻译的难度。一个文化意识强的译者会考虑文化再现的问题，并采取相应的措施，让译文保持原作的语言风格和文化姿态。

翻译时，对原语文本中的文化要进行多维度的对比研究，译者一定要查阅相关知识，做到对目的语最全面的了解。在进行文学翻译之前，还要了解相关的文化背景知识、作者的写作意图、语言风格等。

（三）翻译工作者应该具备哪些基本专业素质

第一，抛开天赋的因素，一名合格的译者应该保持高出专业平均水平的双语甚至多语使用能力，特别是其母语水平应该在母语人群中处于并保持较高水平。有天赋和处于有利外语言环境的人是很少的，大部分翻译或者语言专业人才都是穷尽一生去使用各种方法保持语言水平稳步上升。译者的母语水平决定了其使用外语的水平，这一点在中国的翻译人员表现中显著可见，因为翻译本身就是对两种语言深层次的理解和再造。译者的翻译过程，就是对原文的剖析之后使用译语文字将其表达出来的过程。没有良好的双语使用能力，特别是母语水平一般或者较差者，不但谈不上理解原文，更绝无可能完成高质量的翻译工作，尤其是在文学作品的翻译中。因此，译者首先应保持扎实的双语使用能力。这种能力的保持和提高只能通过后天大量的、甚至是一生坚持不懈地去积累和练习。

第二，译者主动以开阔的眼界去不断扩充自己的知识面。译者除应具备深厚的语言功底外，还应主动以开阔的眼界去不断学习、涉猎新的知识，不仅要深耕自己擅长的领域，还要懂得政治、经济、科技、历史、地理、风土人情等方方面面的学科知识来加强自己的综合语言能力。这一点其实是对第一点的补充说明，译者不应只懂得语言学方面的知识，不能只懂得翻译技巧和理论，脱离实践的理论是跟不上时代的发展脚步的。一名合格的译者，必须拿出时间，踏踏实实去生产一线或者深入社会生活的各个方面，做到密切联系群众，才能不断地开阔自己的眼界，了解社会，总结实践经验并上升到理论高度，切实提高自身修养。

第三，译者要注意通过不断学习来培养自己的文化素养和语言敏感度，熟练地掌握翻译的规律、方法和技巧。所谓提高翻译水平，就是要提高自身对于语言的敏感度。译者要保持一个习惯，无论笔译还是口译，平时听到或看到外语，脑子里就要马上反映出母语的对应词汇和表达，手底下就要会写，嘴上就要会说，反之亦然。这个交互的敏感度随着人生阅历的不断积累、沉淀而变得越来越高，需要的反应时间则越来越短，对应选项也会越来越多，信达雅的准确性也会越来越高。

比如：I agree/I do not object nor do I bear other thoughts/I consent to the decision/You have my agreement/My view accords with yours……这些短语的基本意思都表示"我同意"，只是因说话人语气/身份/和所处场合不同而不同，译者需要体会到哪种是正式用法，哪种是旧式用法，哪种主动，哪种被动，从而体会到说话人的心境和处境，或者可以想象出一个对话场景，才能算是合格的译者。所谓翻译技巧，只能建立在厚积薄发的底蕴上，没有一定的文学积淀和文化功底，就没有资格去谈翻译技巧，即使熟读了翻译技巧也是没有用武之地的。

第四，译者一定坚持博览群书并重点了解、学习两种语言的优秀文学著作。语言是文学的载体，译者一定要在较高水准上使用一门语言，并具有深厚的文学功底。因此，译者需要多读名著并深入理解。中文的精华著作，比如二十四史、诸子百家、四大名著及近现代名家散文等；英文的精华著作，比如莎士比亚的著作、浪漫和现实主义作家的著作等，这些都是一个合格的译者需要涉猎的。

第五，译者要具备良好的职业道德并取得相关的职业资格证书。翻译工作者作为中外交流的桥梁，肩负着传播先进文化、促进社会进步和世界文明发展的历史使命。凡有志于翻译工作的人，必须具有对社会负责的精神，养成一丝不苟、严谨认真的作风。翻译专业资格证书制度是国家建立的对于翻译从业人员的一种科学考核体系。所有译者均需要通过全国翻译专业资格考试并获得相应证书，才能从事翻译专业相关工作。

【课后练习1-2】

一、结合课本谈谈个人对翻译的认识。

二、结合翻译课程目标中设定的知识目标、能力目标和素养目标，谈谈自己平时应该如何努力，才能成为一名专业的翻译工作者。

第三节　翻译课程与翻译学

一、本科翻译课程大纲要求

根据翻译课程大纲（syllabus）① 要求，本科阶段"翻译"课程一般在大学三年级开设。本课程是理论与实践练习相结合的一门必修课程（course），着重培养学生英汉双语的翻译技能。主要学习翻译基础理论、实践和技巧，使学生能较系统地掌握基本理论知识、学科知识、翻译方法和技巧。在学习中，从字、词、句、语篇进行英汉、汉英双语对比分析与转换，通过大量的实践练习，让学习者了解英汉语言的异同，掌握常用的翻译技巧，使学生的译文达到忠实原文、语言通顺的标准。

翻译课程大纲规定的教学目标：

（1）通过学习，使学生能够辨别英汉两种语言在词汇、句式、篇章及修辞等方面的语言差异；能够识别翻译的基本原则、熟练掌握翻译方法，在翻译实践中熟练运用翻译的技巧。

（2）通过学习，使学生具备英汉双语基本翻译技能运用能力；具备对英汉两种语言一般和中等难度语言材料通顺、忠实、流利的表达能力（每小时300字）。

（3）通过学习，使学生具备良好的英语、汉语文化素养，掌握中西翻译基本思想和翻译方法，能够运用翻译的基本理论与知识规范准确进行英、汉语转换。

（4）通过学习，使学生具备良好的为人民服务的思想，认识到增强"四个意识"、提升"四个自信"，树立正确的人生观、价值观，树立正确的职业道德观，提高思想道德素养的重要性。

二、翻译教学的导向——翻译学

本科阶段的翻译是英语专业的一门必修课程，在实际教学过程中，教师一般会从学科视角安排教学内容、翻译实践和练习材料的选择，为学生继续教育打好基础，指导学生报考翻译硕士、报考翻译资格证书，为从业奠定基础。所以，本科阶段的翻译课程应做到与时俱进。以下论述是课程组教师平时为翻译课程发展做的一些积累，以供学生了解翻译课程与翻译学之间的关系。

（一）"翻译学"背景下外语专业翻译课程的定位与发展

21世纪初，英汉两种语言文化在人们生活领域的地位日益凸显，使得翻译课程从应用语言学中脱颖而出，以"翻译学"学科的身份出现在学习和研究领域。② 在英语专业课程设置中，翻译课程是一门必修课，从本科教学这一方面来说，能从学科角度将课程性质、操作方法向"翻译学"靠近，是一个新挑战。对授课教师来说，也是一项艰巨的任务。在此之前，授课的理论、内容都是局限于应用语言学下的英语语言翻译教学，真正将其从学科——"翻译学"出发，给学生传授相关专业知识，这就要求教师学习新的内容，

---

① 宁夏师范学院外国语学院英语专业本科阶段《翻译课程教学大纲》，2022年版（内部资料）。
② 穆雷. 翻译教学与翻译学学科发展 [J]. 中国翻译，2004. (3)。

改变学科知识的结构层次以及对"翻译学"学科的认识。即要求授课教师全面、系统地向学生传授翻译技巧、语言知识转换能力,并提高学生对外语的运用能力。

在承担师资培养任务的师范学校领域,将翻译学付诸实践是一个新的课题,因为原来翻译课程的内容以理论和翻译实践两方面结合,一般采用教师按照讲义传授理论知识,学生记笔记、然后做练习的教学方法,以语言学习为结合点,通过翻译使外语学习的听、说、读、写和译集中在外语学习课堂的中心。"翻译学"学科的确立,要求授课教师对专业英语教学中的翻译课程授课内容做出相应调整,要求学生从目的语语言知识、原语语言知识作对比,并对学生在文化信息的传递方面,以及在应用领域做侧重训练。同时,在课程转型、培养目标等方面促使任课教师慎思,使师生很快进入这样一个学科的环境,使翻译课程的教学与本科课程建设结合为一体。

1. "翻译教学"和"教学翻译"的区别

最早区分"翻译教学"和"教学翻译"的是加拿大学者让·德利尔(Jean Delisle)。"教学翻译",或称之为"学校翻译","是为了学习某种语言或在高水平中运用这种语言和深入了解这种语言的文体而采用的一种方法。学校翻译只是一种教学方法,没有自己的目的"①。刘和平早在1994年就指出,"教学翻译指语言教学中的中外互译,作为教学法,也指传统法——语法/翻译"②,并指出教学翻译作为一种教学方法曾在语言教学中发挥过重要作用⋯⋯语言教学中采用的翻译方法不是以交际为目的,而是为了帮助学生了解、学习并掌握语言知识,获得语言能力。翻译教学则是在学生具备一定语言能力基础上训练翻译技能。随着翻译学科建设的发展,关于教学翻译和翻译教学的问题成为人们在谈论翻译时的话题,也是外语专业本科教学中应该关注的焦点。下面对"教学翻译"和"翻译教学"的区别一一进行阐释。

(1) 学科定位不同。

"教学翻译"为外语教学的一部分内容,属于应用语言学,是以语言的认知和运用为主,体现语言作为工具这样一种功能。"翻译教学"则以"翻译学"为导航,以"学科"为宗旨进行,体现应用语言学下的一个分支学科——翻译学。

(2) 教学目的不同。

"教学翻译"检验并巩固学生的外语知识,提高其语言应用的能力,以语言学习中最基本的要求"译"为指导,是对语言最基本的认知和运用。"翻译教学"是帮助翻译专业的学生了解翻译职业的理念与规则,以及相应的学习课程,最终培养应用型的翻译专业人才。

(3) 教学重点不同。

本科的翻译课程为学习外语的语言结构及外语语言的应用能力奠定基本的基础;"翻译教学"则为双语转换能力与技巧,解决学生语言学习过程中译的能力,其教学内容也与本科的"教学翻译"不同,涉及专业的范畴,主要培养学生的翻译能力③。

(4) 培养目的不同。

教学翻译旨在培养掌握一门外语的工作者,能胜任传递语言信息的工作,如英语老

---

① 黄建滨,卢静. 翻译:是专业,更是职业——让·德利尔教授的翻译教学观及对中国翻译教学的启示 [J]. 上海翻译,2008(3).

② 许金杞. 高校英语专业翻译教学的几个问题 [J]. 长春师范学院学报,2002(4).

③ 刘和平. 翻译能力发展的阶段性及其教学法研究 [J]. 中国翻译,2011(1).

师；翻译教学培养的是职业译者，即译者，是双语工作者，直接从事口译和笔译翻译工作。

（5）从教学大纲来说。

本科的翻译课程只有口译与笔译两门课程，只有在三年级和四年级开设。翻译教学以翻译学科为基础，学制四年，要求学习者掌握翻译知识与技能，专门培养翻译职业人员[①]。

从以上五点可以得出："教学翻译"和"翻译教学"的培养目标不同，学生来源不同，其学习语言的课程模式不同，教学内容和方法也不同。"教学翻译"只是帮助学习掌握外语教学的手段之一，不能作为真正意义上的"翻译教学"。可以说，"教学翻译"和"翻译教学"属于两个本质不同的概念。

2. 外语专业的本科翻译课程发展趋向

在人们心中，认为"外语好，翻译就好"的观念已经根深蒂固，这种观念忽视和混淆了两者之间的区别。这一观念当然不是没有根据的，因为外语能力在翻译能力中的确很重要，不从事翻译，就不清楚其中的奥妙。教学翻译只强调两种语言的基本对比、翻译技巧和转换的方法，能力强的人能胜任基本的日常生活常见的文本翻译。

翻译是一门独立的学科，一种专业的交流手段。"翻译教学"区别于纯正意义的语言教学。翻译人才的思维模式与一般外语人才有着明显的差别。翻译界已经认同"翻译教学"与"教学翻译"不能相互代替，它们属于两种不同性质的教学，现在为适应市场需求的"翻译教学"，如翻译硕士点、翻译系和本科翻译专业的设立，都是很好的例子。

外语院校和综合类院校的本科翻译课程，究竟该如何上，才能适应时代对英语专业学生的需求？这是一个我们不得不思考的问题。笔者从多年的学习和教学经验来阐明自己的观点，以期对翻译课程的教学有所帮助。

（1）翻译课程发展方向方面的变化。

新确立的"翻译学科"，是一门边缘性的学科。其学科重点和核心在对比语言学、比较文学和文化研究三个领域进行研究[②]。本科翻译的内容在课程运用中以两种语言的对比为基石，文化翻译为主旨和主领思想，从语言、文学和文化三方面对英汉两种语言挖掘其本质的不同和共同之处，通过在文学中的具体体现，进行不同地域、生活、社会等表现方式的研究，从某种程度来说，趋向于文化转向的这个目标。当然，不同应用范畴的翻译方法和技巧，也是翻译课程学习的关键。

（2）根据翻译课程的学科性，调整教学内容。

将课程设计的整体理论体系做出调整，在教学中重视讲授的逻辑性、科学性，以及语言、文学、文化三方位的关联性。在此基础上思考教材内容结构的分配，知识和能力结构的分布。在学生的学习中奠定学科基础，既注重翻译技能，又以翻译理论的学习为指导，以某种文体、语言的对比研究为教学红线，在授课过程中，以此为目的提升翻译的教与学的水平，完成本科外语专业翻译学科的建设。

（3）以学科为龙头，转变教学方法。

改变传统的师生学习关系，采用师生互动、商讨的方式学习翻译技巧[③]。在授课中，

[①] 仲伟合. 高等学校翻译专业本科教学要求 [J]. 中国翻译，2011.（3）.
[②] 武光军. 翻译课程设计的理论体系与范式 [J]. 中国翻译，2006（5）.
[③] 梁志坚. 翻译课课程设置、教材选用及翻译作坊在教学中的应用 [J]. 中国翻译，2006（5）.

将各种技巧线性、螺旋性练习互相穿插进行，着重操练难点和重点，并评价练习效果。课后以连续型的学习指引方式布置、批改翻译练习，注意批阅的方法和形式，并以更为合理、有效的方式向学生讲授翻译的基础知识与相关语言文化素养（competence）知识，并逐步培养学科的概念，提高其认识层次的能力。

（4）学科理念对翻译课程的推进作用。

在外语专业，翻译课程不是按照翻译教学模式，而是以教学翻译模式来授课的。在翻译学影响下，师范类外语专业的教学，完善翻译课程的教学，会使整个外语教学提高一个层次。这要求讲授翻译课程的教师给自己重新定位，给学生输入多角度的知识，既帮助学生学习掌握外语，在语言教学中发挥作用，与此同时培养翻译人才，诸如指导学生进行翻译资格考试证书的实践；报考翻译专业的研究生，为培养职业翻译人员做铺垫，适应社会的需要。

外语专业的翻译课程要达到的目标是运用语言的能力，更严格地说，是"翻译课程的教学"，翻译教学与翻译专业和翻译学科有直接的关联，因此，一定要对这一概念作详细的区分和明确的定位。随着翻译学学科的确立，作为该学科任课教师，不能不及时关注翻译界的新变化，接受新的理论。

外语专业的翻译课程不是按照"翻译教学"模式授课，而是以"教学翻译"模式授课，我们认为在语言教学中发挥了很大作用的"教学翻译"也可以培养翻译人才。在"翻译学"学科为理论的支持下，从语言对比，文化和授课方式三个方面将其结合，把学科知识融于一体，把本科教学的内容，方法以及培养目标，向一个全新的基点努力，使专业发展中的翻译课程有学科的成分。

（二）翻译学科视角下本科英汉翻译课程多维化教与学

英语专业本科教学和翻译专业的教学有根本区别，英语专业把翻译看作是必修课程，而翻译专业培养专业的翻译人才。但是，英语学科服务于时代发展的特性决定了英语专业的翻译教学也不能滞后。翻译学科在研究领域拓宽了范围，与之相适应的翻译教学的内容也相应增加。

翻译学科是一门边缘性学科，作为语言工具服务于社会、交际、学术等各个领域，涉及自然科学、社会科学、人文科学等领域。在本科教学中，主要以对比语言学，比较文学和文化研究三个领域为核心，从语言、文学和文化三方面对英汉两种语言进行异同比较。

下面两图（图1-1、图1-2）是翻译学科建立前后本科英语专业"翻译"课程学习内容的变化，可以帮助同学们对翻译课程有一个更好的认识。

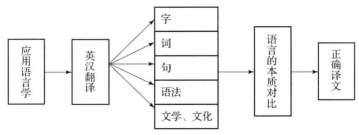

图1-1　语言学层面的翻译学习

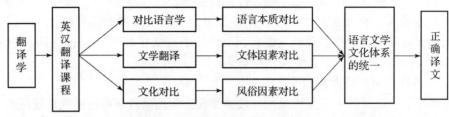

图 1-2　翻译学视角下的翻译学习

学生的翻译综合能力以上面两个图示为结合点，既有翻译课程要求掌握的内容体系，又包括教学中要达到的能力。翻译教学体系的基本目标是结合能力要求达到对学生的培养目标，在这个过程中，对译者"认知"能力的培养是提升学习者翻译能力的最根本目标。做到让学生接受知识，形成一套完整的学习体系，能将被动的学习转化为主动的"认知"，从而完善翻译的素养，是教学的最终目的。

翻译作为一门学科，其发展有与时俱进的特点，学科内容的认识度对译者的认识有更高的要求。"文化转向"影响学科内容的建设，输出能力（转换原语的能力）要求推动对学习者诸因素的认识。有意识的培养学生对其原语的输出能力，才算真正达到了教学的目的。在教学过程中运用的"认知"模式图，如图1-3所示。

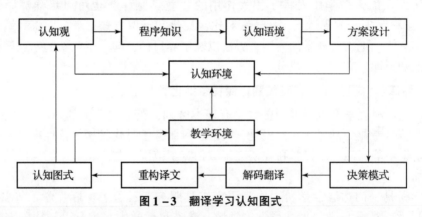

图 1-3　翻译学习认知图式

在运用这个"认知"图式的过程中，主要是培养学生对翻译知识和双语转换过程中形成完备的认识体系，并在学科知识长期发展的前提下，培养学生对翻译的"认知"能力、实践能力和创新能力。教学过程中，教学环境给认知环境提供空间，而认知环境通过教学环境获得，最终在教学实践中提高学生对翻译学科的认知观，并由此推动翻译能力的提升。在实施过程中，注意教学方法的多样性和灵活性，注意学生的"认知"接受能力，根据不同的教学内容、教学目的和要求，选择相应的教学方法和模式，真正地学会在翻译的空间里判断原语，分析语言构成的模式和上下文的关联信息，选择合适的翻译策略，转换成正确的目的语译文。将学生的综合能力得以全面体现，真正的完成"认知"对提高翻译能力所起的作用。

翻译作为一种认知活动，各因素之间具有交互性，学习者的翻译经验和认识度是影响翻译思维和行为不可忽视的因素。在专业能力、科学研究的能力和运用上的具体能力方面以"认知"为主，培养学习者合理的翻译思维能力是翻译教学的关键。将教学内容设计得更有新意，体现出学科的特点，并循序渐进，有目的、有针对性地从多维度设计教学计划和授课内容,使"认知"能力作为学习者和学科内容结合的一个教学中坚因素。

总而言之,旧的翻译课程只是在语言学范围内对英汉两种语言现象进行学习和研究,而新的翻译课程则是在学科思想指导下,以学科为基准的教学模式转变更突出地体现了翻译课程的全面性、理论性、实用性和文化性的特点。与之相适应的教学内容的延伸和扩展,对应的语言材料的应用,提供了学习的新思路,能让学生对翻译材料仔细判断,审视,有利于提高学生的认知水平和自主学习水平。

【课后练习1-3】

一、通读本节第二部分,分析一下本科阶段学习翻译课程的重难点,以及具体表现在哪些方面。

二、请区分教学翻译、翻译教学之间的异同,并分析它们的本质区别。

第二章 翻译标准与翻译过程

本章导读

　　翻译是一项技能型的语言活动，因而翻译课在外语专业中处于高端课程的地位。本章作为初学者进行翻译活动的方法指导，从译文要达到的标准和翻译的过程进行讲解，目的是帮助学生在理论和方法的指导下，在实践中形成合理的翻译思维。

　　翻译的实践性很强，关于翻译的理论和标准，翻译家们总结了许多经验，呈现百家争鸣的现象。本章引用了一些国内外翻译界专家的权威理论和观点，作为指导初学者实践的依据和指南，以期帮助大家正确理解并进而逐步提高翻译水平。

　　鉴于我们的翻译教学是基础学习阶段，我们决定采用"四步翻译法"，以便清楚明白地指导学生在翻译时逐步翻译，最终达到中英文的成功转换。

第一节 翻译标准

一、翻译标准概说

　　翻译标准既作为翻译过程的指导原则，也作为决定译文质量的标准。翻译的服务对象主要有两类，最普遍的一类是书籍，供读者使用；另一类是为各行各业服务的译者，主要翻译各类应用性文本。翻译是一种服务性工作，如果使用者的需求不能满足，译文就不会被接受，也没有实际价值，翻译就成了无用功。所以，译者要把读者的需求放在第一位，读者的不同教育背景、文化背景、年龄和所处时代背景都是译者需要考虑在内的因素。

　　翻译的功能主要是达到运用的目的，以使用者为对象产出所需译文。不同体裁的翻译文本有不同的翻译标准。文学作品的翻译，主要体现语言艺术成分；科普知识、法律文书、机械制造、医学术语、各种商业合同等的翻译，其准确度是首位。商业性文本除了翻译的质量要高，翻译的速度和时间限制也是需要考虑的因素。

　　评价译文质量的高低主要看能不能准确传递原语内容，并且恰当地表现原文形式。文本类别不同，翻译方法和翻译标准也不同。没有绝对的翻译标准适用于所有的翻译，因为进行具体翻译时，要把诸多因素考虑在内，包括翻译目的、作者文化背景、原作风格和语言特征、顾客的需求等。这些因素在译文中并不是都会起作用的，即使都起作用，每一个因素所起的作用也可能不同。译者应该把作者的文化背景和翻译目的记在心里，分析作者创作的原因是为了出版还是其他商业用途。然后根据不同作者的文化背景、翻译目的来采取不同的翻译策略，抑或斟酌要参照的译文标准。

二、国外与翻译标准相关的理论

(一) 美国翻译家尤金·奈达的动态功能对等理论

动态功能对等理论是美国翻译家尤金·奈达于1964年提出,其含义是:为使目的语读者更清楚地理解原语中的词或词组,译成的目的语不是完全追求和原文形式上对等的词或者词组,而是让读者能根据上下文清楚理解原语文本的意义。

奈达(Nida)提出的功能对等以西方接受美学中的"读者反应论"为其理论依据,读者在阅读、理解的过程中能接受译文,翻译的过程才算完成。动态功能对等以"读者为中心"评价译文的语言效果,译者的翻译目标是以读者的感受和接受为主,读者认可的话,译文便谈得上成功。笔者认为这个理论可以看作评价文学作品的标准,对于应用性的文本并不适合。

(二) 英国翻译理论家皮特·纽马克的交际翻译理论

持交际翻译观的人认为翻译是用来为交际服务的,它能够沟通两种语言者之间的信息交流,达到顺利交流的目的。英国翻译理论家皮特·纽马克是交际翻译观最著名的代表,他的观点主要强调译者要给目的语读者传递与原文读者同样的阅读效果。这意味着交际翻译强调应该以原语的语言、文化和语用习惯一致的形式表现原文信息,而不是只强调尽可能接近的反映原语的实际词语,不违背目的语规范。

在翻译界,皮特·纽马克的影响力仅次于奈达(Nida),是引进的西方译论家中最重要的人物之一,他提出的语义翻译和交际翻译理论是划分不同翻译类型和方法的依据,也包括一些新的术语。语义翻译涉及语义学范畴,本节暂不做说明。

(三) 德国翻译家诺德的功能翻译理论

德国翻译家诺德是功能翻译理论的代表人物,功能翻译理论认为翻译是一种有目的的人际间的互动行为,包括翻译的发起者、委托者、译者、作者和译文接受者。功能翻译理论的核心思想是"目的论"(skopostheorie),该理论主张翻译目的决定译者采取哪种翻译策略和方法。[①] 后来,诺德对目的论作了发展,提出将"功能加忠诚原则"[②] 作为评价译文的标准。功能与译文的预期功能有关,由它决定翻译的策略或者方法。"忠诚"指译者、原文作者、译文接受者和译文发起者之间的关系。这里需要特别说明的是,"忠诚"是一个人际关系,是在翻译发起者、译文接受者和原文作者之间利益冲突时,译者介入寻求三方共识。"功能加忠诚原则"作为评价译文的标准,其中不但提出了"翻译目的决定翻译策略"的思想,又提出了"译者要对译文所预期达到的交际功能负责"的观点。诺德的这种翻译思想体现了"以译者为中心"的翻译标准,在学习和研究该理论时要引导学生注意区别和先前提到的"译文要忠实于原文的标准"这一观点,因为这两个观点是截然不同的。

[①] 刘敬国,何刚强. 翻译通论 [M]. 北京:北京外语教学与研究出版社,2011(3):89.

[②] 此段文字的英文原文为:Functional equivalent:According to Nida (1964), A target language item chosen to translate an source text word or phrase not for its formal similarity to this item but because it offers target readers a clearer understanding of the contextual meaning of the original. 摘自:马克(Marks, S),莫伊拉(Moira, C). 翻译学词典 [Z]. 上海:上海外语教育出版社,2004:6。

三、国内对翻译标准的界定

以下主要阐述我国自清末以来新文化运动时期与当代翻译相关的译界大家提出的相关翻译标准。

（一）严复的"信、达、雅"翻译标准

严复在翻译《天演论》时，在短文"译例言"第一段说道："译事三难：信、达、雅。求其信，已大难矣！顾信矣，不达，虽译，犹不译也，则达尚焉。"[①] 他 1898 年提出的"信、达、雅"（faithfulness, expressiveness, elegance）翻译标准，是说自己翻译《天演论》的感悟，但是因其精练，这三个字被当作我国翻译理论界的至理名言，甚至有人尊其为"翻译三字经"。

（二）鲁迅的翻译观

鲁迅的翻译观是新文化运动时期中国翻译界的代表之一。鲁迅的观点大致可总结为以下四个方面：翻译的原则、方法应服从于翻译目的；翻译时要区分不同读者和文本类型；提出直译的翻译方法："讲求宁信而不顺"[②]；凡是翻译，一是力求其易解，一则保存着原作的丰姿。

（三）冯庆华的"化境"翻译标准

冯庆华在其编著的《实用翻译教程》[③] 一书中把翻译比作原作向译文的"投胎转世"。他认为要达到"化境"，就要将原文的思想、感情、风格、神韵都原原本本化到译文的境界里，丝毫不留下翻译的痕迹，让读者读译作完全像读原作一样。化境是"神似"的升华，是比"传神"更高的标准。[④]"化境""神似"是对原作内容的完美再现，译文能达到原作的效果，是翻译中追求的至高境界，也是每一个学习者追求的目标。

（四）许钧的翻译观

许钧在《翻译概论》一书中表达了自己对于翻译的见解。他认为："翻译具有社会性、文化性、符号转换性、创造性、历史性，翻译是以符号转换为手段，意义再生为任务的一项跨文化的交际活动。"[⑤]他全面论述了翻译作为语言活动的广泛性及特性，全面概括了翻译具有的特征，把文化翻译和跨文化翻译提到了翻译活动中，也阐明了翻译是一种交际活动，是翻译的跨时代发展，符合当代翻译的使命。

综上所述，翻译标准的侧重点不断变化是时代发展的要求，也是翻译本身服务功能的创新所在。但是，无论如何变化，翻译是一种语言和另外一种语言之间的转换，在翻译中，原语和目的语中的"意义"和"内容"再现是翻译的核心，原语的语言风格即形式是体现翻译目标的一个重要标志。

---

① 谢天振，何绍斌. 简明中西翻译史 [M]. 北京：外语教学与研究出版社，2013（10）：150.
② 谢天振，何绍斌. 简明中西翻译史 [M]. 北京：外语教学与研究出版社，2013（10）：159.
③ 冯庆华. 实用翻译教程 [M]. 上海：上海外语教育出版社，2008：5.
④ 冯庆华. 实用翻译教程 [M]. 上海：上海外语教育出版社，2008：5.
⑤ 许钧. 翻译概论 [M]. 北京：外语教学与研究出版社，2009（2）：39-41.

译文赏析

Red Star Over China

The wonderful loess lands, which cover much of Kansu, Shensi, Ninghsia, and Shansi provinces, account for the marvelous fertility of these regions (when there is rainfall), for the loess furnishes an inexhaustible porous topsoil tens of feet deep. Geologists think the loess is organic matter blown down in centuries past from Mongolia and from the west by the great winds that rise in Central Asia. Scenically the result is an infinite variety of queer, embattled shapes – hills like great castles, like rows of mammoth, nicely rounded scones, like ranges torn by some giant hand, leaving behind the imprint of angry fingers. Fantastic, incredible, and sometimes frightening shapes, a world configurated by a mad god – and sometimes a world also of strange surrealist beauty.

And though we saw fields and cultivated land everywhere, we seldom saw houses. The peasants were tucked away in those loess hills also. Throughout the Northwest, as has been the habit of centuries, men lived in homes dug out of the hard, fudge – colored cliffs – yao – fang, or "cave houses," as the Chinese call them. But they were no caves in the Western sense. Cool in summer, warm in winter, they were easily built and easily cleaned. Even the wealthiest landlords often dug their homes in the hills. Some of them were many – roomed edifices gaily furnished and decorated, with stone floors and high – ceilinged chambers, lighted through rice – paper windows opened in the walls of earth also athwart the stout, black – lacquered doors.

译文：

西行漫记[①]

这一令人惊叹的黄土地带，广及甘肃、陕西、宁夏、山西四省的大部分地区，雨量充分的时候异常肥沃，因为这种黄土提了无穷无尽的、有几十米深的多孔表土层。地质学家认为，这种黄土是有机物质，是许多世纪以来被中亚细亚的大风从蒙古、从西方吹过来的。这在景色上造成了变化无穷的奇特、森严的形象——这些山丘，有的像巨大的城堡，有的像成队的猛犸，有的像滚圆的大馒头，有的像被巨手撕裂的岗峦、上面还留着粗暴的指痕。那些奇形怪状、不可思议有时甚至吓人的形象，好像是个疯神捏就的世界——有时却又是个超现实主义的奇美的世界。

在这里，虽然到处可以看见田畴和耕地，却难得看见房屋。农民们也是在那些黄土山里藏身的。在整个西北，多少世纪以来已成了习惯，都是在那坚硬的淡褐色的山壁上掘洞而居的，中国人称之为"窑洞"。可是这种窑洞同西洋人所说的洞穴并不是一回事。窑洞冬暖夏凉，易于建造，也易于打扫。就连最富有的地主，也往往在山上挖洞为家。有些是有好几间屋子的大宅，设备和装饰华丽，石铺的地板，高敞的居室，光线从墙上的纸窗透进室内，墙上还开有坚固的黑漆大门。

---

① 斯诺. 西行漫记：英汉对照 [M]. 董乐山，译. 北京：外语教学与研究出版社，2005.7：42-43.

翻译分析

本部分摘自埃德加·斯诺的《西行漫记》(*Red Star over China*)，该书如今也被译为《红星照耀中国》，作者埃德加·斯诺是美国著名记者，他曾在中国居住了7年有余，对中国的文化具有一定的了解。该书真实记录了埃德加·斯诺自1936年6月至1936年10月在中国西北革命根据地进行实地采访的所见所闻，报道了中国和中国工农红军以及许多红军领袖、红军将领的情况。从多个方面展示中国共产党为民族解放而艰苦奋斗和牺牲奉献的精神，瓦解了种种歪曲、丑化共产党的谣言。斯诺通过对领导人和普通民众的观察和描述，把枯燥的红区党组织、各种文件、会议等内容转变为让读者读起来感到亲切生动的文字。

读上段，可以看到一个美国人眼中中国大西北黄土高原的景象。文中介绍了黄土高原的形成、土壤特点与外貌，作者的语言简练，用词优美。形容黄土时中西词汇结合，展示一种文化的融合。如把自然的山丘比喻为城堡、猛犸、馒头等。还从文化角度对比黄土高原上的窑洞和西洋人称之为"穴居"的窑洞的差异，大西北人在窑洞里居住，不管穷人富人都享有的窑洞居住方式是黄土高原一种特殊的生活文化，是一种文明化的生活，屋内有装饰，有石铺地板，有大门，有纸窗。作者的描写，语句自然、流畅，表达轻松。

以上地名翻译与现在的拼音翻译差别大，四个省名的翻译 "Kansu, Shensi, Ninghsia, and Shansi provinces（甘肃、陕西、宁夏和山西）"和现在截然不同，中国地名现在统一用汉语拼音（特殊的和习惯沿用的译名除外）来表示，不受方言发音或者个人习惯的影响，现在译为 "Gansu, Shaanxi, Ningxia, Shanxi provinces"。关于地名的翻译，连淑能在《英译汉教程》第15章有专门讲解："对于人名和地名的翻译，译者首先要参考百科全书，字典和翻译手册，如《英语姓名翻译手册》和《世界地名翻译手册》，就能得到标准的音译。如果在这些手册中找不到对应的翻译，还可参照新华社编校的《英汉译音表》"①。

【课后练习2-1】

请尝试翻译下面段落，并依据本节的翻译标准评析自己所译英文在语言措辞方面的特点。

丝绸之路②

丝绸之路是公元前2世纪开始出现的一条联系中国和欧亚大陆的贸易通道。由于这条古老的商路最开始以丝绸贸易为主，故称"丝绸之路"。这条商路也是连接古代中华文明和其他欧亚国家文明的重要纽带。正是通过丝绸之路，中国古代的四大发明——造纸术、火药、指南针、印刷术——才得以传遍世界各地。中国的丝绸、茶叶和瓷器由此走向世界，欧洲也通过丝绸之路向中国出口各种商品，满足中国市场的需要。作为国际贸易的通道和文化交流的桥梁，丝绸之路有效地促进了东西方经济文化的交流，并对中西方贸易、社会经济的发展乃至文明的进程都有着深远的影响。

---

① 连淑能. 英译汉教程 [M]. 北京：高等教育出版社，2006 (9)：344.
② 陈毅平，秦学信. 大学英语文化翻译教程 [M]. 北京：外语教学与研究出版社，2014 (8)：167.

第二节　翻译过程

在基础学习阶段，我们一般采用"四步翻译法"，以便更清楚明白地进行翻译的每一个步骤，很好理解原文，译出质量高的文本。

一、四步翻译法

四步即理解、分析、转换、校正四个步骤。在教学中，我们也把这"四步翻译法"称作"四词组翻译法"。主要适用于长句、段落、短文和篇章的翻译。

（一）理解（understanding）

理解原文是做好翻译的基础。翻译开始前的原文理解和平时在语言基础课中的阅读理解有相似之处，但又稍有不同。相同的是阅读翻译材料类似于阅读中的精读，要把每一个词、句、结构及语法理解清楚。不同的是翻译中的阅读是对原材料的整体把握，不是对概念、词组理解和主题思想的总结，而是要做好"原语"文本的基本理解，为翻译"目的语"文本准备。翻译中理解的具体方法是：首先通读原文，理解原文的内容和意思，考察其文体，对翻译的文本体裁和语言风格做概要了解，确定译文中要表达的语言特点和翻译方法。

（二）分析（analyzing）

分析是翻译前的第二步，这是保证准确翻译的前提，在理解原文后着手翻译。分析是对要翻译的文本从整体到每个语言单位进行分析，根据意群确定断句之处，在不同的意群之处断句能保证翻译的时候确定句子表达的顺序，因为英语语言结构注重形式，追求形式结构完美，汉语表达时注重意义，不是对句子的每个成分严格要求，如连动句，一个句子中会有多个动词相连，但是在英语中必须用固定的规则安排在句中的顺序，如"to do, doing, v-ed 的各种形式"。英汉两种语言在形式和意义之间转换存在巨大差异，只有在分析的过程中确定每个句子成分，才能在英汉互译时达到正确转换的目的。

（三）转换（conversion）

转换其实可以理解为"翻译"（translating），这是学翻译时的专有表达，转换就是英语与汉语的互相翻译，在前两个步骤的基础上进行翻译，此时就要选择恰当的翻译方法，运用具体的翻译技巧，然后选择恰当的语句表达，译出符合目的语习惯的译文。转换是翻译过程中最难的一个步骤，许多似是而非的单词会影响译文质量，而且理解了未必能准确表达，这是大家常见的问题。理解和分析的过程并不难，但是下笔时却感觉很难，这是因为初学者实践少，语言表达能力还没有练出来，会出现许多表达不清的问题，甚至会出现语言错误。

（四）校正（revision）

转换的步骤完成后，对已经完成的译文进行校核，需要检查语言是否通顺，表达是否恰当，有没有漏译或者错译，少则一遍，多则三五遍。校正可以不定期进行。正如唐朝诗人贾岛"推敲"的故事，他偶得一句"鸟宿池边树，僧敲月下门"，为了确定用"推"还是"敲"字，竟然忘记了在赶路，无意中竟闯入了时任京城地方长官韩愈的仪仗队，最终与韩愈成为挚友。这则故事说明了诗人写诗认真的态度，我们在翻译中也要像贾岛一样，对翻译后的文字要反复斟酌。正如诗圣杜甫所说,"语不惊人死不休",如果我们翻译时有贾岛这样的态度,肯定能够克服翻译的重重难关,准确、妥帖地表达原文。

其实,我们以上所说的"四词组翻译法"和译前、译中和译后三步法有相似之处,四步法中的理解和分析是基础,是"译前"的准备工作;转换可等同于"译中"活动;校正是"译后"活动。

二、翻译实践

固原博物馆①

固原,位于宁夏回族自治区南部。地处中原农耕文化与中亚西域文化、北方草原游牧文化的交汇地带。固原又是丝绸之路东段北道的必经之地,自古是西北边陲要塞。近年来,在固原发掘的北朝、隋唐时期墓葬出土了大批蜚声中外、具有中西文化特征的文物,充分见证了固原在丝绸之路上的重镇地位。

宁夏固原博物馆1983年经自治区人民政府批准成立,是一座以收藏历史文物为主的综合性省级博物馆。2008年被国家文物局命名为"国家一级博物馆",2009年被中央文明委授予"全国文明单位"荣誉称号。馆藏文物中,国家一级文物123件,国宝级文物3件,藏品以春秋战国时期北方系青铜器和北魏、北周、隋唐时期丝路文物最具特色,著名的北魏漆棺画,北周的鎏金银瓶、凸钉玻璃碗为国之瑰宝。镶宝石金戒指、环首铁刀、波斯银币、罗马金币及北周、隋唐墓壁画等均为中亚、西亚传入我国的舶来品,集中展示了固原独特区域历史文化的诸多方面。

固原博物馆由陈列大楼、古墓馆、石刻馆、民族团结宝鼎等建筑群构成,承载和储存着记载固原数千年来的各种历史文物和文化符号,是固原历史与文化的缩影,同时,也是人们了解固原历史与文化的窗口。陈列大楼是一座仿古建筑,气势宏伟,有《固原古代文明》《丝绸之路在固原》和《隐形将军韩练成》三个固定展览,也是固原博物馆文物最精粹的展厅,已成为固原的一个亮点。

固原出土的文物蕴含着中亚乃至西方文明,深厚的历史文化不仅呈现多元性,且交流融汇的程度很高,作为历史文化观展的窗口,固原博物馆将进一步坚持"三贴近"原则,不断提升服务理念和服务水平,确保中外游客乘兴而来、满意而归。

译文:

Introduction of Guyuan Museum

Guyuan is situated in the southern part of Ningxia Hui Autonomous Region. It is a place where the Central Plains farming culture, Central Asia and the Western Region culture and the Northern nomadic culture meet. It was also the place where the eastern part of ancient Silk Road must follow and an ancient fortress in northwest China. In recent years, the tombs

---

① 本文中文及其译文出处:固原博物馆在2019年国际博物馆上展示的宣传彩页。

of the Northern Dynasty, Sui Dynasty and Tang Dynasty have been excavated and a large number of historical relics have been unearthed. They all enjoy a high reputation at home and abroad, have a feature of both Chinese and western culture, and witness the important <u>role Guyuan played in history along the Silk Road</u>.

Ningxia Guyuan Museum was established in 1983, with the ratification of the local government of Ningxia Hui Autonomous Region. It is a provincial museum, mainly collecting historical relics. In 2008, it was named "First Class National Museum" by the National Historical Relics Bureau. In 2009, it was awarded the title of <u>"National Spiritual Civilization Advanced Unit"</u> by the China Spiritual Civilization Committee. Among the historical relics collected in the museum, there are 123 pieces which belong to "first Class" national relics and 3 pieces which belong to national treasures, the bronze ware of the Spring and Warring States, the historical relics of the Silk road during the Northern Wei Dynasty, Northern Zhou Dynasty, Sui Dynasty and Tang Dynasty are the most distinguished among the collection, The paintings on the lacquer coffins of the Northern Wei Dynasty, the gilded silver bottle and the glass bowl of the Northern Zhou Dynasty are the gems of ancient Chinese art. The ring inlaid with gold and jade, the iron knife, silver coins from the Persian Empire, the gold coins from ancient Rome, the murals in the tombs of the Northern Zhou Dynasty, Sui Dynasty and Tang Dynasty were all taken into China through Central Asia and Western Asia and they mainly show the different aspects of the unique regional and historical culture in Guyuan.

Guyuan Museum consists of the Exhibition Hall, the Ancient Tomb Hall, the Stone Inscription Hall and the Nationalities Unity Tripod, storing different kinds of historical relics and cultural symbols in Guyuan in the past several thousand years. It is a miniature of history and culture. And at the same time, it is also a window for people to understand the local history and culture. The magnificent Exhibition Hall is an imitation of ancient Chinese building and consists of three sections: Ancient Civilization in Guyuan, Silk Road in Guyuan, the Hidden General Han Liancheng. and these three sections are the <u>cream</u> of the Museum. The Museum has become a shining spot for tourism in Guyuan.

The historical relics unearthed in Guyuan are stamped with the brand of Central Asia and Western culture. They not only present the multicultural characteristics, but also display a high level of intercultural exchange. As a historical and cultural window, Guyuan Museum will further adhere to the principle of <u>"Three Approaching"</u>, improve service awareness constantly and provide good service to ensure that tourists from home and abroad <u>will arrive in high spirits and depart after enjoying themselves to their hearts' content</u>.

以上中文及英文译文为固原博物馆宣传册中所载。根据上面原文和译文对照，运用"四步翻译法"分析译文的语言是否通顺准确。

1. 理解

通读全文，总结原文的汉语翻译目的和主旨。对固原的简单介绍，说明孕育厚重历史的原因；博物馆的历史及其珍贵藏品，博物馆的组成部分，博物馆的评价。

2. 分析

本文的难点是第二段和第三段，专有名称多，如何正确翻译是译者关注的重点，需要参照大量的资料和权威名称译文，还有英语翻译所运用到的，措辞和句式。另外，第一和第四段是普通句子，根据英语句法转换，难度不大，认真阅读、分析句子结构就能完成。

方法提示：可以在原文中以下划线形式标注重难点，根据上下文断句，选择翻译方法，准备要查阅的词典。通过原文和译文的对比，发现部分内容翻译有欠缺，需要修改。

3. 关于转换

作为丝绸之路重镇的固原，在历史上的辉煌让每一个当地人非常自豪，阅读原文能明白介绍中的内容和译文对比相似度的权重，也能从译文中读到原文的含义。通过对比译文，可以看出整体译文优美，用词基本准确，符合客观实际，译出了原文的内容和固原博物馆的特色。

重点：翻译过程中修改第二步"分析"时发现的不恰当翻译。

4. 校对

针对原文和修改的译文中不通顺的句子和措辞不当的问题，进行认真校对。

以上实操练习需要师生共同商讨完成。学生应在翻译时养成良好习惯，以"四步翻译法"认真练习，形成翻译的思维模式。文中加下划线的部分是有疑问的句子，请仔细分析后重新进行翻译。

【课后练习 2-2】

请同学们根据"四步翻译法"分析下面两段汉英对照，核实英文译文是否正确表现了原文的内容和形式。

中国宁夏回族自治区①

宁夏简称"宁"，是中国唯一的回族自治区，成立于1958年。地处中国西北地区、黄河中上游。总面积6.64万平方公里，其中，山、川面积分别为59%和41%。地形南北狭长，地势南高北低。平均海拔1 090~2 000米。年平均降雨量为200~600毫米。年平均气温5℃~10℃，全年日照达3 000小时。黄河从中北部穿越12个县、市，境内流程397公里。

宁夏美丽而又神奇。这里的自然风光奇异壮丽，既有边塞风光的雄浑，又有江南景色的秀丽。这里历史悠久，还有很多名胜古迹。勤劳智慧的宁夏人民创造了当地斑斓鲜活的人文景观；灵武"水洞沟"遗址是中华史前文明的缩影；神秘奇特的西夏陵是大夏国兴衰的历史见证；风光旖旎的沙湖旅游区是中国35个王牌景点之一；治沙典范"沙坡头风景区"受到联合国的表彰……古老的黄河文化，浓郁的回乡风情，吸引了众多的中外游客。

Ningxia Hui Autonomous Region

Ningxia was established in 1958 as China's only Hui autonomous region. Located in northwest

---

① 本部分汉英对照文本摘自宁夏博物馆展馆的介绍文字。

China, on the upper and middle reaches of the Yellow River, it covers a total area of 66,400 sq km, of which 59 percent is mountainous and 41 percent consists of rivers. It is shaped like a long, narrow corridor from north to south, with the terrain high in the south and low in the north. The average altitude is 1,090 – 2,000m above sea level, and the average annual precipitation is between 200 mm and 600 mm. The average annual temperature is 5c – 10c. The region gets 3,000 hours of sunshine per year. The Yellow River enters from its mid – northern part, and flows through 12 counties and cities, totaling 397 km within Ningxia's boundaries.

Ningxia is a beautiful region. Its natural scenery combines the ruggedness of the border areas with the delicate beauties of south China. lts long history has bequeathed it many famous sites of cultural and archeological interest. The Shuidonggou ruins (a relics of the Paleolithic age) at Lingwu City is evidence of prehistoric Chinese Civilization; the Western Xia mausoleums are valuable evidence of the rise and fall of the great Xia dynasty; the beautiful Shahu tourism area is one of the sites of major interest in China; the shapotou scenic area is recognized by the United Nations for its successful efforts in fighting desertification. The time – honored Yellow River culture and the Hui ethnic group's unique life style attract large numbers of domestic and foreign tourists.

第三章　翻译方法

本章导读

本章学习"直译和意译""归化和异化"这两对翻译学习基础阶段必须掌握的翻译方法。

"直译和意译"这两个名词出现较早，是翻译中最基本的方法，最早在古代佛经翻译中运用且沿用至今。

在"直译"的运用上，因原语和目的语差别很难把握，便会出现许多语言表述错误，造成语句不通顺的问题。出现这种问题有时候是译者没有掌握其实质而把错误迁就于直译，认为直译不可取，实际上，在保留原作"丰姿"的基础上，直译是唯一的法宝。20世纪初新文化运动时期，鲁迅也强调翻译中的直译可保留原作的"洋气"。有"直译"，就有"意译"存在，"意译"是两种语言为了能够表达彼此的意义所采取的"通融"方法，增词、减词、词类转换等就是意译中最常见的翻译技巧。

20世纪80年代，国与国之间文化交流进一步加深，文化再现成了指导人们进行翻译活动的核心，在衡量文化和保留文化意蕴的信息转换时，"归化和异化"是此时在翻译界最常用的方法。其实，从文化翻译的角度来说，原来的"直译"可以理解为"异化"，原来的"意译"可以理解为"归化"。

面对不同文体的文本时，用直译合适还是用意译恰当？遇到文化信息转换时，是要采取归化，还是异化？这些都需要译者多学习、多思考。归化与异化是为了体现特有的文化因素，直译和意译由文本的语言特点决定。翻译中要运用直译或者意译、归化还是异化，要根据具体的文本来进行合理选择。中华文化博大精深，译者的文风又各不相同，针对不同的文本以哪方面为主，就看翻译的核心要表现在语言层面还是文化方面，本章就这类性质和侧重点不同的重要方法进行分别说明。

第一节　直译和意译

在说直译和意译之前，先就英汉两种语言的本质作简略解释。英语属于印欧语系，汉语属于汉藏语系，英语的字母文字和汉语的方块文字从造字的形式、字词意义所指和语言运用上来看，差别都很大。汉语重意义，英语在意义表达之外、句子结构种类多，单语法就有12种之多。英语从句子结构、词性、词义等理解分析得出意义，汉语可以通过理解得出意义。汉语最有特色可比的就是用连动词造句，汉语的一个句子中可以有几个动词连用，而英语要用各种各样的句式及固定用法表示，需要分析其关系和意义，遵循主从句、动词的连用规则等，例如：

早上我起床后，梳洗完毕，背上书包，去了食堂，吃完早餐后来到了教室。翻译本句时，必须遵循动词的各种连用规则，因为用英语表达时很难用完整的英语句子表达出中文原句中全部的动词。此句的建议译文为：

After I got up, I washed my face, and then took my bag to the dining hall. I came to the classroom when I finished my breakfast.

一、直译法（word for word translation）

从字面上来说，直译法就是"词对词"的翻译，直译一般不改变句中词的顺序，不违背目的语习惯，反映目的语文化，在译文中既保持原文内容，又保持原文形式。换句话说，直译就是保留原文词语的指称意义，在译语中保持原文内容和形式一致的方法。下面选择的例子就采用的是直译法，不需要调整词序，清楚地译出了句子意思，译后和原句形式一致。例如：

(1) Think like a wise man but communicate in the language of the people.

译文：如智者一般思考，但用普通人的语言交流。

(2) You can not step into the same river twice.

译文：人不能两次同时踏进同一条河。

(3) If you chase two rabbits, you will not catch either one.

译文：如果同时追两只兔子，那你连一只也追不到。

(4) Stand between two stalls, you will fall to the ground.

译文：站在两个凳子之间，你会掉到地上。

(5) There is a thousand Hamlets in a thousand people's eyes.

译文：一千个人眼中有一千个哈姆雷特。

(6) One who shall not reach the Great Wall cannot be called a true man.

译文：不到长城非好汉。

翻译分析

从上面直译的例子可以看出，译文把原文的内容放在了第一位。译出的句子和原语句子内容相一致。在直译时，需要注意的是要做到恰当直译，不能过分直译，过分直译会造成句子不通顺。

在实践过程中，遇到能确切地表达原作内容，又不违背译文语言规范，不需调整顺序的翻译，一般趋向于采用直译法。一方面，因为直译能保存原作的格调，鲁迅曾说过，译文中要保留"异国情调"和"洋气"；另一方面，直译可以保留原文中含有的新鲜、生动的词语，还有原文的句法结构和表达方法，译文中用新的词汇表达，使译文有新意。

二、意译法（sense for sense translation）

意译法是依据"译入语"的表达习惯，在不违背原语信息的前提下，翻译成与原语内容对等的译文。意译法和直译法不同的是不能从字面意思词对词的转换，它根据句子的结构拆分原句子，再整合使译文符合目的语的表达习惯。意译要求译文能正确表达原文。而且译文的表达不受原文句子形式约束。有些句子源于名句、名言、谚语、真理，用意译法能使读者以目的语的认知来理解学习，读来更有意境，形象地表达了原句要表达的意义。

例如：

(1) The style is the man.

译文：文如其人。

(2) When in Rome, do as Romans do.

译文：入乡随俗。

(3) Teaching benefits teachers as well as students.

译文：教学相长。

(4) East or West, Guilin landscape is best.

译文：桂林山水甲天下。

(5) As every thread of gold is valuable, so every moment of time.

译文：一寸光阴一寸金。

(6) A classic is a book that has never finished saying what it has to say.

译文：经典是一本永远也看不完的书。

翻译分析

上面的例子根据对原语的理解，以目的语读者（汉语）语言表达方式为主。例(4)的翻译遵循了英语句子俗语说法，与此句相应地，还有：

East or west, home is best.

译文：金窝银窝，不如家里的草窝。

直译法和意译法的区别在于如何表现原文的内容、形式和语言三方面。直译法以呈现原文的内容为主，形式为辅。意译法也是为了呈现原文的内容，但是形式可以自由。不过二者的共同点是必须要语言通顺，否则，翻译时达不到两种语言转换的目的。

三、直译和意译的互补运用

通常情况下，在英汉两种语言的转换中不改变句序和词序，按照顺序能够翻译出通顺句子的直译情况并不多见，在很多情况下，译者需要将直译和意译两种译法结合运用。

下面的固原简介（出自固原博物馆宣传册）译文就是直译和意译这两种译法的结合。

译文赏析

固 原

固原，位于宁夏回族自治区南部，是"据八郡之肩背绾三镇之要膂"的雄关重镇，屹立在古"丝绸之路"的北道东段，为历代兵家必争之地，是一座历史文化古城。

固原历史悠久，是中华民族的发祥地之一。早在原始社会时期，先民们就在这片黄土地上繁衍、劳作、生息，创造人类文明。新石器时期的"马家窑文化""半山马厂文化""常山下层文化"等遗址在固原有百处之多。

举世闻名的丝绸之路也曾横跨固原，这条文明之路、友谊之路曾促成了固原经济、文化的昌盛，并留下了丰富多彩的古代文明。

> 译文：
> Located in the south of the Ningxia Hui Autonomous Region. Guyuan stands at the east section of the north Silk Road. ①As an ancient cultural city, it formed a strategic point for the eight prefectures behind it and encompassed three towns.
> ②Possessed of a long history, Guyuan constituted one of the birthplaces of the Chinese nation. In prehistoric times, the ancestors of the Chinese lived, worked, multiplied (human reproduction) and created human civilization here. ③There are more than 100 relic sites of the New Stone Age there, including the Majiayao, Banshan – Machang, and Changshan Mass cultures.
> The world – famous Silk Road passed through Guyuan. This road of culture and friendship fostered prosperity and left behind colorful ancient civilizations.

翻译分析

以上简介的英译主要以直译为主,从细微处分析,也有个别句子用了意译,如句②。为了让学习者清楚明了地理解意译法,作为本科学习阶段初级学习的内容,意译最基本的要求是掌握不同翻译技巧,如增词、减词、省略、重复等技巧。学好这些技巧就能把直译中不能解决的问题化解,翻译出通顺的译文。一般情况下,直译和意译互相补充,交织一起,在一个句子中,既能找到直译的影子,也能发现意译的影子,两者熟练运用,才能使译文通顺、易懂。

直译和意译的最终目的都是忠实表达原文的思想内容和文体风格,互不排斥,互不矛盾,翻译时要灵活运用。

但是,直译运用不恰当,追求机械对等会引起译文的翻译腔,过度意译容易让学习者脱离原文本意,犯了随意乱译的错,教师在教学的过程中应该注意这个问题。具体关于直译和意译的方法,在本书第四章有具体的讲解,本节不再赘述。

【课后练习3-1】

请翻译下面句子,并指出运用的是直译还是意译,或者兼有两种方法。

1. An open enemy is better than a hollow friend.
2. Even the emperor has straw – sandaled relatives.
3. Time dresses the greatest wounds.
4. Friendship comes first and competition second.
5. Mark Twain was famous for his writing of light and humorous style.
6. As a precious cultural heritage, Chinese papercut arts exert a deep – rooted influence among the people.
7. Taiji boasts a long history in China, and playing Taiji is one of the favorite sports for the elder.

8. It's just in time to rein in at the brink of the precipice; but it's too late to mend the ship's leak in the middle of the river.

9. The Yellow River is seen as the cradle of Chinese civilization and the spiritual home of the Chinese people.

10. Since the founding of the People's Republic of China, China has made tremendous progress in foreign affairs.

第二节 归化与异化

一、归化与异化的概念

(一) 归化

美国翻译家韦努蒂（Venuti）在1995年提出的"归化"是一个描述翻译策略的术语，他说：译文要一目了然、语言流畅，减少目的语读者对外语文本的陌生感，译文能让读者尽可能感到轻松，把作者移到读者的面前（Domesticating translation or domestication：A term used by Venuti（1995）to describe the translation strategy, he said a transparent, fluent style need to be adopted in order to minimize the strangeness of the foreign text for TL readers. leaves the reader in peace, as much as possible, and moves the author toward him.）。①

(二) 异化

韦努蒂所指的"异化"是翻译为译文文本有意识的打破目的语的习惯，保留原语洋味儿的一种译法（Foreignizing Translation：A term used by Venuti（1995）to designate the type of translation in which a TT is produced which deliberately breaks target conventions by retaining something of the foreignness of the original.）。②

在异化中，翻译要让读者感受到原语文本中语言和文化的差异，能让读者体会到异国文化的韵味。

(三) 用归化和异化如何互相体现原语文化

1. 用归化却失去了原文化形象的译法

例如：

（1）Love me, love my dog. 爱屋及乌。

（2）Birds of a feather flock together. 物以类聚，人以群分。

（3）Longest day must have an end. 天下无不散的宴席/苦海总有边。

（4）Gild the lily. 锦上添花。

上面例子大家非常熟悉，译成汉语的成语和俗语表达形式，没有保留原语文化词的本义，基本译成了中国人常说的文化形象。如：例句（1）中，"狗"的形象变为"乌鸦"；例句（2）中，"鸟儿"引申为"一类人和物"；例句（4）中，"锦上添花"纯粹用中国人的习惯改变了原语中百合花的原形，转译为中国文化中有相似含义的成语。这些形象上

---

① 马克（Marks, S），莫伊拉（Moira, C）. 翻译学词典［Z］. 上海：上海外语教育出版社，2004：44.

② 马克（Marks, S），莫伊拉（Moira, C）. 翻译学词典［Z］. 上海：上海外语教育出版社，2004：59.

的变化与人们的生活习惯以及对环境的认识和固定的文化表述有关,它们的共性是在两种文化中都能体现其含义。

归化译法是为了让目的语读者更容易理解原文的意思而运用的一种翻译方法,它忽略了原文中的本来文化因素,更多地体现了译者的主观性。在日常生活中为了便于读者理解,不刻意表达原语的文化也是可行的。

2. 用异化保留原味儿的译法

异化是为了原语文化信息准确再现,在不改变任何文本信息和意义方面而使用的一种翻译策略。它可理解为我们前面说到的直译要译出其中的"洋味儿",但也要让读者能正确认识其本质意义,如中国古典小说中的四大名著,其书名就不止一个英语译名。

(1)《红楼梦》有两个英文书名:*A Dream of Red Mansions* 和 *The Story of the Stone*。

现在大家普遍接受的译名为:*A Dream of Red Mansions*。

(2)《西游记》有六个英文书名:*A Mission to Heaven*,*The Buddhist Pilgrim's Progress*,*Monkey:Folk Novel of China*,*The Adventures of Monkey*(儿童版),*Journey to the West*,*Monkey King:Journey to the West*。

现在大家普遍接受的译名为:*Journey to the West*。

(3)《水浒传》有四个英文书名:*All Men Are Brothers*,*Water Margin*,*Outlaws of the Marsh*,*The Marshes of Mount Liang*。

现在大家普遍接受的译名为 *The Water Margin*。

(4)《三国演义》有四个英文书名:*Three Kingdoms*,*Romance of the Three Kingdoms*,*The Three Kingdoms*。

现在大家普遍接受的译名为:*Romance of the Three Kingdoms*。

翻译分析

因翻译具有很强的主观性,受译者对原文理解的影响,不同的译者对同一本书的理解不同,因而翻译出的书名也不尽相同。

《红楼梦》被译为 *The Story of the Stone*,是因为《红楼梦》又名《石头记》,小说开篇以虚幻的方式讲了一块女娲补天遗弃的石头在人间的经历和身后事,译者以此为准根据字面翻译。

《西游记》的六个英文译名中,主要核心词有 A Mission to Heaven,The Buddhist Pilgrim's Progress,Monkey,从字面看"Mission(使命)"和"Pilgrim's Progress(朝圣)"表现了小说的内容和情节,反映了小说部分思想,从读者的角度并没有展现出《西游记》里该有的诙谐、引人入胜的情景。而从字面翻译的书名 *Journey to the West*,既简单明了,又可以引导读者通过阅读,加深理解书名意思。

《水浒传》被译为 *All Men Are Brothers*,是赛珍珠根据小说里108个梁山好汉的故事,引用孔子在《论语·颜渊》中的名言"四海之内皆兄弟"而来。然而,在笔者看来,此故事的发生与一大片水泊——梁山泊有着紧密联系,所以"The Water Margin"流传至今。

《三国演义》被译为 *Three Kingdoms/The Three Kingdoms*,从字面看比较严肃,记录三国的历史书。但在笔者看来,《三国演义》主要体现在"演义"二字上,以故事的形式再现当年群雄割据的历史，小说内容生动，英译必须体现其故事性特点，因此"*Romance of the Three Kingdoms*"中的"Romance"一词符合小说作者对"演义"的理解。

从上面四大名著多个不同英译书名可以看出，大多数书名基本遵从字面翻译，很直观地表现出异化的策略，符合英语简洁明了的表达习惯。它们能在时代变迁中历久弥坚，原因就是合理体现了读者可接受的文化，保留了文化的原味。

3. 异化：保留异化形象的音译

将某些中国特有文化名词用汉语拼音翻译出来就是保留异化形象的最佳方法。汉语拼音是中国汉字的发音符号，用汉语拼音结合英语发音译成的音译是一种特殊的音译法。中国特有的文化用拼音翻译能保留中国文化形象，可以让老外了解中国，也给外国读者一种"洋气"的感觉，如，功夫 kongfu，就是老外常说的 Chinese kongfu，此外，类似的翻译还有：武术 wushu，豆腐 toufu，亩 mu，斤 jin，两 liang，阴 yin，阳 yang……

如今，我们会把饺子译为 Jiaozi，现在基本上已被国外人接受。因为之前将饺子译为 dumpling，不符合中国人的饺子本味儿，因为国外的 dumpling 和我们的饺子在味道和原料上差别很大。

另外，我们对外来词的音译也很好地保留了原语的文化韵味儿。如 sofa 沙发，chocolate 巧克力，coffee 咖啡，sprite 雪碧，Coca Cola 可口可乐等。

4. 保留中国文化的意译

与我们生活息息相关的特有文化，如纪年的方法、生肖、气候、节气的翻译一般用意译的方法，这个意译与前面提到的意译（free translation）不同，"semantic"表示语义，所以特有文化词的翻译是由词在句意中的含义决定。

（1）天干（the heavenly stems），是我国古代纪年历法中的术语，"甲、乙、丙、丁、戊、己、庚、辛、壬、癸"称为十天干。地支（the earthly branches），有十二个：子、丑、寅、卯、辰、巳、午、未、申、酉、戌、亥。天干地支结合轮流组成一轮就是60年，我国人民常说"60花甲子"，就是这样来的。

（2）二十四节气（The twenty-four solar terms），是中国古人根据地球绕太阳一年中的运动变化对气候的影响，形成固定的节气，一般一个月中有两个节气，也就是十五天一个节气，主要用于指导农事生产活动。为了便于记忆我们把二十四节气简化为小诗歌："春雨惊春清谷天，夏满芒夏暑相连，秋处露秋寒霜降，冬雪雪冬小大寒。"下面就以每个简化词的全称列出其英译，以供大家学习。

立春：Start of Spring，雨水：Rain Water，惊蛰：Waking of Insects；
春分：Spring Equinox，清明：Pure Brightness，谷雨：Grain Water；
立夏：Start of Summer，小满：Grain Full，芒种：Grain in Ear；
夏至：Summer Solstice，小暑：Minor Heat，大暑：Major Heat；
立秋：Start of Spring，处暑：Limit of Heat，白露：White Dew；
秋分：Autumn Equinox，寒露：Cold Dew，霜降：Frost Descent；
立冬：Start of Winter，小雪：Minor Snow，大雪：Major Snow；
冬至：Winter Solstice，小寒：Minor Heat，大寒：Major Heat。

总之，在翻译中要灵活处理文化信息词的翻译。在翻译中，特殊文化词是融合在文本中出现的，要形成一种文化再现的思维，合理选择翻译策略，决定选择归化还是异化。有了归化和异化的翻译思维，学习者就要把自己从双语语言对比翻译的 bilingual 身份转变为 bicultural 的双文化身份，在翻译中把多姿多彩的世界文化展现在读者面前。

二、怎样看待直译与意译、归化与异化①

翻译时要采用直译还是意译，归化还是异化，人们的争论由来已久，随着各国文化交流加深，对异域文化有意识探索和呈现，归化和异化、直译和意译的译法又成了争论的焦点，那么，它们之间的关系何在？

（一）译法概说

作为世界翻译的一部分，中国的翻译与世界翻译整体发展大同小异，但是中国文化博大精深，其发展又有很大不同。在逐渐发展的过程中，经过代代译家实践和总结，给各种译法和标准冠以不同的名称，从实质上说是对翻译规范更完美的表达和追求，使翻译向更成熟的方向发展。古代佛经翻译家玄奘将直译与意译结合在一起，其译法一直沿用至今。与此同时，随着各国间交流的加深，归化和异化的翻译法也逐渐活跃起来，时至今日，它们依旧是翻译法中的大动脉，决定和主宰翻译文本的内容和翻译目的。这两类译法，从一开始就如影随形，在翻译的漫漫长河中，一直处于中流砥柱的地位，无论哪类体裁的翻译，都离不开它们的影响与制约。

意译是从原语向目的语转换过程中为目的语读者服务，使原语所表现的文化信息更接近于目的语，使目的语读者更容易理解原语所表现的内容。直译以原文作者为中心，注重忠实于原文，力求与原文在形式和意义上对等。归化（domesticating translation）（Venuti，1995）是为目的语读者服务，把原语的句式按照目的语习惯译出，在英汉互译时，尤其是谚语、成语、典故等用中国文化取而代之，就是归化的做法。如：as poor as church mouse"家徒四壁"，一般不译为"穷如教堂里的老鼠"。反之，直接译原文的文化词汇，就是异化（foreignizing translation）的做法。如：In the kingdom of blind man the one-eyed man is king. 可以直译为："在盲人的王国里，独眼人就是王"（异化译法），但是这样太直白，因此本句也可意译为"山中无老虎，猴子称霸王"（归化译法）。

（二）直译和意译的发展

关于直译和意译的争论由来已久，自从有翻译以来，就有了翻译标准的争论，并贯穿古今，使得翻译界呈现出百家争鸣的盛况。

我国古代的佛经翻译，始用直译，唯恐翻译失真。到了后来，翻译大师鸠摩罗什一改之前的直译风格，主张意译，也就是说，从古代有翻译之始，就有了直译和意译的方法。

在翻译过程中，译者经常会遇到一些特殊的含有文化信息的词语和句子，使我们处于进退维艰的境地，在这种情况下，不得不采取一些特殊的译法，直译和意译就是解决这种难题的最佳途径。

1. 直译的运用

通常情况下，直译不改变句子和词语的意思，严格说来，要保留原作的情感与风格，

---

① 本部分内容主要摘自：吕银平."直译与意译 归化与异化"译法之我见. 宁夏师范学院学报 [J]. 2007（7）：136-137。

在翻译过程中，它以句子为基本单位并兼顾整个文本，并且要求再现原作的思想内容和风格。例如：

(1) crocodile tears　鳄鱼的眼泪
(2) paper tiger　纸老虎
(3) chain reaction　连锁反应
(4) a tooth for tooth, an eye for eye　以牙还牙，以眼还眼
(5) 四书五经　the Four books and the Five classics
(6) 一国两制　one country, two systems
(7) 君子协定　gentlemen's agreement

2. 意译的运用

意译是一种替代性的方法，主要用来表现原作的意思和精神，并不再现句子的结构，在不可能直译原作时普遍使用的方法。例如：

(1) There's no pot so ugly it can't find a lid　丑女不愁嫁
(2) Go through fire and water　赴汤蹈火
(3) Great minds think alike　英雄所见略同
(4) Little fish does not eat big fish　胳膊拧不过大腿
(5) A gift is the key to open the door closed against you　大门把你关在外，礼物送到门自开。

许渊冲先生对直译和意译的区别有新的解释："直译是把忠实于原文内容放在第一位，把忠于原文形式放在第二位，把通顺的译文形式放在第三位的翻译方法，意译却是把忠于原文内容放在第一位，把通顺的译文放在第二位，而不拘泥于原文形式的翻译方法，无论直译、意译，都要符合'忠实通顺的标准'。"① 这是我国认为到目前为止，对直译和意译的最佳界定。其实直译和意译大同小异，互为补充，互相依存，都把忠实于原文的内容放在第一位。

然而，从事翻译究竟应该是直译还是意译，尽量使译文归化或是异化，众说纷纭，难能一统，使其忠实于字面内容还是文本的形式？在鱼和熊掌不可兼得的情况下，应该采取何种方式？实际上，没有一个人的翻译全部采用直译或是意译的方法。不少译者，最终能悟出这样的道理：好的翻译是直译和意译的结合，二者是相辅相成，不能截然分开的。例如：

A greeting card can warm a heart, hold a hand, lend an ear, pat a back, light up a face, tickle a funny bone, dry an eye, surprise a child, woo a sweetheart, toast a bride, welcome a stranger, wave a good-bye, shout a bravo, blow a kiss, mend a quarrel, ease a pain, boost a morale, stop a worry and start a tradition.

译文：一张问候卡可以温暖一颗心，握紧一双手，倾听肺腑言，轻拍友人背；它令人喜洋洋，撩得心痒痒，抹去泪汪汪；它给孩子以惊喜，给恋人以温存，给新娘以嘱咐，给路人以欢迎；它可用以挥手道别，高声喝彩，送上飞吻；也可用以平息争吵，减轻痛苦，提高士气，消除忧虑，开创一种新风尚。

其实，好的译文就是直译和意译结合的结果，因为两种不同的语言，两个不同的民族，其生活习惯、社会习俗、思维、价值观念、生活环境都不同。由于语言结构和表达方

---

① 许渊冲. 翻译的艺术（论文集）[M]. 北京：中国对外翻译出版公司. 1984：5.

式的不同，在翻译的过程中，如果全部一字一句地为了保持原作的丰采而译出来的话，这样的文章对于原语来说是一种歪曲，对于目的语来说，又成了面目全非，使人读来不知所云的目的语文字失去了原作者想要表达的思想和写作初衷。为了保留原语的文化内涵，过分的直译一篇文章，读来会很拗口，如：

1）直译（英译汉）：

（1）I like going shopping, visiting friends and having a walk after supper at weekend.

译文：我喜欢购物，访友，散步，在晚饭后，在周末。

2）汉译英：

（2）周末时，我喜欢购物、访友，或者晚饭后与爱人散步。

译文：At weekend, I like going shopping, visiting friends or <u>having a walk with husband after supper.</u>

从以上例（1）、例（2）可以看出，如果只是一味地直译，便犯了组词的错误，忽略英汉句子结构，不意译的话，本句无论是从英译汉出发或是从汉译英着手都达不到翻译目的，对译入语读者来说是一种文化误导。尤其是例（2），是学生易犯的错误，这是因为中文语境下的译者受汉语思维表达习惯影响，译出来的句子根本不合乎英语句子规范。

三、直译和意译及归化和异化的关系

实际上，归化和异化与直译和意译相呼应，相依存，从来没有分开过。在中国翻译史上，"归化"曾经是主流的翻译策略，指导并影响意译。只不过到了今天，人们的翻译观念和对文化的态度发生了变化，以归化和异化为准则，给翻译方法和目的更明确的界定。两者本质相同，都是有意识地将文化视为翻译的重点，将译文内容和目的向文化信息方面靠拢，使其表现出文化特色。其实，我们可以这样认为，使用归化和异化的前提，是在翻译过程中认识到了翻译的最终目的，不仅要传达出原语的信息，更要体现出原语文化的内在本质，为目的语读者反映、表现、承载尽可能多的原语文化信息。但在翻译过程中所使用的方法依然是直译和意译，将两者结合起来，既要达到翻译原文的目的，又要尽可能表现出异域文化的特征。

（一）建立在归化基础上的意译

归化，实际上也趋向于目的语，以目的语文化为重点使用意译的方法，在归化的框架内，将原语内容和文化信息转换为目的语信息。这种译法能够促使读者对原语文化产生联想，容易在目的语基础上理解原语内容，阅读时会有获取异域文化的好奇心，但是相应的汉语译句又会使读者进行文化对比，增强读者对不同语言文化的理解。例如：

（1）as poor as church mouse   家徒四壁

（2）as timid as a rabbit   胆小如鼠

（3）as strong as a horse   强壮如牛

（4）drink like a fish   牛饮

（5）as easy as ABC   易如反掌

（6）a fool's paradise   黄粱美梦

（7）all walks of life   七十二行

（二）建立在异化基础上的直译

采用这种译法是在翻译过程中为了突出原语文化内涵，以异化为指导策略，以直译为

具体方法。究其根源，是由于各民族生活方式和思维方式迥异而形成的独特文化。人类在各方面都有相似的要求，但在各方面反映出的内容却千差万别，常可以从其语言结构、词汇和短语的来源发现该民族的精神特质，尤其在习语方面，从翻译角度审视，就是要把原文中的文化内涵在译文中加以体现，以期能在读者脑海中引起相似的联想和理解，进而认识民族特性和其独有的文化内涵。例如：

（1）Pandora's box　潘多拉的盒子（一般引申意义为：灾难之源）
（2）the cat's paw　猫爪子（火中取栗，一般引申意义为：被别人利用作为工具的人）
（3）the forbidden fruit　禁果（禁止做的事情）
（4）American dream　美国梦（美国标榜的立国精神）
（5）Beefcake　牛肉蛋糕（一般引申意义为：男性健美照）
（6）Blue boy　蓝色男子（一般引申意义为：人妖）

翻译分析

以上例子都是建立在归化基础上的意译，译为括号内的译句何尝不可呢？目的语读者还是能够理解原句的含义，说不定读起来会更有味呢！也就是说，当译文的形式与原文的形式一致时，就无所谓直译和意译了。但是，当译文和原文的形式相同，译文却不能表达和原文相同的意思时，就只能采用意译了。

翻译时，要运用直译或意译，还是归化和异化，必须时刻把这两种方法辩证、灵活地加以分析。因为文化具有鲜明的民族特点，语言翻译的根本任务是文化传播和文化信息交流，所以，翻译从某种意义上来说，起着文化传播的作用。由于不同民族在特定的历史、地理、宗教、习俗等环境中形成的独特文化，向另一种语言转换过程中，必受其影响，应在目的语中反映出来。归化和异化可以表现出文化的个性和特性，翻译文化色彩的词汇时要做到既忠实于文化形象，又准确表达比喻意义和语用意义。所以，在表现文化内涵方面，在翻译文本时应表现出原语的文化信息和目的语读者的语言习惯。

【课后练习3-2】

一、请根据本节内容，理解直译和意译的区别与联系。
二、请复习本节例子，理解归化与异化的异同及联系。
三、请阐明直译和意译、归化与异化的联系及异同。

第四章　翻译技巧

本章导读

俗话说："工欲善其事，必先利其器"。掌握翻译技巧对于翻译实践而言，相当于厨师手握一把好刀。英汉语言有共通性，但这之间却也存在诸多差异，而深入理解英汉双语差异有利于初学者理解翻译技巧。

增词法和省词法是双语转换中必不可少的翻译技巧。增词法秉承"增词不增意"原则，由于译语的语法或修辞需要，增加原语中没有的词汇或表达，不仅要在内容和精神上忠实于原文，还要在语法和语言形式上符合译语的习惯。省词法须遵守"减词不损意"原则，根据译文的需求，省译原文表达需要而译文不需要的词汇或表达，以使译文通顺流畅。

替代法是英语为追求行文简洁用代词等替代重复内容的手段，而重复法是汉语为增强语气用叠词、反复等重复表达的手段。译者在汉译英时需注意将原文重复性的内容用英文语言形式替代，反之，在英译汉过程中，将原文替换的部分在译文中重复。

音译法是处理双语转换中词汇空缺的主要方法，译音代义，传递原语特有的概念意义和文化意义。但过量使用音译法会增加目的语读者的负担，加注法和释义法可作为简洁有效的辅助性手段。加注法通过增加解释性注释帮助正确传达原文语义。释义法舍弃原文的表达形式和意象，以解释性的方法将原文含义传递到译文。

就同一概念而言，英汉语言各有其陈述形式，英语倾向于以肯定形式陈述，汉语则倾向于以否定形式陈述，有时也会相反。因此，翻译应当符合译入语的表达习惯或修辞需要，适时转换陈述形式，如正话反译或反话正译。

英语由于靠形态变化表达语法关系，造句注重"空间结构"，忽视时间顺序，而汉语主要靠语序和虚词表达语法关系，一般按照时间顺序和逻辑关系造句。英汉互译时，应当根据上述综合语和分析语的差异选择顺译法或逆序法，使译文达到最大程度的通顺。

相比之下，英语语言偏抽象性，而汉语语言偏具体化。英译汉时要善于用动词取代抽象名词、用具体词汇解释抽象词汇、用范畴词使抽象概念具体化及用形象化语言使抽象意义具体化。汉译英时要善于使用抽象名词、有意识地删去范畴词和舍弃形象化语言。

第一节　增词法和省词法

英汉语言之间由于表达差异、文化差异的存在，译者无法做到字对字、词对词的对应翻译，有时必须增加或者减少某些词汇，才能使得译文通顺达意。

增词法是指在不影响原文意思的前提下，在译文中增加一些原文中没有的词汇和表达。冯庆华指出，增词法的目的是使译文在语法和语言形式上符合译文习惯，使其在文化背景、词语联想方面与原文一致，使译文与原文在内容、形式和精神等三方面都对等起来。① 增词法使用的前提是不能偏离原文的意思，并非随便进行增译。省词法是指将原文需要，而在译文中不言而喻或累赘的词、短语等进行省略，有时是为了满足译文的语法需求，有时是为了符合译文的表达习惯。

英汉互译过程中都可能用到这两种技巧，不过从英汉两种语言的表达差异以及造成差异的原因来看，英译汉多用增词法，汉译英多用省词法。

一、增词法在英汉翻译中的运用

由于英汉双语的不同叙述状态、词类区别、形态变化等，增词法在英汉翻译过程中较多使用。从语法、修辞及内容层面来看，英汉翻译中增词类型丰富，如增加动词、增加修饰词、增加量词、增加语气助词、增加表示时态的词、增加表示复数的词、增加原文省略的内容和增加范畴词等。

（一）增加动词

英语倾向于多用名词，因而叙述呈静态；汉语倾向于多用动词，因而叙述呈动态。② 英语呈静态性的其中一种体现就是常用名词化表达，所以在英译汉过程中，要根据需要，有意识地在名词前后增加恰当的动词，以使汉语译文通顺。

（1）And their problems, challenges and rewards?

译文：他们会遇到些什么样的问题和挑战？他们能取得多少报酬？

翻译分析

该句原文若译为"他们的问题、挑战和报酬是什么？"则所表达的意思不明确，令读者读不懂，考虑在名词 problems, challenges 和 rewards 之前增加相应的搭配动词"遇到"和"取得"进行翻译，译文的含义也就变得清晰明了，符合汉语的表达习惯。

（2）He was a teacher of Chinese history.

译文：他曾经是一名教中国历史的老师。

翻译分析

该句中的短语 a teacher of Chinese history 如果译为"中国历史老师"也能为读者所理解，和"英语老师""数学老师"等是一样的表达，但是在这句话的语境下，加上动词"教"，就使得句意更加明确，符合汉语的表达习惯。

（3）Her hands bore traces of coarse work.

译文：她的双手带有干粗活的痕迹。

翻译分析

这里的原文如果直译为"她的双手有粗活痕迹"，表述不符合汉语的语法，因此考虑

---

① 冯庆华. 实用翻译教程（第3版）[M]. 上海：上海外语教育出版社，2010：58.
② 连淑能. 英汉对比研究 [M]. 北京：高等教育出版社，2010：133.

在名词短语 coarse work 之前增加动词"干",使得译文表述得当。

(4) After so many misfortunes, Paul's spirits touched bottom.
译文:经历了如此多的不幸以后,保罗的情绪低落到了极点。

翻译分析

这里原文介词短语 after so many misfortunes 不能简单地译为"在如此多的不幸之后",这样的表达不符合汉语的表达习惯,需要在名词"不幸"之前增加动词"经历"。

(5) These clippers sped along at nearly 18 knots by contemporary accounts nearly as fast as a modern ocean liner.
译文:按现在的方法计算,这些快帆船以 18 海里的时速航行,几乎和现代的远洋客轮差不多快了。

翻译分析

原文主句对比了过去的快帆船和现在的远洋客轮的速度,句中的介词短语"by contemporary accounts"意思是"按照现在的解释或方法",为使译文表达完整规范,需增译动词"计算",即"按现在的方法计算"。

(二) 增加修饰词

1. 增加形容词

有些时候,为了意义或者修辞的需要,翻译英语句子中的名词时,在名词前增加修饰的形容词,既不影响句意,又可以增加译文的可读性。

(1) The dry seed ruptures and the green leaf uncurls.
译文:干瘪的种子裂开了,卷曲的绿叶伸展了。(《春》,宋德利译[1])

翻译分析

对于原文 the green leaf uncurls,如果将其简单地译为"绿叶伸展了",则令人费解,如果从"伸展"这个动作可以想到"绿叶伸展之前是弯曲的",则可以考虑在绿叶前增添一个形容词"卷曲的",就可使句意清晰明了。

(2) He felt, however, he went on to say, that it was his duty, as a fellow artist, to say something about Mrs. Herbert Dulver.
译文:然而,他接着说道,他觉得作为一个同行艺人,谈谈赫伯特·达尔佛太太,是他义不容辞的责任。(《埃尔西的婚礼》,范仲英译[2])

---

[1] 杨平. 名作精译 [M]. 青岛:青岛出版社,2014:71-73.
[2] 杨平. 名作精译 [M]. 青岛:青岛出版社,2014:273-277.

翻译分析

该例原文中 it was his duty 语气较重,如果译为"是他的责任",读起来分量不足,因此在"责任"之前增加形容词"义不容辞的"进行修饰,更能体现原文的含义。

(3) Speed and reliability are the chief advantage of the electronic computer.
译文:速度快、可靠性高是电子计算机的主要优点。

翻译分析

这里名词 speed 和 reliability 后分别增译了形容词"快"和"高",贴切地表达了原意,也符合汉语的表达习惯。

2. 增加副词

有些动词在汉译的时候,增加副词修饰,才能确切地表达原意。
(1) The fire in the forest is dying down, and will soon die away.
译文:森林的火势在逐渐减弱,不久会消失的。
(2) He is a man who knows about railway tickets.
译文:关于买火车票,他十分精通。

(三) 增加量词

英语语法中没有量词这一词类,英语可数名词通常与冠词或数词连用;而汉语中量词非常多,计量事物的叫名量词,如"一名学生"中的"名"和度量衡"公斤"等;计量动作次数的叫动量词,如"跑一趟""说一下"中的"趟"和"下"。由于英汉两种语言的这种差异,英译汉时,就要在数量后面增加适当的汉语名量词或动量词。

1. 增加名量词
(1) Some way up, a long grey village lay like a seam or rag of vapour on a wooded hillside.
从那儿向上不远的地方,有一片长长的、灰乌乌的村庄,看上去像一条山缝,又像是停在林木葱茂的山腰上的一抹云雾。(《磨坊的威尔》,吴晴译①)

翻译分析

此句原文来自史蒂文生(Robert Stevenson)的名篇《磨坊的威尔》第一部分开头的景物描写,这一句描写远处的一处景,为了使中文译文所描绘的景象也体现出远近的概念,译者将 a long grey village 译为"一片长长的、灰乌乌的村庄",增加了名量词"片",给人以景象很远的感觉。英文原文中的 a seam 和 rag of vapour 在翻译时分别增加了名量词"条"和"抹"。译文所增加的量词与名词都是汉语中习惯的搭配,因此要注意增加量词时需得考虑是否和名词搭配。

---

① 杨平. 名作精译 [M]. 青岛:青岛出版社,2014:289-292.

(2) Note that the words "declarative knowledge" and "procedural knowledge" require explanation.

译文：请注意，"陈述性知识"和"程序性知识"这两个词需要解释一下。

翻 译 分 析

英文原文的意思是"陈述性知识"和"程序性知识"需要解释，但汉语在表达中习惯用概括性的语言，即增加概括性的数词"这两个"，再根据二者性质增加名量词"词"。

2. 增加动量词

汉语中，动量词表达的意义各不相同，和动词组合的能力也不一样，比如"下"和动词组合的能力强，如"看一下""吃一下""试一下"等，而像"顿""眼"只能和固定的动词搭配组合。

(1) She was severely beaten by her father.

译文：她被她父亲狠狠打了一顿。

(2) What I care about is the quality of the goods. Please have a look at these samples.

译文：我关心的是货物的质量。请给我看一下那些样品。

(3) He took a cast on the newspaper on the table and found a photo of his friend on it.

译文：他瞥了一眼桌上的报纸，竟发现自己朋友的照片登了报。

翻 译 分 析

上述三个例子的中文译文中都在动词后面增加了动量词，使得译文符合汉语表达习惯。

（四）增加语气助词

语气助词是汉语中特有的一种修辞手段，用在句中停顿处或句尾以表示各种语气，如：的、吧、呢、啊、呀、吗、嘛、啦、了、罢了、而已等。不同的语气助词可以起不同的作用，如感叹、肯定、疑问、祈使、中间的停顿等，但英语中没有相应的语气助词。在英译汉时，要细心体味原文，使用汉语语气助词，以更好地表达原文的语气或修辞效果。

(1) "Size don't matter, chopping wood," he said. "Some of the big boys don't chop good. I've been chopping wood at the orphanage a long time."

译文："劈柴禾可不论个头儿，"他说。"有的大孩子还劈不好呢。我在孤儿院劈了好一阵了。"（《正直》，王中砥译[①]）（肯定语气）

(2) Oh, it had all been so sad lately. Was it going to change?

译文：唉，近些时候以来，什么事情都那么晦气，该会变一变了吧？（《航程》，杨志

---

① 杨平. 名作精译 [M]. 青岛：青岛出版社，2014：219 - 222.

才译①)（疑问语气）

（3）Dorothy said, "Told you I'd retired, too. I've had a snack. Find yourself a tin of something in the cupboard."

译文：多萝西说，"不是告诉你我也退休了嘛！我随便吃了点。你在食品柜里找个什么罐头吃吧。"（《退休》，时和平译②)（祈使语气）

（4）Well, all through his course I stood by him.

译文：这么说吧，自始至终我都守护着他。（《好运气》，印金凤译③)（停顿语气）

（5）I was well into my work and not inclined to conversation. I was a little blunt. "Very well. There's the ax. Go ahead and see what you can do."

译文：我一心在写作，没有心思搭理他。话说得也有点儿生硬："好了好了，去拿斧子吧。先劈劈再看吧。"（《正直》，王中砥译④)（祈使语气）

（6）Surely a few of that vast total of 36892 days must still be valid.

译文：36892天呐——这么大的数字总还有一些是有效的吧。（《特别职责》，潘绍中译⑤)（感叹语气和疑问语气）

（7）What about this danger of war, which is making us all shake in our shoes at present?

如何看待当前这种使我们每个人都不寒而栗的战争危险呢？（《依我之见》，吴燕泉译⑥)（疑问语气）

（8）All his life he had thought in terms of tunnels and skyscrapers and great squat dams and tall, three-towered bridges…

译文：从小时候起，乔治想的就是隧道呀、摩天楼呀、巨大的平坝呀、有着3座塔墩的高桥呀……（《要实际一些》，潘绍中译⑦)（停顿语气）

翻译分析

上述每个例子的中文译文都增加了语气助词，增强了文本的可读性，很大程度上帮助还原了原文要表达的含义，使读者身临其境地体会原文所描述的人物情感、心理状态等。如例（5）的中文译文在"去拿斧子"和"先劈劈看"后面增加了语气助词"吧"，将说话者不耐烦的语气体现出来。

（五）增加表示时态的词

英语中，动词依赖动词词性变化而有时态变化，而汉语没有时态变化，常常通过一些副词、助词表达时态。例如，汉语中，用"了""过""已经""曾经"等词表达过去时，用"正""正在""着"表达现在时，用"将""会""就""要"等表达将来时。此外，

---

① 杨平. 名作精译[M]. 青岛：青岛出版社，2014：238-247.
② 杨平. 名作精译[M]. 青岛：青岛出版社，2014：260-266.
③ 杨平. 名作精译[M]. 青岛：青岛出版社，2014：304-309.
④ 杨平. 名作精译[M]. 青岛：青岛出版社，2014：219-222.
⑤ 杨平. 名作精译[M]. 青岛：青岛出版社，2014：211-216.
⑥ 杨平. 名作精译[M]. 青岛：青岛出版社，2014：193-198.
⑦ 杨平. 名作精译[M]. 青岛：青岛出版社，2014：147-158.

有时也用明确表达时间的词汇来表示时态,如"昨天""今天""明年"等。因此,在英汉翻译过程中,需根据译文的需要适当增加表示时态的词。另外,有时为了强调时间或者强调时间的对比,也需要增加一些其他词以完善句意。

(1) I had heard about her before she became the a trending topic these days.

译文:我在她最近上热搜之前就听说过她。(增加表示过去时的词)

(2) "Hey, the moon is following us."

译文:"嘿,瞧!月亮正在跟着我们呢!"(增加表示进行时的词)

(3) With this faith we will be free one day.

译文:有了这种信念,总有一天,我们将获得自由。(增加表示将来时的词)

(4) They were speaking of their own antecedents, I supposed.

译文:我当时觉得他们是在谈他们那一代的事。(《酸奶里的一只苍蝇》,佳宁译①)(增加表示过去时的词)

(5) I am and will be grateful for your help.

译文:对于你的帮助,我现在很感激,将来也会感激。(强调对比)

(6) The high-altitude plane was and still is a remarkable bird.

译文:这种高空飞机过去是现在仍然是一种了不起的飞机。(强调对比)

翻译分析

例(1)、例(2)和例(3)原文的主干谓语动词分别用了过去时、现在时和将来时,译文中相应地增加了表示时态的词"过""正在"和"将"。例(4)的原文中,I supposed 是过去时,因此译文增加了表示过去时间的词"当时"。例(5)和例(6)的原文都有强调时间对比的含义,因此译文相应地增加表示时间对比的词汇。

(六) 增加表示复数的词

英语语法中,普通名词包括可数名词和不可数名词。可数名词通过词尾的曲折变化体现单复数,也可以和数词连用;不可数名词没有复数形式,只有当前面有表示量的名词时,如 piece、slice,才可以与数词连用。有的英语名词指不同含义时,有可数也有不可数之分。如:glass 玻璃,two glasses 两个玻璃杯。汉语没有单复数之分,名词前可加上任何数量词以表其数量。② 如:三本书,两只羊,五个项目。汉语也有表示复数的词,如"们"和"群"。英汉翻译时,可在指认的名词后面加"们",或者在其前面加"各位"或"诸位";在指动物的名词后面加"群"。如:

children 孩子们	authors 作者们
former shareholders 前股东们	families 家人们
senior officials 各位首长	honorable members 诸位贵宾
a lot of close classmates 一群要好的同学	a bunch of students 一群学生
sharks 鲨鱼群	a flock of birds 一群鸟

---

① 杨平. 名作精译 [M]. 青岛:青岛出版社,2014:134-140.
② 范仲英. 实用翻译教程 [M]. 北京:北京外语教学与研究出版社,1994:136.

在指许多物或事的时候，可以增加重叠词、数词或其他词。如：

（1） Instead, she transcended those challenges.

相反，她克服了种种挑战。（增加重叠词）

（2） Barrels of salty water, string bags of shellfish, bundles of fish laid out on ice.

译文：里面是一桶桶的海水，一网兜一网兜的贝类海鲜，还有一捆捆放在冰块上的鱼。（增加重叠词）

（3） All flowers bloom together.

译文：百花齐放。（增加数词）

（4） These products can be suitable for children of different ages.

译文：这些产品适合不同年龄阶段的孩子。（增加其他词）

（七）增加原文省略的内容

英语中若出现两个及以上的相同谓语或谓语相同的部分时，常常将其省略，以使句子不冗余；而中文要把省略的动词重复。因此，在翻译省略了相同谓语的句子时，需有意识地增加省略的动词。

（1） Reading makes a full man; conference a ready man; and writing an exact man.

译文：读书使人充实，讨论使人机智，写作使人准确。（《谈读书》，王佐良译）（增加省略的谓语）

（2） A sound must be heard, a colour seen, a flavour tasted, an odour inhaled.

译文：声音必须耳听，颜色必须目视，滋味必须口尝，气味必须鼻吸。（增加省略的谓语的一部分）

在并列结构中，英语常常省略前面出现过的词语，翻译时，要增加省略的词语。

（1） We may go there by train or air.

译文：我们可以乘火车或乘飞机去那儿。（增加省略的介词 by）

（2） He just pursued his own good, but neglected others'.

译文：他只顾自己的利益，不顾他人的利益。（增加省略的宾语）

（八）增加范畴词

范畴词（category words）指用来表示行为、现象、属性等概念所属的范畴，是汉语常用的特指手段。[①] 范畴词通常跟在动词和形容词后面，如：发展过程、实用性，有时也跟在名词后面，如情感状态。常见的范畴词有：问题、状态、情况、工作、意义、行为、态度、局面、情景、进程、现象、方面和水平等。英译汉时，应根据译文的搭配需要增加范畴词。如：

（1） So great was the race for speed.

译文：赛船的景象十分壮观。

（2） For decades, there has been a stalemate.

译文：几十年来，一直存在着一种僵持局面。

（3） Alibaba said it will continue working with government agencies to address concerns about intellectual property protection across its platforms.

---

① 连淑能．英汉对比研究［M］．北京：高等教育出版社，2010：176.

译文：阿里巴巴表示，将继续与政府机构合作，解决平台的知识产权保护问题。

(4) The United States and China have been engaged in trade tensions for years over issues like tariffs, technology and intellectual property, among others.

译文：多年来，美国和中国因关税、技术和知识产权等问题一直处于贸易紧张状态。

(5) But if you are talking about the most important bilateral relationship in the world, those years are even more instructive about the United States.

译文：但是，如果你谈论的是世界上最重要的双边关系，那么在关于美国的问题上，这些年就更具启发意义。

(6) Price is king on the larger orders, says Dan, who adds that this means keeping costs to a minimum.

译文：对于大订单，价格仍然是至关重要的，丹尼补充道，这意味着必须把成本控制在最低水平。

翻译分析

上述例句的中文译文根据表达完整的需求都增加了范畴词，其中例（1）译文增加的范畴词"景象"使句意更加明确，是"赛船的景象"而不是其他方面十分壮观；例（2）至例（6）译文中增加的范畴词都与范畴词前面的动词具有搭配关系，如（3）"解决……问题"，如果不增加范畴词"问题"，译文就变成"解决知识产权"，句意就不完整。

二、增词法在汉英翻译中的运用

增词法在汉英翻译过程中使用不多，但也存在一些增词的现象，如增加连词、增加介词、增加代词或名词、增加冠词以及增加提供背景的内容。

（一）增加关联词

英语造句主要采用形合法（hypotaxis），即词语或分句之间用语言形式手段（如关联词）连接起来，表达语法意义和逻辑关系。汉语造句主要采用意合法，即词语或分句之间不用语言形式手段连接，其中的语法意义和逻辑关系通过词语或分句的含义表达。① 英语中，有很多语言形式手段连接词语或分句，关联词是其中一种。关联词包括关系词和连接词：关系词是连接主语从句、表语从句、宾语从句以及定语从句的，如关系代词（who, whom, whose, which, that 等）、关系副词（where, when, why 等）、连接代词（what, who, whatever 等）、连接副词（when, why, where, how, therefore, besides, otherwise, however 等）；连接词包括从属连词（when, while, as, before 等）和并列连词（and, but, or 等），用来连接词和句。而汉语很少用形式连接手段，换言之，也不同这类词，注重时间和逻辑顺序。因此，在汉英翻译时，可根据译文需要增加关联词。如：

(1) 我梦见自己正在小学的讲堂上预备作文，向老师请教立论的方法。（《立论》，鲁迅②)

---

① 连淑能. 英汉对比研究 [M]. 北京：高等教育出版社，2010：73.
② 张培基. 英译中国现代散文选（二）[M]. 上海：上海外语教育出版社，2007：19-20.

I dreamed that while preparing to write a composition in a primary school classroom I asked the teacher how to present a view.

翻译分析

此例句原文中的"我梦见"是主干，对应译文的 I dreamed，后面跟着梦见的内容，对应译文的 that 宾语从句。梦的内容包含两个同时发生的动作，即"正在预备"和"请教"，汉语是意合性语言，这里没有用连接词连接两个短句，只是语序表达含义。而翻译为英语时，需要考虑用语言形式手段连接这两部分，因此译文增加了连接副词 when 连接非谓语动词短语 preparing to write a composition，使得"正在预备"成为次要动作，而"请教"就是主要动作，符合英语形合性的特点。

(2) 一家人家生了一个男孩，合家高兴透顶了。（《立论》，鲁迅①）

译文：When a baby boy is born to a family, there is immense joy in the whole household.

翻译分析

此例句包含2个短句，且两句具有时间先后的关系，译为英语时要将汉语原文隐性的关系体现出来，因此译文用连接副词 when 连接一个时间状语从句，使得译文中的动作顺序顺理成章，含义明确。

(3) 一个说："这孩子将来要发财的。"他于是得到一番感谢。

一个说："这孩子将来要做官的。"他于是收回几句恭维。

一个说："这孩子将来是要死的。"他于是得到一顿大家合力的痛打。（《立论》，鲁迅②）

译文：One of the guests receives hearty thanks for saying, "The child is destined to be rich."

Another is paid some compliments in return for saying, "The child is destined to be an official."

Still another, however, is given a sound beating by the whole family for saying, "The child will eventually die."

翻译分析

此例句汉语原文中，第3个人说了与前两个人大相径庭的话，也受到与前面二人大相径庭的待遇，从含义上就能体会到前后的转折。而翻译为英语时，要将这种隐含的转折含义明确地表现出来，于是译文增加了具有转折意味的连接副词 however。

---

① 张培基. 英译中国现代散文选（二）[M]. 上海：上海外语教育出版社，2007：19-20.
② 英译中国现代散文选（二）[M]. 上海：上海外语教育出版社，2007：19-20.

(4)"现在你们是大学生了,作文题目可以由你们自己拟。"(《我爱作文》,谢冰莹①)

译文:"Now that you're university students, you may write on any subject of your own choice."

翻译分析

此例句原文中两个短句之间有隐含的因果联系,即因为"你们是大学生了",所以"题目可以自拟",故英语译文增加了从属连词 now that(既然),连接两个分句,使这种隐含的联系变得明显起来。

(二) 增加介词

英语由于形合性的特点,造句使用介词频率极高。英语介词按结构可以分为简单介词(about, for, of 等)、合成介词(alongside, throughout, out of 等)、带-ing 的介词(concerning, considering, regarding 等)和成语介词(according to, by means of, due to 等)。② 介词在句子中不能独立充当成分,必须和其他词构成介词短语才能担任成分,如状语、定语、表语及宾语补足语等。据统计,英语各类介词共约 286 个,介词是英语中最活跃的词类之一,是连接词、短语或分句的重要手段。③ 汉语中的介词主要指以下一些词:按、按照、把、被、比、本着、除、从、趁、对、对于、当、给、跟、根据等,大多数介词由古代汉语中的动词虚化而来,但也有一些兼属动词和介词两类。④ 与英语相比,汉语少用或不用介词。在汉英翻译过程中,需有意识地将介词补充出来,以连接译文的词、短语或分句。

(1) 这肯定会导致贫富差异。

译文:This could lead to imbalances between rich and poor people.

(2) 40 年来,中国坚持对外开放基本国策,打开国门搞建设。(《中国与世界贸易组织》白皮书⑤)

译文:Over the past 40 years, China has been adhering to the fundamental national policy of reform and opening-up and pursuing development with its door wide open.

(3) 这使非物质文化遗产赖以生存的环境遭到了不同程度的破坏。

译文:This has to a greater or lesser extent disrupted the environment on which intangible cultural heritage relies for existence.

(4) 教学方法和手段的改革已不是战术问题而是战略问题。

译文:So the reform of teaching methods and means is not the matter concerning tactics but strategies.

(5) 她要照顾小孩,一周只能抽出一天时间在办公室办公。

译文:She could only manage one day a week in the office due to childcare.

---

① 张培基. 英译中国现代散文选(二)[M]. 上海:上海外语教育出版社,2007:119-121.
② 张道真. 张道真实用英语语法(全新版)[M]. 北京:外语教学与研究出版社,2002:431-432.
③ 连淑能. 英汉对比研究[M]. 北京:高等教育出版社,2010:75.
④ 马真. 简明实用汉语语法教程[M]. 北京:北京大学出版社,1997:33.
⑤ 中华人民共和国国务院新闻办公室.《中国与世界贸易组织》白皮书[DB/OL]. http://www.scio.gov.cn/ztk/dtzt/37868/38521/38523/Document/1632360/1632360.htm,2022-05-02.

（三）增加冠词

英语冠词包括定冠词（the）和不定冠词（a 和 an），附着在一个名词上，帮助说明其意义。不定冠词 a/an 与数词 one 同源，表示"一个"的意思，用在可数名词前，定冠词 the 与指示代词 this 和 that 同源，表示"这（那）个"的意思，在表示一个（些）东西的时候，译作"这个（些）"或"那个（些）"。① 冠词有特指和泛指之用，在英语句子中不可或缺。而汉语的十五种词类中是没有冠词的。汉语句子译为英语时，需要注意增加冠词。

1）岩画是远古人类留给我们的宝贵文化遗产。

译文：Rock paintings are a precious cultural heritage left by mankind from the remote antiquity.

2）他显出将信将疑的神情。

译文：He had an air of uncertainty about him.

3）地处中国西北宁夏回族自治区境内的贺兰山，又是华夏土地上遗存岩画最集中、题材最广泛、保存最完好的地区之一。

译文：Helan Mountains, located in northwest China's Ningxia Hui Autonomous Region, are one of the most concentrated and diversified and best preserved rock painting areas in China.（《笔译备考实训：汉译英（二、三级通用）》，卢敏②）

4）网络的出现标志着信息化时代的开端。

译文：The appearance of Internet marked the beginning of the age of information.

（四）增加代词或名词

汉语句子通常包含主语和谓语，但也有些句子没有主语，不依赖上下文就能表达比较明确、完整的意思，有人称这样的句子为无主句。③ 如："开会了。""活到老，学到老。"而英文句子大部分有主语，故汉语无主句转换为英文时，除了可以处理为被动句或 there be 句型外，还需要根据语境增加代词或者相当于代词的名词以补充主语。如：

（1）优先稳就业保民生，人民生活得到切实保障，就业是最大的民生，保市场主体也是为稳就业保民生。

译文：We gave top priority to stabilizing employment and ensuring living standards and effectively safeguarded people's wellbeing…

（2）提高国家文化软实力，要努力传播当代中国价值观念。

译文：To strengthen our cultural soft power, we should reinforce the cornerstone of our national cultural soft power.

（3）十年树木，百年树人。

译文：It takes ten years to grow trees, but a hundred to rear people.

（4）有时候要到达谷底，才会慢慢变好。

译文：Sometimes things have to fall apart to make way for better things.

---

① 张道真. 张道真实用英语语法（全新版）．[M]. 北京：外语教学与研究出版社，2002：66 – 67.
② 卢敏. 笔译备考实训：汉译英（二、三级通用）．[M]. 北京：外文出版社，2017.
③ 马真. 简明实用汉语语法教程. [M]. 北京：北京大学出版社，1997：45.

(5) 在边远地区是要艰苦些。
译文：Life in remote areas is a little bit harder.

翻译分析

以上例句是典型的无主语句，在译为英语时，根据需要增加人称代词或者名词作主语，以符合英语语法结构的要求。

（五）增加提供背景知识的词

当汉语句子中包括一些英语读者不了解的中国文化词汇或表达，如典故、成语、政治术语以及简化说法等，汉译英时需要增加一些表示解释、提供背景知识的词（组）或句子，以确保译文具有可读性。

(1) 但是他没有忘记自己是炎黄子孙，对祖国始终充满了爱。

译文：But he never forgot he was a descendant of Yandi and Huangdi, legendary rulers of China in remote antiquity and ancestors of the Chinese people, and he cherished a deep love for his country.

(2) 管鲍之交一直为中国人民广泛传颂。

译文：The friendship of Guan Zhong and Bao Shuya—like the friendship of Damon and Pythias—is always on the lips of the Chinese people.

(3) 苏东坡曾到这里游览题诗。

译文：Sudongpo, the famous poet ever traveled and wrote poems here.

(4) "三严三实"指的是，"既严以修身、严以用权、严以律己，又谋事要实、创业要实、做人要实"。

译文："Three stricts and three honests," The slogan refers to: "be strict in morals, power and disciplining oneself; be honest in decisions, business and behavior."

(5) 1978年，邓小平引领人民走上了前所未有的开拓市场经济的道路。

译文：In 1978, Mr. Deng Xiaoping, a wise leader of China, led the country into an unprecedented campaign to introduce a market economy.

（六）增加无其形有其意的词

有时，汉语句子中虽无其词，但有其意，译者要增加一些原文中暗含但没有言明的词（组）或句子，以确保译文意思完整。

(1) 吃一顿饱饭可能很快就会忘记，但饥饿留下的印象永生难忘。

译文：Whereas a satisfying meal might be quickly forgotten afterwards, starvations I suffered during those years have left me with ever-lasting painful memories. (《笔译备考实训：汉译英（二、三级通用)》，卢敏[①])

(2) 瑞士面积不过四万多平方公里，但汇聚了著名的阿尔卑斯山脉、莱茵河和1 000多个湖泊。

---

① 卢敏. 笔译备考实训：汉译英（二、三级通用). [M]. 北京：外文出版社，2017.

译文：Though its area is no more than 40,000 square kilometers, Switzerland boasts a rich variety of landscape resources, among which are the world renowned Alps Mountains, the Rhine River and over 1,000 lakes. (《笔译备考实训：汉译英（二、三级通用）》，卢敏①)

(3) 杭州是一座有悠久历史的文化名城。"良渚文化"遗址即可证明。

译文：Hangzhou has long been known as a famous cultural city. The ancient Liangzhu Culture ruins were found in what is now Hangzhou. (《英语笔译实务（2级）》，卢敏②)

(4) 潜藏在心底的印象，陡然一幕幕地重映出来。

译文：Scene after scene of the bygone days, long tucked away in the depth of my memory, now reemerged all of a sudden. (《英译中国现代散文选（二）》，张培基③)

(5) 差一点我被海浪卷走了生命。

译文：But surprisingly it ended up in my narrow escape from the surging waves. (《英译中国现代散文选（二）》，张培基④)

三、省词法在英汉翻译中的运用

（一）省略冠词

英语有冠词，而汉语没有冠词。因此，在英汉翻译时，需要有意识地省略冠词。如：

(1) Now is a good time to buy a house.

译文：现在买房子正是时候。

(2) Would now be a suitable moment to discuss my report?

译文：现在讨论我的报告合适不合适？

(3) What a transformation! You look great.

译文：真是判若两人！你看上去真神气。

(4) A computer can perform many tasks at once.

译文：电脑能同时做多项工作。

(5) I think you have made an error in calculating the total.

译文：我想你在计算总数时出了差错。

(6) We're used to the noise from the traffic now.

译文：现在我们已经适应车辆往来的噪音了。

(7) Physiology is the study of how living things work.

译文：生理学是研究生物功能的学科。

(8) It took two hours to put out the fire.

译文：用了两小时才把火扑灭。

（二）省略关联词

英语是形合性语言，通过连词等语言形式手段连接词、短语或分句，以表达语法意义和逻辑意义；相反，汉语是意合性语言，不用语言形式手段，句子的语法意义和逻辑意义

---

① 卢敏. 笔译备考实训：汉译英（二、三级通用）. [M]. 北京：外文出版社，2017.
② 卢敏. 英语笔译实务（二级）. [M]. 北京：外文出版社，2016.
③ 张培基. 英译中国现代散文选（二）. [M]. 上海：上海外语教育出版社，2007.
④ 张培基. 英译中国现代散文选（二）. [M]. 上海：上海外语教育出版社，2007.

都是通过句子的含义表达的。所以,英译汉要省略关联词。

(1) Because his wife was there, I said nothing about it.

译文:当时他的妻子在场,我便没提及这事。

(2) Although it was dark, he still worked in the field.

译文:天黑了,他依然在田里劳作。

(3) All of them were eager to know what it was like in China, and we did our best to tell them.

译文:他们都很想知道我在中国的生活怎么样,我们尽我们所知,如实讲来。

(4) "It's like baking a cake: If you don't have exact amounts, it goes wrong," she says.

译文:她说,"这就像烤蛋糕,没有准确的数量,就会出错。"

(5) As degrees became universal, they became devalued.

译文:大学学位的普及使学位的价值开始下降。

(6) Light was a something that both artists and scientists had an interest in, and therefore could form the basis of collaboration.

译文:光是艺术家和科学家都感兴趣的东西,这也是他们合作的基础。

(三) 省略介词

上文已详述介词是英语造句采用形合法的一种手段,而汉语较少用或不用介词。因此,英译汉时,需得省略介词。如:

(1) There's no difference in the results.

译文:结果没有差别。

(2) There's money to be made from tourism.

译文:旅游业非常有利可图。

(3) Our aim is to allow student teachers to become familiar with the classroom.

译文:我们的目标就是让实习教师熟悉课堂。

(4) Many people throughout history have dreamt of a world without war.

译文:历史上有很多人梦想过没有战争的世界。

(5) This title ranks alongside the Olympics in terms of importance.

译文:这项冠军的重要程度可与奥运会冠军媲美。

(6) It's a television that we bought on credit two months ago.

译文:这是我们两个月前赊购的电视机。

(四) 省略代词

当英语并列句或复合句重复代词充当主语,英译汉时,需要省略重复的主语,以避免汉语译文代词冗余。

(1) I always dream, but I forget upon waking up.

译文:我老是做梦,但醒来就忘了。

(2) Although she was so sad, she refused the help of passers-by.

译文:她很难过,却拒绝了路人的帮助。

当代词 it 作英语句子的形式主语、形式宾语,或构成强调句结构,或只是起填补主语或宾语位置而无任何意义的时候,译为汉语时,可将 it 省略。

(3) It is a good idea to remove them from the Internet. (it 作形式主语)

译文：将它们从互联网上删除是明智之举。

(4) Many also consider it rude to eat in public or on the trains. (it 作形式宾语)

译文：很多人认为在公共场合或者火车里吃东西是粗鲁的表现。

(5) It's too late to go to the football match now; besides, it's beginning to rain. (it 作主语，无实际意义)

译文：现在去看足球比赛太晚了；况且老天又开始下雨了。

(6) Rumour has it that we'll have a new manager soon. (it 作宾语，无实际意义)

译文：据传我们即将有一位新经理。

(7) It was that image of calm and discipline that appealed to voters. (it 作为强调句的部分)

译文：正是那个冷静、自律的形象打动了选民。

四、省词法在汉英翻译中的运用

汉语经常采用原词复现或同义重复的方式，或为了避免代词过多使用，或为了表达生动、明确。英语用词讲究多样性，常采用省略或替代的方法来处理重复信息，以达到表达简练、紧凑的目的。由于汉英两种语言的表达差异，在汉英翻译过程中要根据需要，使用省略的方法翻译汉语的重复信息，如省略重复的词语和省略范畴词等，以求译文更加地道、流畅。

（一）省略重复的词语

汉语常常重复名词，以避免过度使用代词；而英语多采用省略、替代等手段避免重复。汉译英时，可以酌情将汉语原文重复性的词语省略。如：

(1) 其中一个重要的原则，叫作一次性原则。

译文：One way of doing this was by means of the one-time principle.

(2) 中国文化是世界上最古老的文化之一。

译文：The Chinese civilization is one of the oldest in the world.

(3) 该合资公司将申请在中国全国在线销售保险的牌照，目标客户既包括个人也包括中小企业。

译文：The joint venture will apply for a license to sell insurance online throughout the country, and will target both individual customers and small and medium-sized businesses.

(4) 任何婚姻的破裂都是一个打击，这种打击对孩子们尤为严重。

译文：The breakup of any marriage is a shock, especially for the children.

(5) 为什么会有人愿意保持单身？愿意独自一人消磨时光？

译文：Why would someone voluntarily choose to stay single? To spend time alone?

(6) 个人利益同国家利益不可分割地联系在一起。

译文：The interest of individuals is indissolubly linked with that of the country.

(7) 我坚信，要了解当今世界，就要先了解全球化的快速进程，了解它的影响力，了解中国在这个进程中举足轻重的地位。

译文：I firmly believe that to understand the world today, you have to understand the rapid pace of globalization, its effects and China's very significant place within it.

(8) 自由是法国大革命的口号,也是西方价值观的重要成分。

译文:It was the slogan of the French Revolution and an important component of Western values.

(二) 省略范畴词

汉语范畴词是表示现象、行为、属性的一类词,通常没有实际意义,但可以使意思完整,表达流畅,如"水平""状况""态度""问题""方面""情景"等。汉译英时,考虑将汉语范畴词省略,以避免译文表达啰唆。如:

(1) 我们要以"零容忍"态度彻底反腐败。

译文:We must maintain a tough, zero-tolerance stance on corruption.

(2) 这个主意倒不错,可实施情况不理想。

译文:The idea was good, but the execution was poor.

(3) 其他国家的市场,如日本、法国和英国,在快餐上的整体消费呈增长态势。

译文:In some markets, such as Japan, France and Britain, total spending on fast food increased.

(4) 他有时幻想赢得金牌的情景。

译文:He sometimes fantasized about winning the gold medal.

【课后练习4-1】

一、将下列句子译成汉语。

1. Local police are trying to defuse racial tension in the community.
2. This is an opportunity to enhance the reputation of the company.
3. Jimmy is adopted and thus unrelated to Beth by blood.
4. As the temperature increase, the volume of water becomes greater.
5. People complain about how children spend so much time on computer games.
6. He looked at Michael and laughed.
7. She spoke without much enthusiasm.
8. She blushed with embarrassment.
9. It was very wet and windy the day I drove over the hill to Milland.
10. It's good to meet people from different parts of the country.

二、将下列句子译成英语。

1. 我们应该更加爱护有历史意义的建筑。
2. 我的经济状况比过去好多了。
3. 电梯故障了。我们必须爬楼梯了。
4. 这些孩子在暴力和无安全感的环境中长大。
5. 他曾在那儿做过夜间保安。
6. 华北大部分地区因为过于寒冷或过于干燥,无法种植水稻。

三、赏析下列句子的译文,并评论其中翻译精妙之处。

1. 走到路上,还没"断黑"已经一连串地亮了街灯。

译文:When you go out for a walk towards the evening, you'll see street lamps lit up one after another though it is not yet quite dark.

2. 在我之前，母亲生过两个哥哥，都是一生下就夭折了，我的底下，还死去一个妹妹。我的大弟弟，比我小六岁。在大弟弟未出生之前，我在家里是个独子。

译文：I had two elder brothers who died soon after they were born. I had a younger sister who died young. My eldest younger brother is six years my junior. Therefore, before he was born, I was the only child of the family.

3. 我整天跟在父亲的身边，参加了他的种种工作与活动，得到了连一半男子都得不到的经验。

译文：I was with my father while he was going about his work and various other activities, thus acquiring experience beyond the reach of even an average male adult.

4. 在京剧脸谱中，黑色代表刚直，白色代表背叛和狡诈。

译文：In the masks of the Beijing opera, black stands for uprightness, while white signals treachery or deception.

5. 松、竹、梅不受寒冬的影响，有君子的气节，被称为"岁寒三友"。

译文：Pines, bamboos and plum blossoms are called "the three companions of winter" because they represent the integrity of gentlemen living against the harsh cold winter.

6. 剪纸最常用的颜色是红色，象征健康和兴旺。

译文：The color most frequently used in paper cutting is red, which symbolizes health and prosperity.

第二节　替代法和重复法

替代是英语中重要且常见的语篇和句子内部的衔接手段。① 替代即通过代词、代动词（如 do so）、so 等替代重复的内容，以避免非必要的重复现象（为了修辞效果的重复除外），以使行文简洁、有力。如：

（1）原句：The hat you bought is bigger than the hat I bought.

改写：The hat you bought is bigger than that I bought.

（2）原句："He picked up a strange cat and it bit him." "More fool him; he should have known it would bit him"

改写："He picked up a strange cat and it bit him." "More fool him; he should have known it would do that"

（3）原句："She's very friendly, and her being friendly is why we all love her."

改写："She's very friendly, and that is why we all love her."

翻译分析

例（1）错句的问题在于重复了名词 the hat，不符合英语的表达习惯，故用代词 that 代替名词 the hat；例（2）中，两个句子中重复的内容是 bit him，当该动词短语第二次出现

---

① 彭萍. 实用英汉对比与翻译（英汉对照）[M]. 北京：中译出版社，2015：182.

的时候，应当用其他形式替代动词短语 bit him，如用 do that 指代 bit him；例（3）原句中 she's very friendly 意义重复，用指示代词 that 指代分句 she's very friendly，能使得句子更加简洁。

重复是汉语语句或语篇衔接的一种手段。① 重复即用相同、相似或者相对的词语或句式，以达到突出主题、增强语气等作用。重复现象在汉语语篇中非常常见，如重叠字或词、修辞性重复、同义复现、近义复现等。

（4）草地上泛起了星星点点的绿，一棵棵小草从坚硬的泥土中伸出头来，好奇地望着周围的一切。它用自己星星点点的绿色，织成了一块块绿茵茵的地毯，把草原打扮得更加美丽！

（5）大山原来是这样的！月亮原来是这样的！核桃树原来是这样的！香雪走着，就像第一次认出养育她成人的山谷。（铁凝《哦，香雪》）②

（6）后三宫往北就是御花园。御花园面积不很大，有大小建筑二十多座，但毫无拥挤和重复的感觉。这里的建筑布局，环境气氛，和前几部分迥然不同。亭台楼阁、池馆水榭，掩映在青松翠柏之中；假山怪石、花坛盆景、藤萝翠竹、点缀其间。（黄传惕《故宫博物院》）③

上面的例句（4）用叠字叠词描绘出春天生机勃勃的景象；例（5）连续三次反复使用"原来是这样的"，表明了人物的快乐心情；例（6）连用多个前后意义重复或对应的四字词组，使得读者对"御花园"的精致喜闻乐见。

鉴于英语倾向于用替代手段、汉语倾向于用重复手段的语言形式差异，译者在英汉互译过程中要注意替代与重复的转换，即在汉译英过程中，将汉语原文重复性的内容用英文语言形式酌情替代；反之，在英译汉过程中，将英语原文替换的部分在译文中重复出现。

一、替代译法

著名语言学家韩礼德（Halliday）与哈桑（Hasan）（1976）在其合著的《英语中的衔接》④一书中，将衔接划分为照应、省略、替代、连接和词汇衔接。其中替代是指用代词、代动词以及 so, nor 等词代替重复的名词、动词、分句。换一种角度思考，替代也可以运用在汉译英的过程中，也就是用代词去替代汉语语句或语篇中重复的名词或者名词短语，用代动词去替代汉语语句或语篇中的动词或者动词短语，用 so, nor 等词去替代汉语中重复的分句。用这样的方法，有助于使译文避免重复，并有机衔接上下文。

（一）替代名词或名词短语

英语中，能够替代名词或名词短语的代词有很多，如第三/非人称代词、不定代词、指示代词、关系代词以及连接代词，如表 4-1 所示。

---

① 彭萍. 实用英汉对比与翻译（英汉对照）[M]. 北京：中译出版社，2015：186.
② 铁凝. 哦，香雪（汉英对照）[M]. 北京：外语教学与研究出版社，2012：35.
③ 黄传惕. 故宫博物院 [M]. 武汉：长江文艺出版社，2019.
④ Halliday, M. A. K. & Hasan, R. Cohesion in English [M]. London: Longman, 1976.

表4-1 用于替代名词/名词短语的代词分类

代词类型	代词举例
第三/非人称代词	he, she, it, they
不定代词	all, each, every, both, neither, either, one/ones, none, little, few, many, much, other, another, some, any
指示代词	this, that, these, those
关系代词	who, that, which, whom, whose
连接代词	what, which, who, whom

汉语的语篇重复名词或名词短语的时候，可以根据英语译文的语法需要和意义需要选择适合的代词替代。如：

（1）因为她直面恐惧，没被恐惧吓死。

译文：She faced her fears, and it didn't kill her.

（2）我妻子想阻止他们，他们就打了我妻子。

译文：My wife tried to stop them and they beat her.

翻译分析

例（1）—例（2）的原文分别重复了名词"恐惧"和"妻子"，译为英文时，根据英文常常用替换代替重复的习惯，前者"恐惧"由非人称代词 it 代替，后者"妻子"由第三人称宾格 her 代替，满足英语读者的语言心理习惯。

（3）他们提交了两个报告，哪个报告都没有任何有用的建议。

译文：They produced two reports, neither of which contained any useful suggestions.

（4）爱情是一回事，婚姻却是另一回事。

译文：Romance is one thing, marriage is quite another.

例（3）—例（4）的原文分别重复了名词"报告"和"一回事"，翻译为英语时，根据译文的语法要求选择不定代词 neither 和 another 分别代替这两个名词，避免译文重复的现象。

（5）2003年，中国的 GDP 达到1.4万亿美元，是澳大利亚 GDP 的3倍多。

译文：In 2003, the GDP of China reached 1.4 trillion US dollars, which is more than three times that of Australia.

（6）由澳大利亚和中国的工程师等共同组成的团队竞标成功。

译文：A joint team of engineers including those from Australia and China won the bid.

翻译分析

指示代词是用来指示或标识人或事物的代词，可以替代前面已经提到过的名词。例（5）—例（6）的译文用指示代词代替原文所重复的名词"GDP"和"工程师"。例（5）是同级比较句，重复的内容是"GDP"，所以译文用指示代词 that 替代了"GDP"。例（6）用指示代词 those 替代"engineers"，避免译文出现"engineers from Australia and China"的表达。

（7）物理变化是没有生成其他物质的变化。

译文：A physical change is one in which no other substances are produced.

（8）她向母亲袒露心扉，母亲说将无条件地支持她。

译文：Her mother, in whom she confided, said she would support her unconditionally.

例（7）和例（8）的中文原文重复的两个名词指同一个人或物，可以将句子译为定语从句。连接定语从句的关系代词替代原本重复出现的名词"变化"和"母亲"。

（9）现在的行为标准和过去的标准不一样了。

译文：Standards aren't what they used to be.

（10）这一行业的现状与昔日的行业盛况相比微不足道。

译文：The industry today is nothing to what it once was.

翻译分析

例（9）和例（10）的译文分别用连接代词 what 连接前后两部分，同时也替代了因比较需求而重复的名词。

（二）替代动词或动词短语

汉语的语篇或语句中如果重复了动词或动词短语时，英语译文可以选择一些能够替代动词或者动词短语的词或者句型，如 do, do so, do it, do that, do this, do the same 以及 so + 助动词 + 主语这一类型的替代句型。如：

（1）他们要我叫他们，于是我就叫了。

译文：They asked me to call them and I did so.

（2）—我能不能在朋友家过夜？

—不，你不能在外过夜。

译文：—Can I sleep over at my friend's house?

—No, you can't do this.

（3）他举起了杯子并且示意我也应该举杯。

译文：He raised his glass and indicated that I should do the same.

（4）伯尔曼警告道，你能给别人做出好的选择并不意味着你能给自己做出好的选择。

译文：Just because you can make good choices for others doesn't mean you'll do the same for yourself, Polman cautions.

（5）我是说小汽车肯定是解决之道，不过良好的公交系统或许也能解决问题。

译文：I mean small cars are the answer surely. Or there again a good system of public transport might do the same thing.

（6）世界上生产的每两台照相机中，就有一台由中国制造，每三台电视机和空调中就有一台是在中国生产。

译文：One in every two cameras produced in the world are made in China and so are one in three televisions and air conditioners.

翻译分析

从例（1）—例（5）中，可以看到译文中的代动词 do so, do this 或 do the same 替代了中文原文所重复的动词或动词短语，使译文更加地道。例（6）的原文有着相同的句式结构，即"每几台中，就有一台是在中国制造或生产的"，为了避免重复，译文中用 so + be 动词 + 主语的倒装结构来重复与前句所述的内容相同的部分。

（三）替代分句

当汉语的语篇或语句重复其中的分句或分句的一部分时，英译时用 so, nor, if so, if not 或 as 代替重复部分。如：

（1）你有什么能想出好点子的诀窍吗？如果能的话，我们很愿意收到你的来信。

译文：Do you have a knack for coming up with ideas? If so, we would love to hear from you.

（2）你今晚有时间吗？如果空闲的话，请早点来参加晚上7：30成功唱片制作人朱尔斯·斯凯的演讲。

译文：Are you free tonight? If so, come early to the talk at 7：30pm by Jules Skye, a successful record producer.

（3）她即便没听懂他的话，也明白了他的意思，并且接受了他的建议。

译文：She understood his meaning, if not his words, and took his advice.

翻译分析

例（1）和例（2）的原文第二句都重复了第一句中的部分内容，为了避免在英文译文中再重复一样的内容，译文用 if so（如果这样的话）代替重复内容。例（3）原文重复了分句，即"她没听懂他的话"与"她明白了他的意思"有重复，只是前者是否定后置是肯定，译文中用 if not（如果不能）这样带有否定的形式替代重复内容。

二、重复译法

英语中重复现象较少，要重复也是为了修辞的需要，较常见于文学作品。而汉语中重复现象更加普遍，通过重复表达前面提及的名词、动词和分句等，以满足语法的要求或达到增强节奏感和感染力、增强语气的修辞效果。汉语的重复包括词语的重复和意义的重复，词语的重复是通过重复语句中的不同成分，满足语法需要；意义重复即重复相似、相对或不同的词语。汉语意义重复的现象尤其常见于四字格和谚语。[①] 综上所述，英译汉时，

---

① 连淑能. 英汉对比研究 [M]. 北京：高等教育出版社，2010：248.

译者可以重复英文中的名词、动词,也可以用四字格或谚语的形式重复原文意义。

(一) 重复名词

上文提及英语常用代词替代名词,以避免名词的重复。所以,英译汉时,要有意识地将英语代词所替代的名词重复翻译,以满足目的语的语法需求或修辞需求。

(1) After the debacle of the war the world was never the same again.

译文:经历了这场战争的惨败之后,世界再也不是原来的世界了。

(2) And the political modernization is the important content and organic component of it.

译文:而政治现代化是现代化的重要内容和有机组成部分。

(3) After its sale to Bloomsbury (UK) and Longman, the accolades began to pile up.

译文:书稿卖给英国的布鲁姆斯伯里出版社和朗文出版社以后,荣誉纷至沓来。

(4) Their father was an obvious example to follow for good or for bad.

译文:他们的父亲显然是一个跟随的榜样,不管是好榜样还是坏榜样。

(5) But I took no notice o't, thinking it to mean that we had once kept two horses where we now keep only one. (《德伯家的苔丝》,托马斯·哈代①)

译文:但我没当回事,以为那意思是说我们现在只养得起一匹马,但那时候养得起两匹马。

翻译分析

例(1) 原文中 the same 指代的是主语(名词) the world,按照汉语常用重复的习惯,把 the world 在译文中重复翻译。例(2) 原文句末的代词 it 指代的是名词 modernization,所以译文中没有直译 it,而是重复翻译 it 所指代的内容。例(3) 原文中有两个专有名词 Bloomsbury (UK) 和 Longman,二者都是国外知名出版社,翻译时应该把它们的名称补充完整,即不能简单地音译,还需重复"出版社"。例(4) 的原文句末两个短语 for good 和 for bad 后都省略了名词 example,翻译时应当增添并且重复翻译 example。例(5) 原文句末 one 是数词,指"一匹",后面省略了名词 horse,译为汉语需得重复翻译 horses,使得译文前后有对比,也符合目的语的表达习惯。

(二) 重复动词

第一种情况,英语的语句或语篇在汉译时,需将省略或替换的动词进行重复翻译。如:

(1) If I'm asked what profession I've been following, I say I've been a teacher and editor with a much longer experience in editing than teaching.

译文:如果有人问起我的职业,我就告诉他:我当过教员,也当过编辑,当编辑的年月比当教员多得多。(《我和商务印书馆》,叶圣陶②)

(2) Every woman and girl carried in her right hand a peeled willow wand, and in her left a

---

① (英) 托马斯·哈代. 德伯家的苔丝(英汉对照) [M]. 盛世教育西方名著翻译委员会,译. 上海:上海世界图书出版公司,2012.
② 张培基. 英译中国现代散文选(三) [M]. 上海:上海外语教育出版社,2007: 1 - 4.

bunch of white flowers.

译文：每个妇女和姑娘的右臂都握着一根去了皮的柳枝，左手拿着一束白花。(《德伯家的苔丝》，托马斯·哈代①)

（3）Painters aim at a likeness not only in appearance, but also in spirit.

译文：绘画不仅要求形似，而且要求神似。

（4）A representative for the firefighters told the local TV that removing the chocolate was worse than dealing with snow.

译文：消防队一名代表告诉当地电视台，清理巧克力比清理积雪还困难。

（5）If you buy calligraphy or paintings which turn out to be fakes, they aren't worth a cent. They just amount to wastepaper.

译文：买书画买了假的，一文不值，只等于废纸。

翻译分析

上述例子中，例（1）—例（3）具有一个共同点，即省略了重复的动词，例（1）原文的谓语动词后跟两个并列表语，例（2）原文的谓语动词后跟两个宾语和状语，例（3）原文是并列句，两个分句的谓语动词相同，省略第二个，所以翻译时，应当根据汉语的表达习惯进行重复翻译。例（4）原文中，removing 和 dealing with 实际表达了相同的含义，即"清除"，在译文中都译为"清理"符合汉语表达习惯。例（5）原文含义容易理解，如果只是简单地译为"如果你买的书画证明是假的，就……"，显得语言冗余，不妨采取重复的方式，即重复及物动词"买"，使译文行为流畅，表达简洁。

第二种情况，汉语中的重复除了上述目的外，有时也为了达到修辞效果而重复动词。如下面3个例句的原文含义容易理解，但都不能简单地直译，将某些词、分句重复翻译，会增强译文的节奏感和表现力。如：

（6）Can we do anything to revive them?

译文：我们做点什么让她们精神起来？

（7）I will rise or drop as I please. I'll take a rest whenever I want to. It seems I should follow my own inclination.

译文：我愿意向上，就向上；我愿意向下，就向下。甚至，我愿意休息，休息就得了。我似乎应当尊重自己的趣味。(《杂感集》（节录），黄药眠②)

（8）They ate and drank and lounged in the shade.

译文：他们在阴凉处吃吃喝喝懒懒的闲坐着。

（三）重复意义

为了增强汉语语篇的语气、情感等修辞效果，译者可运用四字成语或普通四字词语来重复翻译英语原文中的某些意义。这种处理方式使译文结构排列工整，读起来朗朗上口，

---

① （英）托马斯·哈代（Hardy, T）. 德伯家的苔丝（英汉对照）[M]. 盛世教育西方名著翻译委员会，译. 上海：上海世界图书出版公司，2012.

② 张培基. 英译中国现代散文选（四）[M]. 上海：上海外语教育出版社，2007：75 - 78.

抑扬顿挫，音韵优美，能给受众带来视觉上和阅读上的双重享受。

(1) The reform and opening up unleashed such enthusiasm for economic development, that it has completely transformed China in the last 25 years.

译文：改革开放释放了中国人民对经济发展的巨大热情。25年来，中国发生了翻天覆地的变化。

(2) I'm so hungry after doing exercise in the evening that I always wolf down my dinner.

译文：我晚上锻炼之后特别饿，所以吃饭总是狼吞虎咽的。

(3) He arranged the documents in neat piles.

译文：他把文件一摞摞地码得整整齐齐。

(4) The forests have departed, but some old customs of their shades remain.

译文：郁郁葱葱的树林已经不见了，但在树荫下传承的古老习俗依然历久弥新。(《德伯家的苔丝》，托马斯·哈代①)

(5) Yet some children just ignore their parents when get up in the morning or come back from school. They often pull a long face and refuse to converse when they meet their elders.

译文：我看见有些孩子早晨起来对父母视若无睹，晚上回到家来如入无人之境，遇到长辈常常横眉冷对，不屑搭讪。(《养成好习惯》，梁实秋②)

(6) Whenever I went in town, I would raise my head only to see all residents' windows ablaze with flowers.

译文：走过任何一条街，抬头向上看，家家的窗子前都是花团锦簇，姹紫嫣红。(《在德国——自己的花是让别人看的》，季羡林③)

(7) Shanghai has countless eye-catching skyscrapers and innumerable streets and lanes, with beautiful shop windows and busy market quarters.

译文：上海尽有看不够数不清的高楼大厦，跑不完走不尽的大街小巷，满目琳琅的玻璃橱窗，车水马龙的繁华闹市。(《上海菜市场》，季羡林④)

(8) Drew Pearson, a thirty-four-year-old reporter, described them as "ragged, weary, and apathetic," with "no hope on their faces."

译文：有一位三十四岁的记者，名叫德鲁·皮尔逊，他描写那些退伍军人，说是"衣衫褴褛，筋疲力尽，神情木然，满脸愁容。"

【课后练习4-2】

一、翻译下列句子，并运用替换法翻译重复的部分。
1. 士兵们抓走4个人，其中1个随后被放了回来。
2. 我们需要创造一个环境气氛，一个有利于生意兴隆的环境气氛。

---

① (英) 托马斯·哈代. 德伯家的苔丝 (英汉对照) [M]. 盛世教育西方名著翻译委员会, 译. 上海：上海世界图书出版公司, 2012.
② 张培基. 英译中国现代散文选 (四) [M]. 上海：上海外语教育出版社, 2007：62-64.
③ 张培基. 英译中国现代散文选 (四) [M]. 上海：上海外语教育出版社, 2007：148-149.
④ 张培基. 英译中国现代散文选 (四) [M]. 上海：上海外语教育出版社, 2007：152-154.

3. 从书本上获得的知识和从社会实践中获得的知识一样重要。
4. 拉着牛尾巴不能使他向后退,揪着牛耳朵也不能使它向前进。
5. 通货膨胀率将下跌,随后利率也将下降。
6. 我们不应该害怕失败,因为失败不是道路的终点。
7. 随着智能手机大量增加,关于它们如何影响我们生活和工作的问题也在大量增加。
8. 我们持续每年在中国和美国投资1亿美元以上,今年我们也会这样做。
9. 这些措施即使不是必要,也是可取的。
10. 我的教学风格和多数教师相似。

二、运用重复法翻译下列句子,注意画线部分。

1. I sent letters to everyone I knew, telling them about my project. <u>It</u> worked perfectly.
2. French health authorities reported 833 more coronavirus deaths on Monday, bringing <u>the total</u> to nearly 9000.
3. Modern people exist under a specific social system, <u>which</u> becomes a platform for people to exist and develop.
4. After all, everyone seems in on <u>it</u>, from <u>social media</u> to <u>cafe</u> and pet consultants.
5. I realized that it was no easy job to be an at-home mom and I had to be very <u>careful</u>.
6. But to almost everybody she was a <u>fine</u> and <u>picturesque</u> country girl, and no more.
7. He has <u>great knowledge</u> and <u>bold vision</u> and is a rare genius.
8. I was still trying to dislodge the stupid feeling of <u>suspicion</u>, and I couldn't concentrate.
9. He was <u>canny</u>, <u>openhanded</u>, <u>brisk</u>, <u>candid</u>, and <u>modest</u>.
10. It enjoys a <u>temperate climate</u> with <u>well-marked seasons</u>, <u>plenty of rainfall</u> and <u>enough sunshine</u>, favorable for the growth of various trees.

第三节　音译法、加注法和释义法

一、音译法

音译(transliteration)是译音代义的方法。方梦之认为,音译也称为转写,即用一种文字符号来表示另一种文字系统的文字符号的过程和结果。① 由于英汉两种语言的文化差异,存在语义空白的现象,两种语言相互转换时无法从语义进行翻译,音译就应运而生。当原语中的某些文化词或文化意象在译入语中空缺且无法简单地翻译时,音译法可以将这些词汇的发音转换成译入语中相同或相近的语音拼读形式,在译入语中建构与原语相应的概念和文化语境,传递原语特有的概念意义和文化意义。熊欣则认为:从某种意义说,音译有助于保留原语表达方式及其内涵文化,给受众传递最真实的信息、享受最本源的原语文化。音译可以违背译入语的行文和文体风格,以避免因直译造成的文化损伤或文化误读,也可以避免因意译而造成的译文冗长。②

音译法在英汉互译过程中运用广泛,具有不可小觑的优势。

---

① 方梦之. 译学词典 [Z]. 上海:上海外语教育出版社,2004:96.
② 熊欣. 音译理论及音译产生的背景 [J]. 中国科技翻译,2014 (24) 01:39-41.

第一，音译得到的词简单明了，容易识记，如缩略词 TOEFL（Test of English as a Foreign Language 非英语为母语者的英语能力考试），音译为"托福"。

第二，音译能够保留原语的概念和文化语境，由此在译入语中增添了一些异国情调。音译名的合理使用不仅不会受到译名受众的抵制，其自身所富有的民族特色和丰富的文化内涵，反而受到人们的欢迎与青睐，如 pizza，MacDonald 的音译名。陌生的事物能够激发起人的求知欲望，音译的内容能够激起读者的兴趣。

第三，音译还能填补词汇空缺。张培基在其《英汉翻译教程》中提到，"美国语言学家罗曼·雅各布松（Roman Jakobson）认为，人类一切认知经历及其分类都是可以用某种现有的语言来表述的。一旦出现词语空缺（deficiency），就可以通过用外来词（loan words）或外译词（loan translations）、新词（neologisms）等手段来限定和扩大已有术语。"① 英汉语两种语言分属于不同语系，语言差异和文化差异很大，故而有很多词汇在另一语言中存在缺失的现象，音译法可以弥补这种差异。音译法在英汉互译过程中起了积极的作用，但也凸显出一些缺陷。音译译名不统一、译音不准确等不规范的现象也给受众造成一些理解障碍。

第四，过量使用音译会增加受众的负担，受众需要了解原语文化背景才能记住音译名。音译只能传达原语的文字符号，无法揭示其意义，所以译者应当根据译入语的需要酌情采用音译，不可滥用。

音译法常见于专有名词、特定文化词以及无对等词义的词语的翻译。

（一）专有名词的音译

专有名词是与普通名词相对的语法概念，指人、称谓、地方、组织机构、商标品牌、报纸杂志等的名称。专有名词涉及面广，数量庞大，翻译难度不亚于普通名词。专有名词的翻译常常遵循三个原则，即名从主人、约定俗成、名从权威。② 专有名词如果有约定俗成或权威的译名，可直接采用；如若没有，音译法是可供译者采取的方法之一。

1. 人名和地名的音译

人名和地名在英汉互译时，常用音译法，保留这些名称的发音，简洁明了地表明人名、地名的概念。

对于尚无定译的英语人名和地名，译者按照相关语种的《译音表》从中选取适当的音译字译写，并做出标注。音译前，译者还需确定人名或者地名适用于哪个语种的《译音表》，例如"Dina Tsagari is the Assistant Professor of University of Cyprus."句中的人名 Dina Tsagari 音译前通过网络查找到其简历并确认其国籍为希腊，选择《简化拉丁语希腊语译音表》进行音译。

此外，音译女子姓名还需选用体现女性色彩的汉字。如美国第五任总统 James Monroe 音译为"詹姆斯·门罗"，而美国女演员 Marilyn Monroe 音译为"玛丽莲·梦露"，后者的译名选用了体现女性色彩的汉字，与男名用字有所区别。人名英译汉时，也需注意几点：若原名中有英文字母，可直接出现在译文中，如 John F. Kennedy 译名为"约翰·F·肯尼迪"；译名不宜太长或太短。太长的译名用起来不太方便，而短到一个字也不符合中文习惯

---

① 张培基. 英汉翻译教程（修订本）[M]. 上海：上海外语教育出版社，2009.
② 常雷. 专名汉译技巧与实例[M]. 北京：外文出版社有限责任公司，2013.

用法；音译应采用译音表中所规定的汉字，如果选用一些引起联想的汉字可能造成误解，如 Bumble 应译作"本伯"，而不译为"笨伯"。

中国人名和地名英译时，按照汉语拼音来书写。人名汉译英时注意姓和名的首字母大写，其中名字的拼音要写在一块。如：莫言 Mo Yan，梁晓声 Liang Xiaosheng。少数民族人名的翻译不能按照所用汉字的发音，而要根据原来的民族文字，如阿沛·阿旺晋美是 Ngapoi Ngaw ang Jingme，司马义·艾买提是 Ismail Amat，乌去其其格是 Uyunqimg。香港的人名英译时不能按普通话读法进行音译，如译"董建华"时，应按广东话发音译作 Tung Chee Hwa。① 中国地名由通名（如"太和殿"中的太和）和专名（如"太和殿"中的殿）构成，通名一般采取音译法，即按照汉语拼音译出，专名采取字面意译法。例如：

恒山 Hengshan Mountain　　　　　　淮河 Huaihe River
巢湖 Chaohu Lake　　　　　　　　　渤海 Bohai Sea
韩江 Hanjiang River　　　　　　　　礼县 Lixian County

2. 商标品牌名称的音译

外国商标品牌名称类型复杂，其翻译也并非想象似的简单，音译在商标品牌名称翻译中运用不多。遇到可以拼读出音节的品牌名称时，译者可以采取音译法，根据名称的发音译写为汉字。

Belle 百丽　　　　　　　　　　　　Hermes 爱马仕
Carrefour 家乐福　　　　　　　　　Coach 蔻驰
Nike 耐克　　　　　　　　　　　　Benz 奔驰
Yahoo 雅虎　　　　　　　　　　　 Google 谷歌
Haagen – Dazs 哈根达斯　　　　　　Kentucky 肯德基

（二）特定文化词的音译

有些属于不同民族文化的特有的事物，如食品、生活用品、娱乐服务、音乐艺术、车辆、医药等领域的名词，翻译时为了保留其文化特色，可以使用音译法。

1. 特定文化词英汉译的译例

bacon 培根　　　　　　　　　　　 brandy 白兰地
cigar 雪茄　　　　　　　　　　　　cola 可乐
coffee 咖啡　　　　　　　　　　　 hamburger 汉堡包
pudding 布丁　　　　　　　　　　 sandwich 三明治
soda 苏打　　　　　　　　　　　　toast 吐司
beret 贝雷帽　　　　　　　　　　　fee 小费
flannel 法兰绒　　　　　　　　　　 jacket 夹克
mark 马克　　　　　　　　　　　　poker 扑克
bingo 宾果（一种赌博游戏）　　　　 disco 迪斯科
Eden 伊甸园　　　　　　　　　　　fascism 法西斯主义
Marxism 马克思主义　　　　　　　　romance 浪漫
totem 图腾　　　　　　　　　　　　Utopia 乌托邦

---

① 秦贻. 专有名词的翻译原则和技巧 [J]. 湖北工业大学学报，2004（19）06：60 - 63.

2. 特定文化词汉译英的译例

麻将 mahjong	四合院 siheyuan
太极 taichi	风水 fengshui
阴 yin	阳 yang
武术 wu shu	功夫 kung fu
扭秧歌 yang ko	馄饨 won ton
衙门 yamen	马夫 mafoo
秀才 xiucai	姻缘 yinyuan
锅贴 guotie	叩头 kowtow

（三）无对等词义的词的音译

还有一种情况是一种语言中的某些词语或概念在另一种语言中没有相对应的词，用音译法能够保留新颖的概念，使之在译入语中建构对应的概念。

clone 克隆	copy 拷贝（复制；副本）
email 伊妹儿（电子邮件）	engine 引擎
hacker 黑客	internet 因特网
laser 镭射（激光）	logic 逻辑
microphone 麦克风；扩音器	mosaic 马赛克；镶嵌
motor 马达	pump 泵
radar 雷达	rifle 来复枪（一种步枪）
aspirin 阿司匹林	cholera 霍乱
cigar 雪茄	heroin 海洛因
hysteria 歇斯底里	marathon 马拉松

二、加注法

加注法是通过增加解释性注释帮助正确传达原文语义的一种辅助性的翻译手段。加注法通常用来补充背景知识、词语起源等相关信息，以便于读者更好地理解译文。加注法包括音译加注法和直译加注法两种。

（一）音译加注法

音译加注法指在音译名后附加解释性注释，注释可长可短，可以在文中注释，也可以增加脚注。

有些英语名词音译后需附加一个名词来说明其属性，如：

beer 啤酒	brandy 白兰地酒
champagne 香槟酒	pizza 比萨饼
Toyota 丰田车	jeep 吉普车
Sahara 撒哈拉沙漠	AIDS 艾滋病
jazz 爵士乐	waltz 华尔兹舞
yo-yo 悠悠球	sauna 桑拿浴

1. 当音译不能满足译文要求时

英语中的许多典故、成语、文学作品中的人物以及现实生活中的名人都具有丰富的文化内涵，如果只采用音译译写，就会在译入语中造成文化信息的缺失，使译文读者无法领会原文的文化含义。因此，当音译不能满足译文的要求时，应采取音译加注法。如：

（1）Look at the Anktells, and Horseys, and the Tringhams themselves—gone to seed a'most as much as you—though you was bigger folks than they, that's true.（《德伯家的苔丝》，托马斯·哈代①）

译文：看看人家安科特尔家族，豪尔赛家族，还有特灵汉牧师的家族，这些家族跟你们家族差不多，不也没落了吗，但你们家族的确比他们的大。

翻译分析

以上例句原文选自英国作家托马斯·哈代的长篇小说《德伯家的苔丝》，所选句描述了苔丝母亲得知丈夫是贵族嫡系后代时对苔丝父亲所说的一句，原文提到的 Anktells，Horseys 和 Tringhams 都是英国贵族姓氏，翻译为中文时如果只音译，含义不明确，故在音译后附加"家族"作为解释，使得中文读者容易理解整句意义。

（2）In my Walter Mitty dreams I am a prima ballerina.

译文：在沃尔特·米蒂似的幻想多彩生活的梦中，我是一名首席芭蕾舞演员。

翻译分析

该例句中，Walter Mitty 是詹姆斯·瑟伯所著小说《沃尔特·米蒂的秘密生活》中主人公的名字，沃尔特·米蒂爱做白日梦，后来多用此名喻指幻想多彩生活的人。译文采取音译加注的方法翻译 Walter Mitty，即音译 Walter Mitty 并附加解释性内容，既保留了原语的隐喻概念，也明确了句意。

（3）Right through to the latest evidence that Stonehenge was in fact a place of healing in the vein of a stone–age Lourdes.

译文：然而最新证据表明巨石阵具有疗愈功能，无异于新石器时代的卢尔德（法国圣地，因被认为具有神奇的治疗功能而名噪一时）。

翻译分析

该译例介绍了英国巨石阵，原文表达了巨石阵和卢尔德一样有治疗功能，如果只是简单地将 Lourdes 音译，使得读者难以理解句意，所以在 Lourdes 音译后附加注释内容，使读者更容易理解，能够产生与原文读者一样的感受。

（4）Michael Jordan, for one, was famous for wearing his lucky college basketball shorts under his NBA ones.

---

① （英）托马斯·哈代. 德伯家的苔丝（英汉对照）[M]. 盛世教育西方名著翻译委员会，译. 上海：上海世界图书出版公司，2012.

译文：篮球巨星乔丹（Michael Jordan）也有一个众所周知的习惯，那就是每次比赛都将他的幸运大学篮球短裤穿在 NBA 队服的里面。

翻译分析

该例句的原文主语 Michael Jordan 是前美国职业篮球运动员，为很多人所熟知，但翻译为中文时，为了明确此处的 Michael Jordan 是篮球巨星乔丹，而非其他人，有必要在译名前增加解释性内容。

2. 当汉语专有名词音译不能满足译文要求时

汉语中不乏专属于中国民族特有的词，译为英语时，音译不足以传递原文信息，而采取音译加注的方法就能更为有效地向译入语读者传递原文内容，同时也有利于传播中国文化。

（1）三里屯北区是仿照传统四合院而建，以经营国际高端奢侈品而著称。

译文：Sanlitun Village North is modelled after traditional siheyuan (housing quadrangles) and features high-end international luxury designer showrooms.

（2）19 世纪初期，西方人开始了解了封建王朝叩头的礼节。

Contact with imperial China in the early 19th century introduced Westerners to the Chinese custom of kowtowing—kneeling down and touching the forehead on the ground in worship or submission.

（3）可是，正当他洋洋自得的时候，衙门差人到他家里，将他捉拿归案。

译文：But just when he was immensely proud of himself, the bailiffs from the yamen (government office) came and arrested him.

（4）五代时的吴越国和南宋均以杭州为都城，历时 237 年。

译文：Hangzhou also served as an imperial capital for 237 years—first as the capital of the State of Wuyue (907–978) during the Five Dynasties Period, and again as the capital of the Southern Song Dynasty (1127–1279).

翻译分析

以上例子中的"四合院""叩头""衙门"和"朝代名称"都是中国文化中特有的词语，只采取音译会给读者造成阅读困难，而音译后再加注释，既没有增加含义，又便于读者理解。

（二）直译加注

直译加注法指的是直译原文，再附加解释性注释，注释可长可短，可以在文内注释，也可以增加脚注。直译形象生动，但却不一定能让对方理解；意译意思明确，但却让听者理解不到原语的精髓。直译加注法可以很好地结合二者，既能保留原语的特色，又能保证译文的可读性。直译加注法在英汉互译过程中都适用。

（1）What he has done turns out to be a Judah's kiss.

译文：他的行为，竟然是犹大之吻！他背叛了我们。

翻译分析

例（1）原文中的短语 a Judah's kiss（犹大之吻）是源自《圣经》的典故，比喻可耻的背叛行为。如果原文仅直译为"他的行为竟然是犹大之吻"，对于不了解《圣经》典故的读者就是阅读障碍，所以增加解释性内容"他背叛了我们"，使原语比喻的形象和译文可读性二者兼得。

（2）You can't get a job without experience, but you can't get experience unless you have a job—it's Catch-22.

译文：没有经验你找不到工作，但是没有工作，就总是经验不足——这相当于第二十二条军规，自相矛盾。

翻译分析

例（2）原文中的 Catch-22（第二十二条军规）源自美国作家约瑟夫·赫勒（J. Heller）1961年创作的黑色幽默小说《第二十二条军规》。在该小说中，根据"第二十二条军规"理论，只有疯子才能获准免于飞行，但必须由本人提出申请。但你一旦提出申请，恰好证明你是一个正常人，还是在劫难逃。所以 Catch-22（第二十二条军规）形容自相矛盾、不合逻辑的规定。译者在翻译时，应采取直译加注的方法译出 Catch-22，保留原文特色，又能保证读者能够理解。

（3）If I have to listen to something I am not interested, it just goes in one ear and out the other.

译文：如果非得听一些我不感兴趣的东西，那只能左耳进，右耳出，听过即忘了。

翻译分析

例（3）原文中 go in one ear and out the other 是英语成语，意思是"听过即忘"或者表达"对于不愿意听的事充耳不闻"，汉语中也有相同的表达，即"左耳进，右耳出"，所以这里进行直译也没有问题，为了强调，在直译后附加解释性内容"听过即忘"。

（4）杀鸡给猴看。
译文：To kill the chicken to frighten the monkey—punish someone as a warning to others.
（5）三个臭皮匠，赛过诸葛亮。
译文：Three cobblers with their wits combined surpass Zhuge Liang the mastermind—two heads are better than one.
（6）陶渊明不为五斗米折腰。
译文：Tao Yuanming wouldn't bow and scrape for five pecks of rice (the regulation salary of a magistrate).

翻译分析

上述3个例子的原文都具有浓厚的中国文化内涵，直译可以将原文的比喻形象保留，但光直译无法为缺乏背景知识的读者所理解，所以在直译译文后再加解释性注释即可。例

(4) 原文"杀鸡给猴看"源于成语"杀鸡儆猴",比喻用惩罚一个人的办法来警告其他人。例(5)"三个臭皮匠,赛过诸葛亮"源自《三国演义》的历史典故,比喻人多智慧多,有事情经过大家商量,就能商量出一个好办法来。例(6)"不为五斗米折腰"源于历史典故《晋书·陶潜传》。原指不会为了五斗米的官俸向权贵屈服(五斗米是微薄俸禄的代称),后比喻为人清高,有骨气,不为利禄所动。

三、释义法

释义法是一种简洁而可以将信息传达到位的翻译方法,舍弃原文的表达形式和意象,以解释性的方法将原文含义传递到译文中。当直译译文使译者无法理解或产生误解,或不符合译文表达习惯时,可以用释义法进行恰到好处地解释,使英文读者可以理解基本信息,同时又不会像加注法那样影响阅读思路。

(一)成语的释义

英语成语(idiom)是一种人们长期以来沿袭使用的、具有固定结构形式和完整的意义内容,带有书面色彩的固定短语。习语的形式相对稳定,形成固定搭配,超出字面表达,隐含文化信息。汉语成语是人们长期以来习用的、形式简洁而意思精辟的、定型的词组或短语,是中国传统文化的一大特色,具有言简意赅、形象具体的特点。翻译时,英汉成语如果直译的译文令人费解,加注法又显得啰唆影响译文结构的时候,可以采用释义法。

1. 英语成语释义的译例

(1) To prepare for the final, he spent another white night.

译文:为了准备期末考试,他又熬了一个晚上。

(2) Don't drink coffee at this late hour, or you will spend a white night.

译文:别这么晚喝咖啡,不然你该睡不着觉了。

(3) Deep bothered by the rumor, it's another white night for her.

译文:被谣言深深困扰,她又度过了一个不眠之夜。

2. 汉语成语释义的译例

(1) 从前,我家总是门庭若市,现在却是门可罗雀了。

译文:My house used to be crowded visitors, but now visitors are few and far between.

(2) 他胸有成竹地接受审问,因为他自己知道是清白的。

译文:He went into the trial full of confidence because he knew he was in the clear.

(3) 我们做事得有自己的方法,不能邯郸学步。

译文:We should have our only methods when doing things, and shouldn't imitate others mechanically.

(4) 政府重申一定要查个水落石出。

译文:The government reiterated its resolve to uncover the truth.

(5) 在他的领导下,许多伤脑筋的问题都迎刃而解。

译文:Under his leadership, many knotty problems were smoothly solved.

（二）典故的释义

翻译时，遇到无法直译的典故或者用直译加注法又显得啰嗦影响译文结构的时候，可以采用释义法。

（1） Horton's Achilles'Heel was that he could not delegate.

译文：霍顿的软肋在于他不懂得放权。

翻译分析

阿喀琉斯（Achilles）是希腊神话中的神。在特洛伊战争中，他以骁勇善战而闻名。据说，他的母亲曾捉住他的一只"脚踵"（heel）把他放入冥河浸泡，从此，阿喀琉斯全身上下除没有沾水的脚踝以外刀枪不入。太阳神阿波罗（Apollo）知道了阿喀琉斯的弱点，并将此透露给了特洛伊王子帕里斯（Paris）。最终，帕里斯对准阿喀琉斯的脚踵射了一支毒箭，阿喀琉斯因此而死。后人用这一典故来形容"一个相对坚固的事物的唯弱点、非常优秀的人的软肋"，或者"各种百密一疏的情形"。

（2） Digging the canal was a Herculean task.

译文：开凿运河是项极其艰巨的工程。

翻译分析

赫丘利（Hercules）是希腊神话中的大力神，所以 Herculean 被用来形容"力大无比的"，也有"费力的，非常困难的"的意思。

（3） Money brings us happiness, but sometimes it is a Pandora's box.

译文：金钱给我们带来了快乐，但有时候它也是灾祸之源。

翻译分析

Pandora's box 字面意思是"潘多拉的盒子"，是希腊神话中宙斯给潘多拉的一个密封的盒子，里面装满了祸害、灾难和瘟疫等，让她送给娶她的男人。婚后，潘多拉出于好奇私自打开盒子，于是一切恶习、灾难和疾病从里面飞出来。盒子里只剩下唯一美好的东西：希望。但希望还没来得及飞出来，潘多拉就将盒子永远地关上了。后来用 Pandora's box 引申为"灾祸之源"，"Open Pandora's box" 即"引发种种祸患"。

（4） Nowadays few people believe in advertisements, which are almost regarded as a lure for people to buy some apple of Somdom.

译文：现在很少有人相信广告，因为它们只是想让人们购买劣质商品的诱饵。

翻译分析

以上原文中 apple of Somdom 指的是"徒有其表的人或物"，Sodom 是远古时代的一座城市，位于现在的死海附近。据说该城市为罪恶之深渊，在这座城市里，生长着一种十分高大的苹果树，它结出的果实十分漂亮，非常惹人喜爱。凡是经过这儿的人们都禁不住要采摘一个下来品尝，然而当拿到手里剥去皮之后，令人大失所望，里面是一团像灰一样的东西，根本无法食用。根据神话传说，这是上帝对这里的人们的一种惩罚。后来，人们便用 apple of Sodom 来形容"徒有其表的人或物"。

---

(5) 我们损失了很多钱，只当是吃一堑，长一智了。
译文：We lost a lot of money, but we just put it down to experience.

(6) 他进报社时还是个乳臭未干的小子。
译文：He was a callow youth when he joined the newspaper.

(7) 你应当把他作为前车之鉴。
译文：You should take warning from his example.

(8) 麦考夫很讽刺地说："这次旁观者清的是我，不是你。"
译文：And Mycroft is very sarcastic, saying, "Now, this time, I'm the one who knows what's going on, not you."

(9) 我永远都不会习惯衣来伸手。
译文：I'll never get used to being dressed like a doll.

（三）无法直译的表达的释义

当遇到一些无法直译的表达形式，或直译的译文令人费解时，可以采取释义法进行解释性翻译。如：

(1) She and her mother are as like as two peas.
译文：她和她母亲长得一模一样。（as like as two peas 不可译为"像两颗豌豆一样相似"，释义为"长得一模一样"）

(2) At 19, he had commenced one of those careers attractive and inexplicable to ordinary mortals for whom a single bankruptcy is good as a feast.
译文：他19岁就走上了一条在普通人眼里极富吸引力而又不可理解的道路，普通人认为，只是一次破产就叫人够呛了。（good as a feast 不可译为像"丰盛的宴席一样好"，释义为"叫人够呛"，地道通顺）

(3) Approach the college years enthusiastically!
译文：用满腔的热情拥抱大学时光吧！（approach 有"接近，靠近"之意，释义为"拥抱"）

(4) 在此我感谢我的父亲，他知道往青年人脑里灌注的，应当是哪一种的印象。（《记萨镇冰先生》，冰心）
译文：Now gratitude is due to my father, who has tried to inculcate only the best example into a young mind. （释义为"父亲总用最好的榜样教育年幼的我"）

(5) 在我的吸烟史上画了一个句号。（《无题》，夏衍）
译文：That marked the beginning of my clean break with cigatettes。（按"从此我和卷烟彻底断绝关系"释义）

(6) 我摆脱不了那些做不完的梦。总是那一双泪汪汪的眼睛！总是那一副前额皱成"川"字的愁颜……（《再忆萧珊》，巴金）

译文：So far I've been unable to rid myself of the endless dreams, in which I always see the same tearful eyes and the same worried look and knitted forehead…（按"愁容和紧皱的眉头"释义）

（四）无法保留的修辞的释义

当原文的修辞形式无法原汁原味地传递到译文中时，可以舍弃修辞形式，采取解释性的方法翻译原文。

1. 英语修辞释义的译例

（1）You should like you have a frog in your throat this morning.（比喻）

译文：你今天早上听起来声音有点儿嘶哑。

（2）The scene of killing made most of the people tremble like a leaf.（比喻）

译文：杀人的场面使很多在场的人吓得直打哆嗦。

（3）In the middle of the picnic it started to rain cats and dogs, and everybody got soaked.（比喻）

译文：野餐进行中，突然大雨倾盆，每个人身上都湿透了。

（4）Maria can sleep like a log in almost any place, including airplanes and cars.（比喻）

译文：玛丽亚在任何地方都能睡得很沉，包含在飞机和车子上。

（5）All hands on deck.（提喻）

译文：所有船员甲板上集合。

（6）He took to the bottle.（转喻）

译文：他开始喝酒了。

（7）He walked past her with the most careful carelessness.（矛盾）

译文：他精心做出漫不经心状，从她身边走过。

（8）—His words are as plain as ABC.

—But I'm DEF.（双关）

译文：—他的话明明白白。

—可惜我听不懂。

2. 汉语修辞释义的译例

（1）我想他不会骗我，因为他说得有鼻子有眼。（比喻）

译文：I don't think he lied to me because he described the whole thing in vivid detail.

（2）车夫把妻子对自己的批评一五一十地告诉了晏子。（比喻）

译文：The coachman told Yan Zi his wife's criticism in detail.

（3）警方决定现在不逮捕这个嫌疑人，以免打草惊蛇让主犯跑掉。（比喻）

译文：The police decided not to arrest the suspect now in order not to alert the enemy and let the main criminal escape.

（4）他这一阵心头"十五个吊桶打水，七上八下"。（歇后语）

译文：His mind was in turmoil these days and he was quite unable to think straight.

（5）现在，这所房子一尘不染。（夸张）

译文：Now the house is in pristine condition.

【课后练习4-3】

一、将下列词语译为汉语或英语。

1. 金波湖
2. 黄海
3. 黄河
4. 姻缘
5. 叩头
6. Sahara
7. cartoon
8. El Nino
9. 馄饨
10. 太庙

二、将下列句子译为汉语,注意画线部分。

1. Nuclear waste is, in a sense, the <u>Achilles' heel</u> of the nuclear industry.
2. Mostly, he came to realize that getting into college and staying there would be <u>a herculean task</u>.
3. Don't be such <u>a dog in the manger</u>. Lend your bicycle to him since you will not go out this afternoon.
4. He is <u>an oyster of a man</u>.
5. He is too <u>foxy</u> to get along with.
6. This is my <u>cup of tea</u>.
7. And you want to slack off, while I <u>take on the lion's share</u> of your work.
8. My husband and I <u>led a cat and dog life</u>. After a couple of years, we decided to break up.

三、将下列句子译为英语,注意画线部分。

1. 我们要放手地任用和提拔他们,不要<u>畏首畏尾</u>。
2. 她起了疑惑,便决定弄个<u>水落石出</u>。
3. 我捅出了一些<u>篓子</u>,希望能<u>亡羊补牢</u>。
4. 她的经历成了我们大家的<u>前车之鉴</u>。
5. 进去以后是两个简单而整洁的小房间,<u>朴实无华</u>,没有什么装饰。
6. 等<u>生米煮成熟饭</u>,凶手肯定是一副悲痛得难以自拔的模样。
7. 纵使我有<u>三头六臂</u>,这个问题我也没办法解决。
8. 巴黎之行绝不只是到巴黎圣母院、卢浮宫和埃菲尔铁塔这些地方<u>走马观花</u>般地看看那么简单。

第四节 正反译法

正反译法即正说反译、反说正译。正面表达指形式肯定的表达,反面表达指形式为否定的表达。根据否定形式和意义的不一致,否定可分为显性否定和隐性否定。[①]显性否定即表达形式否定,意义也否定;隐性否定指表达形式肯定,但意义否定。仅从表达形式而言,显性否定是反面表达,隐性否定是正面表达。

[①] 严玲. 英汉语中隐性否定的语用分析 [J]. 长江大学学报(社会科学版), 2013 (5): 105.

英汉语言表达否定概念的手段各不相同。英语主要使用词汇手段和句法手段表达否定概念。这类词汇的词性丰富，包括名词、代词、连词、副词、形容词（短语）、介词（短语）、动词（短语）等，如表 4-2 所示。在词汇层面，显性否定指那些形式上肯定，表达意义也肯定的词汇，如 not、no 及其相关复合词以及带有否定前缀 dis-、il-、im-、in-、ir-、non-、un- 以及否定后缀 -less 的词汇等。隐性否定词则指那些在形式上肯定而意义否定的词，如动词 avoid, escape, hinder, 名词 shortage, exclusion, 形容词 reluctant, less, 副词 ill, least, bad 等。

表 4-2　英语中表示否定概念的词语

词类	示例	正反表达类型
名词	lack, absence, failure, exclusion	正面表达
代词	nothing, nobody	反面表达
连词	before, or, than	正面表达
连词	Unless	反面表达
副词	not, none, never, no, nor, neither, neither…nor, nowhere	反面表达
副词	hardly, narrowly, seldom	正面表达
形容词或形容词短语	absent, awkward, blind, dead, poor, thin, foreign to, far from, short of	正面表达
介词或介词短语	above, beyond, without, in vain, except, but for	正面表达
动词或动词短语	ignore, neglect, escape, hinder, refuse, overlook, fail, get rid of, prevent from	正面表达

英语表达否定概念的句法手段主要有一些固定句型，如 more…than…、know better than、too…to（太……以至于不能）、it is/has been…since…（已经……没有……）。例如：

(1) The pressure of work was almost <u>more than</u> he could bear.

译文：工作压力几乎使他无法忍受。

(2) You should <u>know better than</u> to make such an unreasonable demands.

译文：你应当明白事理，不该提这么无理的要求。

(3) <u>It has been 3 days since</u> they had a square meal.

译文：他们已经连续 3 天没有吃一顿像样的饭了。

(4) The task before us is <u>too important to</u> make light of.

译文：眼下的任务责任重大不容小觑。

汉语主要使用词汇手段来表达否定概念。现代汉语常用的否定词有：不、非、没（没有）、无、未、甭、别、勿、休、莫、否。[①] 上述否定词从表达形式而言均是显性否定词。

---

① 丁声树，等. 现代汉语语法讲话 [M]. 北京：商务印书馆，1961.

汉语里同样也用形式上不是否定词的词来表达否定意义，主要是运用含有"厌烦"等意义的心理动词来表达。① 如："天太冷了，我懒得起床。"除此之外，汉语中还有一些特定的隐性否定词汇表达否定意义，如"哪里""算了吧"。如："我们这小家碧玉，哪里比得上贵府的大家闺秀呢？"再如："这点零头就算了吧。"

就同一件事情或同一思想，英语倾向于以肯定的表达形式陈述（正说），汉语则倾向于以否定的表达形式陈述（反说），有时也会相反。翻译时，为了准确传递原意，满足译入语的表达习惯或修辞需要，常常用相反的表达形式来翻译原语言，如把英语正面表达形式转换为汉语的反面表达形式（即正话反译）或把汉语的反面表达形式转换为汉语的正面表达形式（即反话正译）。

一、英译汉中的正反译法

英语中有些从正面表达的词语或句式结构，译文可以从反面表达；英文中从反面表达的词语或句子，译文则从正面表达。英语中还有一部分词语，译文从正面或反面表达都行得通，如 absent 可以译为"缺席"，也可译为"不在"，译者要视译文上下文语境选择恰当的表达方式。

（一）英语从正面表达，汉语从反面表达

1. 名词

（1）Her exclusion from the meeting hurt her very much.

译文：她未被邀请参加会议，这让她备受打击。（《英汉大词典》②）

（2）He studied history at the university, to the excursion of other subjects.

译文：他在大学里专门攻读历史，未学其他科目。（《英汉大词典》③）

（3）In the absence of anybody more experienced, I took command.

译文：由于找不到其他更有经验的人，只好由我来指挥。（《英汉大词典》④）

（4）She seemed pale from the absence of all cosmetics.

译文：因为没敷一点脂粉，她看上去脸色苍白。（《英汉大词典》⑤）

2. 动词

（1）Bad weather hindered travel.

译文：天气不好，不适宜旅行。（《英汉大词典》⑥）

（2）The most important artistic treasures have escaped serious damages.

译文：最重要的艺术珍品没有遭到严重毁坏。（《英汉大词典》⑦）

（3）He turned nasty when we refused to give him the money.

译文：我们不给他钱时，他变得穷凶极恶。

（4）She's been overlooked for promotion several times.

---

① 严玲. 英汉语中隐性否定的语用分析 [J]. 长江大学学报（社会科学版），2013 年第 5 期：105.
② 陆谷孙. 英汉大词典（第 2 版）[Z]. 上海：上海译文出版社，2007：646.
③ 陆谷孙. 英汉大词典（第 2 版）[Z]. 上海：上海译文出版社，2007：646.
④ 陆谷孙. 英汉大词典（第 2 版）[Z]. 上海：上海译文出版社，2007：4.
⑤ 陆谷孙. 英汉大词典（第 2 版）[Z]. 上海：上海译文出版社，2007：7.
⑥ 陆谷孙. 英汉大词典（第 2 版）[Z]. 上海：上海译文出版社，2007：893.
⑦ 陆谷孙. 英汉大词典（第 2 版）[Z]. 上海：上海译文出版社，2007：631.

译文：几次提职时都没有考虑她。

（5）I failed in persuading him.

译文：我没能说服他。（《英汉大词典》①）

（6）Your article failed to get to the root of the issue.

译文：你的文章未触及问题的实质。（《英汉大词典》②）

（7）The rain prevented us from playing tennis.

译文：那场雨使我们不能打网球。（《英汉大词典》③）

（8）Nothing would prevent him/his speaking out against injustice.

译文：什么也阻挡不了他为不平之事鸣冤叫屈。

3. 形容词或形容词短语

（1）Women were conspicuously absent from the planning committee.

译文：引人注意的是，规划委员会里没有一个女性委员。

（2）His memory is short.

译文：他的记忆力不好。（《英汉大词典》④）

（3）They said foreign correspondents who stayed too long in a place went blind.

译文：他们说外国记者在一个地方待得太久就变得不能发现新事物了。

（4）He is still awkward with his chopsticks.

译文：他使用筷子还不熟练。

（5）Tim is a poor swimmer, but a very good singer.

译文：蒂姆游泳游得不好，但唱歌唱得很好。

（6）Customers are thin on the ground at this time of year.

译文：一年里这个季节顾客很少。

4. 副词

（1）Their vanity could ill bear this blow.

译文：他们的虚荣心经不起这一打击。

（2）Scarcely any of the students did well on the test.

译文：学生的测验成绩几乎都不好。

（3）Her income was barely enough to maintain one child, let alone three.

译文：她的收入养活一个孩子几乎都不够，更不用说三个了。

5. 介词或介词短语

（1）His integrity is above question.

译文：他的为人正直不容置疑。（《英汉大词典》⑤）

（2）Obsessed with the present, he is beyond thinking of the future.

译文：由于一味关注眼前，他从不去考虑未来。（《英汉大词典》⑥）

---

① 陆谷孙. 英汉大词典（第2版）[Z]. 上海：上海译文出版社，2007：667.
② 陆谷孙. 英汉大词典（第2版）[Z]. 上海：上海译文出版社，2007：668.
③ 陆谷孙. 英汉大词典（第2版）[Z]. 上海：上海译文出版社，2007：1550.
④ 陆谷孙. 英汉大词典（第2版）[Z]. 上海：上海译文出版社，2007：1852.
⑤ 陆谷孙. 英汉大词典（第2版）[Z]. 上海：上海译文出版社，2007：6.
⑥ 陆谷孙. 英汉大词典（第2版）[Z]. 上海：上海译文出版社，2007：172.

(3) He stormed out of the room without so much as saying good night.

译文：他冲出房间，甚至连晚安都不说。(《英汉大词典》①)

(4) She tried in vain to point out to him the unfairness of his actions.

译文：她试图向他指出他的做法不公正，但无济于事。

(5) Children under five are excepted from the survey.

译文：五岁以下的儿童不在调查之列。

(6) We had a very pleasant time, except for the weather.

译文：除了天公不作美外，我们过得很愉快。(《英汉大词典》②)

(7) True men choose death before dishonor.

译文：大丈夫可杀不可辱。(《英汉大词典》③)

6. 连词

(1) They can't go, without (that) they get permission.

译文：他们未经许可是不准去的。(《英汉大词典》④)

(2) I will do it now before I forget it.

译文：趁还没有忘记，我这就把事情办了。(《英汉大词典》⑤)

(3) He can't read or write.

译文：他不会读，不会写。

7. 隐性否定句式

英语中，有很多句型结构形式上是肯定的，但含蓄地表达了否定意义。

1) "It + is + a + 形容词 + 名词 + that 从句"从句是表示含蓄否定的一种特殊句式，常见于习语，尤其是谚语。该句式表示"无论怎样……也不见得……""无论怎么……也不会不（没有）……"等。如：

(1) It is an ill bird that fouls its own nest.

译文：无论怎样坏的鸟也不会弄脏自己的窝。(也可译为"家丑不可外扬。")

(2) It is a long lane/road that has no turning.

译文：无论怎样长的路也有转弯。(或凡事必有变化。/耐心等待终会时来运转。/天无绝人之路。)

2) 含有"too...to..."句式表示"太以至于……不能……"。

It's too good a business opportunity to miss.

译文：不能错过这样一个好商机。

3) "more than + 含有 can 的从句"句式中 more than 后虽为肯定形式，却表示否定意义。

(1) The beauty of Hangzhou is more than I can describe.

译文：杭州景色优美，无法用语言形容。

---

① 陆谷孙. 英汉大词典（第2版）[Z]. 上海：上海译文出版社，2007：2346.
② 陆谷孙. 英汉大词典（第2版）[Z]. 上海：上海译文出版社，2007：645.
③ 陆谷孙. 英汉大词典（第2版）[Z]. 上海：上海译文出版社，2007：158.
④ 陆谷孙. 英汉大词典（第2版）[Z]. 上海：上海译文出版社，2007：2346.
⑤ 陆谷孙. 英汉大词典（第2版）[Z]. 上海：上海译文出版社，2007：158.

(2) Their overbearing bureaucracy and their self-satisfied airs are really more than one can stand.

译文：他们那种神气十足的官僚架子实在叫人吃不消。

4) 含有 the last、the least 等词的句子可以从反面译为"最不可能的""最不会出现的"等。如：

(1) Having to get up at three o'clock every morning was the least of her worries.

译文：她发愁的事多着呢，相比之下，每天早上3点就要起床根本就不算什么。

(2) At that moment, they were among the least of the concerns of the government.

译文：那时，他们还谈不上是政府的心头之患。

(3) An actress is the last thing she will ever be.

译文：她最不愿意干的就是当演员。(《英汉大词典》①)

(4) She reached the limit of her patience.

译文：她到了忍无可忍的地步。

(二) 英语从反面表达，汉语从正面表达

英语中有一些表达形式和意义上都是否定，但译文从正面表达更通顺流畅。

(1) I was confused, standing there undecided.

译文：我糊涂了，犹疑地站在那儿。

(2) The former president paid an unofficial visit to China.

译文：前总统到中国进行了私人访问。

(3) Thoughts of my unwritten novel nagged me.

译文：我正在构思的小说不时地困扰我。(《英汉大词典》②)

(4) He has brought dishonor to the police force.

译文：他败坏警察的声誉。(《英汉大词典》③)

(5) The two men suppressed their mutual distaste.

译文：两个人都压制着对对方的反感。(《英汉大词典》④)

(6) He is insincere with his neighbors.

译文：他对邻居们一片虚情假意。(《英汉大词典》⑤)

(7) He is above the insincere flattery.

译文：他对这种假惺惺地谄谀不屑一顾。

(8) All the maps we had were wildly inaccurate.

译文：我们所有的地图误差都非常大。

某些带有 not 的感叹句、疑问句、陈述句更适合译为汉语肯定表达。

有些否定词与其他词连用形成一种固定表达，形式上否定，但意义上是肯定的。因

---

① 陆谷孙. 英汉大词典（第2版）[Z]. 上海：上海译文出版社，2007：1075.
② 陆谷孙. 英汉大词典（第2版）[Z]. 上海：上海译文出版社，2007：2240.
③ 陆谷孙. 英汉大词典（第2版）[Z]. 上海：上海译文出版社，2007：525.
④ 陆谷孙. 英汉大词典（第2版）[Z]. 上海：上海译文出版社，2007：532.
⑤ 陆谷孙. 英汉大词典（第2版）[Z]. 上海：上海译文出版社，2007：981.

此，译文从正面表达更加清楚明确。

（9）We cannot be too careful in doing experiments. (cannot … too "无论……也不为过")

译文：我们做实验时越仔细越好。

（10）It seems that the public cannot get enough of this kind of news. (cannot …enough "再……也不为过")

译文：一般大众似乎对这种新闻一直很感兴趣。

（11）She was not a little worried about the expense. (not …a little 非常；十分)

译文：她对那笔开支相当苦恼。

（12）He will forget all about it as likely as not. (as likely as not 大概，很可能)

译文：他很可能会忘记得干干净净。

（13）Behind many successful men there is, more often than not, a woman who makes this success possible. (more often than not 往往，经常)

译文：很多成功男人的背后往往都有一位助他一臂之力的女人。

（14）He is old, none the less, he works like a young man. (none the less 依然、依旧)

译文：他虽说上了岁数，但干活却像个年轻人。

（15）It was not until 1950 that Linear B was decoded by Michael Ventris. (not until…that… 直到……才)

译文：直到1950年线形文字B才为迈克尔·文特里斯所破译。

（三）正反面表达都合适，视译文需要

英语中有些词语译为肯定或否定的表达形式都可以，译者要视译文上下文语境选择恰当的表达方式。

（1）You are hindering me in my work by talking all the time. （《英汉大词典》①）

译文A：你讲个不停，妨碍了我工作。

译文B：你一直讲，妨碍了我工作。

（2）Up to this time the thief has escaped. （《英汉大词典》②）

译文A：窃贼至今尚未拿获。

译文B：窃贼至今尚在逃窜。

（3）For in vulgar modern terms Newton was profoundly neurotic of an unfamiliar type, but—I should say from the records—a most extreme example.③

译文A：用现在流行的现代术语说，牛顿对不熟悉的事物有深深的神经过敏，但是我从记录中得出的是，他是这种病症中最极端的个例。

译文B：用通俗的现代术语说，牛顿对陌生的事物有深深的神经过敏，但是我从记录

---

① 陆谷孙. 英汉大词典（第2版）[Z]. 上海：上海译文出版社，2007：893.
② 陆谷孙. 英汉大词典（第2版）[Z]. 上海：上海译文出版社，2007：631.
③ 此句原文和译文A均来自燚炎英汉平行语料库，根据需要略做修改。该语料库是由北京外国语大学许家金教授统筹设计，按布朗语料库（Brown Corpus）模式创建的百万词级平衡英汉平行语料库（下载网址：http://corpus.bfsu.edu.cn/Yiyan_Corpus.zip；检索软件下载地址：http://corpus.bfsu.edu.cn/dfiles/BFSU_ParaConc.zip；http://corpus.bfsu.edu.cn/SDAU – ParaConc.zip）。

中了解到，他是这种病症中最极端的个例。

（4）What I wanted to be—what I wanted to make myself more desperately all the time—was normal. （原文和译文 A 均来自燚炎英汉平行语料库）

译文 A：我想要的无异于别人，这也是我时时刻刻渴望实现的人生目标。

译文 B：我想要的和别人一样，这也是我时时刻刻渴望实现的人生目标。

（5）The terms instructed that she pass it down intact to "the first son of her body".

译文 A：条款指定她将财产原封不动地传给"她的第一个儿子"。

译文 B：条款指定她将财产原原本本地传给"她的第一个儿子"。

二、汉译英中的正反译法

汉语一般用词汇手段表达否定概念，其中显性否定表达形式较多，以"不、非、没（没有）、无、未、甭、别、勿、休、莫、否"等标记词为主。汉译的隐性否定词汇相较于英语的隐性否定词汇较少，如"禁止""白+动词（白说）"。汉语的肯定表达和否定表达一般相应地译为英语的肯定表达和否定表达，但有时要根据英语的表达习惯和修辞、强调功能作正反表达的调整。

（一）从英语的表达习惯考虑正反

有时，汉语表达英译时不能拘泥于原语言的表达形式，而要理解其含义，从英语的表达习惯考虑使用正面或反面的表达形式。下列译例（1）—例（14）均选自于燚炎英汉平行语料库。

（1）这个男人冲着什么来已经不再重要，重要的是他是冲着谁来的。

译文：The question of what the man wanted was immediately subordinate to the question of whom he wanted.

（2）与日本的军事关系问题重重，原因是日本的宪法、法律、财政和社会上的限制以及东京的迟疑不决。

译文：The military relationship with Japan has been problematic due to Japanese constitutional, legal, fiscal, and societal constraints as well as extensive foot-dragging by Tokyo.

（3）渗漏不断，水体蒸发。

译文：They are leaking and water is evaporating.

（4）芝加哥的人口减少问题仍未十分严重，但政客们现在应当开始重视这个问题，不要将问题拖进更加严重的境地。

译文：Chicago's population woes aren't critical yet, but they need attention now, before the slide gets dramatically worse.

（5）然而，从根本态度来看，华盛顿对气候变化问题总是视而不见。

译文：Yet Washington is essentially frozen on the subject of climate change.

（6）每月她不得不偿还 5 美元或 10 美元。

译文：Every month, she had to pay them back $5 or $10.

（7）尽管失职无能、粗心大意、运气不济加起来导致了这场灾难，波兰的广阔前景依然光明。

译文：But whatever combination of incompetence, recklessness and sheer bad luck turns out to have caused the disaster, the bigger picture of Poland is a bright one.

(8) 更糟的是，社会流动性停滞不前。

译文：Perhaps most worrying, social mobility is stagnating.

(9) 现在眼睛也坏了，连笔画也分辨不清了……（《我和商务印书馆》，叶圣陶）①

译文：Now, because of my failing eyesight, I even have difficulty in identifying Chinese characters…

(10) 听讲，一句也听不进；看书，一个字也看不懂；（《初恋》，谢冰莹）②

译文：I fail to concentrate when I listen to a talk or read a book.

（三）从修辞或强调考虑正反

在一定的语言环境中，正话反说往往比正面论述更有力，更能发人深思。③ 因此，有时，为了达到更有力、强调的修辞效果，将汉语的正面表达转换为英语的反面表达。

(1) 民富而后猫狗肥。（《狗》，老舍）④

译文：Our cats and dogs will never get nice fat unless our people are well-off.

(2) 人们都说"桂林山水甲天下"，到桂林一看，果然名不虚传。

译文：People say："Guilin's scenery is peerless in the world." It was not until I visited the place that I found it really worthy of the reputation.

(3) 人皆有短处。

译文：There is no man but has his shortcomings.

(4) 她从这儿经过时次次都停下来问候一番。

译文：She never passes without stopping to say hello.

(5) 她身边总是带着笔记本电脑。

译文：She never goes anywhere without her laptop computer.

(6) 当祖国需要你的时候，你必须挺身而出。

译文：When the country calls you for help, you cannot but go.

【课后练习4-4】

一、将下列句子译为汉语反面表达形式，注意画线部分。

1. This young man displayed a complete lack of courtesy.
2. All of us should be grateful for the failure of the drug to have a harmful effect.
3. My legs refused to carry me further.
4. The buildings had been neglected for years.
5. The policeman always neglects his health.
6. Her services have been overlooked by her superiors.
7. He refused to believe his son was involved in drugs.

---

① 张培基. 英译中国现代散文选3 [M]. 上海：上海外语教育出版社，2007：1-4.
② 张培基. 英译中国现代散文选3 [M]. 上海：上海外语教育出版社，2007：102-106.
③ 陈安定. 英汉修辞与翻译 [M]. 北京：中国青年出版社，2004.
④ 张培基. 英译中国现代散文（三）[M]. 上海：上海外语教育出版社，2007：22-24.

8. I met Mary just short of the door.
9. Love was totally absent from his childhood.
10. She searched in vain for her passport.
11. He found the place without difficulty.
12. The situation is beyond our control.
13. It is a silly fish that is caught twice.
14. He is the last person to tell a lie.

二、将下列句子译为汉语正面表达形式，注意画线部分。
1. The game's not over till the ref blows the whistle.
2. She took no little pains over her own wedding.
3. We cannot lay too much emphasis on the importance of environmental protection.
4. There is a mismatch between what universities are producing and what industries are wanting.
5. They set off into the country's uncharted interior.
6. The group of writers were unworldly, unimpressed by power, or money.

三、根据英语表达习惯翻译下列句子，注意画线部分。
1. 这个手机的主要毛病在于它的电池不耐用。
2. 大多数人却认为，这种半公半私又不明不白的双重属性所有制并不会成功。
3. 命运向我们展示了一个不可多得的机会：让多边主义和市场经济走向现代化。
4. 这名士兵站在山谷边蠢立不动。
5. 这也就意味着，早期的一些分析可能不会那么让公众满意。
6. 亚太地区领导人表示，他们将采取具体措施，达成全面的地区自由贸易协定，不过没有设定具体目标。
7. 此外，美国的盟友不会有那么多资源来解决这些问题，包括华盛顿要求首尔和东京在阿富汗担当更大的维护国际安全的角色。

第五节　顺译法和逆序法

综合语的特征是运用形态变化来表达语法关系，分析语的特征是不用形态变化而用语序及虚词来表示语法关系。① 现代英语保留了部分古英语的形态变化形式，还需要相对固定的语序和虚词来表达语法关系，因此英语属于综合 – 分析语（synthetic – analytic language）。汉语属于典型的分析语。相较于汉语，英语由于形态变化较多，所以其语序也更加灵活。如"他提出一个好主意"不能改变语序为"好主意提出他"，而在英语中，可以表述为"He came up with a good idea"或是"There came a good idea from him"。

英语造句法注重"空间结构"，忽视时间顺序，即以五种简单句结构（如表 4 – 3 所示）为主干，直接或间接地附加其他单词、短语或从句作为修饰语。而汉语为分析语，主要靠语序和虚词表达语法关系，一般按照时间顺序和逻辑关系造句。

---

① 连淑能. 英汉对比研究 [M]. 北京：高等教育出版社，2010.

表 4-3　英语 5 种简单句型

结构类型	例句
主+谓（S+V）	The sun rose. 太阳升起了。
主+系+表（S+V+P）	The sun was low in the sky. 太阳低挂在天空。
主+谓+宾（S+V+O）	This room gets the sun in the mornings. 这间屋子上午可以晒着太阳。
主+谓+间宾+直宾（S+V+o+O）	They won't lend us any more money. 他们不愿再借给我们钱了。
主+谓+宾+宾补（S+V+O+C）	The news made him very happy. 这则消息使他非常高兴。

具体而言，英汉句子的主要成分是主语、谓语动词、宾语或表语，一般而言其排列顺序一致，都是主+谓+宾（如表 4-3 所示）。英语句子的定语和状语位置灵活，而汉语句中定语和状语较为固定，一般定语前置于名词前，状语位于被修饰的谓语之前。在表达多层逻辑的句子时，英语利用形态变化、语序和虚词，而汉语按照时间或逻辑顺序逐个叙述。鉴于英汉语造句时，语序既有一致性，也表现出较大的差异性，因此在英汉互译过程中，译者要根据目的语的语言习惯，选择顺译或逆序法使译文达到最大程度的通顺。

一、顺译法

顺译法指的是按照原文语序进行翻译的方法。尽管英汉语言句子结构有着较大的差异，但依然存在语序与汉语句子一致的情况，对于这些句子应当按原文语序译为汉语。

（一）顺译表示连续动作的词语

当句子中有多个表示连贯动作的词并列时，可按原文顺序译出。

（1）When his armies attacked Bukhara, the local chieftain Sayyid Ajjal Shams al-Din (Sayyid Ajjal meaning "sacred descendant") was only ten years old, and under the direction of his mother, led his hordes and opened up the city, offering his services to the Mongol army.（《谈郑和下西洋时期的世界态势》[1]，张信刚）

译文：他的军队打到布哈拉时，当地的首领赛典赤·瞻思丁（"赛典赤"意为"圣裔"）年仅十岁，在母亲指示下率众献城投靠蒙古军。

（2）They leant over the gate by the highway, and inquired as to the meaning of the dance and the white-frocked maids.（《德伯家的苔丝》中英对照全译本[2]）

译文：他们斜倚着路旁的小门，询问着这场舞会和女士们身着白色长裙的意义。

（3）The residents compost their kitchen garbage and carry the rest by boat to a bigger island, where the dump is covered so carefully that there has been a major decline in the seagull population.（《读〈纽约时报〉学英文》[3]）

译文：居民将厨余做堆肥，再将其余垃圾用船载到另一座较大的岛上，岛上的垃圾场因为掩盖得天衣无缝，如今连海鸥都变少了。

---

[1] 张信刚. 江边卖水：张信刚演讲集（英汉对照）[M]. 北京：外语教学与研究出版社，2018.
[2] 托马斯·哈代. 德伯家的苔丝 [M]. 盛世教育西方名著翻译委员会，译. 上海：上海世界图书出版公司，2012.
[3] 李振清，等. 读《纽约时报》学英文. 社会·生活 [M]. 南京：译林出版社，2011.

（4）Passing on to the wicket-gate he shook hands with the dairyman and his wife, and expressed his last thanks to them for their attentions;（《德伯家的苔丝》中英对照全译本①）

译文：他接着走到栅栏门那里，和奶牛场老板夫妇握手，并对他们的照顾表示谢意。

（5）I decorated my room with green-coloured window curtains, spread a green cloth on the table, placed on the windowsills some poinsettias and, cyclamens given by a friend and some diaolan planted by my children.

译文：我在堂屋里挂上绿色的窗帘，铺上绿色的桌布，窗台上摆些朋友送的一品红、仙客来，和孩子们自己种的吊兰。（《春的消息》，冰心，张培基译②）

翻译分析

上述五个译例中，原文有两个或两个以上表示连续动作的词语，按原文顺序翻译，不需变换词序。如例（1）中有三个连续的并列动词"was""led""opened up"，按顺序译为"是/有（十岁）""率（领）""献"，有效地传递原文信息，也使译文通顺。

（二）顺译后置定语

定语是修饰主语或宾语的语法成分，说明事物的属性、类别或特征。在英语里，单个单词作定语时一般前置于名词之前，而介词短语、不定式短语、动名词短语、分词短语及从句作定语时一律放在名词后面；而在汉语中，定语一般只放在被修饰的名词之前。英译汉时，有些分词充当的后置定语不宜译为汉语前置定语，按照原文顺序译为动词短语更为通顺流畅。

（1）French youth, invoking revolution in the cause of stability, spent weeks in the street to protest and ultimately overturn a law.（《读＜纽约时报＞学英文》③）

译文：法国年轻人以求安定为名革命，在街头抗争数周，终于推翻一项法案。

（2）English is a hybrid language, stemming mainly from Germanic, Latin and Greek roots but with its own grammar that is simpler and more flexible than its roots.（《江边卖水：张信刚演讲集（英汉对照）》④）

译文：英语是一种混合语言，来源主要是日耳曼语言、拉丁语和希腊语，但比起这些语言，它的语法更简洁灵活。

（3）But hovering nearby was a large commercial fishing vessel, a "mother boat" equipped with large ice chests for storage and hauling more than a dozen smaller craft.（《英语笔译全真试题精解（二级）》⑤）

译文：然而就在不远的地方，有一只大型商业渔船在游弋，那是一只"母船"，备有巨大的储藏冰柜，还拖着十几只小船。

---

① 李振清．等．读《纽约时报》学英文．社会·生活 [M]．南京：译林出版社，2011：2-3.
② 张培基．英译中国现代散文选3 [M]．上海：上海外语教育出版社，2007：49-62.
③ 李振清，等．读《纽约时报》学英文．社会·生活 [M]．南京：译林出版社，2011.
④ 张信刚．江边卖水：张信刚演讲集：英汉对照 [M]．北京：外语教学与研究出版社，2018.
⑤ 卢敏．英语笔译全真试题精解（2级）[M]．北京：外文出版社，2018.

翻译分析

例（1）和例（2）的原文中 invoking 和 stemming 分别引导现在分词短语，作后置定语，译为与主干句并列的动词短语"以求安定为名革命"和"来源主要是日耳曼语言、拉丁语和希腊语"。例（3）原文中 equipped 和 hauling 两个词引导的过去分词短语和现在分词短语作后置定语，修饰主语 a "mother boat"，译文按照原文顺序译为并列结构。

（三）顺译前置的状语

状语是修饰动词、形容词、副词、短语或整个句子的语法成分，说明行为或动作发生时的时间、地点、方式、目的、原因、结果、条件或伴随状况。英语中的状语可以在被修饰内容之前或之后，而汉语中的状语相对固定，通常位于被修饰词或句子之前，因此英语中前置的状语可按顺序译出。

（1）In some cases, yelling can become a form of emotional abuse.（《读＜纽约时报＞学英文》①）

译文：在某些案例中，大声斥责会变成一种情绪虐待。

（2）Beyond the reasons we know, friendships are incredibly important.

译文：除了我们知道的原因，友谊非常重要。

（3）The disease fully affects 30 per cent of the population.

译文：这种病足足感染了30%的人口。

（4）In fact, that China is geographically both a part of Eurasia and is at the easternmost part of it offers a major clue for understanding the Chinese cultural tradition and the Chinese mindset.（《江边卖水：张信刚演讲集（英汉对照）》②）

译文：事实上，中国在地理上是欧亚大陆的一部分，并位于其最东端，这就为我们理解中国文化传统和中国思维提供了一个主要的线索。

（5）No matter which approach you choose, they basically look the same.

译文：无论你选择哪种方法，它们从本质上来看是一样的。

（6）Today the world's largest coffee producer is Brazil. However, coffee beans of the highest quality probably come from Jamaica and Colombia.（《江边卖水：张信刚演讲集（英汉对照）》③）

译文：如今，世界最大的咖啡出产国是巴西，但是最优质的咖啡豆可能来自牙买加和哥伦比亚。

翻译分析

例（1）—例（2）中，介词短语"In some cases"和"Beyond the reasons"位于句首，作状语，表明地点或范围，与汉语语序一致，故顺译即可。

---

① 李振清等. 读《纽约时报》学英文. 社会·生活［M］. 南京：译林出版社，2011. 2-3.
② 张信刚. 江边卖水：张信刚演讲集（英汉对照）［M］. 北京：外语教学与研究出版社，2018.
③ 张信刚. 江边卖水：张信刚演讲集（英汉对照）［M］. 北京：外语教学与研究出版社，2018.

例（3）—例（6）中原文的状语都是副词，前置于被修饰的谓语之前，汉语习惯将状语放在谓语之前，因此无须改变状语的语序。

（四）顺译语序与汉语对应的句子

当表达多层逻辑概念时，汉语句子按照时间顺序或逻辑顺序表达，如果英语原文语序与汉语一致时，也按原文顺序译出即可。

（1） Ever since the economist David Ricardo offered the basic theory in 1817, economic scripture has taught that open trade — free of tariffs, quotas, subsidies or other government distortions — improves the well-being of both parties. (《英语笔译全真试题精解（2级）》①)

译文：自从经济学家李嘉图于1817年提出基本理论以来，经济学方面的经典著作都说自由贸易免除关税、限额和补贴，也没有政府的其他小动作，因此会增加双方的利益。

（2） Twenty-one hundred years ago, Zhang Qian, a Han-dynasty military officer whose rank would be something like an army major today was selected by the Han court to go to the Western Regions beyond the familiar Chinese cultural zones. (《江边卖水：张信刚演讲集（英汉对照）》②)

译文：2100年前，汉朝一位名为张骞的军官（相当于如今的少校级别）被汉王朝选中，前往中国文化区域以外的西域地区。

（3） At a higher stage of development, however, what is needed is innovative talent to create new things from existing products, along with services and management systems so that people can work in accordance with these new things. (《江边卖水：张信刚演讲集（英汉对照）》③)

译文：但是到了更高的发展阶段，则需要有创新的人才，从产品上、从服务项目上、从管理制度上创造出新的东西来，让人们根据这些新东西来工作。

（4） Despite her earnest efforts, she could not find a job.

译文：尽管她已尽心竭力，但是仍然找不到工作。

（5） By extension, even if the United States is efficient both at inventing advanced biotechnologies and at the routine manufacture of medicines, it makes sense for the United States to let the production work migrate to countries that can make the stuff more cheaply.

译文：引申而言，虽然美国既擅长发明高级的生物技术，又精于日常的药品生产，明智的做法还是把药品生产从美国转移至生产费用更低的国家。（让步状语的语序与汉语语序一致）

（6） Without that contract, we're done for.

译文：要是没有那个合同，我们就完蛋了。

（7） A symbol of abundance to the rest of the world, the Amazon is experiencing a crisis of overfishing. (《英语笔译全真试题精解（二级）》④)

译文：亚马孙河在世界上是物产丰富的标志，但它现在正经受一场过量捕鱼的危机。

---

① 卢敏. 英语笔译全真试题精解（2级）[M]. 北京：外文出版社，2018.
② 张信刚. 江边卖水：张信刚演讲集（英汉对照）[M]. 北京：外语教学与研究出版社，2018.
③ 张信刚. 江边卖水：张信刚演讲集（英汉对照）[M]. 北京：外语教学与研究出版社，2018.
④ 卢敏. 英语笔译全真试题精解（二级）[M]. 北京：外文出版社，2018.

翻译分析

例（1）—例（3）原文中都将表示时间状语的短语或从句放在句首，与汉语句子先表达时间概念是一致的，可以顺译。例（4）—例（5）原文中，让步状语的语序与汉语相同，按原文顺序译出。例（6）原文中条件状语置于句首，与汉语语序一致。例（7）原文中，the Amazon 是主语，而置于句首的名词短语 a symbol of 是同位语，解释说明主语，但与主句之间具有隐含的让步关系，汉语中先表达让步状语，故按原文顺序译出。

二、逆序法

逆序法又称为换序法，指的是不按照原文语序，调整语序进行翻译的方法。由于英汉语言倒置现象、定语和状语位置差异，时空顺序差异，因果逻辑关系差异等因素，英汉互译时不得不调整前后语序。如果按照原文语序译出，不顾目的语的表达习惯，只会得到机械性译文，毫无通顺可言。

（一）改变倒装句的语序

英语是综合－分析语，保留了古英语的部分形态变化，语序较为灵活，有诸多倒装现象。相反，汉语作为分析语，没有形态变化，语序也相对固定，较少使用倒装句结构。因此，将英语倒装句译为汉语时，译为语序一般为"主语+谓语+宾（表）语"。

（1）Long live the people's Republic of China!

译文：中华人民共和国万岁！

（2）Not only will help be given to people to find jobs, but also medical treatment will be provided for people who need it.

译文：不仅要给那些找工作的人提供帮助，而且也要给那些有需要的人提供药物治疗。

（3）Exhausted as/though she was, she wasn't able to sleep.

译文：尽管筋疲力尽，但她还是睡不着觉。

（4）Search as they would here and there, they could find nothing in the room.

译文：尽管到处寻找，但他们在房间里找不到任何东西。

（5）There's money to be made from tourism.

译文：旅游业非常有利可图。

（6）Then plonk, down went the fork.

译文：随后啪的一声，叉子掉了。

（7）There stand two white houses by the river.

译文：河滨矗立着两座白房子。

（8）But it speaks to how unfamiliar most Americans are with how the immigration process works.

译文：但这说明大部分美国人对于移民程序如何运作是何等无知。

（二）改变定语的语序

英语中单个单词做定语时前置，各类短语及从句做定语时后置，而汉语定语一般都前置于被修饰的名词之前。故而英汉句子互译时，需根据目的语的习惯调整定语语序。

(1) One central question about William Shakespeare has continued to trouble both historians and admirers to this day: just what did he really look like? (《全国翻译专业资格（水平）考试英译汉实战指要》①)

译文：关于威廉·莎士比亚的一个核心问题至今仍然困扰着历史学家和他的崇拜者们，那就是莎士比亚到底长什么样？

(2) Even the tiny insects mounting the blades of grass with slow feet were giants in themselves and things of pride to nature. (《名作精译》②)

译文：就连缓缓爬到草叶上的小虫也成了自行其是的庞然大物，也是大自然的杰作。

(3) It must be stated that this illness is one of the most complex conditions known to man.③

译文：必须声明，这种疾病是人类已知的最为复杂的疾病之一。

(4) They were foiled in their attempt to smuggle the paintings. ④

译文：他们走私绘画作品的企图未能得逞。

(5) The sedentary people in China were struggling with the nomadic people, Xiongnu, who often invaded from the north on horseback with powerful bows and sharp arrows. (《江边卖水：张信刚演讲集》⑤)

译文：汉朝时，中原人要与经常从北方来犯的配有精良弓箭的马背上的游牧民族——匈奴进行搏斗。

翻译分析

例（1）—例（5）原文中，画线部分分别是由介词短语、现在分词短语、过去分词短语、不定式以及定语从句所充当的后置定语，译文按照汉语习惯调整语序，都将其放在被修饰的名词之前。

---

(6) 我们的家就住在训练营对面的一个职工家属的四合院里。(《我差点被狼吃了》，冰心⑥)

译文：We lived just opposite in an old–style quadrangle for naval officers' family members.

(7) 天柱县是贵州省少数民族比例最多的县份之一。(《24篇真题通关CATTI英语三级笔译》⑦，有改动)

译文：Tianzhu County is one of the counties with the highest concentration of ethnic minorities in Guizhou.

(8) 中美作为两个社会制度不同、历史文化背景各异，同时又利益相互交织的大国，

---

① 《全国翻译专业资格（水平）考试英译汉实战指要》编写组. 全国翻译专业资格（水平）考试英译汉实战指要[M]. 北京：外文出版社有限责任公司：2016.
② 杨平. 名作精译[M]. 青岛：青岛出版社，2004.
③ 百度翻译. known[DB/OL]. https://fanyi.baidu.com/#en/zh/known, 2022-04-24.
④ 百度翻译. smuggled[DB/OL]. https://fanyi.baidu.com/#en/zh/smuggled, 2022-04-24.
⑤ 张信刚. 江边卖水：张信刚演讲集：（英汉对照）[M]. 北京：外语教学与研究出版社，2018.
⑥ 张培基. 英译中国现代散文选（三）[M]. 上海：上海外语教育出版社，2007.
⑦ 武峰. 24篇真题通关CATTI英语三级笔译[M]. 北京：北京理工大学出版社，2021. 30-32.

相互尊重就显得尤为重要。(《24篇真题通关CATTI英语三级笔译》①，有改动)

译文：For China and the United States, two major countries <u>different in social systems, history and culture yet connected and entwined interests</u>, mutual respect is all the more important.

（9）这些水泵抽出水来灌满巨型的蓄水盆，而这些蓄水盆为动物、苗圃室和<u>种有水果和蔬菜的</u>花园供水。

译文：The pumps fill giant basins that provide water for animals, tree nurseries and gardens <u>where fruit and vegetables are grown</u>.

（10）中国需要改变以煤为主的能源结构和<u>高污染、高能耗的</u>产业结构，以治理环境和应对全球气候变化。(《24篇真题通关CATTI英语三级笔译》②)

译文：To clean up the environment and cope with global climate change, China needs to upgrade its coal-centered energy mix and industrial structure <u>that leads to high pollution and high energy consumption</u>.

翻译分析

例（6）—例（10）汉语原文中画线的定语相应地译为英语介词短语、分词短语、形容词短语及定语从句，全部放在被修饰名词的后面，与英语表达习惯相符。

（三）时空顺序的转变

英汉语在表达时间、空间概念时有不同习惯。英语因语法手段丰富，语序灵活，不按事件发生的时间顺序和空间顺序叙述。而汉语在表达上习惯由先到后、从上到下、由远及近、从整体到局部的排列顺序。因此，英汉互译时还需注意时间和空间顺序表达上的差异。

（1）In recent weeks, the agency held 11 "listening sessions" around the country <u>in advance of proposing additional rules for carbon dioxide emissions</u>.

译文：<u>二氧化碳排放的补充条款推出之前</u>，美国环保署近几周来在全国范围内召开了11场"听证会"。

（2）Far from being an object of derision as his body enters ketosis, the state in which it starts to consume itself, he should logically be the envy of all those individuals who are endlessly trying diets. (《美英报刊阅读教程》③，有改动)

译文：从逻辑上说，当他体内酮体生成过多，身体进入自我消耗状态时，他根本不应该是人们嘲笑的对象，而应该是所有无休止试图通过节食法减肥者的美慕对象。

（3）I see two other business-casual-clad men hammering away on their laptops beside me at a Starbucks just outside Chicago. （空间顺序变序）

译文：就在芝加哥市外一家星巴克咖啡店里我看见旁边两个身着商务休闲装的人用便携式电脑在认真工作。

（4）After a banner day out, I drove until we were situated under a big old oak tree on a hill

---

① 武峰. 24篇真题通关CATTI英语三级笔译 [M]. 北京：北京理工大学出版社，2021. 30-32. 74-75.
② 武峰. 24篇真题通关CATTI英语三级笔译 [M]. 北京：北京理工大学出版社，2021：30-204.
③ 端木义万. 美英报刊阅读教程（中级精选本）（第5版）[M]. 北京：北京大学出版社，2019：49.

off the expressway. (空间顺序变序)

译文：在一起外出度过了美好的一天之后，我驱车来到了高速公路旁一座小山上一棵古老的大橡树下。(《新视野大学英语读写教程4》①)

翻译分析

例（1）原文用介词短语 in advance of doing sth 表达先发生的动作，但位置在主句动作之后，而汉语译文按照动作发生的先后顺序安排语序，将先发生的动作"推出"先表达。例（2）原文中用连词 as 引导时间状语从句，以表达该从句中谓语动词 enters 在前，而 should be the envy 在后，汉语译文按时间顺序先表达 as 从句的内容。例（3）和例（4）原文中在描述地点时的顺序是从小到大，而汉语涉及空间顺序的表达应是从大到小，故译文按照汉语表达习惯进行调整语序。

（四）逻辑关系顺序的转变

在表达多层逻辑的句子时，英语可以利用形态变化、语序和虚词使得语序相对灵活，表示原因、条件、让步等状语成分既可前置又可后置；而汉语按照时间或逻辑顺序逐个叙述，由具体到一般、由个别到整体、由外围信息到核心信息、由因到果、由让步到转折、由条件到结果、由目的到行为、由事实到评论。因此，英汉多层逻辑关系的句子互译时，需要根据目的语的表达习惯调整语序。

（1）Taking the employment route to a green card means clearing a pretty high bar <u>if you have an employer who's willing to hire you</u>. (《美英报刊阅读教程》②)

译文：通过工作途径获得绿卡意味着<u>在有人愿意雇佣你的前提下</u>还得越过相当高的障碍。

翻译分析

例（1）原文中 if 引导条件状语从句，汉语译文按照"由条件至结果"的逻辑顺序将语序调整至动作"越过"之前。

（2）Mining families proudly recall all the years they toiled underground. (《24篇真题通关 CATTI 英语三级笔译》③)

每当回忆起多年来在地下辛苦地采煤，各个家庭总是倍感骄傲。

翻译分析

例（2）英语原文先表达评论（proudly），后陈述事实（recall all the years they toiled underground），而汉语刚好与之相反，故译文调整语序——先事实后评论。

（3）But Rocky Mountain Power, the utility that operates the plant, has determined that ①it would be too expensive ②<u>to retrofit the aging plant</u> ③<u>to meet new federal standards on mercury</u>

---

① 赵晓红, 等. 新视野大学英语读写教程4（第3版）[M]. 北京：外语教学与研究出版社，2015：3.
② 端木义万. 美英报刊阅读教程（中级精选本）（第5版）[M]. 北京：北京大学出版社，2019：3.
③ 武峰. 24篇真题通关CATTI英语三级笔译 [M]. 北京：北京理工大学出版社，2021.

emissions. (《24篇真题通关CATTI英语三级笔译》①)

译文：落基山脉电力公司是经营这家电厂的公共事业公司，但是，这家公司已经确定，③要达到联邦政府最新规定的水银排放标准，②就必须改造这家老化的电厂，①而改造费用实在是太贵了。

翻译分析

例（3）原文中标注①的部分中it是形式主语，第②部分动词不定式短语to retrofit the aging plant是逻辑主语，翻译时先表达第②部分逻辑主语；原文第③部分是目的状语，修饰第②部分中的不定式动词to retrofit，翻译时，为了使译文通顺连贯，将第③部分放在前面。

(4) The nation also performs well in several metrics of national performance, including freedom of the press, economic freedom and civil liberties. (《24篇真题通关CATTI英语三级笔译》②)

译文：与此同时，该国在媒体自由、经济自由和公民自由这几个国家发展指标方面表现突出。

翻译分析

例（4）英语原文按照从整体到个体的思维习惯先表述具有概括性含义的短语several metrics，后依次罗列具体的指标，而汉语译文按照从个体到整体的逻辑表达顺序调整语序。

(5) 同时，①中国人口多、底子薄，发展很不平衡，人口资源环境压力日益突出，②在前进的征途上仍面临着很多困难和挑战。(《英语笔译全真试题精解（2级）》③)

译文：However, China still faces many problems and challenges on the road ahead posed by a large population, a weak economic foundation and uneven development, as well as the mounting pressure arising from population, resources and the environment.

(6) 过去几年，①政府的环境保护条例愈加苛刻，人们用电的需求量逐渐下滑，加之公共事业单位向天然气转型的举措，②国内已经有数家燃煤电厂陆续关闭。(汉语)

译文：For the last years, coal plants have been shutting down across the country, driven by tougher environmental regulations, flattening electricity demand and a move by utilities toward natural gas. (《24篇真题通关CATTI英语三级笔译》④)

翻译分析

中国人的思维是螺旋式思维，先表达次要信息，再述说重要信息，而英语国家的人是

---

① 武峰. 24篇真题通关CATTI英语三级笔译 [M]. 北京：北京理工大学出版社，2021：11-12.
② 武峰. 24篇真题通关CATTI英语三级笔译 [M]. 北京：北京理工大学出版社，2021. 41.
③ 卢敏. 英语笔译全真试题精解（二级）[M]. 北京：外文出版社有限责任公司，2018. 163.
④ 武峰. 24篇真题通关CATTI英语三级笔译 [M]. 北京：北京理工大学出版社，2021.

直线式思维，将重要信息放在最前面，开门见山，次要信息后置。例（5）和例（6）的汉语原文画线第①部分均为次要信息，而紧随其后的第②部分是句子的主要信息，英文译文按照"先主要后次要"的表达习惯调整语序。

（7）只是，这类人并不多，这是<u>颇令人担忧的</u>。（《英译中国现代散文选》（4）①）（汉语先事实后评论，英文先评论后事实）

译文：But, <u>to our great disturbance</u>, they are in the minority.

（8）四五十年以前我在德国留学的时候，我曾多次对德国人爱花之真切<u>感到吃惊</u>。（《英译中国现代散文选》（4）②）（汉语先事实后评论，英文先评论后事实）

译文：Upwards of 40 years ago, when I was a student studying in Germany, I <u>was often deeply impressed</u> by the genuine love shown by Germans for flowers.

例（7）和例（8）汉语原文均为先事实后评论的典型表达，英语译文需调整语序。例（7）中"颇令人担忧的"是对事实"这类人并不多"的评价，英文将"评论"前置，事实后出。例（8）原文中"德国人爱花之真切"为事实，"感到吃惊"为评论，英译译文先表达吃惊"be deeply impressed by"。

【课后练习4-5】

一、将下列句子译为汉语，注意画线部分。

1. <u>For years</u> we had little knowledge of what life was like inside China.（顺译状语）

2. A recent Pew Center survey found that <u>barely</u> a quarter of Americans believed news organizations generally got the facts right in a story.（顺译状语）

3. It's very clear that all fat is not created equal and where fat is stored in the body has an <u>extremely</u> strong influence on our health.（顺译状语）

4. This postulate is eminently reasonable and <u>certainly</u> does not contradict any of the laws of mechanics.（顺译状语）

5. She hoped to get a job on the local newspaper and <u>eventually</u> worked for The Times.（顺译状语）

6. A survey of 100 winter-swimmers in different age groups indicates that 80 percent <u>originally</u> suffered from diseases of some kind.（顺译状语）

7. The marriage seemed to come loose at the seams, <u>often during the evening hour between work and dinner</u>.（顺译状语）

8. <u>In spite of his age</u>, he still leads an active life.（顺译状语）

---

① 张培基. 英译中国现代散文选（4）[M]. 上海：上海外语教育出版社，2012.
② 张培基. 英译中国现代散文选（4）[M]. 上海：上海外语教育出版社，2012.

9. If avian influenza does start spreading <u>easily</u> among people, it could be a disaster. （顺译状语）

10. There have been some problems but <u>basically</u> it's a good system. （顺译状语）

11. As tea began to spread in China, <u>first in the south, then to the north</u>, the government began to levy taxes on tea. （顺译状语）

12. Many Chinese today know the name Loulan from a famous poem <u>by Wang Changling, who wrote it in the first half of the 8th century.</u> （改变画线的定语语序）

13. A major academic study reveals the extent to which actors <u>from relatively wealthy backgrounds</u> are dominating the theater and film industry. （改变画线的定语语序）

14. Our cars are the equal of those <u>produced anywhere in the world.</u> （改变画线的定语语序）

15. The message, written in English, was sent by a native speaker to a colleague for <u>whom English was a second language.</u>

二、将下列句子译为英语，注意画线部分。

1. 在这次参加考试的二百多名合唱训练班学生中间，有一个二十岁的女生陈伊玲，初试时的成绩十分优异……（根据逻辑关系调整句子语序）

2. 经过40年的发展，本研究院已成为<u>中国最主要的空间技术及产品研制基地</u>，是中国空间事业最具实力的骨干力量。（改变画线部分定语的语序）

3. 本研究院<u>已与10多个国家和地区的宇航公司及空间研究机构建立了广泛联系</u>。（根据信息主次顺序改变语序）

4. 煤炭是地球上储量最为丰富的能源，但反对使用煤炭的声浪日益高涨。（顺译）

5. 互联网的发展在设计理念和设计人才方面极大地缩小了<u>我们与国际先进国家的差距</u>。（改变画线定语的语序）

6. "同时，这些树木在减轻大风造成的土壤侵蚀、减少沙尘，并且起到粗糙的地垫作用，阻挡从撒哈拉刮来的风沙方面<u>功不可没</u>。"他补充道。（事实与评论的语序转换）

7. 一家人从去年五月下旬从杭州搬家到这小乡村。（时间顺序的语序转换）

8. 后来，我出国到德国哥廷根大学留学，在欧洲待了十年多。（空间顺序的语序转换）

9. 他帮助凯茜熟悉如何使用苹果手机，从笔记本电脑进入公司的<u>虚拟专用网络等新技术</u>，这样一来，她虽然居家办公，但是也可以看到公司的内部文件。（整体与个体的语序转换）

10. 本公司经营<u>中高端住宅、公寓、别墅多种物业形态</u>。（整体与个体的语序转换）

第六节　抽象译法和具体译法

由于英汉语言的差异，有时在翻译中必须用抽象化和具体化的方法，力求达到译文的忠实通顺，达到与原文相同的效果。本节将分别阐述抽象译法和具体译法：从使用抽象名词、去范畴词和舍弃形象化语言三方面理解抽象译法；从动词取代抽象名词、具体词汇解释抽象词汇、用范畴词使抽象概念具体化及用形象化语言使抽象意义具体化四方面解析具体译法。

抽象译法是为了译文的忠实与通顺，把原文中带有具体意义或具体形象的单词、词组、成语或句子进行抽象化处理。所谓具体译法，就是在翻译过程中把原文中抽象或者比较抽象的单词、词组、成语或句子用具体或者比较具体的单词、词组、成语或句子来进行翻译。① 抽象与具体译法源于英汉语言抽象与具体的差异。抽象表达在英语中非常普遍，促成这一语言现象的原因较多，例如西方人自古以来就擅长抽象思维和抽象的理论研究。② 英语是表音文字，字母组合与事物之间没有形象的联系，导致语言的逻辑化、英语是形合语言，句子结构通常只有一个谓语动词，故多用名词短语和介词，为抽象表达提供了条件。与英语相比，汉语中更为常见的是具体形象的表达。汉语是表意文字，文字符号具有象形、会意和形声的特点，而且汉语用词倾向于具体，常常以实的形式表达虚的概念，以生动的形象表达抽象的内容。③ 由于英语倾向于抽象表达、汉语擅长具体形象表达的差异，翻译时应注意转换。不过，抽象与具体译法的使用并非局限于英译汉或者汉译英，不论是英译汉还是汉译英都有可能用到抽象译法或具体译法。

一、抽象译法

（一）用抽象词语解释具体复杂的词语

抽象名词具有含义概括、指称笼统、覆盖面广的特点，便于用以表达复杂的思想或概念，如需要用较多词语甚至句子表达的概念。英汉语言中都有用具体复杂的词语表达某一思想或概念的手法，如果译为相应的复杂具体的词语可能会影响译文的流畅性，故用抽象词语效果更佳。如：

（1）The United States is often depicted as a nation that has been <u>devouring</u> the world's mineral resources.

译文：人们常把美国说成是一个<u>挥霍</u>世界矿物资源的国家。

（2）<u>Monday－morning quarterbacking</u> about Israel's lack of preparedness for the October war plunged the country into a new political crisis last week.

译文：人们在<u>事后指责</u>以色列在十月战争中缺乏准备。上周，这种指责将以色列推入了一场新的政治危机。

翻译分析

原文中某些字面意义明确具体的词语，翻译时需要用含义抽象、概括的词语来表达。例（1）原文中 devour 原本的含义是"吞食""狼吞虎咽地吃光"，例（2）原文中 Monday－morning quarterbacking 的字面意义是"星期一上午的四分后卫"，若均按字面含义直译，令人费解，需要采用含义抽象、概括的词语表达。

（3）这小小的豆不像那好看的苹果、桃子、石榴，把它们的果实悬在枝上，<u>鲜红嫩绿的颜色</u>，令人一望而发生羡慕的心。它只把果子埋在地底，等到成熟，才容人把它挖出来。（《落花生》，许地山④）

---

① 冯庆华．实用翻译教程（第3版）[M]．上海：上海外语教育出版社，2010：48－53．
② 连淑能．英汉对比研究（增订本）[M]．北京：高等教育出版社，2010：160．
③ 连淑能．英汉对比研究（增订本）[M]．北京：高等教育出版社，2010：173．
④ 张培基．英译中国现代散文选（一）[M]．上海：上海外语教育出版社，2007：10－12．

译文：Unlike nice-looking apples, peaches and pomegranates, which hang their fruits on branches and win people's admiration with their brilliant colours, tiny little peanuts bury themselves in the earth and remain underground until they're ripe.

(4) 他死后，大家都很称赞差不多先生样样事情看得破，想得通。(《差不多先生传》，胡适①)

译文：After Mr. Cha Buduo's death, people all praised him for his way of seeing through things and his philosophical approach to life.

(5) 我是民国国民，民国国民的思想和生活习惯使我深深地憎恶一切奴才或奴才相，连同敬畏的尊长和师友们。(《我若为王》，聂绀弩②)

译文：I am the citizen of the Republic. Being accustomed to the mode of thinking and living of a republican citizen, I would deeply abhor all servility and flunkeys, including my esteemed elders, teachers and friends.

(6) 最近呢，农业科学化了，又在植树造林，山岭田地更加郁郁葱葱了。(《我的父母之乡》，冰心③)

译文：Recently, I have learned that people there have gone in for scientific farming and afforestation so that green and luxuriant vegetation has appeared on all mountains and fields.

(7) 人们甚至怀疑到她的生活作风上是否有不够慎重的地方。(《第二次考试》，何为④)

译文：People even suspected some sort of impropriety in her private life.

翻译分析

如果原文含有某些字面意义比较实在或形象的词组或短语，根据语境，可改译成目的语中比较概括或笼统的说法。如例 (3) 原文"鲜红嫩绿的颜色"不宜直译，此处将其笼统地译为 "brilliant colours"，即"明亮的颜色"，使译文流畅。例 (4) 原文"想得通"意思是"达观"或"随遇而安"，是一种处世方式，这里不宜直译，而是将其抽象化为"人生哲学"。例 (5)—例 (7) 均用此法翻译。

(二) 去范畴词

范畴词用来表示行为、现象、属性等概念所属的范畴，是汉语常用的特指手段。⑤ 范畴词一般在动词、形容词或名词后面，使得这些词义具体化，常用的范畴词有"行为、水平、状况、态度、方式、方面、含义、性、度"等。一般情况下，范畴词没有实际意义，但可以使句子流畅。这样的汉语句子英译时，没有必要翻译出范畴词，而应该利用英语擅长使用抽象表达法的特征进行处理，使英语译文更加地道。如：

(1) 中美作为两个社会制度不同、历史文化背景各异，同时又利益相互交织的大国，

---

① 张培基. 英译中国现代散文选 (一) [M]. 上海：上海外语教育出版社，2007：16-18.
② 张培基. 英译中国现代散文选 (一) [M]. 上海：上海外语教育出版社，2007：199-202.
③ 张培基. 英译中国现代散文选 (一) [M]. 上海：上海外语教育出版社，2007：104-107.
④ 张培基. 英译中国现代散文选 (一) [M]. 上海：上海外语教育出版社，2007：276-280.
⑤ 连淑能. 英汉对比研究 (增订本) [M]. 北京：高等教育出版社，2010：176.

相互尊重就显得尤为重要。(《24篇真题通关 CATTI 英语三级笔译》①)

译文：For China and the United States, two major countries different in social system, history and culture yet connected and entwined interests, mutual respects is all the more important.

（2）提高人民健康水平，实现病有所医的理想，是人类社会的共同追求。(《24篇真题通关 CATTI 英语三级笔译》②)

译文：And it is the common pursuit of human society to improve people's health and ensure their rights to medical care.

（3）"数字扫盲"的含义远远不只是知道如何上网。（百度翻译③）

译文：Digital literacy requires far more than simply knowing how to get online.

（4）他的严厉和强硬态度是出了名的。（百度翻译④）

译文：He has a reputation for being tough and uncompromising.

（5）特别值得提出的是，金雅梅为了培养医护人员，争取到袁世凯拨银两万两，于 1908 年创办了天津的第一所护士学校。（《英语笔译实务》（二级）⑤）

译文：One thing worth special mentioning is that, in order to train nurses for the hospital, Jin Yamei, having procured a fund of 20,000 taels of silver from Yuan Shikai, set up the first nursing school in Tianjin in 1908.

（三）弃形象化语言

许多形象性词语或典故具有很强的民族色彩和独特的民族文化，由一些具体的单词、词组或成语构成，为了消除文化差异带来的语言障碍，可以放弃原本的形象进行抽象化处理。如：

（1）My uncle invested all of his saving into a company that went bankrupt. I don't know why he put all his eggs in one basket.

译文：我叔叔把他所有的积蓄都投资了一家公司，后来公司破产了。我不知道为什么他这么孤注一掷。

（2）Most people in this country turn thumbs down on gambling.

译文：这个国家的大多数人都反对赌博。

（3）You may be driven from pillar to post while dealing with such problems.

译文：处理这种问题时，你可能会到处碰壁。

（4）Nor is there anything very pleasing in the sight of these villas and bungalows, thickly sown for miles, higgledy-piggledy and messy. (《美丽的不列颠》, 吴晴译注⑥)

译文：其次，这些连在一起的别墅里与一层楼房绵延数里杂乱无章，令人观之不快。

（5）With this faith we will be able to hew out of the mountain of despair a stone of hope.

---

① 武峰. 24 篇真题通关 CATTI 英语三级笔译 [M]. 北京：北京理工大学出版社，2021：75.
② 武峰. 24 篇真题通关 CATTI 英语三级笔译 [M]. 北京：北京理工大学出版社，2021：110.
③ 百度翻译. 含义 [DB/OL]. https://fanyi.baidu.com/#zh/en/%E7%9A%84%E6%B6%B5%E4%B9%89, 2022-04-24.
④ 百度翻译. 态度 [DB/OL]. https://fanyi.baidu.com/#zh/en/%E6%80%81%E5%BA%A6, 2022-04-24.
⑤ 卢敏. 英语笔译实务（二级）[M]. 北京：外文出版社有限责任公司，2016：14-16.
⑥ 杨平. 名作精译 [M]. 青岛：青岛出版社，2014：8-17.

(《我有一个梦想》，郭建中译注①)

译文：有了这种信念，我们将能在绝境中要始终抱有希望。

（6）By the time he was thirty-five he had a large and a lucrative practice, he had amassed a competence, and he stood on the threshold of a distinguished career. (《生活的道路》，叶子南译注②)

译文：35岁时就门庭若市，收入可观，累累胜诉，声名昭著，前程似锦。

翻译分析

上述6个英译汉译例的原文中均含有民族色彩浓厚的形象化词语，不宜直译，有的译文较长影响译文结构，有的难以理解，有的容易令读者引起其他联想，为了消除文化差异带来的隔阂，此处均采取舍弃形象、译出实际意义的表达。如，例（4）原文中higgledy-piggledy 由 pig 派生而来，相当于 in disorder 或 in confusion，但用词较为形象，译为"杂乱无章"更恰当。例（5）原文中的短语 hew out of the mountain of despair a stone of hope 直译为"从绝望之山上砍下希望之石块"，比较难理解，故舍弃这种比喻形象，译为"在绝境中要始终抱有希望"。例（6）原文中的短语 stood on the threshold of a distinguished career 直译是"站在成功事业的门槛上"，比喻成功在望，但舍弃该比喻形象，译为四字成语，与其他四字格更为搭配。例（7）—例（10）均用此法翻译。

（7）为这点鸡毛蒜皮的小事犯得着生气吗？

译文：Is it worthwhile getting angry over such a trifling matter?

（8）从社会实践看，社区警务建设有助于打造治安防范的铜墙铁壁，达到社会治安治本的目标。

译文：From the social practice analysis, the community policing building is an impregnable fortress of prevention the social public order.

（9）西湖乃天造地设，然沧海桑田，屡受淤塞，故西湖也是挖出来的。(《西湖细语》，徐应庚③)

译文：It was made by nature. But great changes took place in its long history. It was repeatedly dredged and silted up. Therefore the West Lake was also man-made.

（10）近几年来，父亲和我都是东奔西走，家中光景是一日不如一日。(《背影》，朱自清④)

译文：In recent years, both father and I have been living an unsettled life, and the circumstances of our family going from bad to worse.

二、具体译法

（一）用动词取代抽象名词

英语中有一部分抽象名词是由动词派生而来，表示行为或动作意义，称之为行为抽象

---

① 杨平. 名作精译 [M]. 青岛：青岛出版社，2014：126-133.
② 杨平. 名作精译 [M]. 青岛：青岛出版社，2014：324-331.
③ 徐应庚. 西湖细语 [M]. 杭州：浙江大学出版社，2005：1-4.
④ 张培基. 英译中国现代散文选（一）[M]. 上海：上海外语教育出版社，2007：16-18.

名词，如 determination、unification、judgment 等。由行为抽象名词构成的短语相当于主谓结构或动宾结构，如果译为相应的汉语名词会使译文不通顺、不自然，因此可以用汉语动词替代之，以动代静，也符合汉语多用动词的表达习惯。

（1）Their failure to act is indicative of their lack of interest.

译文：他们未采取行动，这表示他们没有兴趣。

（2）In defense of freedom of speech and the press, he courageously printed a quotation from a London newspaper…（《英语笔译实务》二级①）

译文：为维护言论和出版自由，他大胆引用了伦敦一家报纸上的话……

（3）In 1732, Franklin began the publication of an almanac under the name Richard Saunders (an English astrologer).（《英语笔译实务》二级②）

译文：1732 年，富兰克林开始以理查德·桑德斯（英国的一位占星家）的名义出版年鉴。

（4）Part of the attraction is Darwin's proximity to Asia.

译文：达尔文市的魅力一部分在于它靠近亚洲。

（5）Studies serve for delight, for ornament, and for ability. Their chief use for delight is in privateness and retiring; for ornament, is in discourse; and for ability, is in the judgement and disposition of business.（《谈读书》，王佐良译③）

译文：读书足以怡情，足以博采，足以长才。其怡情也，最见于独处幽居之时；其博采也，最见于高谈阔论之中；其长采也，最见于处世判事之际。

（二）用具体的词解释抽象词义

抽象词语的含义往往概括、笼统、虚泛，如果在目的语中找不到对应的词来表达，就可以借助具体的词语来解释抽象的词义。

（1）In consequence, I'm inclined to reserve all judgments, a habit that has opened up many curious natures to me and also made me the victim of not a few veteran horses.（《了不起的盖茨比》，潘绍中译④）

译文：由于这个缘故，我往往对一切都不下结论；这一习惯使得许多个性奇特的人原意对我推心置腹，也使我饱尝了不少烦人透顶的家伙之苦。

（2）This responsiveness had nothing to do with that flabby impressionability which is dignified under the name of the "creative temperament"…（《了不起的盖茨比》，潘绍中译⑤）

译文：这种敏感全然不同于以"创造性气质"的美名乔装打扮的多愁善感……

（3）In spite of the dowry and Sudha's pregnancy soon after her wedding night, Shakuntala grew increasingly displeased with the new addition to her household.（《印度烧新娘的邪风猖

---

① 卢敏. 英语笔译实务（二级）[M]. 北京：外文出版社有限责任公司，2016：1 - 5.
② 卢敏. 英语笔译实务（二级）[M]. 北京：外文出版社有限责任公司，2016：2 - 6.
③ 杨平. 名作精译 [M]. 青岛：青岛出版社，2014：5 - 7.
④ 杨平. 名作精译 [M]. 青岛：青岛出版社，2014：279 - 287.
⑤ 杨平. 名作精译 [M]. 青岛：青岛出版社，2014：324 - 331.

猢》，沈寿源译注①)

译文：尽管苏特哈带来了这份嫁妆，并且婚后不久就怀了孕，夏昆塔拉却对这个新过门的儿媳越看越不顺眼。

（4）"I remember when the valleys were full of dairy farms, there were no high-rises down-twon, the freeways were practically empty and everybody knew everybody."（《要花卉还是要工厂》，陈文伯译注②)

译文："我还记得山谷里到处都是牛奶场，市中心也没有高层建筑，不收养路费的公路实际没有多少车辆来往，城市里人人都彼此熟悉。"

翻译分析

英语中不少抽象说法往往难以翻译，原因是其确切含义难以掌握，或者苦于没有十分合适的汉语说法。例（1）原文中短语 reserve all judgments 的字面含义"保留一切判断"，实际上是"对一切人或事保留判断"之意，具体而言"不下结论"，curious natures 字面意义是"稀奇古怪的性格"，指具有这种性格的人，也应该按汉语习惯加以具体化。例（2）原文中的 impressionability 指"易受外界影响"的特性，如译为"易感性"或"感受性"，不仅难懂，而且颇似科学定义。Flabby，"软弱的""软绵绵的"，指"缺乏主见""不够坚强"。两者结合起来，似可用汉语成语"多愁善感"来表达。例（3）原文中的 addition 指"增加物"，如果将"new addition"直译未免令人不解，因此按照汉语习惯将其具体化，译为"新过门的儿媳"。例（4）原文中的 empty 形容公路 freeways，翻译时应选用含义明确的汉语，还其本来的面目。

（5）Plants cannot grow well in the absence of water.

译文：没有水，植物就不能茁壮地生长。

（6）Shock the bottle well before the experiment.

译文：实验前应反复摇动瓶子。

（7）Radar waves go through clouds or fog quite well, whereas light waves not.

译文：雷达波能很容易地穿云破雾，而光波则不能。

（8）Examine the account well before you pay it.

译文：付款之前请仔细核对账目。

英语中有少数词使用广泛、搭配灵活，但其字面意义却颇为笼统和广泛。翻译时，必须根据其特定的上下文来确定其意义，然后选择具体的方式予以表达出来。

（9）在他下乡之时，他教村民们学文化。

译文：During his stay in the countryside, he taught the villagers how to read and write.

（10）他的态度比那个秀才的好得多。（《背影》，张培基译注③)

译文：He was much more agreeable than the old scholar.

（11）像我这样一个贫寒的人，或者只有在北平能享受一点清福了。（《想北平》，张

---

① 杨平. 名作精译 [M]. 青岛：青岛出版社，2014：370－377.
② 杨平. 名作精译 [M]. 青岛：青岛出版社，2014：378－382.
③ 张培基. 英译中国现代散文选（一）[M]. 上海：上海外语教育出版社，2007：62－66.

培基译注①)

译文:Peiping is probably the only place for a man of limited means like me <u>to live an easy and carefree life in</u>.

翻译分析

有时原文作者用一些含义概括或笼统的词句来表达某一具体的事物行为或情况,如按字面直译会使译者有隔雾观花之感。这时就有必要用明确具体的词句把原文的具体含义表达出来。例(9)原文中的"文化"广义上指人类在社会实践过程中所获得的物质、精神的生产能力和创造的物质、精神财富的总和,抽象意味很浓,但是汉语中也经常用其表示比较小的范畴,如"教育、科学、艺术等方面的知识与设施"。此处需要用明确的词义表达,英译文将它翻译为 read and write,既具体形象,又忠实于原句意义。例(10)原文中"好"的意思是"令人愉快""易于相处",所以译文用"agreeable"将模糊笼统的"好"字具体化。例(11)原文中的"清福"含义较为概括,按照"live an easy and carefree life"译出。

(三)用范畴词使抽象概念具体化

英语擅长使用抽象表达,如果英语句子所表达的抽象概念译为相应的汉语抽象词语,使译文不自然、不流畅,可以在这样的词语后面增译范畴词,使译文行为流畅。

(1)Ireland ranks fifth in the world in terms of gender equality.(《24篇真题通关 CATTI 英语三级笔译》②)

译文:在性别平等方面,爱尔兰排名世界第五。

(2)Divorce rates in Ireland are very low compared to European Union <u>averages</u> while the marriage rate in Ireland is slightly above the European Union <u>average</u>.(《24篇真题通关 CATTI 英语三级笔译》③)

与欧盟平均<u>水平</u>相比,爱尔兰的离婚率非常低,而其结婚率则稍微高于欧盟平均<u>水平</u>。

(3)Capital punishment is constitutionally banned in Ireland, while discrimination based on age, gender, sexual orientation, marital or familial status, religion and race is illegal.(《24篇真题通关 CATTI 英语三级笔译》④)

译文:从宪法的角度来看,爱尔兰禁止死刑,同时来自年龄、性别、性取向、婚姻或家庭状况、宗教和种族<u>方面</u>的歧视也是违法的。

(4)The pass allows unlimited travel on all <u>public transport</u> in the city.

译文:持有乘车证可乘坐市内所有的<u>公共交通工具</u>,次数不限。

(5)Those images are frequently posted on social media like Instagram, as Ms. Yip's was, to be seen by a broad network of friends, colleagues and close <u>family</u>.

---

① 张培基.英译中国现代散文选(一)[M].上海:上海外语教育出版社,2007:137-141.
② 武峰.24篇真题通关 CATTI 英语三级笔译 [M].北京:北京理工大学出版社,2021:59-60.
③ 武峰.24篇真题通关 CATTI 英语三级笔译 [M].北京:北京理工大学出版社,2021:65.
④ 武峰.24篇真题通关 CATTI 英语三级笔译 [M].北京:北京理工大学出版社,2021:66-67.

译文：这样的照片经常被贴在 Instagram 之类的社交媒体上，会有大量朋友、同事和家庭成员浏览，叶女士的照片也是如此。

（6）Doctors say he is susceptible to respiratory problems because he contracted pneumonia while in prison for 27 years for fighting apartheid.

译文：医生表示，曼德拉容易出现呼吸系统问题，他因对抗种族隔离政策入狱27年，在此期间，他感染了肺结核。

（7）He relives the horror of the crash every night in his dreams.

译文：每天晚上他都会梦见那次撞车的可怕情景。

（8）当地的警察竭力缓和这个社区种族间的紧张局面。

译文：Local police are trying to defuse racial tension in the community.

（9）In a generation, they have descended from proud working classing to demoralized underclass.

译文：仅仅只经过了一代人，他们便从自豪的工人阶级蜕化成道德败坏的社会底层分子。

（10）There had been too much violence in that region.

译文：那个地区发生了许多暴力事件。

（四）用形象化语言具体化抽象意义

具体形象的表达，如比喻、成语、谚语等可以使抽象概念具体化、形象化，既有明确意义之功能，又可增强语言感染力。

（1）She was about thirty years old with indeterminate hair and eyes of a startling clear blue which gave her otherwise anonymous face a resemblance to a holy statue.（《特别职责》，潘绍中译注①）

译文：她约有30岁，头发很不起眼，眼睛却出人意料地清亮、湛蓝，使那张貌不出众的脸庞颇有几分像尊圣洁的塑像。

翻译分析

原文中的短语 otherwise anonymous 若直译为"否则就没有特色的"或"在其他方面全无特色的"，凸显不出原文表达"眼睛"的特色，故这里借用汉语成语"貌不出众"来译。

（2）Rich working experience was his entree to this large international company.

译文：丰富的工作经验是他进入这家大型跨国公司的敲门砖。

翻译分析

以上原文中 entree 是抽象名词，本意是"入场权；入场许可"，此处将该词义具体引申为"敲门砖"，使表达更加形象具体。

---

① 杨平. 名作精译 [M]. 青岛：青岛出版社，2014：208−217.

(3) There is more to their life than political and social and economic problems; more than transient everydayness.

译文：他们的生活远不止那些政治的、社会的和经济的问题，远不止一时的<u>柴米油盐问题</u>。

翻译分析

以上原句中，everydayness 原义为"日常性"，词义很抽象，直译无法表达原句包含的具体意义，因此译文将其引申为同义具体的"柴米油盐问题"，既符合汉语表达习惯，也揭示了原文意义。

---

(4) 你很有可能得到这工作，但也别过早<u>乐观</u>。

译文：It's quite possible that you will get the job, but <u>don't count your chickens before they are hatched</u>.

(5) 拜托相信我，我能<u>把好坏分清楚</u>。

译文：Have faith in me, please. I can <u>separate the sheep from the goats</u>.

(6) 律师提出的尖锐问题，使他<u>进退维谷</u>。

译文：The lawyer's sharp questioning made him <u>hold a wolf by the ears</u>.

(7) 我们告诉她这是需要举止得体的场所，但她还是<u>冒冒失失</u>闯到了会上。

译文：We told her it was a delicate situation but she went into the meeting <u>like a bull in a China shop</u>.

(8) 你如果能对此<u>保密</u>，我将不胜感激。

译文：I'd be grateful if you would <u>keep it under your hat</u>.

【课后练习 4-6】

一、将下列句子译为汉语，并注意画线部分。

1. A single thermonuclear bomb today has the destructive force of all <u>the bombs and other explosives</u> of World War Ⅱ.（将具体词义概略化）

2. In the modern world salt has many uses beyond <u>the dining table</u>.（用抽象词语解释具体词义）

3. The developing countries <u>bear the burden of</u> an enormous external debt.（用抽象词语解释具体词义）

4. Don't worry about it, for the project is <u>on the fire</u>.（舍弃形象化语言）

5. Cyrus Vance has always been <u>a clean-desk man</u>, so it did not take him long to prepare to leave Washington.（用抽象词语解释具体词义）

6. She told a joke in order to <u>break the ice</u>.（舍弃形象化语言）

7. So he asked his mother if he could go out, and he <u>got the green light</u>.（舍弃形象化语言）

8. It's obvious how Gary feels about Paula; he <u>wears his heart on his sleeve</u>.（舍弃形象化语言）

9. Your children quickly realize that you make fish of one and flesh of another. （舍弃形象化语言）

10. "I would have liked to be here for another five years," he said. "I'm too young to retire."（增加范畴词）

11. For China and the United States, there is an enormous need and vast potential for bilateral cooperation in all fields. （增加范畴词）

12. Her health deteriorated rapidly, and she died shortly afterwards. （增加范畴词）

13. The plan should ease traffic congestion in the town. （增加范畴词）

14. They questioned the accuracy of the information in the file. （增加范畴词）

15. We need to ensure the consistency of service to our customers. （增加范畴词）

16. The failure of the company was a direct result of bad management. （用动词取代抽象名词）

17. The church should have no political alignment. （用动词取代抽象名词）

18. The book began with a quotation from Goethe. （用动词取代抽象名词）

19. Upon graduation from Yale, he was offered opportunities to stay in the United States. （用动词取代抽象名词）

20. The proximity of the college to London makes it very popular. （用动词取代抽象名词）

21. He is a valuable acquisition to the team. （用具体的词解释抽象词义）

22. Each transaction is carried out in public and the information sent electronically to every brokerage office of the nation. （用具体的词解释抽象词义）

二、将下列句子译为英语，并注意画线部分。

1. 他是个胖乎乎的文静男孩，对生活的态度非常达观。（用抽象词语解释具体词义）

2. 20世纪60年代以来，植树造林已经改变了这里的乡村面貌。（用抽象词语解释具体词义）

3. 睡眠质量与疾病及衰老关系的研究（用抽象词语解释具体词义）

4. 人们穿着五颜六色的衣服，似乎玩得很开心。（用概括性词语解释具体词义）

5. 我们都是来自五湖四海。（用概括性词语解释具体词义）

6. 花园里面是人间乐园，有的是吃不了的大米白面，穿不完的绫罗绸缎，花不尽的金银钱财。（用概括性词语解释具体词义）

7. 那孩子上午看起来病得很重，但到了晚饭时又生龙活虎起来。（舍弃形象化语言）

8. 他开门见山就提到了钱，使我不禁愣了一下。（舍弃形象化语言）

9. 为了防止敌人狗急跳墙，我们把村里的妇女、儿童都疏散了。（舍弃形象化语言）

10. 她顺手牵羊拿走了那顶新尼龙伞。（舍弃形象化语言）

11. 如果这些办法都无法解决问题，那我可就黔驴技穷了。（舍弃形象化语言）

12. 要是事情不合她意，她就会让整个家鸡犬不宁。（舍弃形象化语言）

13. 半夜听到狼嗥，他感到毛骨悚然。（舍弃形象化语言）

14. 不过，转基因食品在中国的推广却是一个棘手问题。（用形象化语言将抽象词语具体化）

中篇　翻译实践

第五章　词语的翻译

本章导读

　　词语，是词和短语（words and expressions）的合称，包括词（含单词、合成词）和词组（又称短语），组成语句文章的最小组词结构形式单元。本章主要探讨汉英双语中的词语是如何进行转换的，主要从颜色词、文化负载词、中国特色文化词语以及网络流行语几个方面着手，以期探讨中英双语词语的翻译策略和方法。

　　颜色词让我们的语言世界变得丰富多彩，世界各地的人们赋予颜色不同的文化内涵。面对汉英颜色词互译，译者可采用英汉基本对应、英汉形象转换、英汉貌合神离的方式进行翻译。

　　文化负载词是包含特定文化的词语。例如，汉语文化负载词不仅仅是简单的词汇，更是文化信息的承载者，它们蕴含着中国古代文化、现代文化、民俗文化、地域文化等各种文化因素。这些词汇的使用不仅仅是为了表达一个普通概念，更是为了传递一种文化的观念、价值和精神。

　　中国文化特色词语是表达中国文化特有事物和现象的词语，也是准确再现中国社会生活和传播中华文化的基本词汇，更是中国文化的重要组成部分。中国文化特色词语具有独特的中国文化属性，与西方在物质文化、宗教文化、社会制度文化和心理文化等多方面存在较大的差异，从而导致汉语与英语在各自的词汇体系中出现很多词义空缺的现象。笔者认为，翻译中国文化特色词语可以采用直译、音译或音译加注、增译法、意译法等翻译方法，这些内容都在第三节中有具体表述。

　　网络流行语是从网络中产生或应用于网络交流的一种语言，包括中英文字母、标点、符号、拼音、图标和文字等多种组合。这种组合，往往在特定的网络媒介传播中表达特殊的意义。20世纪90年代初，网民们为提高网上聊天的效率，采用诙谐、逗乐等特定方式，久而久之就形成特定语言了。如今，网络语言越来越成为人们网络生活中必不可少的一部分。译者也常常在翻译工作或学习过程中，遇到网络流行语。第四节主要讲述网络流行语的翻译。

第一节　颜色词的翻译

　　颜色在人类日常生活中扮演着重要的角色，如果大千世界缺乏五彩斑斓的色彩，该是多么乏味无趣。1933年，毛泽东重经大柏地时所作这首亦画亦诗的《菩萨蛮·大柏地》，开头"赤橙黄绿青蓝紫，谁持彩练当空舞？"这句，作者巧妙地运用借代的手法，通过七种颜色的铺叙，写出了彩虹的绚丽夺目。可见颜色在人类生活中扮演着极其重要的角色。

　　为了形容不同颜色，人类采用不同的词语解释说明。久而久之，除了颜色词本身的语义以外，世界各地的人们赋予颜色不同的文化内涵。2020 年，美国权威色彩研究机构潘通（Pantone）① 公布该年度流行色为：Classic Blue（经典蓝）。2021 年，潘通公布该年度流行色为：Ultimate Gray（极致灰）和 Illuminating（亮丽黄）。之后，2022 年度流行色为：Very Peri（长春花蓝）。2023 年的年度流行色为：Viva Magenta（非凡洋红）。作为译者，在中英双语转换过程中应该准确理解阐释彼此语境中的词语内涵。

一、颜色词的概述

颜色具有光与人类视网膜受体相互作用产生的视觉感知特性。因此，光属于物理学概念，而颜色属于生理学、心理学和哲学概念。具体而言，颜色是通过眼、脑和人们的生活经验共同产生的一种对光的视觉效应。我们肉眼所见到的光线，是由波长范围很窄的电磁波产生的，不同波长的电磁波表现为不同的颜色，对色彩的辨认是肉眼受到电磁波辐射能刺激后所引起的一种视觉神经的感觉。颜色具有三个特性，即色相、明度和饱和度。颜色的三个特性及其相互关系可以用三度空间的颜色立体来说明。②

颜色词（basic color terms），用语言描述事物各种颜色的词语，在不同的语言中有不同的文化内涵，两种非亲属语言中对应颜色词的文化内涵差异程度，通常大于两种亲属语言中同类词的差异程度，因此它是研究与文化反差的最好语料。③ 不同国家或民族对颜色类词语的使用有相同点也有不同点，中国人常把红色用于喜庆的场合，比如婚礼上的新郎新娘身着红色婚服；而英语国家的新娘在婚礼上常会身穿白色的婚纱，因为白色代表纯洁，而新郎身穿黑色西装，因为黑色表示庄重；但是黑白二色在中国却常用于丧事，有不吉利的含义。如今，随着各国各民族间交往的不断深入，人们对颜色的理解也在相互影响，相互融合。

二、颜色词的分类

汉英颜色词有四种分类方式。第一种，从词性的角度，将颜色词分为颜色名词、颜色动词和颜色形容词。第二种，根据颜色词的使用频率，将颜色词分为基本颜色词和实物颜色词。第三种，根据不同颜色的子范畴来划分颜色词。第四种，根据不同颜色词的意义，将其划分为具体颜色词和抽象颜色词。④ 本节采用第二种分类，将英汉颜色词分为基本颜色词和实物颜色词。

（一）英语颜色词的分类

英语颜色词非常丰富，本书中将颜色词分为两部分：一种为基本颜色词，另一种为实物颜色词。在英语中，基本颜色词就是那些表达事物最基本的色彩词语，而实物颜色词，是客观世界中各种实物本身色彩的词，其作用不可低估，文章中若能恰当运用，将更具体更准确地表达文字的思想内容，还可通过实物本身所引起的其他概念来发挥修辞上的夸

---

① 潘通是享誉世界的色彩权威，涵盖印刷、纺织、塑胶、绘图、数码科技等领域的色彩沟通系统，已经成为当今交流色彩信息的国际统一标准语言。
② 顾君忠，杨静. 英汉多媒体技术辞典［Z］. 上海：上海交通大学出版社，2016.
③ 胡卫伟. 翻译与文化研究新视野［M］. 长春：吉林人民出版社，2019.
④ 张培基. 英语声色词与翻译［M］. 北京：商务印书馆，1964.

张、联想和象征作用,表达出作者对待事物所持的态度、情绪和看法。

1. 基本颜色词

基本颜色词可以分为两类:一类是单音节词语,词源太多来自盎格鲁-撒克逊语,如图 5-1 所示。

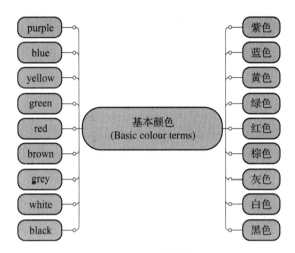

图 5-1 单音节颜色词

另一类颜色词是一些词源不明的外来词语,如图 5-2 所示。

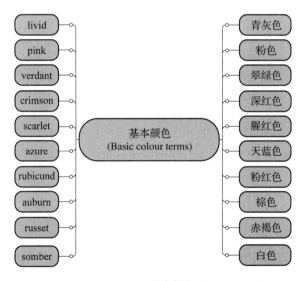

图 5-2 外来颜色词

livid:形容词,其词义为 furiously angry,因愤怒而脸色发青的;名词,其词义为 of a color or the skin having a dark angry tinge,色彩或皮肤呈现青灰色。

verdant:形容词,其词义为 of a countryside green with grass or other rich vegetation,田野长满草或其他绿色植物的,青翠的,碧绿的。

crimson:形容词,其词义为 of a rich deep red color inclining to purple,深红色的、绯红色的;名词,即深红色、暗红色、脸红。

scarlet：形容词，其词义为 of a brilliant red color，猩红的、鲜红的；名词，即猩红色、红衣、绯红色、象征罪恶的深红色。

azure：名词，其词义为 bright blue in color like cloudless sky，天蓝色、蔚蓝色。

russet：形容词，其词义为 reddish brown in color，黄褐色的、赤褐色的；名词，即黄褐色、赤褐色。

sombre：形容词，其词义为 dark or dull in colour or tone；gloomy，（颜色）暗淡的、阴沉的、阴郁的、昏暗的、沮丧的。

2. 实物颜色词

图 5-3 罗列了一些实物颜色词，英语颜色词所代表的是实物的颜色，这个颜色能够更加生动的描绘颜色的色彩，从中反映出作者的思想感情和情感态度。比如，用金灿灿的黄金"gold"指代"黄色"，用白花花的银子"silver"指代"白色"，再如，用水果橙子"orange"和桑葚"mulberry"也可以表示出它们本身的颜色。

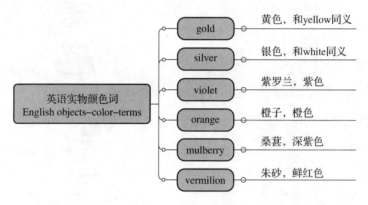

图 5-3 实物颜色词

（二）汉语颜色词的分类

汉语颜色词的基本词语指可以通过添加"色"构成的单音节词，比如："绿、蓝、黄、红、白和黑"；汉语实物颜色词指的是可以通过自然间的实物所表示的颜色词。例如，通过食物来表现颜色的杏黄、枣红、焦茶色等；通过自然现象描述颜色的春色、秋色、冬色、极光绿等；通过植物描述颜色的词语茄子紫、柠檬黄、檀木黑、丁香紫等；通过动物描述颜色的海豚银、象牙白、牡蛎色、驼色等；通过金属或者珠宝等珍贵物品描述颜色的琥珀橙、翡翠绿、玛瑙红等；通过衣服来表示颜色的牛仔蓝等。随着国家实力的不断提升，人们对事物的认识方式越来越多样化。因此在日常生活中，人们更倾向于用自己喜欢的方式描述本人喜欢的颜色。

三、颜色词的文化内涵

英汉颜色词及构词方式、语法功能和搭配关系有相同和相异之处，而最大的差异还在于其文化引申意义。由于中西方文化发展的社会背景和历史时代的不同，进而导致中西方在思维方式、价值取向、伦理道德和行为规范等方面的理解不一致，对于颜色的理解也就不一致。作为语言文化学习者，我们有必要了解颜色词在中西方文化中所具有的独特内涵。以下主要以蓝色、黄色、红色、白色以及黑色 5 种基础颜色为例，对比这 5 种颜色背后不同的中西方文化内涵。

（一）蓝色

蓝色是一种天然的颜色，常见的有蓝色的天空，碧蓝的水面。在西方，深蓝色代表着信任、尊严、智慧和权威；亮蓝色代表干净、力量、可靠性和凉爽，这些蓝色所代表的意义是起源于海洋和内陆水域的颜色；浅蓝色代表和平、宁静和一种无限性，这些含义的起源来自天空的无限性。由此可以看出，大多数蓝色在西方传递的是一种信任感、忠实感以及清洁和理解。此外，蓝色在西方文化中还象征为忧郁，比如 feeling blue 和 Singing the blues。然而在中国文化中，蓝色代表木元素，也象征着春天、不朽和进步。蓝色在中国古代相对其他颜色来说运用得比较少，根据相关研究显示，汉族视青、红、皂、白、黄 5 种颜色为"正色"，蓝色不在此列。

1. 蓝色在英语中的表达方式

从以下英文短语中，我们可以体会到蓝色在西方文化中的含义，可以表达出伤心忧郁、出其不意、忠诚可信、污言秽语等含义。

（1）The terms "feeling blue" or "getting the blues" refers to the extreme calm feelings associated with blue, such as sadness and depression.

译文："feeling blue" 或 "getting the blues" 这些词汇与忧郁相关，指极度平静的内心感受，例如悲伤和沮丧。

（2）The saying "out of the blue" is used in reference to something unexpected.

译文："out of the blue" 指某件事情出乎意料。

（3）The expression "singing the blues" references a person who is complaining about their circumstances.

译文："singing the blues" 指的是一个人在抱怨自己的处境。

（4）The phrase "true blue" stands for someone who is loyal, trustworthy, and faithful.

译文："true blue" 指一个忠诚可靠的人。

（5）The term "blueblood" refers to a person of royal, noble, or superior birth.

译文："blueblood" 指的是出身于皇室、贵族或出身优越的人。

（6）The saying "baby blues" is used to describe the sadness that women feel after giving birth. It is often used in reference to post-partum depression.

译文：名词短语 "baby blues" 通常描述女性分娩后感到悲伤的情形，指产后抑郁症。

（7）The phrase "blue Monday" means feeling sad, often the feelings experienced when the weekend is over and the workweek begins.

译文：名词短语 "blue Monday" 通常表示人们过完周末，迎接新的工作周的悲伤情绪。

（8）The saying "blue language" refers to using profanity.

译文："blue language" 指使用污言秽语。

（9）The Blues is a music style characterized by the sometimes sad or down focus and melancholy melodies.

译文：Blues 是一种音乐风格，有时悲伤，有时低沉，旋律忧郁。

2. 蓝色在汉语中的表达方式

在汉语中，我们可以发现很多带有"蓝"字的成语，这些成语中包含的"蓝"字已

经超越了"蓝色"本身的含义,与其他汉字组合形成双音节词语或四字格成语,表达出不同的含义。比如:

(1) 蓝田生玉:蓝田地名,在陕西省,古时蓝田出产美玉。旧时比喻贤父生贤子。

(2) 蓝青官话:旧称夹杂别地口音的官话。蓝青,比喻不精纯。

(3) 蓝田种玉:原指杨伯雍在蓝田的无终山种出玉来,得到美好的婚配。后用来比喻男女获得了称心如意的美好姻缘。也可写为"种玉蓝田"。

(4) 青出于蓝:青,靛青;蓝,蓼蓝之类可作染料的草。青是从蓝草里提炼出来的,但颜色比蓝色更深。比喻学生超过老师或后人胜过前人。

(5) 筚路蓝缕:筚路,柴车;蓝缕,破衣服。意为驾着简陋的柴车,穿着破烂的衣服去开辟山林。形容创业的艰苦。

(6) 白袷蓝衫:旧时士人的服装。亦借指尚未取得功名的士人。

(二) 黄色

黄色是光谱中最亮的颜色,它比任何颜色都能吸引我们的注意力。在自然界中,向日葵、蛋黄、柠檬、金丝雀和蜜蜂等,这些动植物外表的实物颜色均为黄色。一方面,黄色在西方世界中象征着幸福、乐观、启蒙、阳光和春天;另一方面,黄色在西方文化中具有消极意义,体现着人的懦弱、背叛、利己主义和疯狂。除此以外,黄色还表示胆小、放松以及不负责的报道;同时,西方采用黄色作为标志牌的颜色,说明黄色具有提醒人们注意某事的功能。另外,在西方世界里,黄色暗含人身体里潜藏着某些疾病的意思。然而在中国传统色彩观念里,黄色可以代表权力、王权,但在中国的出版物中象征着情色。

1. 黄色在英语中的表达方式

以下是包含英文 yellow 的短语,通过浏览以下英文短语,我们可以了解黄色在西方文化中的象征意义。

(1) Traditionally, yellow ribbons were worn as a sign of hope as women waited for their men to come home from war. Today, yellow ribbons are still used to welcome homes loved ones.

译文:一直以来,女性为了欢迎自己的男人从战场凯旋,会佩戴黄色丝带,寓意着对未来的美好期望。如今,人们仍然喜欢佩戴黄色丝带欢迎亲人回家。

(2) Calling someone "yellow" or "yellow-bellied" is the same as calling them a coward.

译文:称某人为"黄种人"或"黄腹人",等同于称他们为"懦夫"。

(3) The term "mellow yellow" stands for laid and relaxation.

译文:词语"mellow yellow"表示悠闲或放松的状态。

(4) The phrase "yellow journalism" is in reference to bad or irresponsible reporting.

译文:"黄色新闻"一词指的是糟糕或不负责任的报道。

(5) The yellow dog means a contemptible person or thing.

译文:"黄狗"指的是卑鄙的人或事。

(6) Yellow Book means an illustrated literary periodical published quarterly in the UK between 1894 and 1897, associated with the Aesthetic Movement. Often controversial, it contained contributions from writers including Max Beerbohm, Henry James, Edmund Gosse, Arnold Bennett, and H. G. Wells. The art editor was Aubrey Beardsley.

译文：黄面志，是英国在1894和1897年间出版的文学插图季刊，与当时兴起的美学运动有关；该刊物因刊登马克斯·比尔博姆、亨利·詹姆士、埃德蒙·戈斯、阿诺德·班尼特和H·G·威尔斯等作家的来稿而常引起争议；其艺术编辑为奥布里·比尔兹利。

2. 黄色在汉语中的表达方式

以下是包含中文汉字"黄"字的成语：

（1）黄粱梦：比喻虚幻不能实现的梦想。也用"一枕黄粱"比喻不能实现的梦想。

（2）明日黄花：黄花，指菊花。原指重阳节过后逐渐萎谢的菊花。后多比喻过时的事物或消息。

（3）青黄不接：青：田时的青苗；黄：成熟的谷物。旧粮已经吃完，新粮尚未接上。也比喻人才或物力前后接不上。

（4）信口雌黄：信：任凭，听任；雌黄：即鸡冠石，黄色矿物，可做成颜料。古人用黄纸写字，写错了，用雌黄涂抹后改写。比喻不顾事实，随口乱说。

（5）飞黄腾达：飞黄：传说中神马名；腾达：上升，引申为发迹，宦途得意。形容骏马奔腾飞驰。比喻骤然得志，官职升得很快。

（6）黄发垂髫：黄发：老年人头发由白转黄；垂髫：古时单童子未冠者头发下垂。指老人与儿童。

（三）红色

在西方文化中，红色是一种极端的颜色。它意味着充满激情的爱、诱惑、暴力、危险、愤怒和冒险。西方史前祖先认为，红色是火和鲜血的颜色，是原始生命力的象征。在希腊文化中，它体现的是超级人类英雄主义，也是基督教中受难的标志。而汉语中的红色主要有以下用法：象征喜庆，比如在中国举办婚礼时，我们时常可以看到贴在窗户上的喜字，新娘新郎身穿红色礼服；象征成功，顺利或者受人重视，如"红运""开门红"等；象征革命或政治觉悟高，如"红军"或者"红利"。在中国文化中，红色是一种吉祥的颜色，也是一种流行的颜色，它象征着幸运、幸福和欢乐。在中国传统的色彩中，红色也代表活力、庆祝和繁衍。

1. 红色在英语中的表达方式

（1）The saying "in the red" means losing money, no money, or overdrawing your account at the bank and is thought to come from the feelings of stress and anxiousness and the physical symptoms they cause such as elevated blood pressure and often anger or danger.

译文："in the red"这个说法的意思是指亏损、没有钱，或者银行账户透支。人们认为，这个说法源自压力和焦虑感，以及由此引起的身体症状，如血压升高。

（2）The term "red herring" is used when referencing something that is deceiving, dishonest, or distracting from the truth.

译文："red herring"这个术语用于指称某些具有欺骗性、不诚实或者偏离真相的事物。

（3）The phrase "paint the town red" is associated with celebration, partying, fun, and excitement.

译文："paint the town red"这个短语与庆祝、聚会、乐趣和兴奋联系在一起。

（4）The expression "seeing red" is thought to be based on the physical characteristic of anger, including redness of the cheeks, physical exertion, and elevated blood pressure.

译文:"seeing red"表示愤怒的身体特征,包括脸颊发红、体力消耗和血压升高。

(5) The term "red eye" is associated with overnight airline flights due to the perceived lack of sleep passengers receive and the appearance of red in the whites of their eyes as a result.

译文:"red eye"一词与夜间航班有关,由于航班乘客睡眠不足,导致眼白出现红血色。

(6) The saying "red carpet treatment" refers to making someone feel special and pampered as if they are a VIP or high profile person.

译文:"red carpet treatment"是指让某人感觉格外特别、受到宠爱,就好像他们是VIP或备受瞩目的人一样。

(7) The phrase "red flag" is often used in reference to a warning of danger, problems, fighting, and war.

译文:"red flag"这个短语经常被用来警示危险、问题、冲突和战争。

2. 红色在汉语中的表达方式

在汉语中,有包含"红"字的成语,通过阅读以下带有红字的成语,我们发现大部分红色词语在中国文化中表现为褒义。

(1) 满堂红:比喻各方面都取得好成绩或到处都很兴旺。

(2) 红装素裹:红装,妇女的红色装饰;素裹:淡雅装束。指妇女艳丽和淡雅装束。用以形容雪过天晴,红日和白雪交相辉映的美丽景色。

(3) 花红柳绿:形容明媚的春天景色,也形容颜色鲜艳纷繁。

(4) 面红耳赤:形容因紧张、急躁、激动或害羞等而脸上发红的样子。

(5) 满面红光:满面,整个面部。形容心情舒畅,精神健旺的样子。

(6) 红袖添香:红袖,借指年轻貌美的女子;添,增加。形容有美女在旁做伴读书。

(7) 暗绿稀红:犹言绿肥红瘦。形容叶盛花稀的暮春景象。

(8) 看破红尘:旧指看透人生,把生死哀乐都不放在心上的消极的生活态度。现也指受挫折后消极回避、无所作为的生活态度。

(四) 白色

在西方文化中,白色是一种天生积极的颜色,与纯洁、童贞、纯真、光明、善良、天堂、安全、辉煌、光明、理解、清洁、信仰、开端、灵性、可能性、谦逊、真诚、保护、温柔和完美有关。在整个西方国家中,白色是新娘礼服的传统颜色,象征纯洁、纯真和童贞。在东方国家,白色是葬礼的颜色。按照中国传统习俗,人们衣着白色是对逝者的尊敬。另外,白色,在中国文化中也象征纯洁。如今,在中国汽车销售市场,白色汽车普遍受到人们的欢迎。和黑色一样,白色被广泛用于手表、手机、衣服的生产与制作。

1. 白色在英语中的表达方式

从以下包含英文单词white的短语中,我们可以看出在西方文化中,白色起初的含义是纯洁、干净等含义,随着时间的推移,它和不同的词语组合,表达不同的英文含义。

(1) The expression "white as snow" is used in reference to the pure, clean, and innocent.

译文:"white as snow"这个表达通常用来形容纯洁、清澈和无辜。

(2) The phrase "white flag" is associated with meanings of surrender and relinquishment.

译文:"white flag"这个词组与投降和放弃的含义有关。

(3) The term "white elephant" refers to a rare or valuable item that is unwanted.

译文:"white elephant"这个术语指的是一件珍贵但不受欢迎的物品。

(4) The expression "pearly whites" refers to very white teeth.

译文:"pearly whites" 指的是非常白的牙齿。

(5) The saying "white list" is a list of acceptable, good, or approved items.

译文:"white list" 是一份可接受、优秀的或经批准的项目列表。

(6) The term "white sale" means a store sale of sheets, towels, other linens.

译文:"white sale" 指商店销售床单、毛巾和其他亚麻制品。

(7) The phrase "white knight" represents one who comes to the rescue; a good and noble hero.

译文:"white knight" 代表一个拯救者,一位优秀、高尚的英雄。

(8) The expression "white knuckle" references something that is fast, exciting, or frightening.

译文:"white knuckle" 表达涉及快速、令人兴奋或恐怖的东西。

2. 白色在汉语中的表达方式

以下是汉语中的一些成语,从古汉语常用字典中,我们发现"白"的意义有:白色;清楚明了;空白;徒然等,"白"的意义也体现在以下词语中。

(1) 吃白食:白吃别人的饭,光吃饭不工作,吃东西不付钱,也指不务正业专靠讹诈为生。

(2) 白驹过隙:白驹,白色骏马,比喻太阳;隙,缝隙。像小白马在细小的缝隙前跑过一样。形容时间过得极快。

(3) 白毫之赐:白毫,佛家指如来三十二相之一,其眉间白色毫毛,放有光明,称白毫相。指供养僧徒之物。

(4) 急赤白脸:心里着急,脸色难看。形容非常焦急的神情。

(5) 黑白分明:黑色与白色对比鲜明。比喻是非界限很清楚。也形容字迹、画面清楚。

(6) 白云苍狗:苍,灰白色。浮云像白衣裳,顷刻又变得像苍狗。比喻事物变化不定。

(7) 一穷二白:穷,指物质基础差;白,指文化和科学落后。比喻基础差,底子薄。

(8) 白手起家:白手,空手;起家,创建家业。形容在没有基础和条件很差的情况下自力更生,艰苦创业。

(五) 黑色

在西方世界中,人们经常将黑色和权力、恐惧、神秘、力量、权威、优雅、正式、死亡、邪恶和侵略性、权威性和复杂性联系在一起。黑色是一种神秘的色彩,通常和未知、否定相关;黑色代表着力量、严肃、力量和权威;黑色体现权威和力量,能够召唤起强烈的情绪。在中国文化中,黑色与毁灭、邪恶、深沉、灾难、残忍、悲伤和痛苦联系在一起。另外，黑色本身代表坏运气、不规则、非法等。

1. 黑色在英语中的表达方式

（1）The phrase "black tie" refers to a formal event or dress code.

译文："black tie" 指的是一种正式场合或着装规范的情形。

（2）The term "black – hearted" describes an evil person.

译文："black – hearted" 这个词用来形容一个邪恶的人。

（3）The phrase "in the black" refers to having money or profiting and doing well in business.

译文："in the black" 意味着有钱或获利，生意运营良好。

（4）A "black box" is a piece of equipment or apparatus usually used in airplanes.

译文："black box" 是通常用于飞机上的一种设备或装置。

（5）A "black eye" is damage to an eye, including bruising and discoloration, or damage to one's reputation.

译文："black eye" 是指眼部受损，包括淤血和褪色，或对某人的声誉造成影响。

（6）A "black sheep" is an outcast from a family or from society.

译文："black sheep" 是指被家庭或社会遗弃了的人。

（7）The expression "men in black" refer to government agents.

译文："men in black" 这个表达指的是政府特工。

（8）A "blacklist" is a list of people or organizations to boycott, avoid, or punish.

译文："blacklist" 是一份要抵制、避免、惩罚人或组织的清单。

2. 黑色在汉语中的表达方式

以下是包含"黑"字的成语，通过浏览发现，大部分包含"黑"字的成语表达了黑色的引申意义。

（1）黑灯瞎火：形容黑暗没有灯光。

（2）数黑论黄：数，数落，批评。背后乱加评论，肆意诽谤别人。

（3）月黑风高：比喻没有月光风也很大的夜晚。比喻险恶的环境。

（4）乌天黑地：犹言"昏天黑地"。比喻社会黑暗。

（5）食亲财黑：指人贪婪自私，爱占便宜。

（6）冬日黑裘：裘，皮袄。冬天穿黑皮袄。比喻仅能御寒，不尚奢华。

（7）粉白黛黑：粉白，在脸上搽粉，使脸更白；黛黑，画眉毛，使眉毛更黑。泛指女子的妆饰。

（8）黑家白日：不分昼夜，整天整夜。

（9）白往黑归：比喻只看表面不看本质。

通过对比蓝、黄、红、白和黑几种颜色的意义和内涵，发现英汉颜色词的最大差异在于其文化引申意义。例如：在中国，每逢春节除夕，大家都会想起红色的春联，大红灯笼。每逢婚嫁，新娘新郎则会穿上喜庆的红色礼服出现在人们视野中，"中国红"代表着喜庆和吉祥。而在西方，红色大多数情况下表示的是生气、愤怒、赤字等消极含义。因此，面对包含颜色词的短语或者句子时，我们应当谨慎对待，充分考虑其背后约定俗成的文化意义，并结合上下文的语境，给出适当的译文。

四、颜色词的互译

通过以上内容的学习，大家有没有考虑过翻译这些颜色词或者颜色词的句子，是不是都可以采用直译的翻译方法？如果当你看到以下四字格的成语时，是不是仍然坚持可以用直译法翻译这些带有颜色的词语呢？

白璧无瑕、白驹过隙、姹紫嫣红、灯红酒绿、混淆黑白、金碧辉煌、面红耳赤、面黄肌瘦、青出于蓝、青红皂白、青黄不接、青梅竹马、青云直上、阳春白雪、一穷二白、一团漆黑、一清二白、黑白分明、白头偕老、红装素裹、绿草如茵、青梅竹马、黄袍加身、蓝田生玉、紫气东来、灰心丧气、碧波万顷、漆黑一团、平白无故、桃红柳绿、山青水绿、青黄不接、姹紫嫣红、心灰意冷、白山黑水、阳春白雪、传波红叶、平步青云 杳如黄鹤、筚路蓝缕、黄旗紫盖、起早摸黑、一身清白、姹紫嫣红、花红柳绿、炉火纯青、信口雌黄、青出于蓝、姚黄魏紫、槁木死灰、万紫千红、橙黄桔绿、柳绿花红、苍翠如濯……

大家在琢磨之后，发现在汉语中带有颜色的词语表达的内容不仅仅是颜色词本身的意思，显然不能用直译的方法去翻译以上带有颜色的成语。我们再将目光转向英文，在西方英语国家，也有大量的词义是通过颜色词而传递的。我们可以通过以下例句进行体会：

（1）Feel blue，通过字面理解为"感觉蓝色"。但是根据其英文解析"to feel depressed"，中文解析为：感觉沮丧，压抑。该习语可以变体为 give somebody the blues，表示让某人沮丧，不让某人好过。例如：

It rained heavily and lasted for several days which make people feel blue.

译文：雨下得很大，而且持续了好几天，这让人们感到很压抑。

（2）Go gray，字面理解为"变成灰色"。但是根据英文解析为 become gray haired，意指头发变白。

Although he is just over twenties, he goes gray quickly.

译文：尽管他才刚刚过完20岁，但是他头发白的很快。

（3）Red tap，如果我们按照字面意思理解，就是"红袋子"。但是根据英文解析：complicated and unnecessary rules which prevent things from being done quickly. 我们应该理解为：使办事效率降低的繁文缛节，烦琐程序或官僚作风。Red tape 源于旧时常用红色袋子捆扎公文的习俗，引申为官方文件，条条框框，常含贬义色彩。例如：

We want to sit up a new company, but it takes several weeks to go through the red tap.

译文：我们想要成立一个新的公司，但是需要花费几个星期的时间才能办完烦琐的手续。

通过了解来自中英文的不同颜色词，我们应有一个基本共识，在大家的日常生活口语表达方面甚至文学作品中，颜色词丰富了人类的表达方式。我们也能从例句中感受到，一定不能按照颜色词的字面含义去理解词语内涵，甚至进行中英互译，而是要充分考虑颜色词背后的文化内涵后，才能进行双语转换。

翻译本身有几层含义，翻译可以指一门普通的学科领域，可以指最终产品（即已完成翻译的文本），还可以指翻译进程（即开展翻译过程产生的行为）。然而翻译进程，是指两种不同书面语言之间相互转换，是译者将原始书面文本（原文本）中最初语言（原语）

转换成不同语言（目的语）的目标书面文本（目标文本）。①

针对翻译的内涵，学者 Munday 在 Introducing Translation Studies（翻译研究入门）这本书中讲道：翻译本身有几层含义，翻译可以指一门普通的学科领域，可以指最终产品（即已完成翻译的文本），还可以指翻译进程（即开展翻译过程产生的行为）。然而翻译进程，是指两种不同书面语言之间相互转换，是译者将原始书面文本（原文本）中最初语言（原语）转换成不同语言（目的语）的目标书面文本（目标文本）。②

面对中英颜色词的翻译，我们首先应该准确理解原语，通过翻译准确传递汉语词语身后的语义内涵和文化内涵，然后选择目的语中较为贴切和恰当的词汇表达。基于以上讨论，笔者认为，在翻译颜色词汇过程中，可以分为三种情况：第一，在英文中能够找到与汉语基本对应的词语，能够表达出汉语的语义和文化内涵，或在汉语中可以找到表达英文颜色词的语义意义和文化内涵；第二，由于不同的地理环境、社会以及文化背景的影响，不同民族对同一颜色所持的态度和所产生的联想意义会形成一定的距离和差异，因此在颜色词翻译的过程中，需要进行相互转换；第三，带有深刻文化内涵的英汉颜色词，需要我们在翻译的过程中，准确理解其背后的语言意义和文化内涵，然后着手翻译。

（一）英汉基本对应

（1）正看到"落红成阵"，只见一阵风过，把树上桃花吹下一大半来，落的满身满书满地皆是。

译文：Red petals fall in drifts when a gust of wind blew down such a shower of petals that he and his book were covered with them and the ground near by was carpeted with red.

（2）秋霖脉脉，阴晴不定，那天渐渐的黄昏，且阴的沉黑，兼着那雨滴竹梢，更觉凄凉。

译文：Autumn is a capricious season of many showers and as dusk fell it grew very dark, while the rain pattering on the bamboo leaves made the place seem unusually lonely.

翻译分析

以上原文和译文内容均出自《红楼梦》③，例（1）描写的是因为一阵风过，一片片红色的桃花瓣吹落得到处都是。每年的 3 月到 6 月，桃花朵朵盛开，有白色、粉色和红色。此处的"落红成阵"指的是红色的桃花瓣随着风飘落了大半，译者霍克斯在进行英文的转换过程中，将此处的红色翻译成目的语中对应的颜色 red。例（2）中描写的是林黛玉独自在潇湘馆中时，看到窗外的秋雨，原文作者曹雪芹通过描写屋外的秋雨，黑沉沉的天空，以此来描写林黛玉心中产生的凄凉之感。此处的"黑"，指的是物体颜色的深黑色，译者在翻译的过程中，翻译成 dark。英文单词 dark 在牛津词典中的解释是：(of a colour or object) approaching black in shade. 意为：指一种颜色或物体在阴影中接近黑色。

---

① Munday, Jeremy. *Introducing Translation Studies*：Theories and applications (3rd ed.). London and New York：Routledge, 2012：5.

② Munday, Jeremy. *Introducing Translation Studies*：Theories and applications (3rd ed.). London and New York：Routledge, 2012：31.

③ 绍兴文理学院红楼梦汉英平行语料库，电子参考文献如下：任亮娥、杨坚定、孙鸿仁（2010-02-14），《红楼梦》汉英平行语料库 [EB/OL]，http://corpus.usx.edu.cn,2023-05-27.

（3）Or he might have pointed to the pink-tipped buds of his three peach trees and his six apricot trees that his father had planted in his day so that now, being at the height of their time, they bore a load of fruit every year.

译文：或者他本来还可以指着父亲年轻时亲手栽种的三株桃树和六棵杏树，给大家看那粉嫩的花苞。

（4）In his blue rags, a blue of all colors from indigo to turquoise and then to the paleness of a milky sky, he fits the landscape.

译文：他穿着破衣烂衫，一身蓝，从靛蓝、天蓝到泛白的乳蓝，但很应景。

翻译分析

以上例（3）与例（4）的原文与译文均出自《西南联大英文课》①。例（3）中原文选自美国小说家赛珍珠《第一任妻子和其他故事》，此句摘自该书中的一篇文章《贫瘠的春天》。描写的背景是农民老刘坐在自己的房门口，感知到春天的来临，本来是可以指望父亲年轻时候亲手栽种的桃树杏树的粉色花苞，赖以生存，但是饥荒年代没有什么可以指望的了。译者罗选民将 pink-tipped buds 翻译成"粉嫩的花苞"，因原文作者只是在进行场景描写，没有对实物赋予特定的文化内涵，因此在翻译的过程中，将英文中的颜色对应成汉语中的颜色即可。例（4）原文摘自英国戏剧家、小说家威廉·萨默赛特·毛姆所著《在中国的屏风上》中《负重的牲口》一文，描写的是中国苦力挑着重担在路上行走的场景，穿着带有补丁的蓝色短外套和裤子，译者在翻译过程中，将蓝色直接对应成英文中的 blue。

（二）英汉形象转换

（1）一席话，说的贾琏脸都黄了。

译文：Jia Lian turned pale at this.

（2）原文：王夫人抱着宝玉，只见他面白气弱，底下穿着一条绿纱小衣皆是血渍，禁不住解下汗巾看，由臀至胫，或青或紫，或整或破，竟无一点好处，不觉失声大哭起来："苦命的儿呀！"

译文：Lady Wang, clasping Baoyu in her arms, saw that his face was white, his breathing weak, and his green linen underclothes were soaked with blood. When she undid them she cried out in distress at the sight of his buttocks and legs beaten black and blue, with every inch bruised or bleeding. "Ah, my poor child!" she wailed.

（3）（贾政）再看看王夫人，只有这一个亲生的儿子，素爱如珍，自己的胡须将已苍白。

译文：He glanced at Lady Wang. Of the children she had borne him Bao-yu was now the only surviving son. He knew how much the boy meant to her. He thought of himself, too: ageing now, his beard already grey.

---

① 陈福田. 西南联大英文课 [M]. 北京：中译出版社，2019.

翻译分析

由于东方和西方的地理环境不同，人们认识事物的方式也就不同，赋予不同的颜色不同的文化内涵，译者在进行中英双语转换的过程中，不能进行字对字的翻译，而是应该充分理解该颜色词在原语中的文化内涵，将其转换成对应的目的语。以上3个例子均出自《红楼梦》①，例（1）中描写的背景是，王熙凤通过对贾琏的冷嘲热讽，想从平儿口中套出真相。一时间让站在身旁的贾琏的脸色都变了。在此种语境之下，作为译者，如果将此处的黄色翻译成 yellow，对于西方目标读者来说，会误以为贾琏身体不适，得了某种疾病。所以译者要将原语黄色翻译成英文中的"pale"，其英文释义是：(of a person's face or complexion) having less colour than usual, typically as a result of shock, fear, or ill health. 以此来形容贾琏脸色苍白，表达贾琏其实是内心作祟。例（2）中，王夫人看到宝玉挨打后身上青一块紫一块的，心痛不已。青色是中国特有的一种颜色，在中国古代社会中具有极其重要的意义，象征着坚强、希望、古朴和庄重，传统的器物和服饰常常采用青色。而英文中紫色 purple 是高贵的象征，因此需要将原语"青一块紫一块"翻译成 black and blue。同样的，例（3）中表示"胡须苍白"的"白"，不能翻译成 white，而是要按照英文行文的表达方式和目的语读者的阅读习惯翻译成 grey（灰白）。比如英文词组 grey hair 表达的是老人的含义。

（三）英汉翻译不对应

（1）别人还可以，赵姨奶奶一伙的人见是这屋里的东西，又该使<u>黑心</u>弄坏了才罢。

译文：The rest don't matter, but if Concubine Zhao and that lot saw things from here they'd try <u>some mean trick</u> to break them.

（2）因使人过去请时，那家人去了回了口信："和尚说，贾爷今日五鼓已进京去了，也曾留下话与和尚，转达老爷：读书人不在<u>黄道黑道</u>，总以事理为要，不及面辞了。"

译文：But the servant sent to ask his friend over bought back word, "The monk says that Mr. Jia left for the capital at the fifth watch this morning. He asked the monk to tell you that scholars are not superstitious about <u>lucky or unlucky days</u> but like to act according to reason; so he had no time to say goodbye in person."

（3）一朝春尽红颜老，花落人亡两不知！

译文：The day that spring takes wing and <u>beauty</u> fades. Who will care for the fallen blossom or dead maid?

翻译分析

一般来说，具有直接意义的汉语和英语颜色词，相互对应的转换比较容易。但是带有深刻文化内涵的英汉颜色词或习惯用语直接转换之后，原文和译文之间却有点貌合神离，因此译者在翻译时切不可望文生义。以上3个例子均摘自曹雪芹的《红楼梦》②，译文汉

---

① 任亮娥、杨坚定、孙鸿仁（2010-02-14），《红楼梦》汉英平行语料库[EB/OL]，http://corpus.usx.edu.cn，2023-05-27.

② 任亮娥、杨坚定、孙鸿仁（2010-02-14），《红楼梦》汉英平行语料库[EB/OL]，http://corpus.usx.edu.cn，2023-05-27.

学家霍克斯译本,例(1)中赵姨奶奶想使黑心做损事,了解中国文化和语言的霍克斯没有将黑心翻译成 black heart,因为他知道这里指的赵姨娘想用一些刻薄损人的手段。例(2)中贾雨村要进京赶考,乡宦甄士隐可怜居住在庙旁的穷儒生贾雨村,于是赠银于他,这天未亮,贾雨村跟小和尚说,不管是今天是不是黄道吉日,他也要去赶考了。译者在理解原文的基础上,将其处理成 lucky or unlucky days,以此表达"黄道黑道"的含义。中国人自古至今,每逢喜事都很关注黄道吉日的说法,黄道吉日指的是诸事皆宜的日子。例(3)中的"红颜",在此处特指的是漂亮美丽的女子,不能将此处的"红"理解并翻译成"红色"。因此,如果翻译过程中,遇到无法通过直译的方式进行翻译的颜色词,需要我们结合语境和目的语的表达方式和行文习惯进行转换。

【课后练习 5-1】

请大家翻译以下短语和句子。

1. In the red
2. Red type
3. See red
4. Be born with a silver spoon in your mouth
5. A silver tongue
6. On a silver platter
7. A white elephant
8. A white lie
9. Whiter than white
10. Feel blue
11. Once in a blue moon
12. Out of the blue
13. Green with envy
14. Green fingers
15. Look black
16. In black market
17. My grandpa has very rigid mind of behavior, therefore, he sees everything in black and white.
18. Blair is a good driver, but she still has the accident at a black spot.
19. He never thought that he would won the blue ribbon prize.
20. Mark hasn't got much grey matter, but he tries very hard.
21. He went as red as a beetroot when we asked about his new girl friend.
22. It is just a red herring to discuss the landscape.
23. The government must be seen to be whiter than white.
24. He wanted to quit the competition? I always thought there was a yellow steak inside of him.

25. Jessie spent half of the salary to buy a watch, but she never took it out and it was a white elephant for her now.

第二节　文化负载词的翻译

一、文化负载词的概述

学习文化和学习语言一样重要，作为外语学习者必须要了解此语言背后的文化内涵。无论是书面语，还是口头语言，语言都是人们交际的一种方式，语言是文化的基石，没有语言何来文化，从另一个角度看，语言又受文化的影响并反映文化。一种语言其实反映的是一个民族的历史、文化背景，同时也包含了该民族对人生的看法、他们的生活方式和思维方式。如果我们想要掌握一门语言，不仅仅意味着要学习字母表、语法规则，而且要了解学习特定社会的文化习俗、价值观念和民族信仰等方面的知识。只有这样，才能真正地理解这门语言。作为一名翻译工作人员，在进行中英双语的转换过程中，一定要注意正确处理语言背后的文化现象，尤其文化负载词的翻译。著名翻译家奈达（Nida）认为：对翻译而言，掌握两种文化甚至比掌握两种语言更重要。[①] 我国的翻译家孙致礼先生也坦言："翻译中最大的困难不是语言本身，而是语言所承载的文化意蕴。在翻译时，最棘手的往往是不知道如何翻译文化词。"[②]

许多中外学者对文化负载词的翻译作出了巨大的贡献。奈达（Nida）于 1993 年在功能对等中强调："译者的责任是让目的语言读者在目的语文本中理解原语文化信息。"[③] 这一点和归化翻译策略很相似。同时劳伦斯·维努蒂（Lawrence Venuti）强调译者应该从目的语言文化出发，在译本中体现原语文化的差异和独特性。这一点和异化策略很为相似。一些中国译者对文化负载词的翻译也做了研究，包含颜色类文化负载词，植物类文化负载词，政治类文化负载词，委婉语；等等。但是，关于文化负载词的定义缺乏统一性。

通常而言，文化负载词是指与特定文化相关的词语，这些词语在另外一种语言中很难找到与之相对应的词语。

截至目前，一些西方学者给出了"文化负载词"如下的定义：

西班牙翻译家艾克西拉（J. F. Aixela）将文化负载词看作是 Culture – specific items（文化专项词），在其著作 *Culture – specific Items in Translation* 中指出：原文本中出现的一些词汇在目标读者的文化系统中没有对等词汇，这些词汇与目标读者文化系统中的词汇具有不同的韵味，因此在将原文本的功能和意义传递到目标文本过程中，翻译则会变得较为困难（本句英文原文为：Some items appearing in the source text do not have equivalent items in the target reader's cultural system of these items have different texture status with those in the target reader's culture system, thus leading to a translation difficulty while transferring the function and

---

① Munday, Jeremy. *Introducing Translation Studies*: *Theories and applications* (3rd ed.) [M]. London and New York: Routledge, 2012.
② 胡玥. 汉英翻译精讲学习手册 [M]. 上海：上海外语教育出版社，2018.
③ Munday, Jeremy. *Introducing Translation Studies*: *Theories and applications* (3rd ed.). London and New York: Routledge, 2012.

meaning of the source text to the target text.)①。

著名英国翻译理论家贝克（Baker）提出了一个更为清晰的概念：原语言词汇可能表达的是在目标文化中完全未知的概念。所讨论的概念可能是抽象的，也可能是具体的；该词汇可能与宗教信仰、社会习俗或某种食物有关。这些概念通常指的是文化专项词汇（本句英文原文为：The source‐language word may express a concept which is totally unknown in the target culture. The concept in question may be abstract or concrete; it may relate to a religious belief, a social custom or a type of food. Such concepts are often referred to as culture‐specific.)②。

在我国，大多数学者将文化负载词翻译成"Culture‐loaded words"。

许国璋先生曾对文化负载词下过这样的定义：文化负载词是指语言系统中最能体现语言承载的文化信息、反映人类社会生活的词汇，反映了语言文化的系统差异以及词汇的语别特征。③

学者廖十一认为，文化负载词（culture‐loaded terms）是指标志某种文化中特有事物的词、词组和习语，这些词汇反映了特定民族在漫长的历史进程中逐渐积累的有别于其他民族的独特的活动方式④。

简单来说，文化负载词就是饱含特定文化的词。

二、汉语文化负载词英译

笔者在中国知网上检索关键词"文化负载词"，截至2022年4月份，共有2918条结果。从发表年度上来看，从2012年开始，论文发表为128篇，此后相关论文发表的数量则逐年上升。截至2023年5月，在2021年知网上刊登本年度论文共为447篇，达到历史新高。通过查看中国知网上主题分布图，我们发现国内学者主要探究文化负载词英译的策略，主要从关联理论、目的论视角、生态翻译学、文化翻译观、接受美学、功能对等、模因论以及释意理论出发探讨文化负载词的英译策略，主要的研究文本有《红楼梦》《围城》《论语》《浮生六记》《黄帝内经》《生死疲劳》《阿Q正传》《边城》《丰乳肥臀》以及《儒林外史》等。由此可以看出，近年来汉语文化负载词的英译研究越来越受到国内学者的重视，并逐渐发展成该领域的研究热点。

三、文化负载词的翻译方法

（一）音译法或音译加注法

在翻译有些文化负载词时候，需要力求达意，适当音译，特别是当外文翻译作为对译词不能涵盖或无法转达一个术语的主要含义时，可选择音译。方梦之认为：音译（transliteration）亦称为"转写"，即用一种文字符号（如拉丁字母）来表示另一种文字系统的文字符号（如汉字）的过程或结果。当原语和目的语之间差异很大，存在语义空白的

---

① Aixel, J. F. Culture‐specific items in translation. ［M］. Clevedon: Multilingual Matters, 1996.
② Baker, M. *In other words: A course book on translation* ［M］. Beijing: Foreign Language Teaching and Research Press, 2000.
③ 许国璋. Culturally Loaded Words and English Language Teaching ［J］. 现代外语, 1980, (4): 19-25.
④ 廖七一. 当代西方翻译理论探索 ［M］. 南京: 译林出版社, 2000: 232.

情况下翻译不可能直接从形式或语义入手,此时音译是主要的翻译手段,音译对象主要是人名、地名和新产生的术语。①

(1) 铁观音是中国最受欢迎的茶之一,原产自福建省安溪县西坪镇,如今安溪全县普遍种植,但该县不同地区生产的铁观音又各具风味。

译文:Tieguanyin is one of the most popular types of tea in China with its origin in Xiping Town, Anxi County, Fujian Province. Although widely planted in Anxi County, the tea produced in different parts tastes very differently.

(2) 鼎,古代用于烹煮食物的器物,也是重要的礼器。

译文:Ding was a vessel to cook food and was also used as an important ritual object in ancient times.

翻译分析

在上述例子当中,我们可以看到"铁观音"和"鼎"分别代表着中国的茶文化和中国古代的器具文化,我们当然也就无法从英语当中找到与之对应的词语进行翻译解释。鉴于此,我们需要通过音译的方式,向西方介绍这两种中国的传统文化名词。

(3) 原文:坐在羊皮筏子上顺流而下,一边饱览金沙、黄河和绿洲的斑斓,一边欣赏回族导游姑娘尽情唱的"花儿",宛若是在梦幻之中。

译文:Sitting on the Paizi, visitors can enjoy the sceneries like the golden sand, the Yellow River and the green oasis while hearing the beautiful Hua'er (a kind of folk song in Ningxia) sung by girls of Hui ethnic minority, and it seems visitors are in the midst of a fascinating dream.②

翻译分析

对于多数译者而言,首先需要了解"花儿"的文化内涵,然后考虑翻译策略。在西北宁夏中卫地区,"花儿"又名"少年",是流传于西北地区的多民族民歌,因歌词中将青年女子比喻为"花儿"而得名。这种独特的文化负载词在英文中找不出对应的解释词语,因此可选择音译的方式。作为当代大学生,我们有责任也有义务对外宣传优秀的中国文化,做好本地区的文化现象的解说者。在这里,译者为了清楚地读者表达"花儿"的含义,又利用了音译加注的方式,告诉读者"花儿"的内涵。音译加注(transliteration plus annotation),常用于特有文化词语的翻译,先用汉语拼音转换某词语,再以文内作注或文外加注的办法,将该词语中特有的文化内涵表示出来,达到文化信息传递的目的。③ 在本句译文中,译者利用文内作注的方式,将"花儿"的含义较为全面地展现在读者面前。

(4) 又东五百里,曰丹穴之山,其上多金玉。丹水出焉,而南流注于渤海。有鸟焉,其状如鸡,五采而文,名曰凤皇,首文曰德,翼文曰义,背文曰礼,膺(yīng)文曰仁,

---

① 方梦之. 中国译学大辞典 [Z]. 上海:上海外语教育出版社,2011.
② 李莉,杨玉. 翻译美学视角下宁夏旅游文本英译探究 [J]. 宁夏师范学院学报,2018,39(06):108-112.
③ 方梦之. 中国译学大辞典 [Z]. 上海:上海外语教育出版社,2011.

腹文曰信。是鸟也，饮食自然，自歌自舞，见（xiàn）则天下安宁。

译文：500 li further east is a mountain called Danxue where there are rich deposits of gold and jade. The Danshui River flows out of this mountain and runs to the south before it finally empties itself into the Bohai Sea. There is a bird called phoenix which looks like a rooster and is draped with colorful feather. The patterns of the feather on its head, its its wings, its back, its chest and its belly are like the Chinese characters "德"（de），"义"（yi），"礼"（li），仁（ren），"信"（xin）respectively. This bird eats only natural food, and often sings and dances. Wherever it appears, there will be peace and order over all under the sky. Translator's notes: "德"（de）means virtue. ; "义"（yi）means justice. ; "礼"（li）means courtesy. ; "仁"（ren）means humanity. ; "信"（xin）means trust. ①

翻译分析

以上原文是出自《山海经》，在丹穴山中生活着一种名叫凤凰的鸟，它的外形很像是鸡，浑身长满了五彩的羽毛。凤凰身上的花纹十分奇特，据说它头部的花纹是"德"字的形状，翅膀上的花纹是"羲"字的形状，背部的花纹是"礼"字的形状，胸部的花纹是"仁"字的形状，腹部的花纹是"信"字的形状。在翻译这些古典文化负载词的时候，首先译者利用括弧的形式，将这写词语的拼音写在括号内，方便一些汉语学习者发音，然后在文章的后面利用直译的方式添加了每一个词语所表示的汉语内涵。以上例子，译者向我们做了一个很好的示范，在对文本进行解读以后，通过直译加文后注释的方式，很好地对外展示了《山海经》中的神话传说。

（二）直译法

一般情况下，业界人士认为译文形式与内容都与原文一致谓之直译；亦即以原文形式为标准，依照画葫芦的是直译，另起炉灶的是意译。卡特福德（Catford）认为直译是介于意译和逐字翻译之间的一种译法。它可能始于逐字翻译，但为恪守译文的语法规则而有所变化，并过渡到以意群或句子成分为单位进行翻译。在翻译文化负载词的过程中，直译的优点是在吸收外来有益的新因素，在反映异国客观存在的事物和情调上，比意译更能避免主观因素的干扰，当在表达形式上无须另辟蹊径即可达到忠实于原文内容的时候，译者自然采用直译。②

（1）坐在羊皮筏子上顺流而下，一边饱览金沙、黄河和绿洲的斑斓，一边欣赏回族导游姑娘尽情唱的"花儿"，宛若是在梦幻之中。

译文：Sitting on the Paizi, visitors can enjoy the sceneries like the golden sand, the Yellow River and the green oasis while hearing the beautiful Hua'er (a kind of folk song in Ningxia) sung by girls of Hui ethnic minority, and it seems visitors are in the midst of a fascinating dream. ③

---

① 以上原文与译文出处：中华思想文化术语. 历史卷：汉英双语/《中华思想文化术语》编委会编［M］. 北京：外语教学与研究出版社，2021.5
② 方梦之. 中国译学大辞典［Z］. 上海：上海外语教育出版社，2011.
③ 李莉，杨玉. 翻译美学视角下宁夏旅游文本英译探究［J］. 宁夏师范学院学报，2018，39（06）：108-112.

翻译分析

对于多数译者而言，在着手翻译之前，需要了解羊皮筏子的文化内涵。羊皮筏子，是黄河中上游古代先民借助河水之力，运输人员、物资而发明的水上工具。20 世纪四五十年代，陆路交通不是很发达，羊皮筏子是宁夏人民及黄河中上游两岸的人们的重要水运工具。如今，人们节假日出行旅游，到宁夏中卫的沙坡头河段，或在甘肃景泰石林龙弯村河段，都能乘上羊皮筏子这古老的运输工具，在黄河中领略大漠风情和黄河石林这粗犷壮美的西部景观。但是在本句中，译者将其翻译成 Paizi，笔者觉得是有问题的，有可能译者将羊皮筏子理解成了竹排，所以音译成 Paizi，但是从译语读者的角度出发，最好能够将羊皮筏子直译为：sheepskin raft，方便读者理解制作羊皮筏子的原始材料。

（2）春节期间，人们会祭拜神灵和祖先，张贴春联和年画，置办年货，吃团圆饭，给压岁钱，除夕守岁，燃放爆竹，走亲访友，等等。

译文：During the Spring Festival, people pay tribute to deities and their ancestors, post auspicious couplets and New Year paintings, buy new year's goods and put on new clothes, have a family reunion dinner, give children gift money, stay up the whole night on New Year's Eve to say goodbye to the departing year, set off firecrackers and visit relatives and friends.

（3）节气，二十四节气的简称，是中国传统农历中特有的现象。古人为了更好地进行农事活动，从长期的农业实践中总结出了一套用于指导农耕的补充历法。根据太阳一年内在黄道的位置变化以及地面相应发生的气候、物候变化情况，把一年分成二十四段，每一段起始于一个节气，分列于十二个月，这就是二十四节气。二十四节气通常均匀分布于每月，月首的叫"节"，月中的叫"气"（每三年会出现有"节"无"气"或有"气"无"节"的情况，这时需设闰月进行调节），节气的命名反映了季节、物候、气候三方面的变化。反映季节变化的是立春、春分、立夏、夏至、立秋、秋分、立冬、冬至八个节气；反映物候变化的是惊蛰、清明、小满、芒种四个节气；反映气候变化的有雨水、谷雨、小暑、大暑、处暑、白露、寒露、霜降、小雪、大雪、小寒、大寒十二个节气。二十四节气在秦汉时期就已形成，两千多年来，既有辅助农业生产的实际功效，也成为中国人所特有的时间观念。

译文："The twenty-four solar terms" is a unique phenomenon on the traditional lunar calendar. To facilitate agricultural production, ancient Chinese people summarized a supplementary calendar that divides a year into 24 segments according to the sun's movement on the ecliptic and seasonal changes in weather and other natural phenomena, with the 24 solar terms proportionally distributed through the 12 months. A solar term that starts in the early part of a month is called jie （节）, and one that starts in the middle part of a month is called qi （气）(Every three years there would be a month which has only a jie without a qi, or a month which has only a qi without a jie, in which case a leap month would be added to regulate it). The solar terms are so named that they represent the changes in season, phenology and climate. The eight solar terms that reflect seasonal changes are Beginning of Spring, Vernal Equinox, Beginning of Summer, Summer Solstice, Beginning of Autumn, Autumnal Equinox, Beginning of Winter, and Winter Solstice; the four solar terms that represent phenological changes are Waking of Insects, Fresh Green,

Lesser Fullness, and Grain in Ear; and the 12 solar terms that indicate the changes in climate are Rain Water, Grain Rain, Lesser Heat, Greater Heat, End of Heat, Winter Dew, Cold Dew, First Frost, Light Snow, Heavy Snow, Lesser Cold, and Greater Cold. First established in the Qin and Han dynasties, the 24 solar periods have not only facilitated agricultural production but also reflected Chinese people's perception of time in the past more than two thousand years.

（4）生肖也叫"属相"。中国古人把与农业生活相关的11种动物，加上特有的文化图腾动物"龙"，与十二地支配合进行纪年，每个人出生的年份都有相对应的生肖动物，即十二生肖。十二生肖与十二地支的配合与排序如下：子鼠、丑牛、寅虎、卯兔、辰龙、巳蛇、午马、未羊、申猴、酉鸡、戌狗、亥猪。十二生肖至迟在东汉已经定型，成为中国民俗文化中富有特色的内容。

译文：Shengxiao（生肖）in Chinese refers to the twelve animals that make up the Chinese Zodiac. The ancient Chinese included in this list eleven animals closely associated with farming, plus the dragon, a legendary animal which has cultural symbolic meaning in Chinese. They were then associated with the twelve Earthly Branches（in a twelve-year cycle）to each represent a year. Thus a person's year of birth is also associated with a specific animal. Combining the Zodiac with the Branches produces the following order：zishu（子鼠 rat），chouniu（丑牛 ox），yinhu（寅虎 tiger），maotu（卯兔 rabbit），chenlong（辰龙 dragon），sishe（巳蛇），wuma（午马 horse），weiyang（未羊 sheep），shenhou（申猴 monkey），youji（酉鸡 rooster），xugou（戌狗 dog），and haizhu（亥猪 pig）. The Zodiac had already entered into use by the Eastern Han Dynasty and has been a distinctive feature of Chinese culture and folk tradition ever since.

（5）"六艺"有两种不同的含义：其一，指《诗》《书》《礼》《乐》《易》《春秋》六部经典。历代儒者通过对"六经"文本的不断解释，为这些经典赋予了丰富的意义。"六艺"之学体现着古人对于世界秩序与价值的根本理解。其二，指礼、乐、射、御、书、数六种技能，是古代学校教育的基本内容。

译文：The six arts may refer to two sets of content. They may refer to the Six Classics：The Book of Songs, The Book of History, The Book of Rites, The Book of Music, The Book of Changes, and The Spring and Autumn Annals, Confucian scholars through the ages kept interpreting these classical texts, endowing them with rich significance. Theories related to the six arts represent the basic views of the ancients in regard to world order and values. The six arts may also refer to the six skills of rituals, music, archery, charioteering, writing, and mathematics, which were the basic contents of school teaching in antiquity.

翻译分析

以上例（2）至例（5）均摘自《中华思想文化术语：历史卷（中英对照）》[①]。例（2）中提及的"春节""春联""年画""年货""团圆饭""压岁钱"，是中国人传统春节的符号代表，我们在翻译中不能使用音译的方式。要将其中的中国传统文化准确表达出

---

① 《中华思想文化术语》编委会. 中华思想文化术语：历史卷（中英对照）[M]. 北京：外语教学与研究出版社，2021. 5

来,就要将以上这些文化符号进行直译,否则表达效果则是目的语读者看不懂的英语句子。同样的,例(3)中的"二十四节气",例(4)中的"十二生肖",例(5)中的"六艺",体现的都是中国传统文化,译者通过直译的翻译方式向西方读者传递了中国文化。

(三) 意译法

意译法(free translation; semantic translation)是与直译并列的主要译法之一,译文内容一致,而形式不同,谓之意译,即以原文形式为标准,译文表达形式上另辟蹊径。傅雷说:"我并不说原文的句法绝对可以不管,在最大限度内我们要保持原文句法的,但无论如何要叫人觉得尽管句法新奇而仍不失为中文。"[①] 学者刘宓庆提出,"当代翻译美学,是一种有中国特色的翻译理论研究,它是对我国传统美学译论的继承和发扬,是针对汉语语言和文本的特点提出适用于汉外互译的翻译理论。"[②] 方梦之认为:"在充分认识翻译审美客体和审美主体基本属性的基础上,剖析客体上的审美构成和主体的翻译能动作用,明确审美主体与审美客体之间的关系,提供翻译中审美再现的类型和手段,以指导翻译实践。"[③] 古代典籍文化负载词往往有其独特的历史背景,例如《论语·学而篇第一》中出现的"仁"与"道",译者应积极发挥主观能动性,仔细理解、转化、加工和再现文化负载词在上下文中所载荷的概念意义和文化意义,充分考虑目的语的交际和文化信息的传播效果,在翻译实践活动中秉承相似原则、创作原则和优化原则,以此向目的语读者传递我国丰富多彩的民族文化。

古代典籍文化负载词内涵丰富、概括能力强、出现频率高,有较强的规律性和互文性,比如"仁""义""礼""道""孝""学""德""友""政""君子"等,这些词历经千百年的传承与发展,已经内化为中华民族的文化基因,固化为中华民族世界观、人生观、价值观的独特表达方式,在中国文化话语体系中占有重要地位。而每一个文化负载词都是概念意义(connotative meaning)和文化意义(cultural meaning)的复合体。

在翻译美学理论的指导下,典籍文化负载词英译的审美再现需要经历四个过程,即理解、转化、加工和再现。首先,古代典籍英译要经历第一个过程即语内翻译,也就是将古代汉语转化成现代汉语,主要借鉴吸收历代善注善译的成果,完整透彻地把握典籍,理解古文内容、词义、风格和意境等方面内容。其次,经历第二个语际翻译过程,即用现代英语完整准确地转化并表达古汉语原文的现代意思。转化不仅在双语间语言结构方面是至关紧要的环节,也是审美信息向再现发展的关键环节。第三个过程为加工,在典籍文化负载词英译实践活动中,不仅要实现在概念内容上完全符合原语的含义,体现文化负载词的概念意义,而且在审美加工中尽量不失文化负载词所承载的文化意义,尽量接近原语的审美效果。最后一个过程则为典籍文化负载词英译的审美再现,我们可以通过以下例子看出,针对《论语·学而第一篇》中出现的"仁"以及"道",译者们通过意译的方式进行翻译,体现文化负载词的概念意义和文化意义。

---

① 方梦之. 中国译学大辞典 [Z]. 上海:上海外语教育出版社,2011.
② 刘宓庆. 中西翻译思想比较研究 [M]. 北京:中国对外翻译出版公司,2005:83.
③ 方梦之. 译学辞典 [Z]. 上海:上海外语教育出版社,2004:262.

(1) 君子务本，本立而道生。孝弟也者，其为仁之本与！（《论语·学而篇第一》）

理雅各译：The superior man bends his attention to what is radical. That being established, all right practical courses naturally grow up. Filial piety and fraternal submission!—are they not the root of all benevolent actions.①

韦利译：It is upon the trunk that a gentleman works. When that is firmly set up, the Way grows. And surely proper behavior towards parents and elder brothers is the trunk of Goodness.②

刘殿爵译：The gentleman devotes his efforts to the roots, for once the roots are established, the Way will grow therefrom. Being good as a son and obedient as a young man is, perhaps, the root of a man's character.③

翻译分析

关于"道"和"仁"的思想，西方文化中并没有存在与之一一对应的概念，这时需要译者意译的方式进行审美再现。关于"道"的翻译，理雅各译为"all right practical courses"，韦利和刘殿爵译为"the Way"；至于"仁"的翻译，三位学者分别译为"all benevolent actions""Goodness"和"a man's character"。如何理解此句中的文化负载词"仁"与"道"呢？宋代著名学者朱熹认为"仁"即为仁者，爱之理，心之德也。钱穆在《论语新解》④中对"道"做如下解释："所谓道，即人道，其本则在心。"综上，我们发现三位译者通过意译的翻译方法，基本再现了原文的意象之美。但笔者认为，对于"仁"字的翻译，译文应注重有效传播中国文化，并可有意识地模仿西方字母语言的拼写规则，最好译为"Renism"，此种翻译手法属于数量相似性的模仿，语言简洁，容易引起西方读者的好奇心，译文也不会受到西方文化的影响。

(2) 巧言令色，鲜矣仁。（《论语·学而篇第一》）

理雅各译：Fine words and an insinuating appearance are seldom associated with true virtue.

韦利译：Clever talk and a pretentious manner are seldom found in the Good.

刘殿译：It is rare, indeed, for a man with cunning words and in ingratiating countenance to be benevolent.

翻译分析

钱穆先生对"巧言令色，鲜矣仁"这句话的解释是："满口说着讨人喜欢的话，满脸装着讨人喜欢的面色，（那样的人）仁心就很少了。"那么这里的"仁"和例（1）所讲的"仁"，含义相同吗？台湾地区学者傅佩荣在《细说论语》⑤中谈及"仁"的含义，认为例（1）中的"仁"为"人生正途"，例（2）中的"仁"为"真诚的心意"。而笔者认为，两处"仁"的含义应该都指，孔子所提倡的一种最高道德名称。但"仁"在《论语》中

---

① Legge, J. (tr.). Confucian Analects [M]. Shenyang: Liaoning People's Publishing House, 2016.
② Waley, A. (tr.). Confucius: The Analects [M]. Beijing: Foreign Language Teaching and Research Press, 1997.
③ 杨伯峻，刘殿爵. 论语：中英文对照 [M]. 北京：中华书局，2008.
④ 钱穆. 论语新解 [M]. 上海：三联书店，2018.
⑤ 傅佩荣. 细说论语 [M]. 上海：三联书店，2009.

共出现了 109 次,学生问孔子究竟什么是"仁",孔子都作出了不同的解答。在这句话中,三位译者的译法也不尽相同,分别为"true virtue""the Good""be benevolent"。朱熹认为这里的"仁"为"本性之德"。明朝学者张居正也认为,"仁是心之德,盖仁乃本心之德,心存,则仁存也。"

理雅各认为 benevolence 与"仁"的意义最为接近,在此具体上下文中使用了"true virtue";韦利认为任何词语都无法概括"仁"的意义,所以为了强调"仁"的概念,因此翻译为"the Good",并将其首字母大写;刘殿爵的翻译实践与理雅各有相似之处,将"仁"一贯翻译"benevolence"。综上所述,三位译者充分调动自己的主观能动性并依附于古人的注解,对这种语境下的"仁"进行重建,创造性地解释与翻译。但笔者认为"the Good"词义太过于广泛,还不能深刻体现"仁"的本质和内涵,而且"the Good"可能会引起西方文化背景下目的语读者的误会,将此理解为成希腊哲学家柏拉图的哲学观念"善的理念"。因此笔者认为将本句中的"仁"音译为"Renism"更好,可原汁原味地阐释中国古人的哲学思想。

(3) 弟子入则孝,出则弟,谨而信,泛爱众,而亲仁。(《论语·学而篇第一》)

理雅各译:A youth, when at home, should be filial, and, abroad, respectful to his elders. He should be earnest and truthful. He should overflow in love to all, and cultivate the friendship of the good.①

韦利译:A young man's duty is to behave well to his parents at home and to his elders abroad, to be cautious in giving promises and punctual in keeping them, to have kindly feelings towards everyone, but seek the intimacy of the Good.②

刘殿爵译:A young man should be a good son at home and an obedient young man abroad, sparing of speech but trustworthy in what he says, and should love the multitude at large but cultivate the friendship of his fellow men.③

翻译分析

仁字,从人从二,字形采用"人、二"会意,仁者,人也。从词源学分析,仁,至少是两人相互依赖,对他人友善相亲。仁,其概念是《论语》的全部思想核心,"礼"的根本内涵,是伦理道德的依据,为人们追求的最高境界。因为仁的概念内涵丰富,所以不能"一言以蔽之",而且拥有不同经历和生活体验的译者,可以从自己的视角出发,理解阐释并模仿原文,通过目的语再现原文的审美效果。但为了忠实全面传达孔子的哲学思想,准确有效传播古代典籍所折射出的中国人的智慧思想,译者需要优选以原语为模仿原型,进而再现以原语的审美信息特征和结构为依据的译文信息。钱穆先生在的《四书直解》中④中对此句的解释是:"弟子在家则讲孝道,出门则尽弟职,言行当谨慎信实,对人当泛爱,而亲其有仁德者。如此修行有余力,再向书本文字上用心。"可以看出本句中的"仁",

---

① Legge, J. (tr.). Confucian Analects [M]. Shenyang: Liaoning People's Publishing House, 2016.
② Waley, A. (tr.). Confucius: The Analects [M]. Beijing: Foreign Language Teaching and Research Press, 1997.
③ 杨伯峻,刘殿爵. 论语(中英文对照)[M]. 北京:中华书局,2008.
④ 钱穆. 论语新解 [M]. 上海:三联书店,2018.

钱先生理解为有"仁德者"。除此之外,关于本句中的"仁",《论语集注》① 解释,"仁谓仁者";《张居正讲》② 解释,"仁是仁厚有德的人"。综上发现,此处的"仁"的意思为"仁者"。我们再来查看三位译者如何对该句的"仁"进行翻译的,理雅各译为"the good",韦利译为"the Good",刘殿爵译为"his fellow men"。以上三个译本,译者能够秉承数量相似原则,尽可能贴近"仁"的含义,还原当初孔子的内在之意。

(四)综合性注释

在翻译典籍文化负载词的过程中,译者除了遵循相似原则和创作的原则外,还应该遵循优化原则。从所指对象区分,文学翻译的优化原则可以分为语言优化和语序优化。语言优化,指发挥译文的语言优势,选用最合适的译语表达方式。在翻译《论语》典籍文化负载词的过程中,审美主体应当利用优化原则,采用综合性注释翻译策略,使翻译真正变成一门艺术,达到最佳的审美效果。"综合性注释"是根据一个词在中国文化典籍中的基本含义和所指意义,编写一综合性的知识性条目,说明其来源、所指、扩充的含义,以及可能的引申义等,以便定下一个基本的调子,提供一个基本的语义场,作为在整个文本和其他地方理解和掌握这一词汇的基础。③ 例如:

先王之道斯为美;小大由之。(《论语·学而篇第一》)

理雅各译:In the ways prescribed by the ancient kings, this is the excellent quality, and in things small and great we follow them.④

韦利译:The Way of the Former Kings from this got its beauty. Both small matters and great depend upon it.⑤

刘殿爵译:Of the ways of the Former Kings, this is the most beautiful, and is followed alike in matters great and small.⑥

翻译分析

"先王之道"指尧、舜、禹、汤、文、武、周公等古代圣王一以贯之,一脉相承的治化之道。明朝著名学者张居正在《四书直解》中解释为,"故先圣王之制礼,惟其皆出于和,此所以尽善尽美,万世无弊。"这里的"道"主要强调的是"礼之应用,贵在能和"。三位学者分别将其翻译为:"the ways""the Way""the ways"。所谓"道",《说文解字》⑦ 解释为,"所行道也",《尔雅》⑧ 解释为,"一达谓之道路",所以直达的大路叫作"道"。根据牛津字典在线官网的解释,way 的主要解释有两种:① A method, style, or manner of doing something; an optional or alternative form of action; ② A road, track, or path for travelling

---

① 朱熹. 论语集注[M]. 北京:商务印书馆,2022.
② 张居正. 四书直解[M]. 北京:九州出版社,2010.
③ 王宏印. 中国文化典籍英译[M]. 北京:外语教学与研究出版社,2009:17
④ 汤可敬. 说文解字[M]. 北京:中华书局,2018.
⑤ 管锡华. 尔雅[M]. 北京:中华书局,2014.
⑥ Slingerland, E. Analects: With Selections from Traditional Commentaries[M]. Indianapolis: Hackett Publishing, 2003.
⑦ 汤可敬. 说文解字[M]. 北京:中华书局,2018.
⑧ 管锡华. 尔雅[M]. 北京:中华书局,2014.

along. 结合中英文的解释,"the ways"或者"the Way"是对"道"的最好的翻译,可以抽象地概括"道"的基本含义,审美主体利用了语言的优化原则。但除此之外,在翻译体现中国哲学思维的古代经典文学作品时,更难处理文化负载词的内涵在译文中的整体通达。为了更好地实现翻译过程中语言的优化原则,寻找最合适的译文表达方式,此处的道可以翻译成"the Way",并进行综合性注释。

笔者参考了 2003 年在美国出版的森舸澜《论语》译本①,森舸澜在翻译文化负载词时,基本上能保持前后一致,大部分词自始至终都有固定的译法,相当多情况下,都在译文后加上汉语拼音和汉字,以便使读者对原文有较好的理解,综上所述,笔者认为对"道"的解释可以如下表述:

The Way(道), Referring literally to a physical path or road, dao also refers to a "way" of doing things, and in the Analects refers to the Way: that is, the unique moral path that should be walked by any true human being, endorsed by Heaven and revealed to the early sage – kings. More concretely, this "Way" is manifested in the ritual practices, music, and literature passed down from the Golden Age of the Western Zhou.② (此句译文:"道",字面意义为"道路",也指的是做事的方式或方法,在《论语》中,"道"指的是:任何君子应该行走的独一无二的道德之路,这条道路受到上天的认可,展现在先贤——以及君主面前。更具体地说,这种"道"表现在西周黄金时代流传下来的礼仪、音乐以及文学作品中。)

"道"是做事的方式,而在《论语》中则指"道":也就是理性人类所应当追随的正确的思想之路。这种"道"由上天批准并为早期国君所接纳。更具体来说,这种"道"在礼仪、音乐和文学等方面得到具体表现——这些都是从西周黄金时代一直传承下来的。

【课后练习 5-2】

请翻译以下文化负载词语。
1. 《红楼梦》
2. 针灸
3. 祠堂
4. 粤剧
5. 汉字
6. 繁体字
7. 中国剪纸
8. 炎黄子孙
9. 文房四宝
10. 天干地支

---

① Slingerland, E. Analects: With Selections from Traditional Commentaries [M]. Indianapolis: Hackett Publishing, 2003.
② 李莉. 翻译美学视角下古代典籍文化负载词英译探究 [J]. 宁夏师范学院学报, 2021, 42 (05): 76-80.

11. 甲骨文
12. 唐三彩
13. 四书五经
14. 《本草纲目》
15. 皮影戏
16. 文言文
17. 重阳节
18. 敦煌莫高窟
19. 四合院
20. 京杭大运河

第三节　中国特色文化词的翻译

一、概述

词语除了具有本身的意义以外，还具有文化内涵。文化是什么？世界各国对于文化的定义均不一样，甚至是每一个专业对于文化的解释也有不同，纵观文化的定义，共有 300 多种解释。在西方，文化一词是从拉丁文 culture 演化而来的，含有耕种、居住、练习、留心或注意、敬神等多种含义。

19 世纪中叶，一些新的人文学科，如人类学、社会学、民族学等在西方兴起，文化的概念也随之发生变化，开始具有现代意义。最早把文化作为具有现代含义的专用术语使用的是英国的人类学之父泰勒（Taylor），他在 1871 年发表的《原始文化》（*Primitive Culture*）[①] 一书中，把文化定义为："一个复杂的总体，包括知识、信仰、艺术、道德、法律、风俗以及人类社会里所有一切的能力与习惯"（Tylor defined culture as that complex whole which includes belief, art, morals, law, custom, and any other capabilities and habits acquired by man as a member of society.）。

蒋绍愚等学者在《古汉语常用字典》（第五版）[②] 中对于"交代"的解释为："文"在古代主要有以下几个义项：①《周易·系辞下》中认为："物相杂，故曰文"，指线条交错的图形，花纹；②指文字，许慎《说文解字叙》："霸其不与秦文合着。"③指文献典籍，《论语》"行有余力，则以学文。"④指文化，包括礼乐典章制度。"化"在古代的义项有：①变化，改变。《庄子·逍遥游》："北冥有鱼，其名为鲲……化而为鸟，其名为鹏。"②教化，用教育感化的方法改变人心风俗。"文化"一词在中国现代指：人类在社会历史发展过程中所创造的物质财富和精神财富的总和，特指精神财富，如文学、艺术、教育、科学等；也指运用文字的能力及一般知识。

（一）中国文化的特征

1. 精神性

精神性是文化最基本的特征，所谓精神性是指文化必须是与人类的精神活动有关的，

---

① Edward Taylor. *Primitive Culture* [M]. New York: Henry Holt And Company, 1889.
② 蒋绍愚，唐作藩，张万起，等. 古汉语常用字字典 [Z]. 北京：商务印书馆，2016.

与人类精神活动无关的物质就不能成为文化,如山河湖泊、天体运行都不属于文化的范畴。

2. 社会性

文化具有强烈的社会性,它是人与人之间按一定规律结成社会关系的产物,是人与人在联系的过程中产生的,是在共同认识、共同生产、互相评价、互相承认中产生的。没有人与人之间的关系,就不会有文化。

3. 集合性

集合性是指文化必须是在一定时期一定范围内的许多人共同的精神活动、精神行为或它们的物化产品,它是由无数的个体组成的集合,任何个人都无法构成文化。

4. 独特性

文化是构成一个民族、一个组织或一个群体的基本因素。这些民族、组织、群体的差异性就形成了不同的文化,因此文化具有独特性,不可能有两个完全相同的文化存在于两个民族或组织和群体中。

5. 一致性

一致性是指一个民族、一个组织或一个群体中,文化有着相对一致的内容,即共同的精神活动、精神性行为和共同的精神物化产品。这种一定时期一定范围内的相对一致性是构成一种文化的基础。正是有了这种一致性,各种文化才有了各自的内涵。①

(二) 中国特色文化词语

中国文化特色词语是表达中国文化特有事物和现象的词语,是准确再现中国社会生活和传播中华文化必需的基本词汇,是中国文化的重要组成部分。中国文化特色词语具有独特的中国文化属性,与西方在物质文化、宗教文化、社会制度文化和心理文化等多方面存在较大的差异,从而导致汉语与英语在各自的词汇体系中出现了很多词义空缺的现象,具体表现之一就是反映中国文化特色的词语在英语中几乎找不到相应或相近的表达方式。中国文化特色词语是中华文化的一面镜子,明显而独具特色地反映着中国文化在各方面表现出的文化起源、民族精神及实体特征。显然,翻译这些词语时应尽可能地保留中国文化独具的特色和内涵,同时还应让西方人尽可能容易地弄懂并接受。

中国文化是世界文化的重要组成部分,具有五千年的文明积累和文化积淀,有着浓厚的民族特色。要想让世界真正了解中国,就必须让世界真正了解中国文化;要想让世界真正了解中国文化,就必须让世界真正理解中国特色文化词。因此,翻译好中国特色文化词,对于讲好中国故事的作用不可估量。

二、中国特色文化词汇的翻译难点

与西方不同,中国长期以来受到地理环境、民族交流以及社会环境的影响,形成了独具中国特色的文化观念,这些观念映射在中国历史、哲学、社会、经济、政治、教育以及人民生活的方方面面。中华优秀传统文化的核心理念是中华优秀传统文化基本精神的思想结晶,其涉及个人、社会和国家各个方面,比如:以民为本、仁爱孝悌、舍生取义、精忠报国、勤俭廉政、天下大同、和而不同、敬业乐群、诚实守信、自强不息、厚德载物和尊

---

① 范周. 企业文化导论 [M]. 北京:世界知识出版社,1991

师重道。我们作为译者，在进行双语转换的过程中，有些词语可以在英文中找出含义相近或者相似的词语，但是很多具有中国特色的词语是没法找到相对应的英文的，在翻译的过程中，则会变得非常棘手。我们把这种现象称为"文化缺省"。方梦之认为：文化缺省（cultural default），指的是交际双方在交际过程中对双方共有的文化背景知识的省略。从语言交际的角度看，缺省的目的是提高交际的效率。这个被缺省的成分虽然不在话语中出现，但却被特定的语境激活于话语接受者的记忆之中，于是话语中因缺省而留下的语义真空，就会被接受者记忆中的文化知识参与而填充，从而不影响连贯者的语义理解。然而日常交际中这种普通的几乎难以察觉的交际策略在翻译中却变得非常棘手，由于文化的差异，原作者与原语读者之间的这种默契，不可能天然地存在于原作者与译文读者之间。这种缺省，如果不经过译者补偿，译文读者会难解语义疑团；而补偿过量又会损害原文的含蓄性和简洁美。缺省补偿要尽可能地不影响或少影响原文的语用目的和修辞效果。补偿方式有：直译；直译/音译加注；意译；归化；等等。①

三、中国特色文化词语翻译方法

（一）直译法

（1）不愤不启，不悱不发。

译文：Instruct only who is anxious to learn. Teach only who wants to express himself but does not know how.

翻译分析

本句出自《论语·述而》："不愤不启，不悱不发。举一隅不以三隅反，则不复也。"译文出自《中华思想文化术语：历史卷》（*Key Concepts in Chinese Thought and Culture: History*）②，在这句话中，"愤"指的是将懂但未懂时非常着急的状态，"启"，即引导开导，"悱"是想表达但表达不出来心里郁闷的状态，"发"即阐发、说明。这句话的意思是："不到学生努力想弄明白，但仍然想不透的程度时，先不要去开导他；不到学生心里明白，却又不能完全表达出来的程度时，也不要去启发他。如果学生不能举一反三，就先不要往下进行了。"这句话强调学生在教学过程中的主体地位，如今中国教学论所谈及的"启发性原则"即源于此。译者在充分理解原文孔子所讲的道理以后，将中国古代教育理念的智慧，通过直译的方式传递给了西方读者。"愤"直译为：who is anxious to learn，"悱"直译为：who wants to express himself but does not know how。

（2）淡泊明志，宁静致远。

译文：Indifference to fame and fortune characterizes a high aim in life, and leading a quiet life helps one accomplish something lasting.

---

① 方梦之. 中国译学大辞典 [Z]. 上海：上海外语教育出版社，2011.
② 《中华思想文化术语》编委会. 中华思想文化术语：历史卷（中英对照）[M]. 北京：外语教学与研究出版社，2021.

翻译分析

本句出自诸葛亮《诫子书》:"非淡泊无以明志,非宁静无以致远。",译文出自《中华思想文化术语:历史卷》(Key Concepts in Chinese Thought and Culture: History)①,本例句中省略了首句中无和非这两个否定词以后形成的成语,用来表达君子应有的操守。本句话的含义是:只有淡泊名利才能清楚自己的志向,只有心神宁静才能实现远大的目标。此处的"淡泊"指的是,不重名利,在译文中,译者直译为 indifference to fame and fortune。"宁静",不为万物所动,译为 leading a quiet life。"致远"即实现远大目标,译为 one accomplish something lasting。这句话是中国古人所追求自我修养的一种境界,核心是对待名利的态度,启迪后人不要贪图名利,为名利所累,要始终胸怀远大理想,一心一意地为实现远大理想而努力。

(3) 中文是接触中华文化的钥匙。中华文化包括书法艺术、绘画艺术、陶器艺术、古典文学,历史等。

译文:The Chinese language is the key to the Chinese culture, which includes calligraphy, paintings, ceramics, literary classics, history etc.

(4) 造纸术,印刷术,指南针,火药是中国古代科技发展方面的四大发明,在宋元时期相继传入世界各地,对世界文明做出了巨大贡献。

译文:During the Song and Yuan dynasties, the "four great inventions" in science and technology by ancient Chinese—papermaking, printing, the compass and gunpowder—were introduced to other countries, making great contributions to the world civilization.

翻译分析

以上例(3)和例(4)中的原文均出自卢敏主编的《英语笔译常用词语应试手册》②。以上两个例子体现中华文化和四大发明,译者均使用了直译的方式对其中具有中国特色文化的词语进行了翻译转换。其中译者针对"书法艺术、绘画艺术、陶器艺术"依次翻译成 calligraphy, paintings, ceramics,并没有逐字翻译成 calligraphy art, painting art, pottery art。

(二) 音译/音译加注法

(1) 琴棋书画是中国古人提高文化修养所必须掌握的4种技能。

译文:Qin (a musical instrument), weiqi (a board game), calligraphy and painting are the four arts that people were required to master in the old times to be more culturally refined.

翻译分析

古人的所言的"琴棋书画",也就是指弹琴、下棋、写字、绘画,常指个人的文化修

---

① 《中华思想文化术语》编委会. 中华思想文化术语:历史卷(中英对照)[M]. 北京:外语教学与研究出版社, 2021.
② 卢敏. 英语笔译常用词语应试手册[M]. 北京:外文出版社, 2015.

养。如果在进行中英双语转换过程中，完全采用英译的翻译方式，目的语读者不能够通过中文拼音了解词语背后的文化内涵，因此需要通过文内加注的方式让读者更好地了解琴棋书画的语义内涵和文化内涵。

（2）京师
译文：Jingshi (Capital of a Country)

翻译分析

京师，天子处理政事及所居的国都，"京"本指高大的山岗或者土丘，随着语义的演变，渐渐地引申为"大"。"师"即"众"，表示人口众多。后人称天子处理政事及所居的地方为"京"或"京师"，以此表明天子所居的都城规模宏大，同时表达对天子的尊崇。因此，需要译者通过音译加注的方式直观地告诉目的语读者"京师"的文化内涵。

（3）八段锦
译文：Ba Duan Jin (Chinese Health Qigong)

翻译分析

八段锦是一种中国传统健身方法，由八种肢体动作组成，内容包括肢体运动和气息调理。八段锦属于中国武术气功中的一种。在我国深受练习者，尤其是知识分子的喜爱。本例除了利用音译以外，笔者利用文内加注的方式解释了八段锦是中国气功的一种这一概念。

（4）枸杞是宁夏五宝之一。
译文：The Gouqi berry is one of the five treasures in Ningxia.

翻译分析

这里原文和译文均出自《宁夏文化名片》①，枸杞是宁夏五宝（枸杞、甘草、贺兰石、滩羊皮、发菜）之一，原文只是通过直译的方式进行翻译转换，但是要达到很好向外宣传宁夏文化的目的，最好采用直译加注的方式。注释是文化缺省的翻译补偿策略，是译者考虑到读者对常识类文化知识的需求，以及跨文化的传播和交流而选择的翻译策略。考虑到对外宣传宁夏旅游文化的交际目的，译者也应该秉承创作和优化的审美原则，利用注释的方式翻译出"宁夏五宝"，以此实现对外交流的目的。笔者认为，原译文可修改为：

The Gouqi berry is one of the five treasures (goupi berry, liquorice root, helan stone, tanyang lamb – skin and long thread moss) in Ningxia.②

---

① 王全瑞. 宁夏文化名片 [M]. 银川：宁夏人民教育出版社，2012.
② 李莉，杨玉. 翻译美学视角下宁夏旅游文本英译探究 [J]. 宁夏师范学院学报，2018，39（06）：108-112.

(三) 增译法

根据方梦之《中国译学大辞典》记载，增意法与省略法相对，也称增词法：即在翻译时按语义修辞或句法的需要，增加一些词，以忠实通顺地表达原文的思想内容。[①] 我们需要牢记：增补与省略是翻译中最为常用的一个变通手段，增补也好，省略也好，都是增词不增意，减词不减意。这种翻译的技巧目的是使语义更加明确，文字更加通达。

（1）量出为入

译文：Expenditure Should Be Carefully Calculated Before Making a Plan to Gather Revenue

翻译分析

中国人从汉代就开始主张"量出为入"的财政政策。测算支出、安排收入，预先估算国家每年需要的财政支出额度，按照所估算的支出额度确定财政收入的额度，并依此向百姓征收赋税。在译文中，译者为更清晰地表达出原文的财政理念，添加了英文谓语成分should be carefully calculated，方便目的语读者理解。

（2）苍生大医

译文：A Master Physician to All the People

翻译分析

"苍生"指众生，主要指的是老百姓；"大医"指伟大的、令人尊敬的医者。"苍生大医"指的是医德高尚、令众生敬仰的好医生，是唐朝著名医学家孙思邈在《千金方》中所阐述的理想的医者的形象。"若有疾厄来求救者，不得问其贵贱贫富，怨亲善友，华夷智愚，普同一等，皆如至亲之想。不得瞻前顾后，虑吉凶，护惜身命。深心凄怆，勿避昼夜、寒暑、饥渴、疲劳，一心赴救，无作功夫形迹之心，如此可成苍生大医。"在这里，译者在理解原文的基础上，添加了 to 这个英文介词，to 在这里表示的是 identifying a particular relationship between one person and another（表示两人的关系），如果译者不按照目的语读者的阅读习惯和行文习惯来翻译，则译文很难被读者理解、接受。

（3）"三去一降一补"五大任务

译文：work on the five priority tasks of cutting overcapacity, reducing excess housing inventory, deleveraging, lowering costs, and strengthening areas of weakness

翻译分析

原文出自李克强总理于 2021 年 3 月 5 日所作的《2021 年国务院政府工作报告》，其中"三去一降一补"即"去产能、去库存、去杠杆、降成本、补短板"五大任务。"三去一降一补"是习近平总书记根据供给侧结构性改革提出的。供给侧改革主要涉及产能过剩、楼市库存大、债务高企这三个方面，为解决好以上这三个问题，就要推行"三去一降一

---

① 方梦之. 中国译学大辞典 [Z]. 上海：上海外语教育出版社，2011.

补"的政策。如果我们只是拿到原文以后，就着急翻译，而不进行思考的话，译文就很容易出现表达错误。在这里，译者通过增词的方式，使得"三去一降一补"的含义非常明确。我们作为译者一定非常地清楚原文背后的含义是什么，在清楚地理解了含义以后，我们才能思考使用什么样的翻译策略、翻译方法或技巧。

（四）意译法

（1）上善若水
译文：Great Virtue Is Like Water①

翻译分析

"上善若水"，一词出自《道德经》的第八章，原文是"水善利万物而不争，处众人之所恶，故几于道。"该词形容至善之人具有如水一般的品德。"善"就像水的品性一样滋润万物，却不与世间万物相争。这里，结合上下文的语境，译者认为可以使用意译的翻译方式将"上善"翻译成"优秀的品德"，即 great virtue。

（2）因材施教
译文：Audience – based Education②

翻译分析

"因材施教"一词语出自《论语·先进篇》，是指教师要从学生的实际情况、个别差异出发，有的放矢地进行有差别地教学，使每个学生都能扬长避短，获得最佳发展。因材施教就是指依据学生不同的志趣和能力等具体情况而进行不同的教育。从译文中，我们可以看出，译者并没有逐字逐句的翻译，而是切换了表达方式，体现出孔子因材施教的教学理念。通过意译的翻译策略，译者舍弃原作的表达方法，另觅同等效果的表达方法。

（3）有病不治，常得中医
译文：Self – treating an Illness Can Usually Get a Good Result.③

翻译分析

本例中原文出自《汉书·艺文志》："及失其宜者，以热益热，以寒增寒，精气内伤，不见于外，是所独失也。"这句话的本意是说，与其请来庸医治病，非但没能将病

---

① 《中华思想文化术语》编委会. 中华思想文化术语：历史卷（中英对照）[M]. 北京：外语教学与研究出版社，2021.
② 《中华思想文化术语》编委会. 中华思想文化术语：历史卷（中英对照）[M]. 北京：外语教学与研究出版社，2021.
③ 《中华思想文化术语》编委会. 中华思想文化术语：历史卷（中英对照）[M]. 北京：外语教学与研究出版社，2021.

治好反而让病情更糟，还不如不请医生。这句话表达了人们对庸医的排斥以及对良医的期盼，认为有些疾病可以自愈，不需医治。如果我们使用直译的翻译方式，则会将上文翻译成"If you are ill, you often get traditional Chinese medicine"，显然没有体现出原文潜藏的含义。

（4）智圆行方

译文：Be Wise in Thinking and Act Properly①

"智圆行方"，出自《文子·微明》："凡人之道，心欲小，志欲大；智欲圆，行欲方。……智圆者，无不知也；行方者，有不为也。"凡做人的基本原则是心思细微，志向要远大；智虑要圆通，行为要方正。智虑圆通就是无所不知，行为方正就是有所不为。译者在充分理解中国特色文化词语的基础上，始终努力通过意译的方式体现中华文化各方面各领域的精髓，同时译文还需要让目的语读者理解清楚原文的含义，这个翻译的过程的确需要每一个译者花心思花时间去反复琢磨打磨译文，才能将中国特色文化词语准确翻译出来。

【课后练习 5-3】

请翻译以下词语和句子。
1. 百家姓
2. "荷花奖"
3. 全国各族人民
4. 社会主义现代化建设
5. 全面建成小康社会
6. 各项帮扶措施
7. 新型城镇化和乡村振兴
8. 打好三大攻坚战
9. 共建"一带一路"
10. 党中央
11. 中央八项规定精神
12. 加强依法行政和社会建设
13. 推动构建人类命运共同体
14. 不忘初心、牢记使命
15. "十三五"

---

① 《中华思想文化术语》编委会. 中华思想文化术语：历史卷（中英对照）[M]. 北京：外语教学与研究出版社，2021.

16. 脱贫
17. 粤港澳大湾区建设
18. 长三角一体化发展
19. 黄河流域生态保护
20. 广开就业门路
21. 群众性的文化艺术事业蓬勃发展。
22. 中国取得了"两弹一星"、载人航天、杂交水稻、高性能计算机等为标志的一大批重大科技成就。
23. 国学的价值主要体现在：振奋民族精神、传承中华美德，提升人文素质，建设精神文明，维护祖国统一，推动世界和平。
24. 弘扬工匠精神
25. 北方地区清洁取暖率达到70%。

第四节　网络流行语的翻译

一、概述

网络语言是因为互联网的兴起与发展而产生的。1969年，网络最先起源于美国，1997年，美国哈特福德大学世界语言问题研究和资料中心主持召开了一次网络和语言研讨会，探讨了英语作为网络通用语的地位以及基于网络的语言教学问题。2003年，第一届国际网络语言研究大会在西班牙召开，这是世界上真正意义上的网络和语言国际的研讨会。[1] 中国于1994年4月20日加入了国际网络，网络流行语也随之出现。从中国知网上检索得知：中国学者对网络流行语的研究最早始于1999年，特别是从2008年开始、截至2022年底，学者对于网络流行语的关注度逐年上升，在2019年的关注度达到最高峰，该年从外国语言文字方面入手来探讨网络流行语的研究占到总学科分布的9.66%。

国外学者David Crystal认为：互联网拓宽了语言的范围和多样性，为个人的创造力提供了前所未有的机会（此句英文原文为：The Internet is in fact enabling a dramatic expansion to take place in the range and variety of language, and is providing unprecedented opportunities for personal creativity）[2]。网络流行语越来越成为人们进行舆论表达和社会参与的重要载体，在一定程度上反映了大众心理和社会心态的变迁，不仅能体现出网络亚文化的发展方向，还与网民的日常交往、精神状况、社会思潮、社会心态等有着密切的关联。网络流行语是一种架构在互联网文化生态之上的青年亚文化现象，它是青年群体社会心态的反映，也能从中映照青年群体价值观与主流话语体系的关系。在此，我们可以将网络流行语的概念界定为："一定时段内主要在网络领域被网民自发使用的、最活跃的、具有发酵功能和特殊

---

[1] 万莉，张倩. 模因论视角下汉语网络流行语的英译研究 [J]. 吉林省教育学院学报，2016
[2] David Crystal. *Language and the Internet* (*Second Edition*) [M]. London：Cambridge University Press，2003.

意义的并往往对社会现实产生影响的语言符号"。① 简单来说，网络流行语就是在网络上流行的语言，是网民们独特的表达方式。

二、网络流行语的特征

网民创造网络流行语的目的是满足人们的社交需要，网络流行语是网络语言的组成部分，源于一定的社会背景，因而网络流行语具有独特的语言、文化和交际特征。

（一）网络流行语的语言特征

网络流行语的语言特征，体现在语言特征与词汇特征两个方面。

1. 网络流行语的语音特征。

网络流行语的语音特征，可以从以下三个方面来具体讲解：

第一，网络流行语由拟声词形成的网络流行语，即通过模拟声音而创造的词语。通常情况下，为了传递网络流行语的生动性和形式简洁性，通常由汉字、阿拉伯数字和中文拼音形成，例如：数字 520 的含义是"我爱你"，1314 的含义是"一生一世"。当人们听到或者是看到这些由拟声词形成的网络流行语，人们通常会很快理解该网络流行语所传递的含义。

第二，网络流行语由同音异义词构成，同音异义词指的是发音相同或者相似但是形式不同、含义不同的词语。比如，"蚌埠住了"就是"绷不住了"的谐音，经常伴有吐槽的意思；"芜湖起飞"，出自两位主播在直播中的口头禅，芜湖是指中国安徽芜湖市，芜湖的谐音是"呜呼"，所以"芜湖起飞"的谐音就是"呜呼起飞"；"鱼香 rose"指的是"鱼香肉丝"，"厉害了，Word 国"，指的是"厉害了，我的国"。再比如"耗子尾汁"，是成语"好自为之"的谐音流行语，也可以写为"耗子萎汁""耗子喂汁"，意思是让某人自己看着办，用于劝诫他人的语境中。诸如此类的网络流行语在网络用语中非常广泛。

第三，网络流行语通过重复词语构成。例如："宝宝"指的是宝贝，"漂漂"指的是漂亮。

2. 网络流行语的词汇特征。

随着中国社会和经济的发展，网络空间内产生了越来越多的流行语，也有越来越多的年轻人开始使用网络流行语。使用网络流行语可以活跃气氛，拉近彼此之间的距离，让双方的交流更加便利。

第一，网络流行语需要具有简洁易记的特点，形式简洁凝练，大多短小精悍，或用词简练、表达简单或朗朗上口、易于传播。例如 DIY，通常指的是"do it yourself"，BF 指的是"boyfriend"，GF 指的是"girlfriend"。这里的网络流行语使用了首字母缩略词，也就是通过合并每一个单词的首字母而组合形成一个新词。另外，网络流行语也使用数字表达含义，例如 9494，在中文里表达"就是，就是"的含义；886，表示"再见"等。不管是首字母组合新单词还是使用数字，其实都体现的是网络流行语简洁易记的特点。

第二，标新立异是网络流行语的另外一个特征。主要体现在词汇结构上，一方面，它赋予旧词新意，或者新词新意；比如，"打酱油"，在网络传播的作用下，具有不关心政治、冷眼旁观的含义，进而成为对各类现象不关注的代名词。另一方面，很多网络流行语

---

① 王仕勇. 网络流行语概念及特征辨析 [J]. 探索，2014（04）：186－192.

也会打破传统的语法规则，采用超常规的搭配方式，比如在网络中很流行的副词加名词的结构"很女排""很唐朝"和"很民国"等。

（二）网络流行语的社会文化特征

语言是文化的载体，语言体现着一个国家的历史背景、文化背景等方面内容。由于来源于独特的网络环境，网络流行语具有幽默、新颖、充满活力的特点，同时和各国社会文化、价值观念和社会习俗紧密联系在一起。近年来，中国网络流行语与社会现实紧密相关，与新闻事件或社会现象密切相关，网民以流行语的形式来表达对社会热点议题的观点和看法，不仅扩大了事件的影响力，还加速了事件的传播速度和传播范围。

例如，"野性消费"（irrational consumption 或 irrational buying），这一流行语起源于2021年7月，河南遭遇特大洪灾，某国产运动品牌捐赠5000万元物资低调赈灾。网友得知后深受感动，纷纷涌入该品牌直播间下单，表达自己对爱心企业的支持。主播劝大家理性消费，而网友们则在弹幕里喊出"我要野性消费"。"野性"指不驯顺的性情，"野性消费"即不受约束地消费。然而，率性的语言表达，彰显的是爱心行动。这种释放"爱"意的"野性消费"有其现实基础：一是感情基础，良心企业确实是不求回报做慈善，才赢得了广大网友爱心回馈；二是品质基础，如今国货品质全面提升，国潮品牌物美价廉，才赢得了广大消费者的放心消费。

（三）网络流行语的交际特征

对于人类而言，语言是一种传递人们情感和观点的载体，网络流行语同样也能传递人们的情感和观念，具有交际特征。网络流行语的交际特征体现在形式和效果两个方面。网络流行语的形式简洁明了，比其他语言形式更能达到语言交流的目的；从交际效果来看，网络流行语可以形象地传递出讲话人的态度和意图。

最近几年应用较多、较为广泛的网络流行语有，"宝藏男孩/宝藏女孩"，常见于饭圈①，该词有完全相反的双重含义，需要根据语境来判断真实意思，一种含义是指某人表面风平浪静，实则表里严重不一，此人的黑料就像传说中的宝藏一样，取之不竭，挖之不尽。另一种含义是指那种才艺层出不穷，源源不断地散发人格魅力，不停给人以惊喜的人。

比如："怼"，是当下非常流行的网络用语，"怼"的走红，可以追溯到2015年，网络电视剧《仙剑客栈》的台词"怼死你"，就让它在网络上小火了一把；真正开始让"怼"字名声大振的，则是综艺节目《真正男子汉》在后期剪辑中给嘉宾相互较劲的镜头配上的"怼"字特效字幕。

"DUCK不必"，是一个英语单词"duck"和中文"不必"结合的谐音梗，其实就是"大可不必"，意思就是"不至于，完全没必要"的意思。

"神仙操作"指游戏里面不可能完成的操作，这里用"神仙操作"表达说话人内心的敬佩之情。

"C位"，2018年度十大网络流行语，即Carry或Center，核心位置的意思。早期在游

---

① 饭圈，网络用语中指粉丝圈子的简称，另外"粉丝"一词的英文单词为"fans"，单词fans本身由fan+s构成，s一般表示多个，其中的fan可以直接音译为"饭"。粉丝群体叫"饭"，他们组成的圈子叫"饭圈"，近义词有"饭团"。

戏领域中,"Carry 位"指能够在游戏中后期担任主力带领队伍的角色。后来,"C 位"这个词在游戏中的应用越来越广泛,逐渐被人们用到了生活当中。当某一个人在团队中的处于核心位置时,人们便称呼他是"C 位",在影视剧或综艺海报中,"C 位"人物是指最重要的角色。

"彩虹屁",2017 年网络流行语,饭圈常用语,意思为粉丝们花式吹捧自己的偶像,浑身是宝,全是优点,其主要意思为"就连偶像放屁都能把它出口成章面不改色地吹成是彩虹"。

"夸夸群"是一种微信群,即"全方位地用华丽的辞藻疯狂地夸奖吹捧对方"的多人群聊。

网络流行语还有很多,比如"flag""奥利给""丧""佛系青年""996""求生欲""辣眼睛""我太难了""这条街最靓的崽""面对激风暴""气质这会拿捏得死死的""你品,你细品""弱小,可怜,又无助""惊不惊喜,意不意外?""我方了""盘它""扎心了,老铁"……以上这些网络流行语和句子在特定的语境下,充分地达到了交际功能,体现了网络流行语的交际特征。

三、现阶段网络流行语英译常见错误

(一) 语法错误

例如,网络流行语"你行你上啊,不行别乱说话",网络上广为流行的译文为:"you can you up, no can no BB",对于这句译文,中国人一看就能会心一笑,而很多外国人初次见到则未必能理解。首先这句译文的语法显而易见出现错误,不符合英文的表达习惯,目的语读者第一次接触时很难理解其表达的含义,但随着中西方文化的相互交流和相互影响,也有越来越多的人开始接受中国人自娱自乐的翻译版本,关于"you can you up, no can no BB"这句,在 urbandictionary 网站上,西方人的解释为:"It's a popular phrase in Chinese, generally speaking it means 'if you think you can achieve something while you are criticizing others, you go and achieve it'. It is always used with "no can no bb" which means if you cannot achieve it, stop bullshiting."(这句的大概意思为:"你有本事你就去做,没本事做就别光嘴上说",表达出一种嘲讽和不悦的语气。)

目前,很多外国人已经接受了一些中式英语表达,像很多"you can you up"这样的中式英语已经被编入美国网络俚语词典,是使用群体也越来越多,这说明外国人正在接受中国的网络文化和语言习惯。诸如此类的译文还有"long time no see(好久不见)""no zuo no die(不作就不会死)""give your colour to see see(给你颜色看看)"以及"people mountain people sea(人山人海)",等等。

作为翻译初学者,一定要秉承严谨认真的态度,避免语法错误的出现。针对"你行,你上啊"这句话,也有人翻译为"Don't talk the talk if you can't walk the walk."这样的翻译,比较通顺也符合英语语法,但是缺乏原文所要传达的嘲讽情绪。我们也可以翻译为"Put up or shut up",这是美国的俚语,意思是"要么去做,要么闭嘴",笔者认为这样的翻译在情绪和意思上都与原语比较对等,可以在一定的非正式场合使用。

(二) 字面翻译错误

(1) 辣眼睛

译文:Spicy eyes

> **翻译分析**

　　"辣眼睛"多用于形容看到不该看、不好看的东西。具有"不忍直视""惨不忍睹""看了长针眼"等潜在含义。如果按照字面翻译的方式，如果对于一个不了解中国网络流行语的外国人而言，很难通过字面译文"spicy eyes"了解该语背后的含义，所以建议将其翻译成"It is an eyesore！""eyesore"是一个名词，指"丑陋的事物，看不入眼的东西"，也是我们一般说的"眼里钉"，也就是一些让你看了感到很不爽的事物。如果用非正式的口语，可以说：My eyes！my eyes！！！这种表达方式在美语口语中很常用，更适合"辣眼睛"这种表述。

　　（2）蓝瘦香菇
　　译文：Skinny blue mushroom

> **翻译分析**

　　"蓝瘦香菇"是"难受，想哭"的谐音。这句，因为发音好玩而迅速走红。语言学者指出，"蓝瘦，香菇"在网上广为流行的现象，正好契合了年轻人在表达上的游戏化心理，词语不仅要有意思，而且还要有视觉化效果。有些译者按照中文字面含义，直接翻译成"Skinny blue mushroom"，在英文中，"skinny"一词多应用于形容人，表示某人很瘦，瘦得很难看，瘦得像"皮包骨"，目的语读者看后会一头雾水。因此，建议翻译成以下形容词或者介词短语：heartbroken（心碎的、受打击的），in a bad mood（心情不佳），或者down in the dumps（心情跌入低谷），当然也可以翻译成句子：I felt a lump in my throat, I wanna cry.（如鲠在喉，简直想哭。）

　　（3）雨女无瓜
　　译文：Rain girl without melon

> **翻译分析**

　　乍一看"雨女无瓜"这一流行语可能完全猜不出这是什么意思，但看过《巴拉拉小魔仙》的同学会知道：从魔仙堡来的游乐王子经常说的一句话就是"与你无关"，与此相对应的谐音就是"雨女无瓜"。按照字面翻译，译文就会是"Rain girl without melon"，如此翻译对于西方读者而言，毫无意义可言，但若翻译成"None of your business"，他们一定会马上理解到该网络流行语的含义。

　　（4）Straight Fire
　　译文：直直的火

> **翻译分析**

　　如果译者将"Straight Fire"翻译成"直直的火"，我们是不清楚其背后的文化内涵的。经过查阅相关资料，发现"fire"原本就有"流行"的意思，而"straight"在这里起一个强调作用，两个单词连在一起其实就是我们中文"火了"的意思。通过网上查阅找到该词的含义，指：It may be related to the phrase "spitting fire", which means rapping quickly and very well. "Straight fire" is a compound of "straight", meaning very or authentically, and "fire", a metaphor for something being hot or really good. Straight fire is a slang term that refers to something really awesome or cool. （此句的中文翻译为：这可能和"spitting fire"这个短语有关，意思是快速、娴熟地说唱。而"straight fire"则是由"straight"和"fire"组成的复合词。其中，"straight"表示真实的，"fire"则隐喻着火热的或极棒的事物。因此，"straight fire"是一个俚语，用来形容某些非常棒或很酷的东西。）

（三）忽视文化内涵

译者在翻译网络流行语时，一定要注意并清楚理解网络流行语的文化内涵，才能准确翻译原文。语言是文化的符号和载体，语言无法脱离文化而独自存在。文化发展的轨迹不可避免地会在语言中留下痕迹，语言也时时刻刻忠实地折射着文化内涵。多数网络流行语包括了丰富的文化内涵，反映了人类社会生活的各个层面。因此，在翻译网络流行语时，需要用对应的语言替换另一种语言，不能忽略语言背后的文化内涵。

例如，网络英文流行语"Cd9"，完整的表达是"code9"，意味着："parents are around!"如果父母在身旁，你不想让他们看到或者知道你发送给朋友的信息，发送"Cd9"一词提醒对方不要讲一些让自己陷入麻烦的话，可翻译为"父母在"；英语 GOAT 在网络流行语中不是"山羊"的意思，而是"Greatest Of All Time"的缩写，可以翻译为"史上最佳"；"ELI5"这个词看起来好像某个英语考试的等级，其原文是"Explain Like I'm 5"，即当你想让别人尽可能用最简单的话进行解释，可以用此流行语，可翻译成"简单说"；"Ship"一词语在网络流行语中表示的不是"船"的意思，而是从"relationship"简化而来的，作为名词，意思为"暧昧和火花"，如果为动词，它指的是"撮合"（to endorse a romantic relationship）；"Slay"的本身的含义为是杀戮（kill in a violent way），后来慢慢衍生为"做得超棒"（succeeded in something amazing）的意思，可翻译为"棒棒哒"；"Chilllax"这个词是"chill out"和"relax"的结合体，用法和"Chill out"是一样的，可翻译为"冷静点"；"Squad"原来指的是一群朋友（homies），后来在网络上渐渐用来形容一个特定人群，比如，某某的粉丝群、反恐团体等，可以翻译为"群体"。

四、网络流行语英译方法

（一）直译

（1）主要看气质。

译文：Disposition matters!

【翻译分析】

该流行语源于某知名歌手发行的一张新专辑，其中有一张配图是绿色背景凸显的古代城堡，但她手里拿着汉堡大口要吃。因为"城堡"与"汉堡"似乎不能处在同一时代，所以有网友表示，这种风格简直是脑洞大开。该歌手回复说，"主要看气质"。"主要看气质"是指不要太看重外在形式，内在气质才更重要，才是决定因素，该句也可直译为"Temperament is more important""One's makings count for much"等。

（2）吓死宝宝了！
译文：Baby is scared.

翻译分析

"吓死宝宝了"（Baby is scared），是指"吓死我了"，"吓死人了"，把自己称为"宝宝"（Baby），指自己受到了惊吓。女生受到惊吓时常用此语来卖萌。

（3）怪我咯？
译文：Me to blame?

翻译分析

"怪我咯？"（Me to blame?）是2015年出现的流行语，适合轻描淡写地说出这三个字，可以用于无情地回击别人，也可以用于装无辜和成为话题的终结语。

（4）你们城里人真会玩（城会玩）！
译文：You urban folks are really good at having fun!

翻译分析

"你们城里人真会玩！"（You urban folks are really good at having fun!），简称"城会玩！"原本意思是讽刺某些人做的事情常人无法理解，后来就变成了朋友之间互相调侃的一句话。

（5）我的内心几乎是崩溃的！
译文：I almost have a nervous breakdown.

翻译分析

该流行语来自90后漫画作者陈安妮以真实经历创作的漫画《对不起，我只过1%的生活》，该漫画在网络上走红，先是被刷屏，继而引起争议。其后在央视财经频道播出的对其采访中，陈安妮在描述自己受到的抨击时说，"我的内心几乎是崩溃的"。由于这句话适用于受到压力等各种遭受负面打击的场合，因此很快被争相借用，成为"万能神句"。"我的内心几乎是崩溃的"（I almost have a nervous breakdown.）用于表达"无奈、沮丧和哭笑不得"等含义。

（6）重要的事情说三遍！
译文：Important things must be stressed for three times.

翻译分析

原文最早来自某房地产网站的电台广告语："走直线，走直线，走直线，重要的事情说三遍。"此广告一经推出，迅速火遍各大电台。随后该广告语升级成："别拐弯，别拐弯，别拐弯，重要的事情说三遍。"至此，其他公司的广告语也纷纷效仿。"重要的事情说三遍"（Important things must be stressed for three times.），用于表示强调某一件事情。

(7) 获得感
译文：sense of acquirement

翻译分析

2015年2月28日，习近平总书记在中央全面深化改革委员会第十次会议上指出，要科学统筹各项改革任务，推出一批能叫得响、立得住、群众认可的硬招实招，防止不作为，把改革方案的含金量充分展示出来，让人民群众有更多获得感。"获得感"，用英语可以相应地翻译为"sense of acquirement""sense of achievement""sense of gain"等。"acquirement""achievement"和"gain"用来解释"获得感"中的"获得"的含义比较准确到位，"acquirement"尤指通过努力取得或获得，"achievement"和"gain"也有"经努力得到"之意，非常符合当今社会"劳动铸就中国梦"这一主题。

(8) 互联网+
译文：Internet Plus

翻译分析

"互联网+"（Internet Plus）就是互联网与社会经济领域各生产要素相加，即让互联网与传统行业深度融合，重构、再造新的发展业态。符号"+"（Plus）既表示"加入、融入"，更表示"升级换代、创新发展"等含义。

(9) 套路
译文：trick

翻译分析

"套路"（trick）这个网络流行语源于一男一女微信对话的截图被网友疯狂转发，在这段对话中，女方批评男方"多一点真诚，少一点套路""套路玩得深，谁把谁当真"，而这几句点睛之笔，成了最新的网络流行语，用来告诫别人不要耍计谋、套路（trick）别人。

(10) 网络红人
译文：web celebrity

第五章 词语的翻译 | 149

翻译分析

网络红人（web celebrity）是指在现实或者网络生活中因为某个事件或者某种行为而被网民关注从而走红的人。

(11) 人丑就要多读书。
译文：An ugly person should read more books.

翻译分析

此流行语源于陕西商洛市一名22岁女孩被美国6所名校录取，并获得美国麻省理工学院全额奖学金一事，成为网民热议的话题。该姑娘对此自我调侃说，"人丑就要多读书"（An ugly person should read more books.），引发众多网友的热议和感慨，因此成了网络流行语。

(12) 世界那么大，我想去看看。
译文：The world is so big and I want to see it.

翻译分析

此流行语源于河南省实验中学一位老师的辞职信，该辞职信发布后引发热评，辞职的理由仅有10个字："世界那么大，我想去看看"，网友热评这是"史上最具情怀的辞职信，没有之一"，仅一天时间微博转发多达6 000余次，评论超过1 700条。"世界那么大，我想去看看"这一网络用语用来表达特别的想法，可译为"The world is so big and I want to see it"，也可译为"The world is so big and I owe it a visit."。

(13) 友谊的小船说翻就翻。
译文：The boat of friendship may upset anytime.

翻译分析

原文"友谊的小船说翻就翻"（The boat of friendship may upset anytime），来自漫画作家喃东尼最开始创作的漫画《友谊的小船》。"友谊小船"最早的说法来自"友谊"一词的英语翻译"friendship"，即朋友的船，而"说翻就翻"的说法来自曾经流行的一张恶搞配图"让我们荡起双桨，小船儿说翻就翻"。"和某人翻脸"在英语中一般用 fall out with sb 这个短语来表达。比如：He has a hot-temper. He always falls out with people. （他是个急性子，经常和人翻脸。）还有一种相似的表达：The boat of friendship will be overturned at once. （友谊的小船立刻就翻。）

(14) 明明可以靠脸吃饭。
译文：I could have undoubtedly made a living by depending on my face.

翻译分析

原文"明明可以靠脸吃饭","明明"可翻译为"obviously""undoubtedly","靠脸"的意思是指"依靠一张漂亮的脸蛋",可译为"depend on one's (beautiful) face","吃饭"此处并非吃一日三餐那种层面的含义,而是指生存、生活,可译为"make a living"。综上所述,"明明可以靠脸吃饭"可译为"I could have undoubtedly made a living by depending on my face"。其隐含意义为:"我明明可以靠脸吃饭,偏偏要靠才华。"

(二)音译/直译加注

(1) 么么哒

译文:momoda(momoda is an onomatopoeia word in China that imitates the sounds of kisses)

翻译分析

"么么哒"的中文拼音为"me me da",是做出亲吻动作的拟声词,表示对一个人的亲密和喜爱。多用于情侣、闺蜜、好伙伴之间。类似的,"mua"也是表示亲吻的拟声词。有人将"么么哒"译为"momoda",可看成是一种音译的策略,然而英文中并不存在这样的词,所以译者有必要用括号加注的形式进一步解释。

(2) 土豪

译文:tuhao(provincial tycoon)

翻译分析

"土豪"原本指乡下财大气粗的人,现多用来指有钱,随意消费又爱炫耀的人。对于"土豪"一词,网民给出了很多翻译版本,比如"country baron""rural rich""provincial tycoon""vulgar tycoon""rich rednecks"等,基本都采取意译的方法,体现了归化的策略。拼音翻译来的"tuhao",突出了异化想法,接受和使用这一翻译的群体最为广泛。英国广播公司BBC还专门做了一档节目来介绍"tuhao"的词源、意思和流行原因。美国媒体也经常在报道中直接使用"tuhao"一词。很多外国人在了解了中国社会独特的文化现象或社会现象后都接受了"tuhao"的音译。可见异化的翻译策略是可行有效的。中国网对"土豪"的解释为:

In Chinese, "tu" means uncouth, and "hao" means rich. "Tuhao" has traditionally been used to refer to wealthy landlords who bullied their tenants before the establishment of the People's Republic of China, but it now represents China's nouveau richers who have more money than taste and splash it in an unchecked manner.(在中文中,"土"意味着粗俗,而"豪"则表示富有。在中华人民共和国成立之前,"土豪"一词通常用于指欺凌佃户的富有地主,但如今它代表了中国的暴发户,虽然有钱,但缺乏良好的品位,而且以不加限制的方式炫耀他们的财富。)

因此,采取音译加注的方式翻译"土豪"一词,更能阐释出土豪背后的文化内涵。

(3) 双减

译文：double reduction (ease the burden of excessive homework and off-campus tutoring for students undergoing compulsory education)

翻译分析

2021年7月24日，中共中央办公厅、国务院办公厅印发了《关于进一步减轻义务教育阶段学生作业负担和校外培训负担的意见》，并发出通知，要求各地区各部门切合实际认真贯彻落实。"减轻义务教育阶段学生作业负担和校外培训负担"简称"双减"，针对的问题是中小学生负担太重，"校内减负、校外增负"现象突出，广大青少年的身心健康受到了严重影响。"双减"意见发布后，其效果堪称震撼，不但强化了学校教育的主阵地作用，有效遏制了校外教育机构的无序发展，而且也让社会各界，尤其是学生家长重新思考探索更加科学的教育理念和方式。如果译者只是翻译出了"双减"的字面意思，而没有后面括号里的注解意思，译义读者可能会不知所云、一头雾水。

(4) 锦鲤

译文：koi fish (a lucky dog)

翻译分析

锦鲤本是一种高档观赏鱼，极富观赏价值，深受人们喜爱。2018年国庆期间，支付宝官方微博开展了一个抽奖活动，从转发此条抽奖微博者中抽奖，抽中的人为"中国锦鲤"，吸引300多万次转发。10月7日支付宝揭晓了抽奖结果，幸运的"中国锦鲤"获得了"中国锦鲤全球免单大礼包"。"锦鲤"一词因此立马走红，成为网络流行语，网络上掀起了转发配有"锦鲤转运""锦鲤祈愿""锦鲤保佑""锦鲤还愿"等文字的锦鲤图像的热潮。"锦鲤"于是成为"好运"的象征。后来，随着网络热度增长，"锦鲤"开始泛指在小概率事件中运气极佳的人。"锦鲤"（koi fish/a lucky dog）的走红及其意义的泛化，隐含了人们对美好生活的向往。同样，需用通过直译加注的方式，让目的语读者了解其内涵。

(5) 剁手党

译文：a hand-chopper (shopping mania)

翻译分析

"剁手党"专指沉溺于网络购物的人群，以女生居多。"剁手党"的"党"不带任何政治含义，"××党"是网络流行语言，常指某一类人，如"手机党""标题党"等。根据英文的表述特点，"剁手党"可以翻译为："a hand-chopper"或"hand-choppers"。但是这对不了解这一流行语的人容易产生误解，以为是恐怖片里的剁手狂魔，或是一种自残行为。所以为了避免误解，也可通过加注的方式，借用英语中现有的表示购物狂的词来翻译"剁手党"，比如"shopaholic""shopping mania"。

（6）吃土

译文：eat dirt（dirt‑poor）

翻译分析

"吃土"一词源于2015双十一购物狂欢节，网友们在购物的过程中因花销超预算自嘲下个月吃不起饭，只能"吃土"来形容过对网络购物的一种疯狂程度。"吃土"也成为"剁手"之后的疯狂网购的代名词，也可表示为某件事情或某个物品花费许多金钱的一种自我嘲讽。"吃土"英语可译为"eat dirt"或"eat soil"。但是表达出其词语本身的含义，因此最好通过加注的方式来进行解释，例如，dirt‑poor（极贫困的）；poor as a church mouse（一贫如洗）；或 be broke（身无分文）等。

（三）意译

（1）脑洞大开

译文：to greatly enrich one's mind

翻译分析

"脑洞大开"就是指让人知识大涨，眼界大开。《21世纪英文报》翻译为"to greatly enrich one's mind"，还可以翻译为："to greatly widen one's horizon"或"to greatly open one's eyes"。这些都是英语常见短语，体现出翻译上的归化策略。如果试图让英语读者靠近作者，将"脑洞大开"直译为类似的"to enlarge holes in one's brain"，就会引起很多困惑甚至恐慌，如果音译，那么英语读者在理解上和使用上都会有很大难度。所以译者通过意译的方式列出的参考翻译较为合理。

（2）柠檬精

译文：Those who envy others in a self‑deprecating way

翻译分析

柠檬精（Those who envy others in a self‑deprecating way），字面意思是柠檬成精，指很喜欢酸别人，嫉妒别人。现多用于自嘲式地表达对他人从外貌到内在、从物质生活到情感生活的多重羡慕。在生活用语中，这句话相当于"我酸了""我嫉妒了""我羡慕了""我心里发酸"等意思。不同于每天嫉妒别人的"醋精"，柠檬精往往只是羡慕憧憬，然后自己心里酸得冒泡。从外貌到穿着，从生活方式到恋爱习惯，生活中每一个能酸的地方都有柠檬精的存在。

（3）破防

译文：overwhelmed

翻译分析

"破防"本指突破防御，最初是网游用语，指游戏装备、技能被破坏，失去了防御效果。后被引申为"心理防线被攻破"的意思。"破防"的结果有两种：一种是指内心受到伤害后的悲羞与痛苦，另一种是内心受到触动后的共鸣与感动。如今常用的是后者——共鸣与感动，比如：2021 年 7 月 1 日，张桂梅老师登上天安门城楼，穿的是送学生高考时的那件朴素的衬衫，这处细节让网友直呼"破防"了。

(4) 鸡娃
译文：tiger parenting

翻译分析

近年来，升学竞争十分激烈，为了使孩子不"输在起跑线上"，不少家长逼迫孩子大量补习，努力拼搏。这种近乎疯狂的养育方式被调侃为是在"给孩子打鸡血"，"打鸡血"（tiger parenting）一词多用于调侃、讽刺某些人精神亢奋，有近乎疯狂、痴迷的状态，这种被父母疯狂教育的孩子被简称为"鸡娃"。如今，"鸡娃"之积极效果未见得有多少，父母与孩子身心俱疲则是无法否认的现实。显而易见，"鸡血疗法"是不科学的，拔苗助长的"鸡娃"也是不值得提倡的。说到汉语中的"鸡"字，还请注意，它已经从名词扩展出了动词的用法。根据其背后所隐含的意思，可将其翻译为"tiger parenting/fired - up kids/psyched - up kids/busy kids/overloaded kids"即可。

(5) 躺平族
译文：couch patato/ pressure - evading group

翻译分析

"躺平"本指平卧，引申指休息。如今不少人口头挂着的"躺平"，多指一种"不作为，不反抗，不努力"的生活态度，以此为生活理念的群体即为"躺平族"，他们面对各种压力，选择"一躺了之"。笔者不建议将其直接翻译为"lying flat group"，可以通过意译的方式翻译为"couch patato/ pressure - evading group"，如此更符合目的语读者的表达习惯。

(6) 杠精
译文：an argumentative person

翻译分析

杠，即抬杠；精，即精灵、精怪。杠精，指抬杠成精的人，这种人往往不问真相，不求是非，为反对而反对，为争论而争论。"杠精"一词的出现，源于网上发表的一幅调侃"杠精"的漫画：一女生向一"杠精"表白，并要求去见他的母亲。"杠精"说：唯独这件事不可以，因为"杠精"不配拥有母亲。"杠精"一词因此而迅速走红。"杠精"一词的流行体现了人们对这种行为的反感。对此，应该通过意译的方式翻译为"an argumentative person"。

(7) 凡尔赛文学
　　译文：humblebrag

翻译分析

　　凡尔赛文学是一种"以低调的方式进行炫耀"的话语模式，也称"凡学"。这种话语模式先抑后扬，明贬暗褒，自说自话，假装用苦恼、不开心的口吻炫耀自己。"凡尔赛文学"的得名源自日本漫画《凡尔赛玫瑰》，这部作品细致刻画了18世纪末法国凡尔赛宫贵族生活的浮华奢靡，网友因此以"凡尔赛"借指高档、奢华的生活。因为一个微博认证为作家的网友，在微博上用"平实"的文字记录她的"高贵"生活，引来网友吐槽。"凡学"因此而爆红，网上掀起了一场"凡尔赛文学"创作大赛。实际上，现在的"凡学"作品多数已不再是炫耀，而仅是一种调侃。"凡尔赛文学"与"humblebrag（谦虚自夸）"意思相近，其英文释义为："make an ostensibly modest or self-deprecating statement with the actual intention of drawing attention to something of which one is proud（表面上谦虚自嘲，实际上是为了炫耀某人引以为豪的事情）"。

(8) 吃瓜群众
　　译文：spectator

翻译分析

　　"吃瓜群众"（spectator）这个词火于论坛，即在网上，经常有人发言讨论一些问题，后面就有一堆人旁观，表示"前排出售瓜子""前排吃瓜子""吃瓜群众"……于是，就有人将"不明真相的吃瓜群众"用于形容围观某事物的人们。

(9) 神兽
　　译文：schoolers who learns remotely

翻译分析

　　"神兽"（schoolers who learns remotely）是"神异之兽"（Mythical Animals）的简称，本指中国古代神话传说中具有各种特异功能的动物，后指代各个家庭中的未成年学生。

（四）词缀法

　　从词汇角度来看，英语的构词方式有词缀法、转类法、合成法、拼缀法等方式，才得以使英语词汇不断更新、不断增加、不断发展，同时内容更加丰富，我们可以借鉴英语中词缀法，进行翻译，这种译文也会让越来越多的目的语读者接受。

(1) 给力
　　译文：gelivable

翻译分析

"给力"一词是东北地区方言里"带劲儿"或"酷"的意思。该词语随后成为网络热门词汇,被收入《现代汉语词典》(第6版)①。"给力"表示有帮助,有作用,能激励鼓舞人的意思。关于它的翻译版本非常多,比如"cool""awesome""powerful""brilliant",体现归化策略。后来网民们生造出了一个词"gelivable",音译的"geliv"加上英文的形容词后缀"able",通过网络检索,"gelivable"一词的解释是:"gelivable adj. A Chinglish word, be able to excite, make someone feel cheerful." 这样的词缀创新式翻译在一定程度上体现出归化与异化策略的一种融合,受到了目的语读者的欢迎。

(2) 偷菜
译文:vegeteal

翻译分析

"偷菜"一词,原指网络上的虚拟农庄游戏,网友可以通过偷取好友农场的蔬菜或果实来赢得虚拟金币。该游戏行为让不少网民释放了实际生活中的压力,找到放松乐趣,一度受到网友青睐。有网友将"vegetable"和"steal"两个英语单词组合成新词"vegeteal"进行翻译,简短有趣,在一定程度上体现了中国网络流行语的非主流特点。

(五) 回译(back translation)

回译指把被译写成另一种文字的内容再转译成原文的过程和表述。在网络流行语中,这样的翻译方式较为少见,因为只有少部分的流行语是通过网络翻译的方式进入一国,后被回译到该本国的。例如:"你凭什么对我这么粗鲁?你给我狗带!"(How can you be so rude to me? Go die!)

在这里,"狗带"是英文"go die"的谐音,就是"去死"的洋气点的说法,源自中国某艺人在一次演唱会上表演的英文歌词。"狗带"(Go die!)既可以向对方表达不满,也可以表示自己不会轻易放弃或认输。

【课后练习5-4】

请翻译以下词语或句子。
1. 神马都是浮云
2. 山寨
3. 宅男
4. 被雷倒(到)了
5. 纠结

---

① 中国社科院语言研究所. 现代汉语词典(第6版)[Z]. 北京:商务印书馆,2005.

6. 忐忑
7. 悲催
8. 坑爹
9. 哥只是传说
10. 伤不起
11. 你懂的
12. 秒杀
13. 小清新
14. 穿越剧
15. 至于你信不信，反正我是信了。
16. 拼爹
17. 做人呢，最重要的是开心。
18. 卖萌
19. 腹黑
20. 折翼的天使
21. 淡定
22. 羡慕嫉妒恨
23. 团购
24. 微博
25. 富二代
26. 蜗居
27. 人肉搜索
28. 微博控
29. 海归（海龟）
30. 搏出位
31. 自主招生
32. 萝莉
33. 剩女
34. 蚁族
35. 范儿

第六章　句子的翻译

本章导读

　　任何语言都具有一定的语法规律，语法规律通常受该语言的表现方法的制约。经过学习，我们发现汉语与英语的文字属于两个不同的体系。汉语属于汉藏语系（Sino – Tibetan family），是意合语言，该语系包括四百余种语言和方言，是当今世界上形成最早、流传最广，使用人数极多的语系，汉语是其中最富有代表性的语言。而英语属于印欧语系（Indo – European family），是形合语言，该语系含有十二个语族和百余种语言，世界上约一半人以该语系的语言为母语，英语是世界上使用最广的语言。汉语属表意文字（ideographic），而英语属拼音文字（alphabetic），文字体系非常充分地体现了两种语言的异质性（heterology）。语言是由句子组成的集合，在本章中，我们共同来学习汉英句子之间是如何相互转换的，主要涉及从句和长句的翻译、被动句的翻译、句子与语篇翻译。

第一节　从句的翻译

　　在英语中，担任句子成分的，在很多情况下都是单词，可当作任何成分，如主语、表语、谓语、定语、宾语等，当然，句子也有很多成分可以用短语来充当，最常用的短语有：动词短语、不定式短语、动名词短语、分词短语、介词短语和名词短语。除了单词和短语可以担任句子成分以外，还有由类似句子的主谓结构所构成的从句也可以担任句子的成分。从句有下面几类：①that 引导的从句称为 that – 从句，有时 that 可以省略；②连接代词或副词引导的从句，可称为 wh – 从句；③关系代词型的 what 引导的从句；④由各种连词引导的从句；⑤由关系代词或关系副词引导的从句，可称为关系从句，也可称为定语从句。随着在句中的作用不同，从句也可分为：主语从句、宾语从句、表语从句、同位语从句、定语从句和状语从句。本节内容将会探讨定语从句和状语从句的翻译问题。

一、定语从句的翻译

（一）定语从句的翻译概述

　　句子是表达思想的基本单位，只有完整的句子才能表达完整的思想。而句子的成分主要有：主语、谓语、宾语、表语、定语和状语，此外还有同位语和插入语。定语是修饰名词或代词的成分，并且定语可以用以下成分表示：形容词、代词、数词、名词或名词所有格，分词短语、不定式短语、介词短语、副词、词组或合成词以及从句。定语从句一般分为限制性定语从句和非限制性定语从句，限制性定语从句（Defining Attributive Clauses）指大多数定语从句对所修饰词的意思加以限制，表示"……的人（或东西）"，这类从句多由关系代词或关系副词引导。非限制性定语从句（Non – defining Attributive Clauses）指对所修饰的词没有限制词义的作用,而只是补充一些说明,通常都有一个逗号把它和句子的其他部分分开,在译成中文时,这个从句多译成一个并列句。限制性定语从句拿掉以后,句子意思常常发生变化,甚至不能成立,而非限制性定语从句拿掉以后,对剩下部分没有太大的影响。

英语定语从句的翻译相对要复杂一些,原因有两方面:一是从形式上看,英语中前置定语一般为一个或多个并列的单词作定语,比如形容词、名词、动名词等,后置定语包括不定式短语、介词短语以及定语从句。英语定语从句与先行词之间通常以关联词连接,置于所修饰词后边,具有后置延展性成,为后置定语;而汉语则不讲究句法上的严密衔接,一般按时间顺序或内在的逻辑事理顺序逐层展开,翻译时既可以前置也可以后置,还可以另起一句。但是,相比之下,汉语在表述时,前置定语不可以太长,否则会造成句子中心不明、表述不清。二是从语义和功能上看,英语的定语从句具备较为丰富的交际功能,不仅有定语功能,还可以起补充说明和分层叙述的作用,或在逻辑上表示时间、原因、结果、条件、目的、让步等意义。因此,中国译者在翻译这种复杂的定语从句时,因摆脱原文语法结构的限制,准确把握其逻辑关系和语义,灵活变通句型,在传递原文信息的基础上,使译文符合汉语规范以确保译文忠实通顺。① 我们在翻译定语从句时,可以有以下方法:包孕翻译法、转换翻译法、重复翻译法和拆分翻译法。

(二) 定语从句的翻译方法

1. 包孕翻译法

包孕翻译法指将定语从句翻译成汉语中带"的"的定语词组,放在被修饰词语的前面,这种方法一般用于翻译比较短的限制性定语从句时,另外一些不长的非限制定语从句也可以采用这种方法。

(1) He who has not tasted what is bitter does not know what is sweet.

译文:没有吃过苦的人不知道甜的滋味。

(2) These new policies are only suitable for those who are homeless.

译文:这些新政仅适用于那些无家可归的人。

(3) This is a book I bought yesterday from that bookstore.

译文:这是昨天我从那家书店买的书。

2. 转换翻译法

将定语从句表示的偏正结构译成汉语的主谓结构。也就是将原文主句中的先行词和定语从句融合在一起,译成一个简单句。这种融合法多用于翻译限制性定语从句,比较常见的是将主句翻译成一个汉语词组作主语,而把定语从句译成单句中的谓语部分。

(1) Is there really any evidence that personal dishonesty is more prevalent than it always was? (J. W. Krutch: "The Immorality")

译文:难道真有什么证据,证明个人的舞弊行为比以往更加盛行吗?

(2) There are a lot of people that are waiting outside to buy tickets.

译文:外面有很多人都在等着买票。

(3) Cancer, which has caused many deaths in the last decade, has profound influence upon

---

① 孙致礼,周晔. 高级英汉翻译 [M],北京:外语教学与研究出版社,2009.

people's way of living.

译文：癌症在过去十年夺去了很多人的生命，并对人们的生活方式产生了深远影响。

3. 重复翻译法

重复翻译法，即在翻译时，重复定语从句修饰的先行词将之变成下一句的主语。当句子的定语成分太长，如果我们还使用包孕翻译法的话，会让汉语句子变得异常复杂啰唆，影响理解，对于这样的定语从句，先将其后置，拆分成整句中的并列小句，放在修饰词的后面单独翻译。但需要说明的是，我们需要重复先行词，或者使用人称代词或指示代词，以此衔接凸显前后两句的逻辑关系。

（1）Governments in these countries have adopted a lot of measures <u>that can best help these survivors.</u>

译文：政府已采取多种措施，<u>它们将会最大化帮助这些幸存者</u>。

（2）They would endeavour to realize the ideals, <u>for which there ancestors had worked so hard and sacrificed their lives many years ago.</u>

译文：如今，他们将努力实现这些理想，很多年前，他们的先辈们曾为<u>这些理想努力奋斗，甚至牺牲了生命</u>。

（3）Most ranchers are located in flat open countries <u>where there's plenty of grass for the cattle to feed on.</u>

译文：大多数牧场位于平坦开阔的地方，<u>那里草料充足，可供放牧</u>。

4. 拆分翻译法

拆分翻译法，就是将原句根据上下文语义关系进行拆分后再进行翻译，翻译时有些地方可以用汉语连接词将句子连接起来，有些语义明显的地方可以不用汉语连接词。英语中的定语从句，往往具有状语的功能，用来表达目的、结果、转折、原因、条件等逻辑关系，这个时候译者要认真审读原句中上下文语义和句子间的逻辑关系，并将其灵活翻译为相应的汉语复句。

（1）He did not talk at length about the matter, <u>which was not considered by the White house to be a particularly important matter.</u>

译文：这件事他没有详谈，（因为）白宫认为这事并不是特别重要。

（2）The following principles might be helpful for foreign students <u>who wish to increase their reading skill.</u>

译文：<u>外国留学生（如果）想要提高阅读技巧的话</u>，（那么）下面的这些原则可能会对他们有所帮助。

（3）This accident killed five people instantly and injured another three <u>who later died of severe bleeding on the way to hospital.</u>

译文：这场事故使五人当场死亡，另有三人受伤，<u>这三人在送往医院的途中由于大出血而死亡</u>。

（4）Today's devastating and astonishing well-coordinated attacks on the World Trade Center towers in New York and on the Pentagon outside of Washington plunged the nation into a warlike struggle against an enemy <u>that will be hard to identify with certainty and hard to punish with precision.</u>

译文：今天，纽约世贸中心和华盛顿市外的五角大楼遭受了令人震惊的、具有毁灭性的精心策划的攻击，整个国家由此陷入战争般的状态，而我们的敌人却难以确认其身份，因而难以精准打击。

（5）China will continue to adhere to the principle of peaceful coexistence that will help create a more harmonious global environment.

译文：中国将继续坚持和平共处原则，以促成更为和谐的国际环境。

二、状语从句的翻译

（一）状语从句翻译概述

在句子成分中，状语是修饰动词、形容词或副词的成分。状语可以由以下成分表示：副词、介词短语、不定式短语、分词短语、形容词、词组、复合结构和从句。按照语义和语法功能来看，状语从句有：时间状语从句、条件状语从句、目的状语从句和结果状语从句、原因状语从句、让步状语从句、方式状语从句、地点状语从句和比较状语从句。英语中有大量的时间状语从句，多由连词引导，如 when, as, before, once, while 等；条件状语从句主要由 if 或 unless 引导，需要注意的是由 if 引导的条件状语从句，有时可以把 if 省略，而把从句的语序倒装；目的状语从句主要由 that, so that, lest, for fear that, in case 等引导，结果状语从句主要由 so that, so…that, such…that, that 引导；原因状语从句主要由 because, as, since, in case 等引导；另外，某些"be + 形容词"结构的从句也说明原因；让步状语从句主要由 although, though, while, whereas 等连词引导；方式状语从句主要由 as, like, as if, as though 等引导；地点状语从句主要由 where, wherever 和 anywhere 引导；比较状语从句主要由 than 或 as 引导。

由此我们可以看出，英语状语从句的关联词较多，例如 when, while, as, as soon as, before, because, if, in case, once, though, although, even though, no matter what, whatever so…that, so that, in order that, for fear that, in that……这些关联词不但各有各的语法和语义功能，而且"一词多义""一专多能"的现象比较普遍，因而容易给中国译者带来一定的理解困难。当然，汉语对应的表示法也极为丰富，常常不拘泥于一种译法，就看译者能否灵活把握。

1. when 的用法

When 作为关联词，基本意思是"在……时"，"当……时"，但是除了这一个基本含义外，When 的意思有："在……之后"，"在任何……时候"，"一……就；刚……就"，"考虑到，既然"，"虽然；然而"等。所以作为译者，我们需要了解和掌握同一词语，在不同语境下的含义，请大家看以下例子：

（1）He had just drifted off to sleep when the phone rang.

译文：他刚睡着电话就响了。

此处的 when 表达的含义不再是"在……时"，而是相当于 just after which，"一……就，刚……就"。

（2）How can they expect to learn anything when they never listen?

译文：既然他们从不听讲，怎么能指望学到东西呢？

此处的 when 相当于 considering that，表示"考虑到，既然"的含义。

（3）She claimed to be 18, when I know she's only 16.

译文：她自称是18岁，可是我知道她刚16岁。

(4) There can be no equality in the world when capitalist system still exists.

译文：只要资本主义制度依然存在，世界上就没有平等可言。

2. while 的用法

再比如 While，作为关联连词，表示的含义有以下义项，"在……期间；当……时候""与……同时"，除此以外，有些义项不常见，但是作为译者一定要熟知。第三个义项是对比两件事物，表示"……而，……然而"；第四个义项是 while 放在句首，表示"尽管，虽然"的含义。请大家看以下例子：

(1) You can go swimming while I'm having lunch.

译文：我吃午饭时你可以去游泳。

(2) While Tom's very good at science, his brother is absolutely hopeless.

译文：汤姆很擅长理科，而他的弟弟绝对是不可救药。

(3) While I am willing to help, I do not have much time available.

译文：尽管我愿意帮忙，但是没有多少时间。

3. Before 的用法

(1) It was some time before I realized the truth.

译文：过了很长一段时间我才悟出真相。

(2) Put that away before it gets broken.

译文：把它收好，免得打碎了。

(二) 状语从句的翻译方法

总地来说，英语句子中状语成分形式多样，变化种类繁多，我们在翻译过程中需要根据上下文语义和汉语表达需要，进行灵活处理，采用顺译法、倒译法、转译法或省译法。

1. 顺译法

顺译法，顾名思义，指顺着原文词序或句序翻译。顺译不是逐字翻译，不排斥个别词或词组的倒置，特别是充当修饰语的倒置。

(1) Whenever you need my help, I will be always be your side.

译文：无论何时你需要我的帮助，我都会始终站在你身边。

(2) Hate can flow from a hot body to cooler one as if it were a fluid.

译文：热能从一个热的物体传到一个较凉的物体上，就好像液体一样。

(3) Squirrels like scrounging for nuts during fall for fear that there is nothing to eat in winter.

译文：松鼠喜欢在秋天四处搜寻坚果，以防冬天没有吃的东西。

2. 倒译法

倒译法，也称为"逆译法"，与顺译法相对，逆着或基本逆着原文的词序或句序进行翻译。词序与思维方式和表达习惯有关。操汉语者，时空观上大体遵循逆序法，即由大至小、由远及近、由重而轻；而操英语者的时空观大体遵循顺序法。中西方在表达法上多有不同。

(1) A watch has to have gears and other moving parts as long as it has dial with hands to tell

the hours, minutes and seconds.

译文：只有钟表有带指针的表盘来计时、分、秒，那它就必须有齿轮和其他运动部件。

（2）There will always be a strange cracking sound upstairs every time when the clock strikes twelve.

译文：每次当时钟敲响十二点时，楼上便会传来奇怪的吱嘎声。

（3）Colleges and universities will undergo a series of reforms because online education has become a threat to the traditional way of education.

译文：在线教育已对传统教育模式构成了威胁，因此大学必将经历一番改革。

3. 转译法

由于考虑到汉语表达习惯和译句中的语句衔接，有些状语从句需要进行转译，才更加通顺自然，合乎逻辑。因此每当我们见到 when 引导的时间状语从句，不一定要翻译成"当……时候"，也就是说，不是所有状语从句都可以直译，而是要结合上下文语境进行转译。

（1）He gave up his teaching career when he might have made great achievements in it.

译文：他本可以在教学上取得巨大成就，但他还是放弃了。

（2）Where the watt is too small a unit, we may use the kilowatt.

译文：当瓦作为功率单位太小时，我们可以用千瓦。

（3）If water contains hydrogen and oxygen, you do not see them at all.

译文：虽然水里含有氧气和氢气，但你在水里却看不到它们。

4. 省译法

省译法，又称省略法，指原文有些词不必译出，因为译文中虽无其词已有其意；或者在译文中是不言而喻的。换言之，省略是删除一些可有可无的词，或者有了反嫌累赘或者违背译文语言习惯的词。需要注意的是：省略并非把原文的思想内容删除。

（1）Artificial Intelligence works so fast that it can translate a long and difficult sentence in just a second.

译文：人工智能工作如此迅速，能在瞬间便翻译完一个长难句。

（2）All birds and insects come out as the weather goes warm.

译文：天气转暖，鸟儿和昆虫都出来了。

【课后练习 6-1】

一、请结合本节内容，翻译下列含定语从句的句子。

1. Hong Kong has coped with the challenges of great economic, social and political transition with almost none of the disturbance and dislocation which in other parts of the world have so often accompanied change on such a scale.

2. Enthusiasm for country life and love of natural scenery are strongest and most widely diffused precisely in those European countries which have the worst climate and where the search for the picturesque involves the greatest discomfort.

3. The choices we make now are essential to put us on a low-carbon growth path that is sustainable and inclusive and will build resilience.

4. They have agreed on a treaty that will give them unlimited access to the war zone without being attacked by military forces on either side.

5. Nowadays it is understood that a diet which contains nothing harmful may result in serious diseases if certain important elements are missing.

6. So we have a unique opportunity to build a new generation of climate resilient and people-centered cities and transit systems, and energy grids that prioritize low emissions and sustainability.

7. Looking around the world, we also see more and more governments, cities and business understanding that climate solutions are wise investments in an incredible, prosperous and sustainable future.

8. This underlines the importance of economic growth that can generate inclusive, sustainable and durable social and environmental gains.

9. I see the Belt and Road Initiative as an important space where green principles can be reflected in green action.

10. Non-smoking women who are exposed to a smoking family environment for 40 years or longer will have double risk of developing lung cancer.

二、请结合本节内容，翻译下列句子。

1. Shut the window for fear that it may rain.
2. Try as I would, I couldn't prevail upon him to change his mind.
3. He had no sooner reached the door than he came back.
4. Were it not for their assistance, we would be in serious difficulty.
5. The situation is such that agreement is unlikely.
6. As the earth's climate warms, people face mounting threats from rising seas and more intense and frequent storms, heatwaves, fires and droughts.
7. Men differ from brutes in that they can think and speak.
8. Judy says she wouldn't date Fred if he were the last boy in the world, but I know that's only sour grapes.
9. When a woman has five grown up daughters, she ought to give over thinking of her own beauty.
10. It was 27 December before we reached Xi'an and already the young Marshal had flown his captive back to Nanjing.

第二节　长句的翻译

英语是形合特征非常明显的语言，通常会使用大量的长句。所谓长句，是由多重关系和多个主谓结构组成的句子。英语的长句中有多个主谓结构或有多个修饰成分（包括定语和状语），汉语的长句则指多重复句，即分句中包含着分句。

一、长句的翻译方法

张培基等认为,在翻译长句时,首先要弄清楚原文的句法结构,找出整个句子的中心内容及其各层意思,然后分析几层意思之间的相互逻辑关系(因果、时间顺序等),再按照汉语特点和表达方式,正确译出原文的意思,不拘泥于原文的形式。① 因此,在翻译英语长句时,我们首先要学会断句,尽量将英语长句"化整为零",将长句断开,弄清楚原文的句法结构,最后拆解成若干汉语短句。断句可以通过以下三种方法实现:自然断句法、名词独立法和分解表达法。

自然断句法:指在英语原文的自然连接处进行断句,比如像标点符号或者连词处进行断句。

(1) The concept implies educational opportunity for all children —the right of each child to receive help in earning to the limits of his or her capacity, whether that capacity be small or great.

译文:那种思想意味着提供受教育的机会给所有的孩子——每个孩子在尽其所能的学习中得到帮助的权利,而不管孩子的能力是大是小。

名词独立法:即原文没有特别明显的标点符号或者连接词,但我们可以根据意群断句,将表达动词概念的名词抽取出来,以此将英文中的长句子变短。例如:

(2) She received him with her very best politeness, which he returned with as much more, apologising for his intrusion without any previous acquaintance with her...

译文:她客客气气地欢迎柯林斯先生,柯林斯先生也倍加客气地答谢她,并且道歉说,他与太太素昧平生,不该贸然闯到府上……

分解表达法,指将原文的复杂句分解为多个相对简单的句子,并逐个表达。例如:

(3) China will continue to adhere to the principle of peaceful coexistence that will help create a more harmonious global environment.

译文:中国将继续坚持和平共处原则,以促成更为和谐的国际环境。

二、科技英语长句的翻译方法

科技英语(English for Science and Technology)是20世纪70年代从海外流行的"专用英语"(English for Specific Purposes)引进中国后的一种说法。科技英语包括科技著作、科技论文、实验报告、科技情报、科普读物、介绍科技动向和实验操作规程等内容。科技英语文体要求内容严谨周密,概念准确,行文具有较强的逻辑性、客观性和严密性。

(1) A sea is smaller than an ocean, and may be more or less landlocked. As powerful agents of corrosion, sea waves carrying gritty sediment can cut into rock and wear down coastlines.

译文:海的范畴要比海洋的范畴小,海或多或少都贴近于内陆的地方。作为强有力的腐蚀剂,海浪携带着含砂沉淀物切入岩石,磨损海岸线。

我们来看以上句子对于海的描写,这句话内容具体,使用专业领域的词汇较多,语义明确,比如此处的 corrosion 的含义为:the process of corroding metal, stone, or the other materials (腐蚀金属、石头或其他材料的过程),英文单词 sediment 作为名词,指的是:matter that settles to the bottom of a liquid; dregs (沉淀到液体底部的物质;渣滓),以上词

---

① 张培基,英汉翻译教程 [M]. 上海:上海外语教育出版社,2009.

汇大多出现在化学领域。

不同于其他文体，科技英语的特色鲜明，分别表现在词汇、句法和语法三个方面。

从词汇上看，科技英语词汇主要来源于：不同领域的术语，外来词，新词和单词首字母的缩写。例如，像特定领域的词汇 gear reducer（齿轮减速器）、prime mover（原动机）、polystyrene（聚苯乙烯）；外来词汇 magnetic（磁铁的）来自希腊语, induction（感应）来自拉丁语; magnetohydrodynamics，该词是由 magneto, hydro 以及 dynamics 三部分构成的一个新词，magneto 与磁是息息相关的，hydro 与水力发电有关，dynamics 表达的是动力学的含义，因此 magnetohydrodynamics 合起来的含义为"磁流体动力学"，同样 telephotometer 也是由三部分构成：tele（遥远）、photo（光）、meter（计/表），意思为遥测光度计；knowbot 是由单词 knowledge 和 robot 两个单词拼缀形成的，AIDS 是由 acquired immunity deficiency syndrome 的首字母构成。

从句法上看，科技英语表达客观、语气正式、逻辑严谨、语言标准、陈述客观准确。

（2）The expenditure of energy of one kind in any process involves the production of an equivalent amount of energy of other kinds.

译文：一种特定形式的能量消耗必然导致等量形式的能量产生。

（3）Metals expand when heated and contract when cooled.

译文：金属在加热时膨胀，在冷却时收缩。

从语法上看，科技英语文体中，作者大多使用陈述句（declarative sentences）。

Metals expand when heated and contract when cooled. 比起主动语态，我们经常在科技文体中发现被动语态。

（4）Orbiter 099, designated Challenger, was a test article that has since been refurbished for use as the second shuttle flight vehicle.

译文：轨道飞行器 099 号，代号"挑战者"，是一架测试用的航天器，经过翻新后，可执行第二次航天飞行任务。

另外，英语长句也频频出现在科技文体当中。

（5）For the transmission of high speed ratio, in order to meet the requirement of small size, light weight and high efficiency, planetary involute gear reducer can be selected, but its requirements of installation precision and corresponding manufacturing costs are much higher than those of open gear reducers.

译文：为了传递高速比，可以选择行星渐开线减速器，以满足小型化、轻量化和高效率的要求。但是，相较于开式齿轮减速器，行星渐开线减速器对安装精度和相应的制造成本的要求更高。

（一）顺译法

如果英语长句的句法结构、逻辑顺序和汉语一样或者相似时，我们可以按照原文的顺序翻译科技文体的长句。比如：

Upon reaching the surface, the heated liquid will spread laterally in all directions until it reaches the edges of the container, where it will be deflected downward to the bottom of the liquid layer, eventually to be drawn back towards the heat source.

译文：一旦到达地幔的上表面，被加热的液体将在各个方向上横向扩展，直到达到储层的边缘,在这里液体将向下偏转到液体层的底部,最后向热源退却。

(二) 倒译法

一般而言,英语句子长于汉语句子,主要是因为:英语造句偏重在关系上作出反应,从关系上求说明,关系词与关联手段非常丰富。由于思维习惯和表达习惯的不同,中西方的行文表达顺序也会存在差异,因此需要译者重新调整语句的顺序,在科技英语中,倒译法这一翻译方法也是非常的常见。比如:

The space telescope has already helped astronomers rewrite much of what they know about the universe proving the existence of super－massive black holes and showing that stars and galaxies formed much sooner after Big Bang than scientists had earlier believed.

译文:空间望远镜证明了超级黑洞的存在,并表明在创世大爆炸之后,恒星和银河系的形成要比科学家早先以为的早得多,因而它已经帮助天文学家改写了许多他们所知道的有关宇宙的知识。

(三) 分译法

在科技英语文体中,面对长句翻译,译者需要将原文句子中的个别词、短语或从句分离出来,单独译出,使得原文的一个句子分译成两个或者两个以上的句子。比如:

Thus, a volcano which forms a moving plate above a plume will eventually move away from the rising column, which will then melt through at a new location and form another volcano, while the old volcano becomes extinct.

译文:因此,形成于一个地幔羽之上移动板块上的火山,最后会将上升的地幔柱的位置上移开。然后,地幔柱将在一个新位置熔穿并形成另一座火山,而老的火山就变成死火山。

(四) 重组法

为了将科技英语长句的结构理清楚,我们可以采用断句的方式理解原文,在翻译之前可以将长句的结构完全理清楚,再按照汉语叙事伦理的习惯重新组合句子,这种翻译方法叫重组法,基本上脱离了原句的层次和结构安排。例如下句,我们可以将完整的原句分成四部分,并按照汉语叙述方式,重新排列组合,得出一个较为符合汉语表达习惯的译文。比如:

The purpose of this book is to place at the disposal of the design engineer ①who is facing these challenges②, a survey of the experience gained from many and diverse applications of aerostatic bearing ③which have already been successfully accomplished④.

对于此句,我们可以将它断为以下4句,然后再整理或通顺的译文。

①本书的目的是介绍这些经验;
②设计工程师面临这些任务;
③从空气静压轴承各方面的应用中获得很多经验;
④空气静压轴承已研制成功。

译文:空气静压轴承已经研制成功,在各个方面的应用中也都取得了很多经验,因此,本书的目的便是向承担这些任务的设计工程师进行介绍。

【课后练习 6 – 2】

请结合本节内容，翻译下列句子。(以下练习题均出自《联合国国际货物销售合同公约》① 中的条例)

1. Questions concerning matters governed by this convention which are not expressly settled in it or to be settled in conformity with the general principles on which it is based, or in the absence of such principles, in conformity with the law applicable by virtue of the rules of private international law.

2. The fact that the parties have their places of business in different States is to be disregarded whenever this fact does not appear either from the contract or from any dealings between, or from information disclosed by, the parties at any time before or at the conclusion of the contract.

3. Contracts for the supply of goods to be manufactured or produced are to be considered sales unless the party who orders the goods undertakes to supply a substantial part of the materials necessary for such manufacture or production.

4. This Convention governs only the formation of the contract of sale and the rights and obligations of the seller and the buyer arising from such a contract. In particular, except as otherwise expressly provided in this Convention, it is not concerned with: (a) the validity of the contract or of any of its provisions or of any usage; (b) the effect which the contract may have on the property in the goods sold.

5. Questions concerning matters governed by this Convention which are not expressly settled in it are to be settled in conformity with the general principles on which it is based or, in the absence of such principles, in conformity with the law applicable by virtue of the rules of private international law.

6. In determining the intent of a party or the understanding a reasonable person would have had, due consideration is to be given to all relevant circumstances of the case including the negotiations, any practices which the parties have established between themselves, usages and any subsequent conduct of the parties.

7. If a State which is the object of a declaration under the proceeding paragraph subsequently becomes a Contracting State, the declaration made will, as from the data on which the Convention enters into force in respect of the new Contract State, have the effect of a declaration made under program (1), provided that the new Contracting State joins in such declaration or makes a reciprocal unilateral declaration.

8. If, by virtue of a declaration under this article, this Convention extends to one or more but not all of the territorial units of a Contracting State, and if the place of business of a party is located in that State, this place of business, for the purposes of this Convention, is considered not to be in a Contracting State, unless it is in a territory unit to which the Convention extends.

---

① https://uncitral.un.org/sites/uncitral.un.org/files/media-documents/uncitral/en/19-09951_e_ebook.pdf

9. If the bill of lading contains particulars concerning the varieties, leading marks, number of packages or pieces, weight of quantity of the goods which the carrier or other person in the bill of lading on his behalf knows or has reasonable grounds to suspect does not accurately represent the goods actually taken over, or where a shipped bill of lading issued, loaded, or if he had no reasonable means of checking such particulars, the carrier or such other person must insert in the bill of lading a reservation specifying these inaccuracies, grounds of suspicion or the absence of reasonable means of checking.

10. A Contracting State whose legislation requires contracts of sale to be concluded in or evidenced by writing may at any time make a declaration in accordance with article 12 that any provision of article 11, article 29, or part II of this Confession, that allows a contract the sale or its modification or termination by agreement or any offer, acceptance, or other indication of intention to be made in any form other than in writing, does not apply where at any party has his place of business in that State.

第三节 被动句的翻译

被动语态是英语特有的语法和句式表达现象。被动句句子结构紧凑，表达精练，常常用于一些无须点明主语的情况。大凡无须提及主动者，无意点明主动者，或者不用说出主动者，为了上下文的衔接与连贯，往往都采用被动语态。被动句给人客观表现事实的印象，在科技文、政论文、新闻报道中使用频繁，在合同、法律条文及一些研究性的书籍中也常用到，因为被动句能明显地表现句子结构。

中英两种语言都有被动句，但是句子表达的方式差别很大。英语中常以被动语态"Be + ved"的形式表示。还有特别的使役动词及其固定结构表示被动，如 make, let, have, get 等词 + 动词过去分词的结构。汉语作为表意的文字，被动的意义常常含在句子中，同时常用"被、让、给、使、叫、遭、受、蒙、由……所"等很明了的字词表示。汉语的"把"字句也可以表示被动语态。在汉语中，有时会用习惯表达，其中没有用任何标志的词语表示被动语态，如：晒衣服、晒太阳、晒被子、吹风、乘凉、干活、挑水、救人、吃水果、打扫屋子。

被动语态是英语中最常用和常见的表达方法。在英译汉中，有的句子可以翻译成含有"被"和"把"字的句子表示被动意义，有的则不译出。本节所选的例子是长期教学过程中积累的，也有一些选自其他翻译书上的，现从以下三个方面具体说明英汉被动语态的异同。

一、三种不同类型的被动语态

（一）含有"被"和"把"字的句子

（1）He was elected as our headmaster three weeks ago.

三周前他被选为我们的校长。

（2）The article has been translated into 3 foreign languages since it was published.

自出版后这篇文章被译成了3种外语。

（3）He got whole rooms cleaned before lunar new year since it is a custom formed thousands years ago.

过春节前他把所有的屋子打扫得干干净净，因为这是千百年来形成的习俗。

（4）He made his twin sister happy by sending her gifts for celebrating her successful performance.

为了庆祝他的双胞胎妹妹演出成功，他给妹妹送了礼物，把她哄得高高兴兴。

（5）The world was alarmed by Chinese manned spaceflight having successfully launched into the universe.

中国载人航天飞行成功进入太空，这让世界吃惊不小。

（二）不含"被"字的句子

1. 英译汉

（1）New organization has been built here and there to help those who are needed.

译文：处处建起了新机构帮助受困的人。

（2）This agreement could not be reached without the present of president of both sides.

译文：双方董事长不在，达不成协议。

（3）All was cleared up when the article was published by the local newspaper.

译文：当地的报纸发表了这篇文章时，一切就清楚了。

（4）Weak voice was heard calling for help from the ruin of the damaged building.

译文：人们听到被毁的大楼废墟下传来了微弱的求救声。

（5）Have an aim in life, or your energies will all be wasted.

译文：人生应该树立目标，否则你的精力会白白浪费。

（6）The worth of a thing is best known by the want of it.

译文：缺乏一件东西时，才知道它的可贵。

（7）What may be done at any time is done at no time.

译文：随时可做的事往往没有时间去做。

2. 汉译英

（1）中央电视台春节联欢晚会从除夕之夜晚上8点开始，持续约4个小时。如今，举国上下欣赏春节联欢晚会已经成了习俗。

译文：The Spring Festival Gala is broadcast live on CCTV, which begins at 8：00 p.m. on the Chinese New Year's Eve and lasts for about 4 hours. And it becomes a tradition to enjoy the Gala for the whole country.

（2）唐朝（the Tang Dynasty）是中国国力强盛的朝代之一，当时许多国家都派留学生来学习我们先进的文化。

译文：The Tang Dynasty is one of the dynasties which had the strongest national power in Chinese history, many overseas students were sent to China for learning our advanced culture.

（3）春节，许多地方都要耍龙灯（dragon – lantern show），舞狮子。

译文：Dragon – lantern show and lion dance are played here and there during the Spring Festival.

（4）米饭是中国人，特别是南方人非常重要的主食（staple food）。此外，大米还可以用来酿酒、制糖及用作工业原料。

译文：Rice is an important staple food for Chinese, particularly the southerners. In addition, rice can be used to make wine and sugar and used as industrial materials.

（5）去年，学校进行了一项针对离校留学生的调查研究。该调查表明大部分留学生来中国是为了学习汉语。

译文：Last year, a survey on overseas students was conducted in our university that most of them come to learn Chinese.

（6）早在20世纪70年代，中国就开始了发展风力发电（wind power）的努力。

译文：China's efforts to develop wind power can be traced back to as early as the 1970s.

（7）中国汽车业在近30年间取得了巨大的成就。在20世纪70年代，中国每年生产的轿车还不足3 000辆。

译文：Great achievements have been made in Chinese auto industry in the recent 30 years. In the 1970s, China was making fewer than 3,000 cars a year.

（三）用"被、让、给、使、叫、遭、受、蒙"等表示

（1）由于受到新冠肺炎疫情的影响，世界各国的经济和文化交流趋于减少。

译文：Because of the influence of COVID-19, world economy and culture exchanges are declined.

（2）你写封邮件叫他准时把文章稿件以附件的形式发过来。

译文：A letter *is needed* to ask him to send his draft by attached file.

（3）去叫一个私人护工帮你照看残疾的父亲，否则你无法安心工作。

译文：A nursery *is needed* to help you taking care of your disabled father, then you can keep your mind on working.

（4）在旧社会，老百姓蒙受屈辱和压榨，生活困难，过着暗无天日的生活。

译文：In the old days, the common people suffered from humiliation and exploitation, leading a bitter life.

（5）因为在高速路上违反交规，拖车把他的小汽车拖走了。

译文：His car was towed away by towing truck for violating traffic rules on the expressway.

（6）去年，河南一些地方遭受了千年一遇的洪涝灾害。

译文：Last year, some place in Henan province was hit by the flood storm in 1,000 years.

（7）据新华社（Xinhua News Agency）报道称，每年被中国人浪费的食物约等同于5 000万吨粮食。

译文：According to Xinhua News Agency, the food wasted by Chinese people every year is equal to about 50 million tons of grain.

二、特殊被动形式句子的翻译

以"It"为形式主语的句子是很重要的一个知识点。其结构："it is + ved"后通常连接"that"从句。其形式和被动语态相同，翻译时转为主动语态，把形式主语中的被动语态动词译为主动，原句中的主语从句译为宾语，一般要加上人称主语，译为"有人、人们、大家"等统称和泛称。但是也有不译为人称结构的形式：如，"It is reported that（据报道），It is assumed/supposed/predicted that（推测/假设/预测），It is proved that（已证明）"等。

(一)It 作形式主语的被动结构句子翻译

用 It 作形式主语的被动结构句式主要有以下几种。

It is said that	有人说……
It is considered that…	有人认为……
It is known/It is known to all that…	众所周知……
It is believed/convinced that…	有人相信……
It is supposed that…	有人认为……
It is assumed that…	人们认为……
It is proposed that…	有人建议……
It is claimed that…	有人主张……

例如：

(1) It is now thought that being solitary is the most disturbing factor for the aged.

译文：现在看来孤独是最困扰老年人的因素。

(2) It is assumed that learning knowledge and obtaining life experience are both important.

译文：人们认为学习知识和体验生活两者都重要。

(3) It is proposed that celebration for doctors from Wuhan should be granted.

译文：有人建议给武汉支援的医生设个庆功宴。

(4) It is known to all that *Dream of a Red Mansion* is a world classics which reflect the reality.

译文：众所周知，《红楼梦》属于世界经典文学作品，是一部反映时代现实的文学巨著。

(二)翻译时不加人称主语的被动结构

(1) It is reported that no evidence were found in the inspection by the police.

译文：据报道，警方在这次侦查中没有发现任何证据。

(2) It is proved that the poverty elimination by Chinese government is beneficial for development of rural area and rejuvenation of the nation.

译文：事实证明，中国的脱贫致富政策利于农村的发展和国家的复兴。

(3) It is assumed that we have known the destination of the earth, seeking the way out for human being is a top priority.

译文：假设人们了解了地球的最终归宿，那么尽快寻找到人类的出路才是当务之急。

(4) It is recorded that the papercut was originated in the Han Dynasty and prevailed in Tang Dynasty.

译文：据文献记载，剪纸源于汉代，盛行于唐代。

(5) It is said that on hearing the bad news of Qu Yuan, people of Chu were heart-broken.

译文：相传屈原之死令楚国人悲痛万分。

三、段落中被动语态的翻译

段落翻译是大学英语四、六级的一个必考题型，因为它的重要性以及英语专业学生在未来就业中转行或者转专业学习的原因而备受青睐，四、六级考试内容和国家对英语人才培养和文化交流及传播密切相关,所以,四、六级考试中的翻译内容也是翻译课拓展学习的好例子,下面摘选大学英语四、六级考试中汉译英部分的真题,通过其英译学习被动语态在段落中的应用,加强同学们对其更深入的认识。

(1) 汉族人名

中国汉族人的全名由姓和名组成。中文姓名的特点是,姓总是在前,名跟在其后。千百年来,父姓一直世代相传。然而,如今,孩子跟母亲姓并不罕见。一般来说,名有一个或两个汉字,通常承载父母对孩子的愿望。从孩子的名字可以推断出父母希望孩子成为什么样的人,或者期望他们过什么样的生活。父母非常重视给孩子取名,因为名字往往会伴随孩子一生。(2019年12月全国大学英语四级考试真题)

参考译文:The full name of a Han Chinese consists of a family name and a given name. A distinctive feature of the Chinese name is that the family name always comes first, followed by the given name. For thousands of years, Chinese family names have been passed down through the father. Nowadays, however, it is not uncommon for a child to adopt the mother's family name. Generally, a given name is made up of one or two characters, usually carrying the parents' wishes for their child. It can be inferred from the name what kind of person the parents want their child to be, or what kind of life they expect him or her to lead. Chinese parents attach great importance to the choice of their child's name, as the name tends to accompany the child for his or her entire life.

(2) 北京烤鸭

你如果到北京旅游,必须做两件事:一件是登长城,另一件是吃北京烤鸭。闻名遐迩的北京烤鸭曾仅限于宫廷,而现在北京数百家餐厅均有供应。

北京烤鸭源于600年前的明代。来自全国各地的厨师被挑选出来到京城为皇帝做饭。人们认为在皇宫做饭是一种莫大的荣誉,只有厨艺出众者才能获得这份工作。事实上,正是这些宫廷厨师使北京烤鸭的烹饪艺术日臻完善。(2020年9月四级汉译英真题)

参考译文:If you travel in Beijing, you must do two things: climbing the Great Wall and tasting Beijing roast duck. The well-known Beijing roast duck used to be available only in the imperial court, but now is supplied in hundreds of restaurants in the city.

Beijing roast duck originated in the Ming Dynasty 600 years ago, when chefs from all parts of the country were selected to cook for the emperor in the capital. People believed that it's a great honor to cook in the palace for only those with outstanding cooking skills could be offered the job. In fact, it's these royal chefs who have gradually perfected the cooking of Beijing roast duck.

(3) 茅台

茅台(Moutai)是中国最有名的白酒,在新中国成立前夕,被选为国宴用酒。

据说赤水沿岸的村民四千年前就开始酿造茅台。在西汉时期,那里的人们生产出了高质量的茅台,并把它上贡给皇帝。自唐朝开始,这种地方酒通过海上丝绸之路运往海外。

茅台味道柔和,有一种特殊的香味;适量饮用可以帮助缓解疲劳,有镇静作用,因而广受国内外消费者的喜爱。(2020年9月四级翻译题)

参考译文:Moutai is China's most famous liquor which was selected as the drink for national banquets right before the founding of the People's Republic of China.

It is said that the villagers along the Chi shui River started to make Moutai 4,000 years ago.

In the West Han Dynasty, the people produced Moutai liquor of superior quality, which was paid as the tribute to the emperor. Since the Tang Dynasty, this local beverage has been shipped overseas by the marine silk road.

Moutai features mild flavor and unique fragrance, and helps relieve fatigue and achieve tranquility if taken properly, thus winning great popularity among domestic and foreign consumers.

【课后练习6-3】

一、请同学们仔细分析对照下面译文中的被动结构，找出英汉句子表达的差异。

1. 大运河始建于公元前4世纪，13世纪末建成。修建之初是为了运输粮食，后来也用于运输其他商品。

译文：The Grand Canal was built in the 4th century B.C and completed at the end of the 13th century A.D. In the beginning, it was built to transport food, and later also used to transport other commodities.

2. 都江堰（Dujiangyan）坐落在成都平原西部的岷江上，距成都市约50公里，始建于公元前三世纪。

译文：Dujiangyan is located on the Minjiang River in the west of Chengdu Plain, about 50km away from Chengdu City. It was built in the third century BC.

3. 通过山体的自然坡度引到地面，用于灌溉农田和满足人们的日常用水需求。

译文：The water is brought to the ground and used to irrigate farms and meet people's daily water needs.

4. 安溪全县普遍种植，但该县不同地区生产的铁观音又各具风味。铁观音一年四季均可采摘，尤以春秋两季采摘的茶叶品质最佳。

译文：Although widely planted in Anxi County, the tea produced in different parts tastes very differently. Tieguanyin can be picked all the year around with the best in spring and autumn.

5. 龙井茶独特的香味和口感为其赢得了"中国名茶"的称号，在中国深受大众的欢迎，在海外饮用的人也越来越多。龙井茶通常手工制作。

译文：With the unique fragrance and flavor, the tea is well recognized as China's Famous Tea which enjoys great popularity at home and also increasing popularity overseas. Longjing is usually handmade.

（以上各题选自2021年6月和12月四级考试汉译英部分）

二、英译汉练习。请将下列句子译成汉语，并注意斜体被动语态的翻译。

1. In old China, acrobatics *was never performed* in theatres because it *was looked down upon* by the feudal class.

2. In 1288 the "Zhongxing lu", under the control of Gansu Province, *was changed* to the name of "Ningxiafu" which marked the beginning of "Ningxia" and the Name of Ningxia first *being used* in this region.

3. During the Yuan Dynasty (1271—1368 A.D.), Ming Dynasty and Qing Dynasty (1644—1911 A.D.), this region became more stable, Cultural diversity grew, economic growth from the

exchanges on the Silk Road flourished, the agriculture sector rapidly expanded and grew, Ningxia became an ideal region to migrate and *was called* "Sai Bei Jiang Nan", a beautiful and prosperous place to live.

4. Yangko Dance is a traditional folk dance in China. In the countryside, big Yangko teams used to *be organized* for wedding ceremonies, birthday parties and so on.

5. *The thirty-six stratagems are arranged* in terms of their names and can fall into six categories.

6. China had many scientific and technological inventions, among which gunpowder and the movable-type printing of the Four Great Inventions *were invented* in the Song Dynasty.

7. With the strong support of the central government and the national people, Hainan will be built into the largest pilot free trade zone.

8. As most beaches are ideal places for swimming and sunbathing almost all the year around, it is well recognized as a four-season garden and holiday resort of China.

9. With its superior ecological environment and diverse species, Yunnan is well accredited as a paradise for wild animals and plants.

10. Qinghai Province is named after the Qinghai Lake, which is the largest saltwater lake in China, one of the most popular tourist attractions as well as the paradise for photographers and artists.

三、汉译英练习。请将下列句子译成含有被动结构的英语。

1. 尊敬老人是中华民族的传统道德之一。2013年7月，政府把"常回家看看"写进法律。

2. 汉语水平考试（the HSK）于1992年正式成为我国国家级考试。它是为测试母语为非汉语者的汉语水平（proficiency）而设立的考试。

3. 1958年，一位日本人发明了方便面（instant noodle）。虽然它没什么营养（nutrition）却因为美味并能遏制饥饿，所以在诞生后迅猛发展。

4. 算盘（abacus）是中国传统的计算工具，也是中国古代的一项重大发明。

5. 由于改革开放，越来越多的家长能送孩子到国外学习或参加国际交流项目，让其拓宽视野。

6. 灯笼通常用色彩鲜艳的薄纸制作，形状和尺寸各异。

7. 延安是全国爱国主义、革命传统延安精神教育基地。

8. 井冈山地处湖南江西两省交界处，因其辉煌的革命历史被誉为"中国革命红色摇篮"。

9. 中国共产党第一次全国代表大会会址位于上海兴业路76号，一栋典型的上海式住宅，建于1920年秋。

10. 1952年9月，中共一大会址修复，建立纪念馆并对外开放。

第四节　句子与语篇翻译

一、从《袁隆平》一文看句子的翻译方法

语篇翻译是翻译教学中的重点。句子是构成语篇的有机部分，学好句子翻译可为语

篇、文本翻译打基础，只有在语篇中句子才体现出其意义。以下选择《袁隆平》一文为例，把句子和语篇翻译结合起来学习，以期为同学们进一步学习各种文本翻译和应用文体翻译奠定好坚定基础。

袁隆平[①]

原文：

①水稻是世界上最主要的粮食作物之一，世界一半以上人口（包括中国60%以上人口）都以稻米作为主食。②中国是世界上最早种植水稻的国家，至今已有7000年左右的历史，当前，水稻产量占全国粮食作物产量近一半。③水稻作为主要的粮食，无论对中国还是对世界的重要性都是不言而喻的。④中国在超级杂交水稻（super hybrid rice）生产方面成就突出，关键人物便是袁隆平。被誉为"中国杂交水稻之父"。⑤他的名字不仅在中国家喻户晓，在国际上也享有盛誉。⑥袁隆平于20世纪60年代开始杂交水稻研究。⑦他带领科研团队使中国杂交水稻一直领先于世界水平，不仅不断实现杂交水稻的高产量目标，而且在生产实践中不断推广应用，从实际上解决了中国人吃饭难的问题。⑧袁隆平还多次到美国、印度等国家传授技术，为30多个国家和地区的政府官员和科研工作者讲学，促进杂交水稻技术造福世界。⑨1987年11月3日，联合国教科文组织在巴黎总部向袁隆平颁发科学奖，认为他的科研成果是"第二次绿色革命"。⑩2004年，袁隆平获得世界粮食奖（the World Food Prize），表彰他为人类提供营养丰富、数量充足的粮食所做出的突出贡献。

（2020年11月15日CATTI[②]三级笔译实务真题）

参考译文：

①Rice, (as) one of the major food crops in the world, feeds above 50% of the global population, including 60% plus of the population in China. ② China is the earliest rice-growing country, with a time-honored history of over 7,000 years. Today rice accounts for about 50% of its food production in China. ③ Rice, the world's most important food crop, is of self-evident significance to both China and the world. ④ The key figure behind rice production is Yuan Longping who is widely known as "the Father of Hybrid Rice." ⑤ whose name is not only a household name in China, but also enjoys a worldwide fame. ⑥ Yuan Longping began his research on hybrid rice in the 1960s. ⑦ He led his scientific research team to keep China's hybrid rice always leading the world, not only continuously achieving the high yield of hybrid rice, but also continuously promoting and applying it in the production practice, thus fundamentally addressing the food shortage in China. ⑧ Yuan has also traveled to the United States, India and other countries many times to share his techniques, giving lectures to government officials and researchers in more than 30 countries and regions, and promoting hybrid rice technology to benefit the world. ⑨ On November 3, 1987, the United Nations Educational, Scientific and Cultural Organization (UNESCO) presented Yuan Longping with the Science Prize at its Headquarters in Paris, recognizing (acknowledging) his scientific achievements as the "Second Green

---

① 《袁隆平》这篇文章的具体出处：华研外语英语三级笔译考试指南《英语三级笔译》编写组. 真题详解26套[M]. 世界图书出版公司，2023。

② CATTI，指的是人事部全国翻译专业资格水平考试。

Revolution". ⑩ In 2004, Yuan was awarded the World Food Prize for his outstanding contribution to providing nutrient – rich and adequate food for mankind.

1. 翻译过程说明

第一步：阅读（Before translating）。通读原文可以发现，整篇文章以粮食作物之一的水稻为主题，说到中国水稻种植的历史，水稻在中国和世界粮食作物中的地位，被誉为"中国杂交水稻之父"的袁隆平对世界做出的贡献。

第二步：分析（In translating）。根据上下文的语义，从句子和它的意群分析。整个文本虽然是层层递进地说明一个主题，但是每个句子能划分为独立的长句，很容易找出句子的结构和分句之间的关系，因此，文本可以分为十个句子。不过，因为英语和汉语的不同，原文本中的表达符号要做相应改变才能使句子通顺。这样就比较简单地确定每个句子在翻译时应该运用的句型、应选择的措辞。

第三步：翻译（In translating）。确定句型，句子结构，句意，开始英译。

第四步：校正（After translating）。第三步翻译结束后检查、校对译文。

2. 汉英对照分析

为了学习方便，现将翻译文本的汉语和英语每一句对照列出做分析。通过分析原文，从逻辑上正好可以断句，句意完整性不受影响。

①原文：水稻是世界上最主要的粮食作物之一，世界一半以上人口（包括中国60%以上人口）都以稻米作为主食。

译文：Rice, (as) one of the major food crops in the world, feeds above 50% of the global population, including 60% plus of the population in China.

本句采用意译法，不能完全直译。主要句子结构要翻译出"……之一"，是本句中的条件句，起解释作用。确定主语为"rice"，谓语为"feeds"，是以意译的方法确定谓语，它说出了水稻的关键作用。括号里的内容以现在分词形式表示，这是一个意群，完整表达了第一句作为简单复合句的翻译。

②原文：中国是世界上最早种植水稻的国家，至今已有7 000年左右的历史，当前水稻产量占全国粮食作物产量近一半。

译文：China is the earliest rice – growing country, with a time – honored history of over 7,000 years. Today rice accounts for about 50% of its food production in China.

本句用了直译的方法，按照词的顺序直接译出其对应的意义，两个简单句译出一个意群。翻译时要注意大小写和标点符号。注意原句与译句的标点符号变化，原句的逗号在译句中成了句号。

③原文：水稻作为主要的粮食，无论对中国还是对世界的重要性都是不言而喻的。

译文：Rice, the world's most important food crop, is of self – evident significance to both China and the world.

本句注意确定结构，后半句"对中国和世界的重要性"采用了"Be of self – evident significance...."的结构，使句子看起来非常精练，读来也比平铺直叙有力度。

④原文：中国在超级杂交水稻（super hybrid rice）生产方面成就突出，关键人物便是袁隆平。被誉为"中国杂交水稻之父"。

译文：The key figure behind rice production is Yuan Longping who is widely known as "the Father of Hybrid Rice."

本句是中英表达异同对比的好例子，汉语把"超级杂交水稻（super hybrid rice）生产方面成就突出"作为主要信息，然后引出关键人物袁隆平及他的荣誉。而英语中把"人"放在主语位置，句子翻译为"水稻生产的关键人物袁隆平+定语从句"的形式。这是因为本句中用英语翻译的话，句子表达的重心在"人"，汉语句子的表达在"事"，句中的"中国在超级杂交水稻（super hybrid rice）生产方面成就突出"是原句的重心。

⑤原文：他的名字不仅在中国家喻户晓，在国际上也享有盛誉。

译文：whose name is not only a household name in China, but also enjoys a worldwide fame.

本句英语用"Not only…but also"的结构。选择"Whose"作为本句的主语起承前的作用，指代"Yuan Longping"，本句以非限定性定语从句译出，避免与前面重复。

⑥原文：袁隆平于20世纪60年代开始杂交水稻研究。

译文：Yuan Longping began his research on hybrid rice in the 1960s.

本句是简单句主谓宾的结构。英汉语结构平行对称，用直译法。

⑦原文：他带领科研团队使中国杂交水稻一直领先于世界水平，不仅不断实现杂交水稻的高产量目标，而且在生产实践中不断推广应用，从实际上解决了中国人吃饭难的问题。

译文：He led his scientific research team to keep China's hybrid rice always leading the world, not only continuously achieving the high yield of hybrid rice, but also continuously promoting and applying it in the production practice, thus fundamentally addressing the food shortage in China.

本句按照意群划分为一个长句，看似很长，但每个分句英汉对应，以主谓宾，宾语补足语的结构呈现。不同的是最后一个句子："从实际上解决了中国人吃饭难的问题。"汉语中几个分句是条件和结果的关系，英语中处理成"原因和结果"的关系。本句子得分高低还在于词汇的选择，比如，"promoting, applying, fundamentally"。最后部分"解决了中国人吃饭难的问题"，用意译的方法表达为"食物短缺（food shortage）"

⑧原文：袁隆平还多次到美国、印度等国家传授技术，为30多个国家和地区的政府官员和科研工作者讲学，促进杂交水稻技术造福世界。

译文：Yuan has also traveled to the United States, India and other countries many times to share his techniques, giving lectures to government officials and researchers in more than 30 countries and regions, and promoting hybrid rice technology to benefit the world.

本句译文结构是"主谓宾+现在分词+不定式 to do 的形式"，整个句子的意群紧凑不松散，和原句汉语紧密对应，基本上是直译和意译相结合翻译。

⑨原文：1987年11月3日，联合国教科文组织在巴黎总部向袁隆平颁发科学奖，认为他的科研成果是"第二次绿色革命"。

译文：On November 3, 1987, the United Nations Educational, Scientific and Cultural Organization (UNESCO) presented Yuan Longping with the Science Prize at its Headquarters in Paris, recognizing (acknowledging) his scientific achievements as the "Second Green Revolution".

本句翻译时因中英句子结构能够相对应表达，和第九句相同，也是"主谓宾+现在分词结构"。

⑩原文：2004年，袁隆平获得世界粮食奖（the World Food Prize），表彰他为人类提

供营养丰富、数量充足的粮食所做出的突出贡献。

译文：In 2004, Yuan was awarded the World Food Prize for his outstanding contribution to providing nutrient – rich and adequate food for mankind.

本句翻译用被动语态强调袁隆平的成就和所得荣誉，整个句子一气呵成。在翻译时要注意两种语言的差异，如标点符号转换，并列形容词的表达。

综上所述，英语重形式，有多种句子结构，有严格的主谓宾或者主系表结构，不同的句子结构以及惯用法等句式相互结合表达。汉语重意义，结构上不那么严格，所以，英汉翻译转换时需要多注意用恰当的结构。

二、从《做焦裕禄式的县委书记》一文看语篇的翻译方法

做焦裕禄式的县委书记[①]
Be a good county party secretary[②]

1. 第一段

原文：

历朝历代都高度重视县级官员选拔任用。古人早就总结出"宰相起于州部，猛将发于卒伍"这一历史现象。历史上，许多名人志士为官从政是从县一级起步的。北宋政治家王安石，27 岁担任浙江鄞县（今宁波市鄞州区）知县，任职 3 年，"治绩大举，民称其德"，为以后革新变法打下了基础。清代郑板桥长期在河南范县、山东潍县担任知县，其诗句"衙斋卧听萧萧竹，疑是民间疾苦声。些小吾曹州县吏，一枝一叶总关情"千古流传。

译文：

All past dynasties made it a priority to select and appoint county – level officials. Ancient Chinese long ago realized that "Prime ministers must have served as local officials, and great generals must have risen from the ranks." Looking back, quite a few well – known figures started their political careers at county level. Wang Anshi, a Northern Song (960 – 1127) statesman, was appointed magistrate of Yinxian County (Yinzhou District, Ningbo City) of Zhejiang Province at the age of 27. During his three – year office, Wang achieved remarkable results in governance and was widely praised by the people, laying a foundation for the reforms he later introduced. In the Qing Dynasty (1616 – 1911), Zheng Banqiao served long terms as magistrate in Fanxian County of Henan Province and Weixian County of Shandong Province. One of his poems goes: When bear the rustles of bamboo leaves outside my study, I feel it is the wails of hungry people; For petty county officials like us, every concern of the people weighs in our heart.

本段翻译从中英对照的角度来说，在句式上没有跳跃、没有省略信息，英语译文基本是顺着汉语表达信息的步骤。在关于引起歧义和理解困难的地方加入解释性说明，这是解释性翻译方法用于特定文化部分的一种译法。

解释性翻译，也叫加注法，可以给读者更清楚地理解原文历史性知识、不熟悉的人物和事情。如，王安石（Wang Anshi），Northern Song (960 – 1127), Yinxian County (today's

---

[①] 习近平. 习近平谈治国理政（第二卷）[M]. 北京：外文出版社，2017：140.
[②] 习近平. 习近平谈治国理政（第二卷）（英文版）[M]. 北京：外文出版社，2017：152.

Yinzhou District, Ningbo City), Qing Dynasty (1616–1911), Zheng Banqiao. 在人名后用括号解释，读者可据此明确了解他们生活的年代。

本段翻译中有两处被动语态，was appointed, was widely praised by; 也有现在分词的用法，如，Looking back..., laying..., 所以，灵活多样的句式表达是英译中要注意的关键点，需要多练习。

2. 第二段

原文：

廉洁自律是共产党人为官从政的底线。我经常讲，鱼和熊掌不可兼得，当官发财两条道，当官就不要发财，发财就不要当官。要始终严格要求自己，把好权力关、金钱关、美色关，做到清清白白做人、干干净净做事、坦坦荡荡为官，要加强对亲属和身边工作人员的教育和约束，要求他们守德、守纪、守法。

译文：Clean governance and self-disciping are the principles for Communists in official positions. I have often said this: you cannot have your cake and eat it. You must choose between office and riches, and choose only one. Once in office, you must always discipline yourselves, resist the temptations of power, money and sex, and be upright, clean and honest in governance. You should extend your education to your own family and immediate staff, and restrain their conduct, ensuring that they respect the requirements of morality, discipline, and the law.

本段话中引用孟子的名言："鱼和熊掌不可兼得"，英语译为"you cannot have your cake and eat it."汉语中无主句，但是在英语中的文化名称发生了变化。如"鱼和熊掌"转变为"cake"一词，这是因为原语和目的语文化所指不同造成的文化形象缺失，也可称文化形象转换，翻译时文化信息发生转变，译文中看不到原汉语中文化词的信息。"当官发财两条道，当官就不要发财，发财就不要当官。"本句翻译增加了主语"You"，译为"You must choose between office and riches, and choose only one."句式变化的原因：英语和汉语表达的不同，在英语中增加主语"you"（泛称），使得句子结构完整。

词的重复与省略对应：原句中"清清白白做人、干干净净做事、坦坦荡荡为官，要加强对亲属和身边工作人员的教育和约束"，对应翻译为"and be upright, clean and honest in governance. You should extend your education to your own family and immediate staff, and restrain their conduct"。将原句中的"清清白白、干干净净、坦坦荡荡"译成英语，用三个形容词对应，没有重复，英语译句简练。

确定词义：将"身边工作人员"译为"immediate staff"，这个翻译是典型的中国式英语。最后半句"ensuring that they respect the requirements of morality, discipline, and the law."其中"Respect"一词的含义用于本句可理解为"重视"，但 respect 的本义是"尊重"，这里是为了表达对道德、纪律、法律的敬畏情感。但是，通过查阅牛津词典发现：respect 有"遵守"的意思，例如，The new leader has promised to respect the constitution.（新的领导人承诺遵守法律。）所以，要通过上下文确定词义，就要勤查字典。

3. 第三段

原文：

焦裕禄同志曾经亲自起草了《干部十不准》，规定干部在任何时候都不搞特殊化。他得知儿子"看白戏"，立即拿出钱叫儿子到戏院补票。被康熙誉为"天下清官第一"的张伯行曾经说过："一丝一粒，我之名节；一厘一毫民之脂膏。宽一分，民受赐不止一分；

取一文,我为人不值一文。"这些廉政箴言,至今都没有过时,大家要努力学习。①

译文:

Jiao Yulu drafted "Ten No's for Officials", banning officials from special treatment at all times. Once, when he heard that his son had not paid for a show, he ordered his son to send the money to the theater. Zhang Boxing, hailed as the "No. 1 clean official under the Heaven" by Qing Emperor Kangxi, said: "Taking a thread of silk and a grain of rice from the people damages my reputation; every coin comes from their hard labor. A bit of leniency on my side will benefit the people more than one could think; if I take a coin from the people, I am not worth one myself. These words in support of clean governance are still applicable today, and you should reflect on them."②

本段话以"意译法"为主。突出中国文化的同时,顺应了英语语言的规定和句法。通过对比,发现原文和译文有很明显的不同。

(1) 标点符号转换,书名号变成引号。将《干部十不准》译为"*Ten No's for Officials*",因为英语的标点符号中没有书名号。

(2) 转换说法,也可理解为意译法,如"规定干部在……"译为"banning officials from(禁止干部……)"。

(3) "看白戏"意译为"had not paid for a show"。

(4) 将"天下清官第一"译为"No. 1 clean official under the Heaven",尤其对"清官"采用字面译方式,"clean official"意味深长,译文并没有把它译为"uncorrupted"。

(5) 张伯行曾经说过:"一丝一粒,……我为人不值一文。"本句是古文,译文运用了意译法。主体是把古文理解成现代白话文翻译,所以,译文是现代英语,有利于读者理解。

(6) 这些廉政箴言,至今都没有过时,大家要努力学习。(These words in support of clean governance are still applicable today, and you should reflect on them.) 此句在表达时运用增词法和转换说法的翻译技巧。"in support of"是为了连贯、清楚地表明 words 的含义。

4. 翻译小结

综上所述:以上所选 3 段话,虽是政论文体,但是由于作者引经据典,翻译过程很复杂,译入语句子变化、词汇选择等需要译者具有相当的语言功底,因为中国文化的表述是翻译学习的难点。

众所周知,焦裕禄(1922—1964)是一名中共党员,他 1962 年任兰考县委书记期间,带领全县人民进行封沙、治水。他对待工作大公无私,对党和国家忠心耿耿,被誉为"党的好干部"和"人民的好公仆"。他的事迹被写进中小学课本,是值得我们每个人崇敬的人民公仆。

英汉翻译课中以政论性文章为例,力求翻译课活学活用的特点。在译文中表现汉语词汇、文化、思想和英语句式的碰撞,对学生掌握翻译技巧,做好中英两种语言材料的转换,以英语为交流工具向世界展示中国的"中国式英语"。这里所指的"中国式英语"不是过去大家读不懂的 Chinglish,而是现在我们宣传、对外推介中国时表现出有中国特色文

---

① 习近平. 习近平谈治国理政(第二卷)[M]. 北京:外文出版社,2017:148.
② 习近平. 习近平谈治国理政(第二卷)(英文版)[M]. 北京:外文出版社,2017:162.

化的英语表达,是向世界表明中国思想的语言。选择《做焦裕禄式的县委书记》一文的主要目的是给学生传递"课程思政"的理念:爱国、爱家、爱中华民族,爱几千年来的中华文明,树立民族自信心和自豪感,为中华之崛起而奋斗、为华夏子孙的强国梦而努力。引导学生在树立学生文化自信、制度自信的基础上练就扎实的翻译基本功,为从事翻译事业,为传播中国文化、讲好中国故事而努力。

【课后练习6-4】

下面两篇短文选自2021年12月大学英语六级考试翻译真题,请同学们对比分析两种语言在句子结构、专有名词、被动语态,以及措辞表达等方面的异同。

1. 延安

原文:

延安位于陕西省北部,地处黄河中游,是中国革命的圣地。毛泽东等老一辈革命家曾在这里生活战斗了十三个春秋,领导了抗日战争和解放战争,培育了延安精神,为中国革命做出了巨大贡献。延安的革命旧址全国数量最大、分布最广、级别最高。延安是全国爱国主义、革命传统延安精神教育基地。延安有9个革命纪念馆,珍藏着中共中央和老一辈革命家延安时期留存下来的大量重要物品,因此享有"中国革命博物馆城"的美誉。

译文:

Yan'an, located in north Shanxi Province and in the middle reaches of the Yellow River, is a holy land of Chinese revolution where the old generation of revolutionaries including Mao Zedong used to live and fight for 13 years, leading the War of Resistance against Japanese Aggression and the Liberation War, cultivating the Yan'an spirit and making tremendous contribution to the Chinese revolution. With the best revolutionary sites in terms of number, extensiveness and level across the country. Yan'an is well recognized as a national education base for patriotism, revolutionary traditions and the Yan'an spirit. Yan'an boasts 9 revolutionary memorial halls which hold a huge number of significant objects left by Central Committee of the Communist Party of China and the old generation of revolutionaries, enjoying a high reputation as museum city of Chinese revolution.

2. 井冈山

原文:

井冈山地处湖南江西两省交界处,因其辉煌的革命历史被誉为"中国革命红色摇篮"1927年10月,毛泽东、朱德等老一辈革命家率领中国工农红军来到这里,开展了艰苦卓绝的斗争,创建了第一个农村革命根据地,点燃了中国革命的星星之火,开辟了"农村包围城市,武装夺取政权"这一具有中国特色的革命道路,中国革命从这里迈向胜利。井冈山现有100多处革命旧址,成为一个"没有围墙的革命历史博物馆",是爱国主义和革命传统教育的重要基地。

译文:

Jinggangshan, located at the boundary between Hunan Province and Jiangxi Province, is well recognized as "the red cradle of Chinse revolution". In October, 1927, the old generation of revolutionaries including Mao Zedong and Zhu De led the Chinese Workers' and Peasants' Army here, where they fought bitterly to found the first rural revolution base, ignite the sparks of Chinese revolution, and blaze a revolutionary trail with Chinese characteristics to "besiege the cities from the countryside and seize the state power with military force." It is right from here that the Chinese revolution has marched to success. With over 100 revolutionary sites, Jinggangshan has become a no walls museum of the Chinese revolutionary history and an important base for patriotism and education of revolutionary traditions.

第七章　专有名词的翻译

本章导读

专有名词的翻译是翻译的难点。作为常见的专有名词，人名、地名、组织机构名和商标名在翻译的时候有什么原则与策略、方法与技巧？在新时代背景下，专有名词的翻译又有哪些注意事项、翻译流程与执行步骤？专有名词的翻译难点如何突破？这些都是本章要讨论的议题。

专有名词（Proper Nouns, PN）通常指人名、地名、组织机构名、商标名及其他名称包括称谓名、新事物的名称及技术术语名等。由于篇幅限制，本章只探讨人名、地名、组织机构名和商标名的翻译。

专有名词的翻译（下称专名翻译）"在任何文本中都是翻译的难点"[1]。专名翻译从总体上讲，没有一个统一的翻译原则，因为专名涉及的类型庞杂，具体情况需要具体分析、讨论、判断，然后才能给出其可能的译名，没有百分之百准确的版本。

除此之外，对于专名翻译，可以查询具体的工具书，如人名可查新华社译名室主编的《世界人名翻译大辞典（修订版）（上下册）》（中国对外翻译出版公司，2007年版），地名可查周定国主编的《世界地名翻译大辞典》（中国对外翻译出版公司，2007年版），历史人物与地名、民族与宗教和其他普通专名，可查《不列颠百科全书（国际中文版）2版》（中国大百科全书出版社，2007年版）和《辞海（第七版）》彩图本（上海辞书出版社，2020年版），其他行业领域的一般普通专有名词，可查赵苏苏主编的《英汉百科专名词典》（商务印书馆，2008年版）等。在查证了相关权威词典之后，依然查证不到的时候可以考虑从互联网上进行查找，如各种百科网站、语料库网站和术语库网站，以及目前国内比较权威的译名发布机构网站——新华社、人民日报、中国日报、参考消息网、国家语言文字工作委员会、中国社会科学院语言研究所等（具体搜索方法参见本书第十章翻译技术）。在各方查证无果后，才应该考虑自己翻译。

专名翻译的第一理论或原则应为目的论或目的原则，即翻译该名称的目的是什么，为谁服务，要达到什么效果。如，英译汉的目的是让国人了解其所指，在不影响原意表达的情况下可多用归化的翻译策略，在翻译方法上可多采用意译的翻译方法；而英译专有名词时除了让外国受众了解其所指外，有时还需要考虑译语话语权[2]，即译者应主动肩负传播中国文化、讲好中国故事的使命，因此可以采用异化翻译策略或直译法。所以，如果翻译的目的是客观的，不追求特殊的效果、影响或指代意义，那么就按照常规进行，但是若要有特殊所指，引起读者共鸣，甚至要有艺术上的造诣，那么一般的翻译规则或者方法却又不能派上用场了。总而言之，具体情况还需具体分析，因为专名的内涵与分类极其丰富，不可一概而论。下面仅就人名、地名、组织机构名和商标名这4个方面的专有名词翻译进行讲解。

---

[1] Newmark, P. *Paragraphs on Translation* [M]. Clevedon/Philadelphia/Adelaide: Multilingual Matters Ltd., 1993: 15.
[2] 熊欣. 译语话语权下的专名英译——兼与姚德怀先生商榷 [J]. 中国科技翻译. 2018（02）: 64.

第一节　人名的翻译

人名的翻译主要遵循名从主人（Following the original pronunciation）、约定俗成（Making use of established translated names）、标准读音（Using the standard pronunciation）、统一规范（Following the standard usage）的四大翻译原则和音译法（Transliteration）、音义兼顾法（Transliteration plus Paraphrasing）、回译法（Retroversion）三大主流译法。

一、翻译原则

（一）名从主人

名从主人是外国人名汉译的第一或根本原则①。名从主人，顾名思义，指一个人的姓名要怎样被称呼或被翻译，别人应该跟从姓名的主人自己的叫法进行称呼或翻译。名从主人的翻译原则有以下三层具体含义。

一是姓名的主人喜欢自己被称呼为哪一个译名，译者就应该将其姓名翻译为哪一个译名，不管规范不规范或译得好不好，只要他们自己认可。例如，很多外国人自己给自己取的中文名或请教别人给自己起的中文名，译者应该从之，而不是另外进行翻译，如：费正清 John King Fairbank、韩礼德 M. A. K. Halliday、麦大维 David McMullen、莫大伟 David Moser、赛珍珠 Pearl S. Buck、彭定康 Chris Patten 等，很多中国人的外文译名也是自己或请别人帮自己取的，如，Sun Yat-sen 孙中山、Lin Phyllis Whei-Yin 林徽因、Eileen Chang 张爱玲、Hsieh Margaret 冰心；等等。

二是姓名的主人在不知情、不选择或无法选择的情况下，由译者根据这些名字在其原语言中的实际读音并考虑意义等因素，音译成外文。例如，对于澳大利亚前女总理 Gillard 的人名翻译，如果是英国裔，则可译为"吉拉德"；如果是法国裔，则根据其原语发音，应译为"吉拉尔"。对于英国前首相 Cameron 的人名翻译，如果是英国裔，则译为"卡梅伦"；如果是法国裔、西班牙裔或芬兰裔，据其原语发音，则应译为"卡梅龙"。

三是译者要对名人的姓名有敏感度，或者说，译者平时要去积累世界名人的中英文名，在翻译的时候按其本来已有的译名进行翻译，不要再闹出将 Mencius（孟子）翻译为"门修斯"②、将使用威妥玛式③注音的 Chiang Kai-Shek（蒋介石）翻译为"常凯申"④ 的笑话。

---

① 陈国华，石春让. 外国人名汉译的原则［J］. 中国翻译，2014：103.

② "门修斯"是孟子的英文错译名。"门修斯"是吉登斯的《民族——国家与暴力》一书中译本对孟子英译 Mencius 的回译，因译名极不规范且广为人知，所以，"门修斯"就成了一个典故，专门用来指代错误的译名。

③ 威妥玛（Thomas Francis Wade, 1818—1895），英国外交官，1841 年随英军侵入中国，曾任英国驻华使馆秘书、公使，于 1867 年出版一部京音官话课本《语言自迩集》，书中用罗马字母拼写汉语的方式，称为"威妥玛式"音标或"韦氏音标"，原作为某些外国驻华使馆人员学习汉文的注音工具，后来扩大用途，成为在英文中音译中国人名、地名和事物名称的一种主要拼法，一直沿用至今。"威妥玛式"用许多附加符号区分发音，由于附加符号经常脱落，造成大量音节混乱，现已式微，由汉语拼音方案代替。

④ "常凯申"是蒋介石的英文错译名，出自 2008 年 10 月出版的《中俄国界东段学术史研究：中国、俄国、西方学者视野中的中俄国界东段问题》，书中将蒋介石（采用韦氏拼音的原文为 Chiang Kai-shek）翻译为"常凯申"。

(二) 约定俗成

约定俗成，又称"定名不咎"①，指在翻译外国人名的过程中，对于历史上已有习惯译法（即使可能是错译、误译）的特殊外国人名、外国人自起的中文名，以及各民族宗教、神话、传说和文学作品中的人名译名，还有对那些在规范和统一之前的译名，与其改为规范翻译可能引起人们对已习惯的旧译产生新的混乱理解，还不如顺其自然采用其已经形成并被广泛接受的固定译法。如：Bethune 白求恩（而非"白休恩"或"贝休恩"）、Bernard Shaw 萧伯纳（而非"伯纳德·肖"）、Churchill 丘吉尔（而非"彻奇尔"）、Joseph Needham 李约瑟（而非"乔瑟夫·尼达姆"）、Pearl S. Buck 赛珍珠（而非"波尔·巴克"）、Shakespeare 莎士比亚（而非"沙可士比亚"）、Romeo 罗密欧（而非"柔密欧"或"萝密欧"）。

(三) 标准读音

用汉字音译外国人名的困难之一在于汉语中缺少许多外语中的发音，而且汉字发音的差异也会造成混淆：同一个汉字在我国不同地区的发音可能不同，导致音译过来的发音不是准确对应原语。补救办法是将外国名字的某个音节改成某些汉字，而对这些汉字要有统一标准，不能有的译者用这个汉字，有的译者用那个汉字。其实，这项工作已由新华社完成，新华社提供了比较全面的《英汉译音表》②，如本书附录所示，可供参考。

(四) 统一规范

统一规范就是要遵循统一的国际、国家、行业标准原则和规范，将翻译的名称尽量统一起来，规范起来，不能一个译者一个译法。从理论上讲，这叫"术语间的内在统一"③，其必要性是不言而喻的。

英语专名汉译时要遵循以下五大规范：

第一，避免把音译的名字写得太长。这可以通过省略一些不清楚或不重要的声音来实现，如：Roosevelt 罗斯福（而非"罗斯福尔特"）、Engels 恩格斯（而非"恩格尔斯"）、Elizabeth 伊丽莎白（而非"伊丽莎白丝"）；

第二，避免使用罕见、过时和深奥的字符，如：用"特"代替"忒"，用"伊"代替"彝"等；

第三，避免在上下文中使用可能被误解的字符，如 Vyshinsky 维辛斯基（而非"维新斯基"）、Hooker 胡克（而非"虎渴"）；

第四，避免使用带有贬义或褒义含义的汉字或词语，不要选择恶、丑、鬼、悲、狐、狸、尸、仙、妖等字，如：Bumble 本伯（而非"笨伯"）、Congo 刚果（而非"甘果"）、Mozambique 莫桑比克（而非"莫三鼻给"）；

第五，避免将外国人名翻译成中国人名形式（特殊情况除外），如：Gogol 果戈理（而非"郭哥儿"）、Tolstoy 托尔斯泰（而非"陶师道"）。

---

① 陈国华，石春让. 外国人名汉译的原则 [J]. 中国翻译，2014（04）：105.
② 新华通讯社译名室. 世界人名翻译大辞典（修订版）（下册）[Z]. 北京：中国对外翻译出版公司，2007：3830.
③ 陆涓. 论分析哲学理论在专有名词翻译实践中的运用 [J]. 扬州大学学报（人文社会科学版），2011（04）：127.

汉语专名英译时，对所有的中国人名、地名和所有中国专名中包含的人名、地名，都用汉语拼音字母译写。1958 年 2 月 11 日第一届全国人民代表大会第五次会议通过了《汉语拼音方案》① 并批准公布实行。在《汉语拼音方案》的基础上，我国于 1988 年 7 月又制定了进一步规定词的拼写规范的《汉语拼音正词法基本规则》（GB/T 16159—1996）。学者舒启全认为："汉语专名英译时，必须以国家公布的《汉语拼音方案》和《汉语拼音正词法基本规则》等法规作为中国人名、地名和所有专名中包含的中国人名、地名的罗马字母拼写的统一规范。"②

1979 年 1 月 1 日，中国国务院宣布决定使用汉语拼音来规范人名和地名的罗马化，以下是实施新拼写方法中关于人名的具体规则：

（1）用汉语拼音字母拼写的中国人名地名，适用于罗马字母书写的各种语言，如英语、法语、德语、西班牙语、世界语等。

（2）一些常见的著名的历史人物的姓名，原来有惯用拼法的（如孔夫子、孙逸仙等），可以不改，必要时也可以改用新拼法，后面括注惯用拼法。

（3）海外华侨及外籍华人、华裔的姓名，均以本人惯用拼写法为准。

（4）在电子邮件中，对不便于传递和不符合电子邮件特点的拼写形式，可以使用技术性的处理，如用 yu 代 ü 等。③

二、翻译方法

翻译原则是中观的翻译策略，它从较大的方面指导翻译，而翻译方法则是微观的翻译技巧，对于翻译有着更加具体的指导作用，在人名的翻译过程中，应注意具体翻译方法的灵活运用。这里主要探讨人名的主流译法：音译法、音义兼顾法和回译法。

（一）音译法

1. 首次音译姓名时附带外文原名

对于查证无果的外文姓名，译者在自行翻译时应参考附录中的译音表进行音译。但是，译音表并不能解决所有问题。因为我们往往无法得知某个英美人名的族裔和它们的准确发音，也就无从知道该选择哪个音译表去翻译，如 Deukmejian、Lobjoit、Ragget 等。所以，在遇到要自己翻译姓名的时候，首次音译的人名后应该附上括号，并注明外文原名，供读者参考。

2. 人名一般应该音译，不建议意译

名字一般被寄予一定的情感和希望，因此名字往往是有含义的，但是在现代翻译中，一般应采用音译的方法，避免明显的"成词的"（成为一个词语的）含义。例如，英文名 Marks 源于德语 Marx，意思是"战士"，但一般音译为"马科斯"，而非"马轲士"（寓意像荆轲一样的战士）。其实，之前中国人在翻译外国人名时往往寄予了爱憎分明的情感，有失客观之嫌。本书认为这并不可取，人名翻译不应带太多褒贬和感情色

---

① 给汉字注音和拼写普通话语音的方案，采用拉丁字母，并用附加符号表示声调，是帮助学习汉字和推广普通话的工具。
② 舒启全. 汉语专名英译原则 [J]. 成都大学学报（社科版），2006（03）：106.
③ 此部分内容转引自南京市民政局官网：http://mzj.nanjing.gov.cn/njsmzj/njsmzj/200801/t20080125_1063663.html.

彩，也就是说人名翻译不要意译，而应该音译，除非在下列特殊情况中，可以考虑音译为主，兼顾含义。

（二）音义兼顾法①

学者陈国华、石春让②提出，翻译外国人名应该以音译为主，适当兼顾意义。新华通讯社译名室③在《英语姓名译名手册》中指出"音似为主，形似为辅"。音义兼顾过程中应主要做到以下五个方面：联想适当、区分性别、区分经典人名与普通人名、尽量避嫌以及兼顾人物个性特征。

1. 联想适当

外国人名汉译选字除了需要考虑译音的契合度，还要考虑联想意义是否符合姓名本身的属性，即姓名要像一个姓名，而不是音译之后就不管其会不会产生不像正式的姓名的联想。比如业界对于美国前任总统 Obama 的译名是"欧巴马"、还是"奥巴马"的争论，对现任总统 Biden 的译名是"拜登"、还是"白登"的争论，除了语音方面的优劣比较，在选字的意义联想方面，应该还有文雅与正式、不招人误解的考虑。

2. 区分性别

应避免让男性名字听起来像女性名字，反之亦然，如 Barry 巴里（男性，而非"芭丽"或"巴莉"）、Alice 爱丽丝（女性，而非"艾力斯""亚立司"）。但是姓氏一般不循此例④，如 Sanna Marin 桑娜·马林（而非"桑娜·马琳"）、Nikki Haley 妮基·黑利（而非"妮基·黑莉"）、Helene Hanff 海伦·汉夫（而非"海伦·汉芙"）、Louise Glück 路易丝·格吕克（而非"路易斯·格丽克"）。

3. 区分经典人名与普通人名

如在英语中，angel 是"天使"的意思，但 Angel 作为名字，一般被音译为"安琪儿"。而在经典名著《德伯家的苔丝》中则将其男主人公的名字 Angel 译为"安吉尔"。Jason 作为普通人名译为"詹森""杰森"等，作为希腊神话人物，则被翻译为"伊阿宋"。

4. 尽量避嫌

学界对于马克思主义的奠基人 Carl Marx，其译名一般统一为"卡尔·马克思"，但对其他以 Marx 为姓的人士，则多译为"马科斯""马克斯"或"马尔克斯"。对于英国语言学家 Halliday（M. A. K. Halliday，1925—2018），其译名一般为"韩礼德"，但其他与之同姓的人则多译为"哈利迪"。此种原因可以称之为避嫌，但其实和第 3 条类似，多数时候都是为了增强辨识度。因为一般提到"马克思"或者"韩礼德"的名字，大家都想到的是最著名、最经典的那一个，从而避免与其他同姓的人产生混淆。

5. 兼顾人物个性特征

经典人名的音译中往往兼顾人物个性特征的意译。以下选取 3 个经典翻译为例：

（1）David 为什么可以翻译成"大卫"？先说"大卫"的译名。按照陆谷孙《英汉大词典》（第二版）所附的英、法、德、俄、西语对汉语的译音表，Da 的发音只有对应字"代、戴、达"的选择。Vi（d）的选字也没有"卫"，因此"大卫"的译名，应是一种音

---

① 本部分内容大多转引自：王霄云. 外文人名汉译的实践理据 [J]. 海外英语，2018（23）：154.
② 陈国华，石春让. 外国人名汉译的原则 [J]. 中国翻译，2014：105 – 109.
③ 新华通讯社译名室. 英语姓名译名手册 [M]. 第 4 版. 北京：商务印书馆，2004：11.
④ 李学军. 译名差错案例与解析 [M]. 北京：外语教学与研究出版社，2022：7 – 10.

意结合的翻译，涉及读者对于以色列王大卫形象的联想：大卫作为一名年轻的勇士，打败了巨人歌利亚，保卫了以色列王国。

（2）Chopin音译直译的话应该是"肖本"，为什么要翻译为"肖邦"呢？波兰音乐家Chopin之所以译为"肖邦"，是因为"肖"是汉语常见姓氏，"邦"为国家，此选字可突出其人的爱国情怀。

（3）经典中屡罹磨难、忠贞不渝的Job，汉译为"约伯"，"约"有约定之意，体现以色列民族的契约精神，"伯"则是对男性成年人士的尊称，与其他纯粹音译的"乔布"选字所体现的内涵完全不同。

以上都是后人对经典名人姓名的汉译，如果此人为当代人物，则不能如此汉译，应考虑遵从上述音译法第二条。

（三）回译法

"回译"本来是指"文字翻译过程中将译作再以原始翻译还原为原作，以此为手段检验译作语言文字的准确性"①。此处是指将译入语中的人名还原到原语的过程。

中国常见姓氏中同近音字很多，如，Guo可译为"郭""国""过""果"等，Jiang可译为"蒋""江""姜"等，Zhang可译为"张""章""仉"等，Wu可译为"吴""武""伍""乌""邬""毋""吾""巫""仵""务"十个姓氏。

还有一些姓氏的读音容易出错，外译时要注意，在回译时更要细心甄别、考据。如，仇姓读"求"，不读"愁"；解姓读"谢"，不读"姐"；朴姓读作"瓢"，不读"谱"；区姓读"欧"，不读"屈"；查姓读"扎"，不读"茶"；盖姓有两个读音，一读"概"，一读"葛"。

2012年国家发布新版《汉语拼音正词法基本规则》（GB/T 16159—2012），其中规定：中国人的拼音中文名须姓在前、名在后。此规定有助于拼音人名的回译，例如，此前中国人到了国外或者在一些国际场合需要使用拼音指代汉语姓名时，往往遵从英语习惯，将自己的名放前、姓放后，如"李磊"拼为Lei Li，回译为汉语时，不知者可能会译为"雷力"，因此，直接译为Li Lei即可。

【课后练习7-1】

一、思考题

1. 根据1958年2月11日第一届全国人民代表大会第五次会议批准颁布的《汉语拼音方案》中的规定，现在的中国人名英译应该使用汉语拼音替代原先的威妥玛式拼音译法，但是在香港、澳门、台湾等地区，威妥玛式拼音译法仍有很多人在用。对此现象，你怎么看？

2. 对于回译法中同近音字的问题，你觉得应该怎么解决？请举例说明。

二、翻译练习

1. 请将以下人名翻译为汉语，并说明采用的是哪种译法及这么翻译的理由。

Anne Frank　　　Colin Powell　　　Gary Locke　　　Howard Goldblatt

---

① 林煌天. 中国翻译词典 [Z]. 武汉：湖北教育出版社，2005.

| John Fugh（华裔） | John Rockefeller | Jonathan Kos - Read |
| Michael Chang（华裔） | Serena Williams | Vivien Leigh |

2. 请将以下人名翻译为英语，并说明采用的是哪种译法及这么翻译的理由。

陈天发（新加坡）	董建华	李嘉诚	吕不韦
林 纾	陆世伟（加拿大）	马海德（中国）	
沙博理（中国）	司徒雷登（美国）	宇文所安（美国）	

第二节 地名的翻译[①]

英汉地名翻译主要有音译法、释义法和音意译结合法三种。

一、音译法

音译就是根据原文地名的读音来翻译，例如把 Chicago 译为"芝加哥"，把 Memphis 译为"孟菲斯"，把 Boston 译为"波士顿"，把 Miami 译为"迈阿密"，把 Utah 译为"犹他"，把 London 译为"伦敦"，把 York 译为"约克"，把 Leeds 译为"利兹"，把 Toronto 译为"多伦多"；等等。对此，本书附录中的《英汉译音表》可供参考，但使用时也应注意以下问题。

(1) 有些欧美地名尽管未按音译表中所规定的标准读音来翻译，但已被广泛接受，属于约定俗成的汉译，现在无须重译，照搬使用即可。例如 Greenwich 本应译成"格林尼治"，但现在通用的译名是"格林威治"；Birmingham 本应译为"伯明厄姆"，但现在通行的译名是"伯明翰"。India，古波斯语是 Hindu，西汉时叫"身毒"，东汉叫"天竺"，唐代时期高僧玄奘将其译为"印度"，沿用至今，还有些是很早以前即古汉语时代翻译的，或者至少是懂古汉语音韵学的人翻译的，如 Danmark 按音译原则可译为"丹麦柯"，但是现在后边的尾辅音没有了，原因是古汉语中与"麦"对应的英语为"mak"就只能译为"丹麦"。Sidney 按音译原则可译为"悉得尼"，其中的 d 发音为"得"没有翻译出来，原因是古汉语中与"悉"对应的英语为 sid，所以该单词可译为"悉尼"。

(2) 有些源出其他外语的英语地名，翻译为汉语时应根据来源语的发音来翻译，例如，"Paris"不是按英语发音规则音译的，而是按法国音 Paris [pæ'ri] 翻译为"巴黎"的，尾音"s"不发音；Rome 不是按英语的发音译为"罗姆"，而是按意大利语的发音翻译为"罗马"；Greece 不是按英语的发音音译的，而是按希腊语翻译为"希腊"；"俄罗斯"是按俄语译的，Russia 里的 r 在俄语里是颤舌音，对应为"俄"，而不是按英语把 r 译为"拉"或"鲁"；Germany 的德语发音为/dort/，故译为"德意志"，而非英语发音"捷曼里"；日本城市 Hiroshima 是根据日语读音音译为"广岛"的。

(3) 音译地名也可遵循简略原则，只音译出地名拼写中比较重要的部分，如将美国州名 Maryland 译为"马里兰"，将 Scotland 译为"苏格兰"。

(4) 对后缀部分有规律的地名，翻译时可以统一选用汉字。例如地名以 -ton 结尾的，现在一般翻译成"顿"，如 Washington 华盛顿，Burlington 伯灵顿；地名以 -barrow，

[①] 本部分内容大多转引自：华先发. 新编大学英译汉教程（第2版）[M]. 上海：上海外语教育出版社，2013：128-131.

– borough，– burg 结尾的，现在一般都译为"堡"，如 Hattiesburg 哈蒂斯堡；– ford 这个后缀除了在 Oxford 中译为"津"以外，其他仍以译音为主，比如，Hartford 哈特福德。

（5）对读音不规则的地名，不能盲目翻译，如 Balham 的读音是 /ˈbæləm/，译为"巴勒姆"；Warwick 的读音是 /ˈworik/，译为"沃里克"；Worcestershire 的读音是 /ˈwustəʃia/，译为"伍斯特郡"。

二、释义法

释义法就是把地名的意思翻译出来。地名来源于地形、地貌、地物，具有特点的，可运用释义法。如，Pearl Harbor 被译为"珍珠港"，就反映出了该地的地理价值；Mediterranean Sea 被译为"地中海"，反映出该海域的地理位置。类似的例子还有：the Pacific Ocean 被译为"太平洋"，the Dead Sea 被译为"死海"，Long Beach 被译为"长滩"，Rock Island 被译为"石岛"，Salt Lake City 被译为"盐湖城"，Hot Springs 被译为"温泉城"，Little Rock City 被译为"小石城"，Mineral Wells City 被译为"矿泉井城"，Grand Canyon National Park 被译为"大峡谷国家公园"，Death Valley 被译为"死谷"，Long Island 被译为"长岛"，Central Park 被译为"中央公园"；等等。

三、音意译结合法

有些欧美地名不宜用上述两种方法翻译时，可用音译与释义相结合的方法来处理。例如 New Jersey 被译为"新泽西"，New Zealand 被译为"新西兰"，Newfoundland 被译为"纽芬兰"，New Deli 被译为"新德里"，Oxford 被译为"牛津"，Cambridge 被译为"剑桥"，Cape of Good Hope 被译为"好望角"。

另外，处理英语中多地同名现象可用不同的译法以示区别。例如 Cambridge 在英国被译为"剑桥"，在美国则被译为"坎布里奇"；Florence 在意大利被译为"佛罗伦萨"，在美国则被译为"弗洛伦斯"。有些地名重复使用较多时，可采用音译加注的方法来处理，即前面音译出地名，后面括号内注上国别或地区名，如美国有 7 个地名叫 Canton，跟中国广州的英文名一样，应译为"坎顿（美国+其所在州市名）"以示区别。当然，有些欧美地名由于当地华侨使用的原因，一个地名可能有数种译法，如美国北加州湾区城市 San Francisco 就有三种译名同时并存："旧金山""三藩市"和"圣弗朗西斯科"。译者对此应该了解，翻译该地名时直接借用其中最常用的译名即可。

四、结语

英语地名虽然可以采用上述三种译法，但许多欧美地名的翻译已固定化，翻译时有必要参阅《世界地名翻译大辞典》[①] 等工具书，不必重译。

汉译英地名时要注意以下五个方面[②]：

第一，汉语地名专名音译要用汉语拼音字母拼写，而其通名部分如省、市、自治区、江、河、湖、海等需采取意译，如：四川省 Sichuan Province、广安地区 Guang'an Prefecture 等。但在专名是单音节时，其通名部分应视作专名的一部分，先音译，后重复

[①] 周定国. 世界地名翻译大辞典 [Z]. 北京：中国对外翻译出版公司，2007. 10

[②] 本部分五个方面内容转引自：舒启全. 汉语专名英译原则 [J]. 成都大学学报（社科版），2006（03）：107。

意译，如：荣县 Rongxian County、湘江 Xiangjiang River 等。另外，对通名已专名化的按专名处理，如：黑龙江省 Heilongjiang Province、西湖风景区 Xihu Scenic Spots、秦皇岛市 Qinhuangdao City 等，其中的通名，如：山、河、江、湖、堰、坝、关、岛等都已专名化，无须意译。

第二，文学作品、旅游图册等出版物中的地名，含有特殊意义，需要意译的，可按现行办法翻译。如：杨宪益、戴乃迭译《红楼梦》① 中的大观园（Grand View Garden）、怡红院（Happy Red Court）等，《西游记》② 的英文版译者詹纳尔（W. J. F. Jenner）把西梁女国译为 The Woman Land of Western Liang、将火焰山译为 The Fiery Mountains 等。在旅游图册等出版物中，"上海城隍庙——豫园" 一般被译为 Shanghai's Town God's Temple—Yuyuan Garden、"鲁迅纪念馆" 一般被译为 Lu Xun Memorial Hall、"颐和园" 一般被译为 Summer Palace，等等。

第三，在翻译我国香港、澳门、台湾的地名时，在用汉语拼音拼写后面应括注惯用译法，如：香港 Xiangang（Hong Kong 或 Hongkong）、澳门 Aomen（Macao）、高雄 Gaoxiong（Kaohsiung）等。香港和澳门两地名，在罗马字母外文版和汉语拼音字母版的地图上，可用汉语拼音字母拼写法，括注惯用译法。在对外文件和其他书刊中，视具体情况也可以只用惯用译法。

第四，以人名命名的地名，其人名中的姓和名须连写。如：张广才岭 Zhangguangcai Mountain、欧阳海水库 Ouyanghai Reservoir、郑和群礁 Zhenghe Reefs 等。但以人名命名的非自然地理实体地名中人名的姓和名分写；人名前置或后置。按习惯用法可分三种译写法，如：中山陵 Sun Yat–sen's Mausoleum、昭君墓 the Tomb of Wang Zhaojun、黄继光纪念馆 Huang Jiguang Memorial；等等。

第五，有些地理通名为一词多义时，翻译应视通名所属类别和习惯译法而定。如汉语通名"山"：万寿山 Wanshou Hill、西岭雪山，Xiling Snow Mountains、念青唐古拉山 the Nyainqentanglha Range；大屿山，Lantau Island；拉旗山 Victoria Peak、狮子山，Lion Rock；等等。又如"海"：黄海 Yellow Sea、草海 Caohai Lake、大滩海 Long Harbor；牛尾海 Port Shelter、赤水竹海 Chishui Bamboo Forest；等等。

【课后练习7-2】

一、思考题
1. 标准读音的专名翻译原则在地名翻译中如何体现？请举例说明。
2. 统一规范的专名翻译原则在地名翻译中如何体现？请举例说明。

二、翻译练习
1. 请将以下地名翻译为汉语，并说明采用的是哪种译法及这么翻译的理由。

Amoy（中国）　　　　　　　　British Columbia（加拿大）
Copper Mountain（美国）　　　Fleet River（英国）

---

① 曹雪芹，高鹗. 红楼梦（第1卷）[M]. 杨宪益，戴乃达，译. 北京：外文出版社，1999：431.
② WU CHENG'EN. *Journey to the West*（Volume I – IV）[M]. Translated by W. J. F. Jenner, Beijing：Foreign Languages Press, 1994：1225.

Hague（荷兰）	Lancashire（英国）
Seoul（韩国）	Shaanxi Province（中国）
Louvre Museum（法国）	Times Square（美国）

2. 请将以下地名翻译为英语，并说明采用的是哪种译法及这么翻译的理由。

北京南站　　澳门　　单县　　镇北堡　　大栅栏
乐亭县　　肃宁县　　伦敦金融城　　朝阳西区

第三节　组织机构名称的翻译

本节所讨论的组织机构主要指国家机构、组织、企业等。此类专名的汉译多以释义法为主，如：United Nations（UN）联合国，Hawaiian Air Lines 夏威夷航空公司，World Trade Organization（WTO）世界贸易组织，National Basketball Association（NBA）全美篮球协会，International Olympic Committee（IOC）国际奥林匹克委员会，United Nations Educational Scientific and Cultural Organization（UNESCO）联合国教科文组织。

有些组织机构的名称需在释义的基础上，根据汉语表达习惯的需要对词序作小幅调整，如 General American Transportation Corporation 美国运输总公司，Associated British Picture Corporation 英国联合影业公司。但总的说来，许多英语机构名称已有固定汉语译文，译者翻译时须查阅《中国组织机构英译名手册》①、《各国政府机构手册》②、《各国国家机构手册》（第二版）③、《中国外资企业名录》（全五册）④ 等参考书。以下仅以中国、美国、英国三国政府机构译名为例讨论组织机构名称的翻译技巧。

一、中国政府机构⑤

刘法公提出中文组织机构译名英译"名从源主"的原则：要求从"源头"上完全服从译名主人公布的并使用已久的译名。"源头"译名分为三类：组织机构的最高上级部门确定公布的译名、省市政府明文规定的组织机构译名或省市组织机构自定且使用已久的译名、没有统一规定的由译名主人独创的译名。在我国组织机构的译名"多元化"的情况下，"名从源主"的原则可以引导译者选用译名时按不同的"源头"服从最权威的部门或译名主人公布的译名，规范当前译者任意翻译或选取译名的无序状态。

（一）服从最高上级部门确定公布的译名

组织机构的最高上级部门公布的各机关的译名就是这些译名"源头"上的"主人"，即"源主"，它们公布的译名应该得到尊重并被选用。例如：2002 年 2 月 29 日国务院办公厅本着"尊重历史、照顾现实、注重本部门意见、参考英语国家相应用法"的原则公布

---

① 新华社对外新闻编辑部. 中国组织机构英译名手册 [M]. 北京：新华出版社, 1986.
② 辛济之. 各国政府机构手册 [M]. 北京：商务印书馆, 1975.
③ 新华社国际部资料编辑室. 各国国家机构手册（第 2 版）[M]. 北京：中国对外翻译出版公司, 1993.
④ 商务部投资促进事务局, 中国外商投资企业协会, 中国外资杂志社. 中国外商投资企业名录（全五册）[M]. 北京：中国商务出版社, 2006.
⑤ 本部分内容转引自：刘法公. 组织机构汉英译名统一的"名从源主"论 [J]. 外语与外语教学, 2009 (12): 47–48.

的《国务院各部委、各直属机构英文译名》(国办秘函〔2002〕16号)以及国务院办公厅2008年又修改公布的《国务院机构英文译名》(国办秘函〔2008〕33号)是国务院各部门译名的"源头主人"。例如,国家外国专家局State Administration of Foreign Experts Affairs、国家烟草专卖局State Tobacco Monopoly Administration;等等。

(二) 服从各地政府明文规定或各部门公布的译名

一些省市地方政府也公布了辖区主要组织机构的统一英语译名,如重庆市人民政府办公厅2008年7月下发《重庆市人民政府机构英文译名》(渝办发〔2008〕211号)文件;广州市人民政府办公厅2006年9月制定颁布《广州市公共场所英文译名规则》和《广州市公共场所英文译名指引》;安徽省2002年7月通过《安徽省人民政府公报》(2002年7期)转发了《国务院及省政府各部门、各直属机构英文译名》,同时也规定了安徽省政府机构的统一译名。这些文件即"名从源主"译名原则中的"源头",在全国范围没有统一译名的情况下,是译者应该遵从的权威译名。例如,安徽省环境保护局Administration of Environmental Protection of Anhui Province、四川省环境保护局Sichuan Provincial Environmental Protection Bureau、广州市环境保护局Bureau of Environmental Protection of Guangzhou Municipality、上海市环境保护局Shanghai Environmental Protection Bureau、北京市环境保护局Beijing Municipal Environmental Protection Bureau、深圳市环境保护局Environmental Protection Bureau of Shenzhen Municipality。以上举例显示"环境保护局"属同类政府机关,不算地名差异,译名就有多个版本。这些用词搭配各异的政府机关译名,有省市政府明文规定的,有政府机关自译并既定的,都具权威性。译者只有查寻并服从这类组织机构的"源头"译名,才能避免在译名时犯"张冠李戴"的错误。

(三) 严格服从由译名主人独创的译名

主人根据意愿选择译名或参考相关信息独创译名,这种情况多见于大学的译名。这类译名与汉语原文之间并不体现"忠实"或"等值"之类的翻译原则。"名从源主"的原则要求译者选择组织机构的这类独创译名时,从"源头上"查找名称主人确立并使用已久的译名。例如,中央美术学院China Central Academy of Fine Arts、中国美术学院China Academy of Art、清华大学美术学院Academy of Arts & Design – Tsinghua University、四川美术学院Sichuan Fine Arts Institute,以上4个"美术学院"的译名都不同,是译名主人自创的结果。

二、英美政府机构[①]

英国国家元首是国王或女王(King/Queen),行政部门是内阁(Cabinet),内阁首脑是首相(Prime Minister),下有20个部门(ministry),如:外交部(the Ministry of Foreign Affairs),国防部(the Ministry of National Defense),但他们有时也用office表示"部",如外交部(the Foreign Office),内务部(the Home Office)。英国大臣有几种说法:外交部部长(the Minister of/for Foreign Affairs),枢密院大臣(the Lord of the Council),财务大臣/首相兼财政大臣(the Chancellor of the Exchequer)。英国的国家机构五级:Ministry(部)→Department(司)→Office(局)→Division(处)→Section(科)。

美国国家元首是总统(President),下面共14个部门(Department)。如司法部(the

---

① 本部分内容转引自:马秉义. 英译汉教程新编[M]. 上海:上海交通大学出版社,2013:228.

Department of Justice)、国防部（the Department of Defense）、内政部（the Department of the Interior）等。部长是 Secretary，总检察长是 Attorney – General，邮政总长是 Postmaster General。

美国的国务院（the State Department/the Department of State）实际就是外交部，其最高领导是国务卿（the Secretary/Head of the State Department），下有 2 个副国务卿（Under – secretary of State），9 个助理国务卿（Assistant – secretary of State），分管具体业务，类似于我国外交部下属各司。美国的国家机构四级：Department(部)→Bureau(局)→Division(处)→Section(科)。

下面是一些著名机构组织英语名称的固定译名，供大家参考使用：

(1) American Broadcasting Company（ABC）美国广播公司
(2) Australian Broadcasting Corporation（ABC）澳大利亚广播公司
(3) Cable News Network（CNN）（美国）有线新闻电视网
(4) Nippon Electric Company（NEC）日本电气公司
(5) International Business Machine Corp.（IBM）国际商业机器公司
(6) International Monetary Fund（IMF）国际货币基金组织
(7) World Intellectual Property Organization（WIPO）世界知识产权组织
(8) European Economic Community（EEC）欧洲经济共同体
(9) Reuters News Agency（Reuters）路透社
(10) Telegraphic Agency of the Soviet Union（TASU）塔斯社
(11) Association of South East Asian Nations（ASEAN）东南亚国家联盟

【课后练习 7 – 3】

一、思考题。
1. 请举例说明组织机构一名多译的成因及对策。
2. 请举例说明国外机构的名称中包含姓氏的情况如何翻译？

二、翻译练习。
1. 请将以下组织机构名翻译为汉语，并说明翻译的难点所在。
International Broadcasters Society［国际］　Builders' Trade Union in Stockholm［瑞典］
National Society of Operative Printers and Assistants［英国］　Agency of Water［联合国］
Braden Copper Co.［美国］　Mine Workers' Union of Zambia［赞比亚］
Bishop's University［加拿大］　Dow Jones & Company, Inc.［美国］
Dow Chemical Company［美国］　Harrods Department Store［英国］

2. 请将以下组织机构名翻译为英语，并说明翻译的难点所在。
德国外交政策协会［德国］　苏黎世联邦工学院［瑞士］
华盛顿大学［美国 西雅图］　西北大学［中国 西安］
西北大学［美国 伊利诺伊］　花旗银行
中国人民解放军　英国空军
北京协和医学院　宁夏回族自治区外事办公室

第四节 商标名称的翻译

商标是生产者用来标识其制造和销售商品的名称、术语、标志、符号、设计或它们之间的组合符号,商标名是其中可以用言语表达的部分。商标既是一种知识产权的象征,又具有一定的广告宣传作用。由于注册商标受到法律的保护,所以商标名称的译文要求文字规范一致,语言准确,表述新颖,言简意赅,醒目悦耳,使消费者产生有益于商品销售的联想和要求。

一、商标名汉译法[①]

商标名称的翻译涉及广告学、消费心理学、市场学、企业文化学及法律等专业领域,因此翻译时要有意识地考虑这些因素,注意使译文能增强商品的竞争力。常见的商标翻译方法主要有谐音取义法、音译法、直译法、音译与释义相结合并加注、直译和释义并用、重新命名、转译等。

(一) 谐音取义法

谐音取义法是选择与商标名称谐音且具有特定意义的汉字作译名。这种译法利用了汉字所蕴含的文化意义,既让读者产生丰富联想,又使译名朗朗上口,获得独特新奇、妙趣横生的效果。例如:

Nike 耐克(运动产品)　　　　　Coca-Cola 可口可乐(饮料)
Revlon 露华浓(化妆品)　　　　Colgate 高露洁(牙膏)
Boeing 波音(飞机)　　　　　　Polaroid 拍立得(相机)
Good Year 固特异(轮胎)　　　　Canon 佳能(电脑周边产品及摄影器材)
Marlboro 万宝路(香烟)　　　　Channel 香奈尔(化妆品、时装)
Benz 奔驰(汽车)　　　　　　　Budweiser 百威(啤酒)
Johnson 强生(家庭用品)　　　　Olay 玉兰油(护肤品)

(二) 音译法

采用音译的商标名,多由人名、企业名称、商标设计者创造的名称或其他专用名词构成。音译时应注意汉语用字统一规范,并尽可能使译名简短易记。例如:

Gilette 吉列(剃须刀)　　　　　Dell 戴尔(电脑)
Philips 飞利浦(家电)　　　　　Ford 福特(车)
Cadilac 凯迪拉克(车)　　　　　Kodak 柯达(胶卷)

(三) 直译法

这种译法适用于某些用英语普通词语命名的商标,其广告作用需要借用原文词语的比喻意义或象征意义来体现。例如:

Jaguar 捷豹(车)　　　　　　　Apple 苹果牌(服饰)

[①] 本部分内容大多转引自:华先发. 新编大学英译汉教程(第2版)[M]. 上海:上海外语教育出版社,2013:132-134。

(四)音译与释义相结合并加注

有的英语商标名称,可以采取音译与释义相结合并加注的方法来翻译。例如:

Starbuck 星巴克(咖啡连锁店)

Gold Lion 金利来(服饰)　　　　Nike 耐克(鞋)

Head&Shoulders 海飞丝(洗发水)　　BMW 宝马(车)

(五)直译和释义并用

有的英语商标名称,可以一部分采用直译,一部分采用释义译法,例如:

7-up 七喜(饮料)

(六)重新命名

有些英语商标在音译、直译或释义不能得到理想的译文时,常根据商品的功能和特点采用另行命名的方式来处理原文。这种处理方法的目的在于使译文符合中国读者的喜好,起到促销作用。例如:

P&G(Procter & Gamble)宝洁(日用消费品)　　Rejoice 飘柔(洗发水)

Hewlett-Packard(HP)惠普(电子仪器)　　McDonald's 麦当劳(快餐连锁店)

Motorola 摩托罗拉(手机)　　Dupont 杜邦(化学公司)

Levi's 李维斯(牛仔裤)　　Adidas 阿迪达斯(运动产品)

Rolex 劳力士(手表)　　Omega 欧米茄(手表)

Ivory 象牙牌(香皂)　　Nestle 雀巢(系列饮品)

Sh Sprite 雪碧(饮料)　　ell 壳牌(能源公司)

Safeguard 舒肤佳(香皂)　　Pizza Hut 必胜客(比萨饼)

(七)转译

转译分两种,一种是照搬英语原文商标名,不过这种方法较为特殊,不宜滥用。例如:

IBM(International Business Machines)　　国际商业机器公司

3M(Minnesota Mining and Manufacturing Co.)　　美国明尼苏达矿业及机器制造公司

另一种是英语中出现日本商标名称时,可转用日文商标名中的汉字,例如:

Panasonic 松下　　Toyota 丰田

Honda 本田

二、商标名英译法[①]

商标的翻译在很大程度上依靠译者的想象力和创造性。商标汉英翻译不仅仅是译名的问题,它涉及出口商品的形象及其商业机会。一个商标的译文优劣有可能决定着此商标商品的国际命运。商标是商品的一部分,也是产品生产商的无形资产。商标的驰名与否固然在于商品的质量和配套服务,但商标名给人的感性魅力也起着很大作用。商标汉英翻译应该引起商家的重视,更需要译者进行深入研究。汉语商标名称的英译法除了与其汉译法相

---

① 本部分内容大多转引自:唐忠顺. 我国出口产品商标翻译的主要问题及对策研究 [J]. 湖南科技大学学报(社会科学版),2013(03):161.

似的音译法、直译法、音义结合法之外，还有拟音法、变异拼写法和拼译法，下面重点讲述后三种方法。

（一）拟音法

商标命名一般都会考虑所选词汇（普通词汇、专有名词）或所设计的词汇（臆造词汇）具有一定的语音特征，如读音响亮、动听、韵律优美等。由于中西语言文化的巨大差异，商标翻译时不可能把原文的音形义同时传达得尽善尽美。因此，我们不妨忠实于原文的"呼唤功能"，采用拟音的方法来保留原文的语音价值，使商标译文达到"全球同此音"的效果。我们可以对汉字商标的拼音进行调整，使其符合国际化英文商标的特征。例如，鄂尔多斯羊毛衫的原英文商标 Eerduosi 就是纯粹的汉语拼音，后来该公司广泛征求意见并向外商讨教，将其调整为 Erdos。此商标一方面它是汉语拼音，另一方面又发音响亮，符合英文商标词重视发音的特点，为企业创造了良好的宣传形象，如今该公司的产品远销美国、德国、英国。使用这种拟音方法的还有科龙 Kelon、罗蒙 Romon 等。他们既与原商标同音或近音，又具有国际化英文商标的气质，而且具有显著性，从而能顺利让消费者记住。事实上，一些世界著名品牌在译名中也开始注重商标的语音价值。日本丰田公司在很多年前就在搞一个全球战略计划，其中一项就是：无论哪个国家的人，无论用什么语言，在说出丰田的产品时，其发音应该基本一致。这实质上就是要求丰田的出口产品商标翻译必须使用音译。所以，丰田公司的汽车品牌"Camery"的汉译商标已由"佳美"改为现在的"凯美瑞"，"LEXUS"的汉译商标已由"凌志"改为现在的"雷克萨斯"，从而实现其品牌名称"全球同此音"的战略。

（二）变异拼写法

变异拼写法是先选定某一个与原文意义相关的英文词，然后对其组成字母进行增减、逆序、替换等，既保留原词的神态，又突出其显著性和想象力。使用此法时，原词往往是人们十分熟悉的词汇，在读到变异词时能毫不费力地联想到原词，让人们在联想中领悟文字奇趣，加深对商标的印象与好感。如中国名牌"雅戈尔"（服装）的译名 Youngor 是从英文 Younger 调整而来。一些英美著名品牌也是采用这种方法命名的，如美国碳酸饮料品牌 Sunkist（新奇士）就是 Sunkissed 的变异拼写。

（三）拼译法

拼译法是采用两个以上英文词或词根、词缀诠译汉语商标词，如陕西彩虹集团（显像管生产商）的商标由"CAIHONG"（彩虹）更名为 IRICO，IRICO 由 IRIX 加 CORPORATION 拼缀而成，IRIX 是古希腊传说中专门传播美好消息的彩虹女神，含义隽永，既能生动描绘该产品的性能，又具有鲜明的国际形象。其他成功的拼译商标还有沈阳飞龙药业的"飞龙"英文商标 Fharon，既谐汉音，又释英意（前缀 Phar – 意为"医药的"），可谓一箭双雕；青岛电视机厂的电视由"青岛牌"更名为 Hisense（海信），中文突出其地理位置、企业宗旨，英文宣传其产品性能（high + sense =高灵敏度），堪称中西合璧。

拼译法既能最大限度减少语言障碍，又能吸收英文的长处，还保留了适当的自由创造空间，可以避免文化障碍，且能通过谐音手段在一定程度上体现并保留民族文化特色。一些国际著名品牌也是通过这种方法命名的，例如美国的 FedEx（联邦快递）等。

【课后练习 7-4】

一、思考题。

1. 人名地名的英译很多时候需要拼音化，而商标名称的翻译却很少使用拼音翻译，为什么？

2. 商标翻译应该注意哪些事项？

二、翻译练习。

1. 请将以下英文商标翻译为汉语，并说明采用了哪种译法及这样翻译的理由。

Reebok（运动鞋）　　　　　　　　Pentium（芯片）
Holsten（啤酒）　　　　　　　　　Bovril（滋补食品与饮品）
Heinz（婴儿食品）　　　　　　　　Chrysler（车）
Green Shield（系列涂料）　　　　　Crown（车）
Compaq（电脑）　　　　　　　　　Peoples（电话公司）
Papa Johns（比萨饼）　　　　　　 Quaker（麦片）
Honda（车）　　　　　　　　　　　Goldlion（领带）
Zenith（电视机）

2. 请将以下中文商标翻译为英语，并说明采用了哪种译法及这样翻译的理由。

立白（洗衣粉）　　　　　　　　　格力（电器）
海尔（电器）　　　　　　　　　　新飞（冰箱）
夏利（车）　　　　　　　　　　　冰墩墩（北京冬奥会吉祥物）
华为（手机）　　　　　　　　　　金鸡（闹钟）
茅台（酒）　　　　　　　　　　　京东（网上商城）

第八章　文学翻译

本章导读

　　文学是用语言文字表达人类情感和需求的艺术表现形式，也是人类了解自己的一面镜子。文学可以润泽人们的心灵，是人们了解世界的窗口。

　　如何顺应文化传播要求，向世界讲好中国故事？当代中国文化汉外对照丛书中的以下汉英对照译著便是外国人学习中华文化的典型，例如：汪榕培、任秀桦的《英译易经》[①]、陈乃扬的《英译老子》[②]、孙大雨的《英译屈原诗选》[③]、徐英才的《英译唐宋八大家散文诗选》[④]、王宏印的《英译元曲百首》等译著[⑤]；中译出版社许渊冲先生译的《画说经典》（中英对照版）[⑥]，其中包括《诗经》《唐诗》《宋词》。

　　本章学习内容涉及书面文字记录的三种文学体裁，包括名篇散文、诗歌、小说的中英对照翻译。通过译文赏析来具体分析译者的语言特点、译入语中文化再现的翻译方法，供初学者尽可能了解影响文学翻译的各个因素、为今后深造学习和翻译起到抛砖引玉的作用。

第一节　文学翻译概说

　　文学的概念很广，包括人类流传下来的口头作品和书面作品，平时能见到的多为传说、神话故事、诗歌、戏剧、小说、散文等多种书面文体。学者胡显耀、李力认为："文学是表现语言的艺术，文学的语言在形式上富于创造性和美感，具有一种语言独有的形式、节奏和韵律。想象性、审美性、创造性和抒情性是文学的显著特征。"[⑦]文学作品主要表现人们的情感，不同文体的文学作品语言特征不同，小说和诗歌、散文不能相比，散文和小说、诗歌更是有天壤之别。小说因其故事性强而广受读者欢迎，它对人物故事情节描写多，文中极尽作者之能事，以不同语言风格呈现各种不同的故事。小说有长篇、中篇、短篇之分。诗歌有古代诗歌和现当代诗歌之分，中国的古诗歌结构固定，韵律强，语言用词精练，是中华民族特有的文化瑰宝。现代诗歌变化大，可沿袭古诗歌的写作方法，也可以用现代语言表达。散文介于小说和诗歌之间，具有形散而神不散的特点，有抒情、叙事之分，那些以表达哲思、亲情、爱情的优美散文，备受人们青睐。

[①] 汪榕培，任秀桦. 英译易经 [M]. 上海：上海外语教育出版社，2007.
[②] 陈乃扬. 英译老子 [M]. 上海：上海外语教育出版社，2012.
[③] 孙大雨. 英译屈原诗选 [M]. 上海：上海外语教育出版社，2007.
[④] 徐英才. 英译唐宋八大家散文诗选 [M]. 上海：上海外语教育出版社，2011.
[⑤] 王宏印. 英译元曲百首 [M]. 上海：上海外语教育出版社，2013.
[⑥] 许渊冲. 画说经典：诗经 宋词 唐诗（汉英双语）[M]. 北京：中译出版社，2020.
[⑦] 胡显耀，李力. 高级文学翻译 [M]. 北京：外语教学与研究出版社，2009（6）：4.

文学翻译是以原作为中心，围绕原作者的创作方法、思路，用另一种语言将其呈现出来的，这是一种文学的再创造，这个创造以忠实于原作、体现原作的语言、内容和文体风格为准则。

文学翻译可以传递原作中的文化，让读者了解另外一个语言世界中心人们的生活，拓宽人们的眼界。德国思想家本雅明认为，"翻译出自原作，却是原作生命的延续。"①

一、文学翻译与文学作品的关系

文学翻译以文学作品为依托实现其使命，其中蕴含语言的、民族的、文学的、艺术的、文化的、心理的、习俗的多种成分。译者最大的贡献是通过翻译让文学作品的生命得以延续。译者在文学翻译中可以遵循原作，也可以超越原作。2012年诺贝尔文学奖揭晓，中国作家莫言的小说《蛙》获得诺贝尔奖，很大程度上归功于译者葛浩文（Howard Goldblatt）的创造性翻译。葛浩文是美籍汉学家，数十年来，他向世界传播中国文学，已将莫言的十多部作品介绍给英语读者。葛浩文认为，"作家为自己的读者创作，而译者则为自己的读者翻译。从事翻译的人第一要带给目的语读者文学作品，第二要尽可能地接近读者。"②

作为汉学家，葛浩文被誉为"西方首席汉语文学翻译家"，他年轻时曾在台湾学习汉语，还获得了美国印第安纳大学的中国文学博士学位。因此，他对中国文化了如指掌。作为一个土生土长的美国人，他也深谙英语语言文学的使用技巧。在翻译莫言作品的过程中，葛浩文创造性地删减大量原作内容，重写原作，译出了适合英语国家读者的作品。

二、文学翻译相关的要点

文学翻译是以原作为依据，用另一种语言文字转换形成新的作品。它在一定的社会环境和时代背景中进行，受时代和社会因素制约。为了文学翻译的作品被"译入语"读者接受，在翻译过程中，译者要遵循"译入语"的社会文化习惯和语言规范。文学翻译不同于原作的另一个主要因素是译者个人的影响，也可称之为译者主体性，包括译者的翻译思想、翻译观、文化身份、语言风格等因素。译者个人的主观意识、世界观、生活环境也对翻译过程有影响，这是译文创造性——译者创造性存在的根本原因。社会因素和译者的主观创造是原作区别于译作的主要原因。

三、文学翻译的标准

我国很早就对文学翻译有了权威见解，唐朝高僧玄奘翻译佛经时提出了"直译"，开辟了保留异域文化的先河，近代严复提出翻译应达到"信、达、雅"标准的观点，几乎被奉为翻译界的"三字经"。在文学翻译中，"雅"是很重要的一个原则，也就是说，使自己译出的语言文字优美畅达是译者终身追求的方向。我们熟悉的文学家、翻译家林语堂，主张文学翻译要在忠实原作的基础上进行，文学家、教育家鲁迅讲的"宁信而不顺"则主张翻译时要保留原作的文化信息。翻译家许渊冲在诗词翻译中对语言的"美"也有独到的见解。

---

① Benjamin, W. "The Task of Translator" (1923) in Lawrence Venuti. The Translation Studies Render [M]. London & New York: Routledge, 2000: 16.

② 张彩虹，张燕清，包婉玉. "文学翻译"还是"文学创作"——从《狼图腾》和《浮躁》译本中读出的译者心声 [J]. 时代文学. 2015.11（下）: 27.

四、译介文学作品的要求

文学翻译,不外乎理解原文、分析原文、进行翻译、校对译文四个步骤,但是,中外文学作品中的文化因素多,反映内容和我们的价值观、世界观有差别,所以,译介文学作品要考虑以下两种情况:国外作品译入,选择预翻译的作品要符合我国国情,适宜于读者需要和发展;国内作品译出,译者要重视翻译策略,目的在于展示中国文化,推介中国文化。

从某种角度来说,翻译作品主要是译者发挥主体作用,游走于两种文化之间,在译入语中创造出新的文学作品。对于引进文化,我们要以评判的目光审视它。只要是好的,我们都可以学来用,这也体现了翻译的价值。

五、文学翻译的限度

虽然译者在翻译中有创造性,但是也得遵守一定的规范,不能无限制地对原作恣意改造。要忠实于原作的思想、语言风格和文体,不能把散文译成诗歌,不能把诗歌译成散文,也不能把散文译成小说,要尽可能保持原作存在的形式、内容和社会价值。虽然每个人以不同方式表达世界,但客观存在的事物和世界是有共性的,就如无论《红楼梦》的译本有多个版本,但是每个版本中的人物、故事情节、发生的时代背景都一样,这个是不容改变的。

【课后练习 8-1】

一、严复提出的"信、达、雅"翻译标准为什么被认为是翻译界的"三字经"?
二、试通过下面的汉英对照比较来说明散文翻译的风格及语言效果。

老子(第三十三章)①

知人者智,自知者明。
圣人者有力,自胜者强。

知足者富,强行者有志。
不失其所者久,死而不亡者寿。

Chapter 33 of Lao Zi

He who knows men is wise;
He who knows himself is enlightened.
He who wins has prowess;
He who overcomes himself has true strength.

Rich is he who content;

---

① 陈乃扬. 英译老子 [M]. 上海:上海外语教育出版社,2012:66-67

True aspiration has he who strives and perseveres.

He who stays on course endures long.

He who dies but does not perish lives in longevity.

老子（第二章）①

> 天下皆知美之为美，斯恶矣，
> 皆知善之为善，斯不善也。
> 故有无相生，难以相成。
> 长短相形，高下相请，高深相和，前后相随。

Chapter 2 of Lao Zi

When everyone knows beauty as beauty, ugliness is revealed;
when everyone knows goodness as goodness, evil is revealed.
Being and nonbeing are two phases of existence; difficult and easy are two stages of persistence;
long and short are two degrees of distance; high and low are two ranks of eminence;
echo and sound are two expressions of resonance. before and after are two orders of sequence.

三、请认真理解并翻译下面段落，注意译文的句子结构与原文对应。

The End of Life②

By Lin Yutang

I like spring, but it is too young. I like summer, but it is too proud. So I like best of all autumn, because its leaves are a little yellow, its tone mellower, its colors richer, and it is tinged a little with sorrow and a premonition of death. Its golden richness speaks not of the innocence of spring, nor of the power of summer, but of the mellowness and kindly wisdom of approaching age. It knows the limitations of life and is content. From a knowledge of those limitations and its richness of experience emerges a symphony of colors, richer than all, its green speaking of life and strength, its orange speaking of golden content, and its purple of resignation and death. And the moon shines over it, and its brow seems white with reflection, but when the setting sun touches it with an evening glow, it can still laugh cheerily. An early mountain breeze brushes by and sends its shivering leaves dancing gaily to the ground, and you do not know whether the song of the falling leaves is the song of laughter or of parting tears. For it is the Song of the Spirit of Early Autumn, the spirit of calm and wisdom and maturity, which smiles at sorrow itself and praises the exhilarating, keen, cool air ——the Spirit of Autumn so well expressed by Hsin Ch'ichi（辛弃疾）:

"In my young days,

I had tasted only gladness,

But loved to mount the top floor,

But loved to mount the top floor,

---

① 高华平. 老子（汉英对照）[M]. 汪榕培，曹盈，王善江，译，南京：南京大学出版社，2010：118 – 119.
② 陈福田. 西南联大英文课 [M]. 罗选民，等，译. 北京：中译出版社，2017：64 – 66.

To write a song pretending sadness."

"And now I've tasted
Sorrow's flavors, bitter and sour,
Sorrow's flavors, bitter and sour,
And can't find a word,
And can't find a word,
But merely say, 'What a golden autumn hour！'"

四、小说翻译欣赏及评论。请同学们试着翻译以下《西游记》节选段落，根据个人的翻译和参考答案对影响小说翻译的因素做出说明。

第十回　老龙王拙计犯天条魏丞相遗书托冥吏①

这正是"路上说话，草里有人"。原来这泾河水府有一个巡水的夜叉，听见了百下百着之言，急转水晶宫，慌忙报与龙王道："祸事了！祸事了！"龙王问："有甚祸事？"夜叉道："臣巡水去，到河边，只听得两个渔樵攀话。相别时，言语甚是利害。那渔翁说：长安城里，西门街上，有个卖卦先生，算得最准。他每日送他鲤鱼一尾，他就袖传一课，教他百下百着。若依此等算准，却不将水族尽情打去？何以壮观水府？何以跃浪翻波，辅助大王威力？"

龙王甚怒，急提了剑，就要上长安城，诛灭这卖卦的。旁边闪过龙子、龙孙、虾臣、蟹士、鲥军师、鳜少卿、鲤太宰，一齐启奏道："大王且息怒。常言道：'过耳之言，不可听信。'大王此去，必有云从，必有雨助，恐惊了长安黎庶，上天见责。大王隐显莫测，变化无方，但只变一秀士，到长安城内，访问一番。果有此辈，容加诛灭不迟；若无此辈，可不是妄害他人也？"龙王依奏，遂弃宝剑，也不兴云雨，出岸上，摇身一变，变作一个白衣秀士，真个：

丰姿英伟，耸壑昂霄。步履端庄，循规蹈矩。语言尊孔孟，礼貌体周文。身穿绿色罗襕服，头戴逍遥一字巾。

上路来，拽开云步，径到长安城西门大街上。

第二节　散文翻译

一、散文概述

散文，英译为"prose"或者"essay"，是文学的一种重要文体，在中外文学中地位突出。散文包括杂文、随笔、游记等。我国古代，把与韵文、骈体文相对的散体文章称为"散文"。现代散文，指除诗歌、戏剧、小说以外的文学作品，包括杂文、小品文、随笔、游记、传记、见闻录、回忆录、报告文学等。散文形散而神不散的特点也是散文文体的本质，散文表达的内容丰富，格式不像诗歌那么严谨，可抒情，也可议论，是许多文人墨客钟情的体裁。散文还有真和美的特点，表达人们的真情实感。其短小精悍的散文，被称作"小品文"。有些散文因为富于哲理，雅致精美，现代人又赋予它一个更美丽的名字："美文"。

---

① 吴承恩. 西游记[M]. (英)詹娜尔 (Jenner, W.J.F.) 译，北京：外文出版社，2003：310-312.

唐代诗人范仲淹的散文《岳阳楼记》，文笔优美、富有深意，抒发了作者崇高的思想境界，表达其"先天下之忧而忧，后天下之乐而乐"的爱国爱民情怀。

二、散文翻译要求

散文的内容可包括叙事、写人、写景、咏物、哲理多方面。散文表现的是"真"，表达抒发作者个人的情感，写作思路随着作者的思绪进行，叙事的方法一般由小见大，写人主要记叙人物及其相关的事情，写景则通过状物、咏物等方式来托物言志，其中掺杂个人的思绪、常含作者的人生感悟。因此，散文内容的多样化决定了翻译时译者要关注更多的相关因素。

（一）充分理解原文

散文中作者表达个人认识和观点的形式不一，须考虑到相关背景、文中的常识和文化成分，还有作者的语言特点。文中用词朴实简单还是华丽复杂，词的意义、内涵与外延，也就是所指和引申都表现作者的意图，散文短小，但其意义深邃，所以，翻译时一定要认真理解原文，要考虑每一个细节，这是散文翻译的基本要求。

（二）遵循翻译标准

散文不像短篇小说有故事情节，不像诗歌有严密的节奏和韵律，其选材更广泛，可将生活中的方方面面作为题材写作。写作的形式和结构也不同，翻译时要保留散文的形式，要考虑其音韵、节奏、修辞等，因为在抒情性的美文中，句子有字数限制，分节上很有美感，遵循一定的规律。

文学翻译的标准"信、达、雅"也适合散文翻译要遵循的标准。散文的特点是真，兼具抒情、议论，所以，译文也要体现真的特点，要忠实于原作、再现原作之意。散文的语言简练、用词优美，在字、词、义的选择上十分精确，在译文中也要达到用词恰当、语言优美的标准。

在英汉转换中，因为语言结构不同，句子逻辑不同，选用的字和词不同，可能造成汉英句子结构上的字、词数不对等现象，翻译时也要注意，争取做到尽善尽美，使句子工整、简练，作家的写作风格差别大，篇章结构多。要注意其中的文学、文化、美学、哲学等关键点，对原文要鉴赏和判断，与作者从内心深处进行交流，达到翻译忠实原文的目标。

三、中英散文译例赏析

散文集思想价值和艺术价值于一体，为了培养学生的文学情趣和审美鉴赏能力，学会对中外优秀文化进行创新翻译的能力。本节译例选取英国作家弗朗西斯·培根的散文《论美》（*Of Beauty*），美国总统林肯的《葛底斯堡演说词》进行鉴赏和评析，目的是通过评析说明不同译者的语言、结构等特点，指导学生了解散文的翻译方法，体验散文的哲理性、抒情性和叙事性特质，同时，以这些例子作为训练素材，强化学生在文学翻译中的双语转换能力。

（一）培根散文译例赏析

弗朗西斯·培根（Francis Bacon，1561—1626）是文艺复兴时期英国唯物主义哲学家、思想家、科学家和语言文字学者。

《培根论说文集》（*The essays*）一书集中了他的阅历、观点和思想，他的散文篇幅短，文章结构缜密，语句简洁，辞藻富丽，文章涉及面广，包括修身、励志、兴趣、性情、审美、婚姻等。《培根论说文集》集学术思想价值、语言文学价值、修辞逻辑学价值于一身。培根的每一篇论说文富含哲理，是英国文学必读作品，也是翻译大家们钟爱的体裁，以下选用《培根论说文集》中的散文 Of beauty 的原文和译文对比作为英汉对照学习范文。

译文赏析

Of Beauty

Francis Bacons[①]

Virtue is like a rich stone, best plain set: and surely virtue is best in a body that is comely, though not of delicate features; and that hath rather dignity of presence, than beauty of aspect. Neither is it almost seen, that very beautiful persons are otherwise of great virtue; as if nature were rather busy not to err, than in labor to produce excellency. And therefore, they prove accomplished, but not of great spirit; and study rather behavior, than virtue; but this holds not always; for Augustus Caesar, Titus Vespasianus, Philip le Belle of France, Edward the Fourth of England, Alcibiades of Athens, Ismael the Sophy of Persia, were all high and great spirits; and yet the most beautiful men of their times. In beauty, that of favor is more than that of color, and that of decent and gracious motion, more than that of favor. That is the best part of beauty, which a picture cannot express; no, nor the first sight of the life. There is no excellent beauty, that hath not some strangeness in the proportion. A man cannot tell, whether Apelles, or Albert Durer, were the more trifler: whereof the one would make a personage by geometrical proportions: the other, by taking the best parts out of divers faces, to make one excellent. Such personages, I think, would please nobody but the painter that made them. Not but I think a painter may make a better face, than ever was; but he must do it, by a kind of felicity (as a musician that maketh an excellent air in music) and not by rule. A man shall see faces, that if you examine them, part by part, you shall find never a good; and yet all together do well. If it be true. that the principal part of beauty is in decent motion, certainly it is no marvel though persons in years seem many times more amiable; pulchrorum autumnus pulcher: for no youth can be comely but by pardon, and considering the youth as to make up the comeliness. Beauty is as summer fruits, which are easy to corrupt, and cannot last and, for the most part, it makes a dissolute youth, and an age a little out of countenance: but yet certainly again, if it light well, it maketh virtues shine, and vices blush.

---

① 培根. 培根论说文集（中文导读插图版）[M]. 北京：中国人民大学出版社，2012：177.

谈 美[①]

　　德行犹如宝石，朴素最美；其于人也：则有德者但须形体悦目，不必面貌俊秀，与其貌美，不若气度恢宏。人不尽知：绝色无大德也；一如自然劳碌终日，但求无过，而无力制成上品。因此美男子有才而无壮志，重行而不重德。但亦不尽然。罗马大帝奥古斯提与泰特思，法王菲律浦，英王爱德华四世，古雅典之亚西拜提斯，波斯之伊斯迈帝，皆有宏图壮志而又为当时最美之人也。美不在颜色艳丽而在面目端正，又不尽在面目端正而在举止文雅合度。美之极致，非图画所能表，乍见所能识。举凡最美之人，其部位比例，必有异于常人之处。阿贝尔与杜勒皆画家也，其画人像也，一则按照几何学之比例，一则集众脸形之长于一身，二者谁更不智，实难断言，窃以为此等画像除画家本人外，恐无人喜爱也。余不否认画像之美可以超绝尘寰，但此美必为神笔，而非可依规矩得之者，乐师之谱成名曲亦莫不皆然。人面如逐部细察，往往一无是处，观其整体则光彩夺目。美之要素既在于举止，则年长美过年少亦无足怪。古人云："美者秋日亦美。"[1]年少而著美名，率由宽假，盖鉴其年事之少，而补其形体之不足也。美者犹如夏日蔬果，易腐难存；要之，年少而美者常无行，年长而美者不免面有惭色。虽然，但须托体得人，则德行因美而益彰，恶行见美而愈愧。

论 美[②]

　　才华和品德好比宝石，最好用纯洁、素雅的东西来雕刻、镶嵌。毫无疑问，才华和品德如果是出自一个相貌平庸但体态优雅、气宇庄重的人身上，那就是再好不过的了。通常绝色美人在其他方面不见得会有多大的才德，好像造物者在创造物品的时候不求多么完美，只要没有过失就好。因此，那些很美的人多是容颜可观而无大志的，他们所注重的也多半是行为而不是才德。但是也不能一概而论，因为奥古斯都大帝、韦斯巴芗、法王腓力四世、英王爱德华四世、雅典政治家亚西比德、波斯王伊斯梅尔都是精神远大、志向崇高的人，同时也是当代的美男子。论起美来，样貌之美胜于肤色之美，而优雅的动作之美又胜于样貌之美。美之极致，非图画所能表现，而且乍看之时也察觉不到。凡是非常之美，身体比例都有某种异常之处。我们说不出阿佩勒斯和丢勒[1]，究竟哪一位是更厉害的戏谑者，一个根据几何学上的比例来画人，另一个从好几个不同的脸面中采取其最好的部分以合成一个至美的脸面。像这样画画的人，我想，除了画者本人以外，恐怕谁的欢心也得不到。我并不认为一个画家不应该画出一幅美丽的脸庞，而是认为他应该借助幸运去完成这件事情（好比一个音乐家构思优美的乐曲一样），而不应该依赖一种形式。将一个人的面孔单独拿出来观赏，是发觉不到的，但是如果纵观整体，整体感觉就很好了。如果美主要体现在举止得体中的话，那么就不可否认一些上了岁数的人会更加和蔼。"美到秋天依然美。"如果认为年轻无法弥补美的不足，那么就没有年轻人称得上美了。美就像夏日的水果，易于腐烂，难以持久，美使青年人放荡，老年人愧悔。不过，不可否认的是，假如美落在值得拥有它的人的身上，就会使德行更加闪光，使恶行更加羞愧。

[①] 王佐良. 王佐良全集（第九卷）[M]. 北京：外语教学与研究出版社，2016：211.
[②] （英）培根. 真理是一颗日光下的珍珠 [M]. 张文兴，译，北京：北京联合出版公司，2018：P181-182.

（二）美国散文赏析

美国南北战争期间，北方军队取得了扭转战局的胜利，在葛底斯堡修建了一座纪念战争牺牲者的公墓。本文就是时任美国总统林肯在公墓落成典礼上的演说词。短短 267 个单词，表达了林肯废除奴隶制度、建立统一国家的强烈决心。林肯是美国第 16 任总统，在美国人心中的地位至高无上，他是平民通过奋斗实现个人理想的典范，是人们心中伟大的总统。他的语言水平高，文学造诣深，这篇演讲词短小精悍、灵活抒发感情，充分反映了当时的历史现实，也表达了作者对逝者的哀思和对他们牺牲的崇高精神的赞扬。

以下选取姚媛与石幼珊翻译的两译文作为例子①，主要分析译文与原文用词、句子的对应关系，以及两个译者的理解和译法不同而产生的不同语言效果。

The Gettysburg Address

Abraham Lincoln

Fourscore and seven years ago our fathers brought forth upon this continent a new nation, conceived in liberty, and dedicated to the proposition that all men are created equal.

Now we are engaged in a great civil war, testing whether that nation, or any nation so conceived and so dedicated, can long endure. We are met on a great battlefield of that war. We have come to dedicate a portion of that field as a final resting – place for those who here gave their lives that that nation might live. It is altogether fitting and proper that we should do this.

But in a large sense we cannot dedicate, we cannot consecrate, we cannot hallow this ground. The brave men, living and dead, who struggled here, have consecrated it far above our poor power to add or detract. The world will little note nor long remember what we say here; but it can never forget what they did here. It is for us, the living rather, to be dedicated here to the unfinished work which they who fought here have thus far so nobly advanced. It is rather for us to be here dedicated to the great task remaining before us: that from these honored dead we take increased devotion to that cause for which they gave the last full measure of devotion; that we here highly revolve that these dead shall not have died in vain; that this nation, under God, shall have a new birth of freedom; and that government of the people, by the people, and for the people, shall not perish from the earth.

姚媛译文：

葛底斯堡演说

八十七年前，我们的先辈在这座大陆上建立了一个崭新的国家，她以自由为立国之本，并致力于这样的奋斗目标，即人人生来都具有平等权利。

---

① 姚媛、石幼珊的译文出处：冯庆华. 实用翻译教程 [M]. 上海：上海外语教育出版社，2008：259 – 262。

现在我们正在进行一场伟大的内战，这场战争能够考验我们的国家，或任何一个具有同样立国之本和同样奋斗目标的国家，是否能够持久存在。我们在这场战争的一个伟大的战场上相聚在一起。我们来到这里，是为了将这战场上的一块土地作为最后的安息之地献给那些为国捐躯的人们。我们这样做是完全恰当的，也是完全应该的。

然而在更广的意义上说，我们没有能力来奉献这块土地，我们没有能力来使这块土地更加神圣。在这里战斗过的，仍然健在或已经牺牲的勇士们，已经使这块土地变得如此神圣，我们微不足道的能力已不足以增加或减少它的圣洁了。世人也许不会注意，也不会长久地记住我们在这里所说的话，却永远也不会忘记这些勇士们在这里做出的崇高业绩。更加重要的是，我们仍然活着的人应该献身于在这里战斗过的勇士们曾高尚地推进、却终于未竟的工作。我们应该献身于他们留给我们的伟大任务：这些值得尊敬的先烈们为了自己的事业竭尽忠诚、鞠躬尽瘁，我们应当继承他们的遗志，为我们的事业奉献出更多的至诚。在此，我们下定决心要努力使他们的鲜血不会白流，决心使我们的国家在上帝的护佑下在自由中获得新生，决心使我们这个民有、民治、民享的政府永世长存。

石幼珊译文：

葛底斯堡演说

八十七年前，我们的先辈在这个大陆上建立起一个崭新的国家。这个国家以自由为理想，以致力于实现人人享有天赋的平等权利为目标。

目前我们正在进行一场伟大的国内战争。我们的国家或任何一个有着同样理想与目标的国家能否长久存在，这次战争就是一场考验。现在我们在这场战争的一个伟大战场上聚会在一起。我们来到这里，将这战场上的一小块土地奉献给那些为国家生存而英勇捐躯的人们，作为他们最后安息之地。我们这样做是完全恰当的，应该的。

然而，从深一层的意义上说来，我们没有能力奉献这块土地，没有能力使这块土地变得更为神圣。因为在这里进行过斗争的，活着和已经死去的勇士们，已经使这块土地变得这样圣洁，我们的微力已不足以对它有所扬抑了。我们今天在这里说的话，世人不会注意，也不会记住，但是这些英雄业绩，人们将永志不忘。我们后来者应该做的，是献身于英雄们曾在此为之奋斗、努力推进、但尚未完成的工作。我们应该做的是献身于他们遗留给我们的伟大任务。我们的先烈已将自己的全部精诚付与我们的事业，我们应从他们的榜样中汲取更多的精神力量，决心使他们的鲜血不致白流。我们应该竭诚使我国在上帝的护佑下，自由得到新的生命；使我们这个民有、民治、民享的政府永存于世。

（三）中国现代散文翻译赏析

中国现当代散文理解较容易，本部分选取文学家巴金的散文《狗》和郭沫若的散文《杜鹃》进行英译对比赏析，从英汉两种语言文化以注释的方式分析，强化学生的语言分析和表达能力。

1. 巴金散文《狗》及其张培基译文赏析

译文赏析

狗①

巴 金

小时候，我害怕狗。记得有一回在新年里，我到二伯父家去玩。在他那个花园内，一条大黑狗追赶我，跑过几块花圃。后来我上了洋楼，才躲过这一场灾难，没有让狗嘴咬坏我的腿。

<u>以后见着狗，我总是逃，它也总是追①</u>，而且屡屡望着我的影子狺狺狂吠。我愈怕，狗愈凶。

怕狗成了我的一种病。

<u>我渐渐地长大起来。有一天不知道因为什么，我忽然觉得怕狗是很可耻的事情。②</u>看见狗我便站住，不再逃避。

我站住，狗也就站住。它望着我狂吠，它张大嘴，它做出要扑过来的样子。但是它并不朝着我前进一步。

它用怒目看我，我便也用怒目看它。它始终保持着我和它中间的距离。

<u>这样地过了一阵子，我便转身走了。狗立刻追上来。③</u>

我回过头。狗马上站住了。它望着我恶叫，却不敢朝我扑过来。

<u>"你的本事不过这一点点。"我这样想着，觉得胆子更大了。④</u>我用轻蔑的眼光看它，我顿脚，我对它吐出骂语。

它后退两步，这次倒是它露出了害怕的表情。它仍然汪汪地叫，可是叫声却不像先前那样地"恶"了。

我讨厌这种纠缠不清的叫声。我在地上拾起一块石子，就对准狗打过去。

石子打在狗的身上，狗哀叫一声，似乎什么地方痛了。它马上掉转身子夹着尾巴就跑，并不等我的第二块石子落到它的头上。

我望着逃去了的狗影，轻蔑地冷笑两声。

从此，狗碰到我的石子就逃。

The Dog②

Ba Jin

I used to be afraid of dogs when I was a child. One day during lunar new year, I remembered, I happened to be chased after by a big black dog while I was playing about in the garden of Second Uncle's home. Fortunately, after running past several flower beds, I gave him the slip by rushing upstairs in a storeyed building, thus avoiding the mishap of having my legs bitten by the fierce animal.

---

① 张培基. 英译中国现代散文选（二）[M]. 上海：上海外语教育出版社，2007：170-171.
② 张培基. 英译中国现代散文选（二）[M]. 上海：上海外语教育出版社，2007：172-173.

From then on, I always played the fugitive while the dog the pursuer. ① He would bark furiously at the sight of me. And the more scared I was, the fiercer he became.

I developed a canine phobia.

As I was growing up, one day it suddenly dawned on me somehow that it was shameful to be afraid of a dog. ② Hence instead of shying away in fear, I stood confronting him.

I stood firm and so did he. He barked angrily with his mouth wide open as if he were about to run at me. But, nevertheless, he never moved a single step towards me.

He glowered at me, and so did I at him. But he always kept the same distance between us.

After a time, the minute my back was turned he immediately followed in pursuit. ③

However, as I looked back he stopped right away and stood barking at me savagely, but dared not attack me.

"Aha, he's now used up all his tricks!" said I to myself, feeling much more emboldened. ④ I stared at him scornfully, stamped my feet and shouted vicious abuse.

He backed up a few steps, it being his turn to show signs of inner fear. He kept barking but with reduced savagery.

Disgusted with the din of barks, I picked up a stone from the ground and threw it right at him.

It hit him on the back. He let out a piteous cry apparently with pain and, before my second stone was to fall upon his head, quickly turned round to run away with the tail between the legs.

I gazed after the fleeing animal and gave a disdainful laugh.

Thenceforth he would promptly take to his heels whenever he saw me with a stone in my hand.

巴金的随笔《狗》是一脍炙人口的名篇。文章写于1941年7月24日，后编入散文集《龙．虎．狗》。作者托物言志，揭示了"一切邪恶都是纸老虎这样一个道理"，人们必须奋力反抗，才能伸张正气，在纸老虎面前不畏惧退缩。

为了清楚地就原文和译文做对照，在原文中标出数字序号来分析说明。另外，本文"狗"文化的象征意义要用解释法翻译，才不会让英文读者困惑，因为"狗"在中国文化中具有两面性，一种是忠诚老实、令人信任；另一种便是盲目忠实的狗喜欢倚仗人势，就变成了带有贬义色彩的"走狗和哈巴狗、狗腿子"。而在英语文化中，"狗"的寓义只有"忠诚老实"，没有贬义色彩。所以，译者在翻译中需要注意这些差别，使英语读者准确了解中国文化中"狗"的含义。

（1）"从那时起，我总是逃，它也总是追"。从语言学的角度讲，本句不能过于字面翻译，用句子平行对称译为：I always played the fugitive while the dog the pursuer. 较可取，其中 the fugitive 是逃跑，逃难的意思，此处是狗追着他，所以原句中的 the fugitive 也可改用 the pursued. 译为：I always played the pursued while the dog the pursuer. 可以让学生体会 pursue 和 pursued 的用法，读来也有新意，有韵味儿。

（2）"有一天不知道因为什么，我忽然觉得……"译为 one day, it suddenly dawned on me somehow that. …，其中用 somehow 表达"不知道因为什么"等于 for some reason or other。本句的句法是形式主语"it"的结构,"dawn"一词用得很好,意味着见到了曙光,忽然明白了,黎明到来的意思,翻译中用"dawn"很有技巧,表现出好文采。

(3) he immediately followed in pursuit. 它立刻追上来。句式特别简练。追了上来,连动词处理的非常好,动词+介词短语的形式(followed in pursuit)。

(4) "你的本事不过这一点点"可译为 Aha, he's now used up all his tricks 或 So that's all he can do, Now he's exhausted all his tricks。感叹词 Aha(啊哈)是增益成分,表示得意、看透等心情。"本事"一词和"tricks"的区别,tricks 有耍花招之意,"本事"一词为中性词,没有贬义。

2. 郭沫若散文《杜鹃》及其张培基英译赏析

译文赏析

杜 鹃①
郭沫若

杜鹃,敝同乡的魂①,在文学上所占的地位,恐怕任何鸟都比不上。

我们一提起杜鹃,心头眼底便好像有说不尽的诗意。

它本身不用说,已经是望帝的化身了。有时又被认为薄命的佳人,忧国的志士;声是满腹乡思,血是遍山踯躅;可怜,哀婉,纯洁,至诚……在人们的心目中成了爱的象征。这爱的象征似乎已经成了民族的感情。②

而且,这种感情还超越了民族的范围,东方诸国大都受到了感染。例如日本,杜鹃在文学上所占的地位,并不亚于中国。

然而,这实在是名实不符的一个最大的例证。

杜鹃是一种灰黑色的鸟,羽毛并不美,它的习性专横而残忍。

杜鹃是不营巢的,也不孵卵哺雏。到了生殖季节,产卵在莺巢中,让莺替它孵卵哺雏。雏鹃比雏莺大,到将长成时,甚至比母莺还大。鹃雏孵化出来之后,每将莺雏挤出巢外,任它啼饥号寒而死,它自己独霸着母莺的哺育。

莺受鹃欺而不自知,辛辛苦苦地哺育着比自己还大的鹃雏:真是一件令人不平、令人流泪的情景。③

想到了这些实际,便觉得杜鹃这种鸟大可以作为欺世盗名者的标本了。然而,杜鹃不能任其咎。杜鹃就只是杜鹃,它并不曾要求人把它认为佳人、志士。

人的智慧和莺也相差不远,全凭主观意象而不顾实际,这样的例证多的是。④

因此,过去和现在都有无数的人面杜鹃被人哺育着。将来会怎样呢?莺虽然不能解答这个问题,人是应该解答而且能够解答的。

The Cuckoo②
Guo Moruo

The cuckoo, the spirit of my native place Sichuan①, is probably holding a higher place in Chinese literature than any other bird.

---

① 张培基. 英译中国现代散文选(二)[M]. 上海:上海外语教育出版社,2007:75-76.
② 张培基. 英译中国现代散文选(二)[M]. 上海:上海外语教育出版社,2007:77-78.

The mere mention of this bird will arrive in our hearts a great deal of poetic feeling.

To begin with, she is the incarnation of the legendary king of ancient Sichuan named Wang Di. She has come to be known sometimes as an ill-fated beauty and sometimes as a patriot concerned over the fate of the nation. Her call is full of longings for home; she loiters about the mountains crying and spitting up blood. She is pathetic, sad, pure and sincere… She is in the eyes of all a symbol of love, which seems to have become a national feeling. ②

And this feeling has gone beyond the national boundary to affect most of the eastern countries. In Japan, for example, the cuckoo is holding a position in literature by no means lower than in China.

Nevertheless, all that is a typical instance of undeserved reputation.

The cuckoo is a grayish-brown bird with none too beautiful feathers. She is characteristically domineering and cruel.

She doesn't build her own nest, nor does she hatch or feed her young. During the breeding season, she deposits her eggs in the nests of orioles for them to hatch and rear. A baby cuckoo is bigger in size than a baby oriole, and, when full grown, bigger even than the mother oriole. After she is hatched, she often pushes the baby oriole out of the nest leaving the poor chick to cry and die of hunger and cold so that she may have the mother oriole's care all to herself.

The mother bird, however, being treated unfairly without her knowledge, continues laboriously to feed the baby cuckoo who is bigger than herself. The tragic spectacle is such as to arouse great indignation and draw tears of sympathy! ③

Hence I believe that the cuckoo can best serve as a model of those who win popularity by dishonest means. But the cuckoo is not to blame. A cuckoo is a cuckoo. She has never asked people to call her a beauty or a patriot.

Man is no wiser than the oriole. Many act on their own personal imagination regardless of the reality of things. ④

Therefore, we do see, both in history and at present, numerous cuckoo-like men sponging off their compatriots. What about in the future? The oriole can't give an answer, but man should and can.

《杜鹃》写于1937年。杜鹃也叫布谷鸟,我们这里常在夏天隐藏与树林中,听到其"布谷、布谷"接连不断的叫声,查阅资料杜鹃有十多个种类,叫声也不一样。杜鹃是孵卵寄生动物,它因不会自己造巢,把蛋生在别的鸟类窝里,让人不喜欢它,但又因它爱吃虫子,而被人冠上"森林卫士"的美名。杜鹃鸟常被文人墨客赋予各种不同的名称,如美丽传说"望帝啼血"的故事。李白曾在其诗《闻王昌龄左迁龙标遥有此寄》中把杜鹃称作"子规"。诗云:"杨花落尽子规啼,闻道龙标过五溪。我寄愁心与明月,随风直到夜郎西。"

本文的翻译基本上用的是直译法和意译法,原文和译文中词序、句子基本对应。在句子结构、语言表达上和原文达到了对等和平行，值得我们仔细推敲学习。下面挑选散文中四个典型例句，体会张培基译文的精彩。

（1）杜鹃，敝同乡的魂，在文学上所占的地位，恐怕任何鸟都比不上。

译文：The cuckoo, the spirit of my native place Sichuan, is probably holding a higher place in Chinese literature than any other bird.

画线部分翻译时加上四川的音译（Sichuan），解释"敝同乡"的意思，郭沫若是四川人，文中同乡具体所指是四川，翻译时加上可以避免读者不知所指地方。

（2）它本身不用说，已经是望帝的化身了。有时又被认为薄命的佳人，忧国的志士；声是满腹乡思，血是遍山踯躅；可怜，哀婉，纯洁，至诚……在人们的心目中成了爱的象征。这爱的象征似乎已经成了民族的感情。

译文：To begin with, she is the incarnation of the legendary king of ancient Sichuan named Wang Di. She has come to be known sometimes as an ill-fated beauty and sometimes as a patriot concerned over the fate of the nation. Her call is full of longings for home; she loiters about the mountains crying and spitting up blood. She is pathetic, sad, pure and sincere… She is in the eyes of all a symbol of love, which seems to have become a national feeling.

"望帝"是传说中的蜀国国王，可以在文中增加"legendary king of ancient Sichuan"一句解释"望帝"，在文化翻译中使用的是解释性增词翻译法。将"血是遍山踯躅"译为 she loiters about the mountains crying and spitting up blood，将其中的"踯躅"一词译为"loiters about"，译文比原文更清楚明了，也解释了"啼至血出"的含义。"啼至血出"出自白居易《琵琶行》中的名句："其间旦暮闻何物？杜鹃啼血猿哀鸣"，表达了作者思乡情切的思想感情。

（3）莺受鹃欺而不自知，辛辛苦苦地哺育着比自己还大的鹃雏。

译文：The mother bird, however, being treated unfairly without her knowledge, continues laboriously to feed the baby cuckoo who is bigger than herself.

译文句子处理很巧妙，以原因从句结构转换原文，将"母莺"译为"The mother bird"，根据上下文一致规则，此处指代简洁。将"受鹃欺而不自知"译为："being treated unfairly without her knowledge"，用词精辟。

（4）人的智慧和莺也相差不远，全凭主观意象而不顾实际，这样的例证多的是。

译文：Man is no wiser than the oriole. Many act on their own personal imagination regardless of the reality of things.

此处，将人和莺相比，恰到好处，语气效果并不比原文差。表明了作者的观点、说明了人和莺一样不自知，同样不明智，这符合散文形散而神不散的特点。

【课后练习8-2】

一、请认真阅读并试译培根的《论旅行》（*Of Travel*）节选部分，注意原文的用词和语句特点，尽量译出原作的语言特色。

Of Travel

Francis Bacons[①]

Travel, in the younger sort, is a part of education; in the elder, a part of experience. He that travelleth into a country, before he hath some entrance into the language, goeth to school, and not to travel. That young men travel under some tutor, or grave servant, I allow well; so that he be such a one, that hath the language, and hath been in the country before; whereby he may be able to tell them, what things are worthy to be seen in the country where they go; what acquaintances they are to seek; what exercises or discipline the place yieldeth. For else young men shall go hooded, and look abroad little.

It is a strange thing, that in sea voyages, where there is nothing to be seen but sky and sea, men should make diaries; but in land - travel, wherein so much is to be obscured, for the most part, they omit it; as if chance were fitter to be registered than observation. Let diaries, therefore, be brought in use.

If you will have a young man, to put his travel into a little room, and in short time, to gather much, this you must do. First, as was said, he must have some entrance into the language, before he goeth. Then he must have such a servant, or tutor, as knoweth the country, as was likewise said. Let him carry with him also some card or book describing the country, where he traveleth; which will be a good key to his enquiry. Let him keep also a diary. Let him not stay long in one city, or town; more or less as the place deserveth, but not long; nay, when he stayeth in one city or town, let him change his lodging, from one end and part of the town to another, which is a great adamant of acquaintance. Let him sequester himself from the company of his countrymen, and diet in such places, where there is good company of the nation where he travelleth. Let him upon his removes, from one place to another, procure recommendation to some person of quality, residing in the place whither he removeth ; that he may use his favour in those things he desireth to see or know. Thus he may abridge his travel, with much profit.

As for the acquaintance, which is to be sought in travel; that which is most of all profitable, is acquaintance with the secretaries and employed men of ambassadors; for so in travelling in one country he shall suck the experience of many. Let him also see and visit imminent persons, in all kinds, which are of great fame abroad; that he may be able to tell, how the life agreeth with the same. For quarrels, they are with care and discretion to be avoided : they are, commonly, for mistresses; healths; place ; and words. And let a man beware, how he keepeth company with choleric and quarrelsome persons; for they will engage him into their own quarrels. When a traveler returneth home, let him not leave the countries where he hath traveled altogether behind him ; but maintain a correspondence, by letters, with those of his acquaintance, which are of most worth. And let his travel appear rather in his discourse, than in his apparel, or gesture : and in his discourse, let him be rather advised in his answers, then forwards to tell stories : and let it appear, that he doth not change his country manners for those of foreign parts ; but only prick in some flowers, of that he hath learned abroad, into the customs of his own country.

---

① 培根. 培根论说文集（中文导读插图版）[M]. 北京：中国人民大学出版社，2012（9）：88 - 90.

二、请认真阅读下面散文，评析原文和译文的表达、形式等是否达到了意义对等。

立 论①

鲁 迅

我梦见自己正在小学的讲堂上预备作文，向老师请教立论的方法。

"难！"老师从眼镜圈外斜射出眼光来看着我，说："我告诉你一件事。"

"一家人家生了一个男孩，合家高兴透顶了。满月的时候，抱出来给客人看，大概自然是想得一点好兆头。

一个说：'这孩子将来要发财的。'他于是得到一番感谢。

一个说：'这孩子将来要做官的。'他于是收回几句恭维。

一个说：'这孩子将来是要死的。'他于是得到一顿大家合力的痛打。

"说要死的必然，说富贵的说谎。但说谎的得好报，说必然的遭打。你……"

"我愿意既不说谎，也不遭打。那么，老师，我得怎么说呢？"

"那么，你得说：'啊呀！这孩子啊！您瞧！多么……啊唷！哈哈！Hehe！he，hehehehe！'"

《立论》是鲁迅1925年7月8日写的一篇短文，收录与散文诗集《野草》。文章写"立论之难"，悲诉人生，感叹在现实生活中人们不敢说真话或有话难于直说，进而导致假话盛行的情况。

On Presenting a View

Lu Xun

I dreamed that while preparing to write a composition in a primary school classroom I asked the teacher how to present a view.

"That's a hard nut," said the teacher, giving me a sidelong glance over his glasses. "Let me tell you this story.

When a baby boy is born to a family, there is immense joy in the whole household. When he is one month old, they invite some people over for taking a look at him ——customarily, of course, in expectation of some good wishes.

One of the guests receives hearty thanks for saying, 'The child is destined to be rich.'

Another is paid some compliments in return for saying, 'The child is destined to be an official.'

Still another, however, is given a sound beating by the whole family for saying, 'The child will eventually die.'

To call the child mortal is to state the inevitable while to say that the child will become very rich or a high official is probably a lie. Yet the former gets a thrashing while the latter is rewarded. You …"

"I don't want to tell a lie, and neither do I want to be beaten. Then what should I do, sir?"

"Well, just say, 'Ai-ya, this child! Just look! Oh, my! Hah! Hehe! He, hehehehe!'"

---

① 鲁迅《立论》的中英文版具体出处：张培基，英译中国现代散文选（二）[M]．上海：上海外语教育出版社，2007：19-22。

第三节　小说翻译

一、小说的三要素与其翻译

小说，其英文为"novel"或"fiction"，它的创作基于社会现实，反映现实，也不完全反映现实，有虚构的成分，也有真实的成分。小说也可以理解为作者抒发胸怀的一种文学创作，故事的发生在人物、情节、环境三个要素的结合中进行。小说创作的目的是读者能够接受欣赏，能引起共鸣，获得愉悦的读书体验，有时也取得与作者认知上的共识。

下面简单谈谈小说的三要素：人物，情节和环境。通过对这三个要素的描写，作者在这个网里精心编织故事情节，发挥想象，表现主人公和各个角色的活动、内心变化、辅以景色描写、人物冲突等。

1. 人物

小说中的主人公一般内心世界非常复杂，小说故事的发生以人物的性格、内心、精神世界的变化曲折展开，读者一般都会被主人公和其他角色的心理活动所深深吸引。如托马斯·哈代的《苔丝》，其主人公苔丝的心理成长和个人悲苦的生活经历贯穿始终。《飘》的女主角斯嘉丽以个人的智慧应对无法预料的各种困难，表现出一个个性鲜明又善良聪慧、独立自强的女性形象。人物形象是小说的灵魂，翻译时译者要对人物准确分析把握，才能取得和原作一样的阅读效果。

2. 情节

故事情节是故事冲突的主要核心点，从故事开始、发展、高潮到结尾，把小说的脉络连成一条线。诸如《宋氏三姐妹》[①]《西游记》[②]《水浒》[③] 等小说，均以曲折动人的故事情节吸引了无数读者。故事情节的翻译相对复杂一些，涉及翻译方法，修辞、语句、逻辑等，译文还要达到和读原作一样感受的标准，这就要译者也能有牵动读者的表达水平。

3. 环境

环境，指的是小说故事发生的时间、地点等时空范围，由作者依据故事的发生发展创设，环境是人物存在的大背景，在这个背景中，故事情节、人物等如织布的梭子一般交织一起。每个故事都有其真实的一面，也有其虚构的一面，也有与之相交互的时空环境。如小说《三国演义》讲述的是在东汉末年天下三分这个时代背景下发生的事情，译者在翻译时间时，一定要选择合适的译法，让读者明了故事发生的时代背景。关于环境的空间翻译，译者要注意地域差异造成的气候、自然、文化差异，因为地理环境不同，可以形成人们在性格、认知力以及审美需求上的不同。

---

① 陈达萌. 宋氏三姐妹 [M]. 北京：人民日报出版社，2018.
② 吴承恩. 西游记 [M]. 北京：北京燕山出版社，1998.
③ 施耐庵. 水浒 [M]. 北京：北京燕山出版社，1998.

二、小说翻译对译者能力的要求

翻译活动是一种再创造，小说翻译对译者的汉语写作和表达水平要求很高。如果译者的语言表述不恰当，理解不到位，翻译不准确，他（她）的译文便不受读者青睐，其作品的生命力也不会长久。

另外，小说翻译过程中选择的翻译策略对译文语言也有影响。在文化信息转换时，翻译策略要适应时代需要，在翻译时，是运用归化还是异化，在句子结构转换中，要直译还是意译，产出的语言效果均不一样。翻译策略还与翻译目的有关，要根据读者对象、社会需求等决定。另外，译文语言也受到读者对象和译者个人语言特色的制约。

在小说翻译中，译者的表现手法和文字运用能力是译文有个体特点的决定因素，下笔千言，洋洋洒洒一气呵成的译文体现了译者具有深厚的文字功底，四字词、成语、谚语的使用，引经据典的表述，惜墨如金的态度都是译文出彩的具体表现，但是，切不可为了雕琢而雕琢，犯华而不实的错误，切不可过于咬文嚼字、犯哗众取宠的错。总之，翻译时要做到恰如其分。

三、译文评析例证

笔者在长期指导本科学生撰写毕业论文的过程中，发现学生对论文的结构、重点理论阐释和译例分析很不到位，下面以英国女小说家夏洛蒂·勃朗特的《简·爱》译文评析为例，对小说翻译语言表述相关的问题、翻译理论的应用、翻译策略的选择，译者的语言特点和时代对翻译的要求等方面进行阐述，以期帮助学习者能够理解翻译小说时应该考虑的诸多因素。

小说翻译是文学翻译的重要部分，因此，对相关译文的评论以文学翻译的基本理论为依据。

（一）黄源深和宋兆霖的《简·爱》译文特点

黄源深的《简·爱》译文[1]特点：具有典型的中国文化呈现的痕迹，其语言特点是以成语、四字格、短句和谚语来再现原文的故事情节。读者阅读时是在一种很庄严和宏伟的语言宫殿中感觉小说情节的美。

宋兆霖的《简·爱》译文[2]特点：具有中国文化的痕迹，但其语言连贯通顺，容易理解，贴近现实生活。他在翻译中注重原文的语言和风格，有时候用成语来保障译文的形象和贴切。他的译法与原文写作风格很符合，读来轻松、愉悦。

二者的共同点是"以读者为中心，再现中国文化，在中国的语言环境下表述故事情节"。在具体的细节方面又有所不同。宋兆霖给读者一个现代环境下与新生活能相融的一种生活，能感受到现实中的真情，读者可从自己经历中理解它；黄源深的译文有一种苛刻追求文化再现的韵味，整个文本中都是四字词、成语和俗语的痕迹。正如动态对等所要求的那样，目的语读者的反映要与原语读者的反映相同，这两个译本都把读者的反应放在第一位，利用目的语的优势，成功的再现了原作者的写作和语言风格。

---

[1] 黄源深. 简·爱 [M]. 北京：中译出版社，1994.
[2] 宋兆霖. 简·爱 [M]. 北京：北京燕山出版社，1995.

《简·爱》是一个爱情故事,中国读者是因汉语译本的优美语言而喜欢它,译本讲述了一个追求爱情平等的社会地位低下的女性的感人爱情故事。在黄源深和宋兆霖的译本中,他们极尽所能地描写了一个活生生的在生活中追求平等、在爱情中充满热情、对亲情充满真挚之情的一个可人的女性。尽管他们各自有不同的表达方式,译本却很受中国读者的青睐,因此,两位大家的译本达到了原文蕴含的语言效果。

(二)黄源深和宋兆霖的《简·爱》译文异同评析

1. 特殊句子表现译本的不同

(1) Bluntly disregarded her wishes, not infrequently tore and spoiled her silk attire; and he was still: "her own darling."

黄源深译:尽管他蛮横地与母亲作对,经常撕毁她的丝绸衣服,却依然是"她的宝贝蛋"。

宋兆霖译:对她的话全然不听,不止一次撕破和弄坏她的绸衣服,可他仍然是她的"心肝宝贝"。

(2) Mrs. Reed soon rallied her spirits; she shook me most soundly, she boxed both my ears, and then left me without a word.

黄源深译:里德太太很快便振作起来,狠命推搡我,扇我耳光,随后二话没说扔下我就走。

宋兆霖译:里德太太很快就回过神来,她抓住我死命摇晃着,左右开弓狠打我的耳光,然后一句话没说就走了。

(3) Miss Eyre? Don't trouble yourself to answer——I see you laugh rarely; but you can laugh very merrily.

黄源深译:爱小姐?你不必费心来回答了——到知道你难得一笑。可是你可以笑得很欢。

宋兆霖译:爱小姐?你不必费神来回答了——我看得出你很少笑。但是你能笑得很开心。

(4) Mrs. Reed was blind and deaf on the subject: she never saw him strike or heard him abuse me.

黄源深译:里德夫人则装聋作哑,儿子打我骂我,她熟视无睹。

宋兆霖译:里德太太对此则完全装聋作哑,她从来看不见他打我,也从来听不见他骂我。

从上面的例子中可以得出,两个译者都采用了四字词,使句子有节奏,用日常生活的语言形象地表达了他们语言的风格。对于二者译句的不同,读者也不能一概而论,因为每个人表达的方式不同,说话风格也不同,所以会有不同的译文,这与"动态功能对等"的目的是一致的。

2. 误译对译文的影响

虽然两个译者的译文各有千秋,但是通过阅读和对比,笔者发现在黄源深的译文中存在一些瑕疵。例如:

(1) "Now," thought I, "I can perhaps get her to talk." I sat down by her on the floor. "What is your name beside Burns?" Helen.

黄源深译:"现在",我想,"我也许能使她开口了吧。"我一屁股坐在她旁边的地板上。"除了彭斯,你还叫什么?""海伦"。

宋兆霖译:"这一下,"我心里想,"我也许能引她开口说话了。"我在她旁边的地板上坐了下来。"你姓彭斯,名字叫什么呢?""海伦"。

笔者试译:"这一下",我想,"也许我能让她开口了吧。"我在她旁边的地板上坐了下来。"你姓彭斯,名字叫什么呢?""海伦"。

在译句中,"sat down" and "what is your name beside Burns" 被黄误译,从上下文判断,"sat down"只表示简·爱坐下的动作,没有"一屁股坐下去"的意思。彭斯是姓,但黄把它理解成是名。事实上,宋的理解是对的。

(2) "Is your name Eyre, miss?" "Yes". "Person here waiting for you."

黄源深译:"你的名字叫爱吗,小姐?""是的。""这儿有人在等你。"

宋兆霖译:"你姓爱吗,小姐?""是的。""有人在等你。"

笔者试译:"你姓爱吗,小姐?""是的。""有人在这儿等你。"

从字面意思来看,"Eyre"应被译成"名字",但实际上应是"姓爱",译者应从上下文来翻译,从逻辑上取得一致,人人都知道"简"是名,"爱"是姓。译者要忠实地把原语转换到目的语,这里黄源深有点死译的感觉,误导了读者。

3. 黄源深译文的疑点

在对两个译文进行对比时,笔者发现黄源深译本中有一些不通顺和不能理解的地方,现将它们列举出来逐一分析。

(1) By dying young, I shall escape great sufferings. I had not qualities or talents to make my way very well in the world: I should have been continually at fault.

译:"我那么年纪轻轻就死去,可以逃脱大苦大难。我没有会使自己在世上发迹的气质和才能。要是我活着,我会一直错下去。"

疑点:这是小简·爱十岁时和在劳渥德孤儿院和比她稍微大一些的海伦之间的对话,她们如何懂得用气质来表达自己的思想?两个小女孩能真正理解其中的内涵吗?

(2) Mrs. Reed: Jane, I don't like cavilers or questioners.

译:我不喜欢吹毛求疵或者刨根究底的人。

疑点:里德夫人是乡村富户人家的家庭主妇,她不可能用这种口气跟一个十岁的孩子说话。句中有两个成语,简·爱能懂得"吹毛求疵"和"刨根究底"的含义吗?

(3) I undressed hastily, tugging at knots and strings as I best might, and sought shelter from cold and darkness in my crib.

译:我便急急忙忙,拿出吃奶的劲来,宽衣解带,钻进小床,躲避寒冷与黑暗。

疑点:对一个小孩子来说,"宽衣解带"与句子中的 I undressed hastily 不一致,"宽衣解带"一词一般引申为成年男女在某些特定场合因情事而做出的举动,不适合用在小简·爱这个寄宿在别人家里的小女孩身上。

通过对比可以发现,黄源深用中国特有的故事开端、发展和结局的方式安排译文,按照时间和空间的变化,从盖茨海德,桑菲尔德到莫尔山庄的过程做了精心的布置,所以他将译本安排为三个部分。在译文中,以自己的语言特点为主再现故事情节,再现了原文的美。即便在童年时代的译文中,小孩子说话大量使用成语,这让人读译文时有点不可信,可是后来在桑菲尔德和莫尔山庄,由于简所受的教育和年龄的增长,用成语交谈无可厚非，这样翻译适合环境的变化、符合他们的身份、社会地位，对原故事的翻译可信。

而宋兆霖对其却是以原作为主，对形式和内容的更改不多。语句很随和，符合说话的习惯，读来轻松。

但是二位译者的文章整体被读者接受，能够给中国读者传达英语原小说的本质内含，使译文读者从中了解英国的文化思想与价值观，因此，从一定程度来说，这两个译本都达到了动态功能对等的效果。

译文赏析

Jane Eyre

Georgiana, a more vain and absurd animal than you was certainly never allowed to cumber the earth. You had no right to be born; for you make no use of life. Instead of living for, in, and with yourself, as a reasonable being ought, you seek only to fasten your feebleness on some other person's strength: if no one can be found willing to burden her or himself with such a fat, weak, puffy, useless thing, you cry out that you are ill－treated, neglected, miserable. Then, too, existence for you must be a scene of continual change and excitement, or else the world is a dungeon: you must be admired, you must be courted, you must be flattered——you must have music, dancing, and society——or you languish, you die away. Have you no sense to devise a system which will make you independent of all efforts, and all wills, but your Own?

Take one day; share it into sections; to each section apportion its task: leave no stray unemployed quarters of an hour, ten minutes, five minutes——include all; do each piece of business in its turn with method, with rigid regularity. The day will close almost before you are aware it has begun; and you are indebted to no one for helping you to get rid of one vacant moment: you have had to seek no one's company, conversation, sympathy, forbearance; you have lived, in short, as an independent being ought to do. Take this advice; the first and last I shall offer you; that you will not want me or any one else, happen what may. Neglect it——go on as heretofore, craving, whining, and idling——and suffer the results of your idiocy, however bad and insufferable they may be. I tell you this plainly: and listen: for though I shall no more repeat what I am about to say, I shall steadily act on it.

After my mother's death, I wash my hands of you: from the day her coffin is carried to the vault in Gateshead Church, you and I will be as separate as if we had never known each other. You need not think that because we chanced to be born of the same parents, I shall suffer you to fasten me down by even the feeblest claim: I can tell you this——if the whole human race, Ourselves excepted, were swept away, and we two stood alone on the earth, I would leave you in the old world, and betake myself to the new.

简·爱①

乔治亚娜，在拖累着地球的动物中，没有比你更爱虚荣更荒唐的了。你没有权利被生下来，因为你空耗了生命。你没有像一个有理智的人该做的那样，为自己生活，安分守己地生活，靠自己生活，而是仰仗别人的力量来支撑你的软弱。要是找不到谁愿意背这个肥胖、娇弱、自负、无用的包袱，你会大叫，说人家亏待了你，冷落了你，使你痛苦不堪。而且，在你看来，生活该是变化无穷、激动非凡的一幕，不然世界就是监狱。你要人家爱慕你，追求你，恭维你——你得有音乐、舞会和社交活动，要不你就神衰力竭，一天天憔悴。难道你就没有头脑想出一套办法来，不依赖别人的努力、别人的意志，而只靠你自己？

以一天为例，你就把它分成几份，每份都规定好任务，全部时间都包括在内，不留一刻钟、十分钟、五分钟的零星空闲时间。干每一件事都应当井然有序，有条不紊。这样，一天的日子，你几乎没有觉察它开始就已经结束了。你就不欠谁的情，也不需别人帮你消磨片刻空闲。你就不必找人做伴和交谈，不必请求别人的同情和忍耐。总之，你像一个独立的人该生活的那样生活。听从我的劝告吧，我给你的第一个，也是最后一个忠告。那样，无论出什么事，你就不需要我，也不需要别人了。要是你置之不理——一意孤行，还是那样想入非非，嘀嘀咕咕，懒懒散散，你就得吞下你愚蠢行为的苦果，不管怎么糟糕，怎么难受。我要明白告诉你，你好好听着。尽管我不会再重复我要说的话，但我会坚定不移地去做。

母亲一死，你的事我就撒手不管了。从她的棺材抬进盖茨黑德教堂墓地那天起，你我便彼此分手，仿佛从来就是陌路人。你不要以为我们碰巧摊着同一对爹娘，我会让你以丝毫站不住脚的理由拖累我。我可以告诉你——就是除了你我，整个人类毁灭了，独有我们两人站在地球上，我也会让你留在旧世界，自己奔往新世界去。

简·爱②

乔治安娜，我敢说，在这个世界上，再也不会有比你更自负、更愚蠢的喜欢拖累别人的人了。你根本没有权力出生，因为你是在白白糟蹋生命。一个有理智的人应当有自己的追求，按自己的意愿生活，靠自己的能力生活，你却不是这样。你只想靠别人的力量来担负你的软弱无用。要是没有人愿意来担起这么个肥胖、孱弱、自负而无用的负担，你就大叫大嚷，说是受到了虐待，没有被重视，感到很伤心。不但这样，你还认为生活应该不断变化，充满刺激，否则这世界便是个地牢。你必须受人爱慕，被人追求，听人恭维——你必须有音乐、跳舞和社交，要不你就萎靡，你就颓丧。难道你就不知道自己动动脑子，使你不依赖别人，只靠你自己的意志和努力吗？

你拿一天来试一试，把它分成若干部分，每一部分都分配好任务，把全部时间都包括进去，不留下一刻钟、十分钟，或者是五分钟的空闲时间，依次有条理、有规律地去做每件事。这样，几乎不等你觉察一天的开始，整个的一天就过去了。你也就用

---

① 夏洛蒂·勃朗特. 简·爱 [M]. 黄源深, 译, 南京: 译林出版社, 1994: 271-272.
② 夏洛蒂·勃朗特. 简·爱 [M]. 宋兆霖, 译, 北京: 中译出版社, 2018: 3-261-262.

不着感谢别人帮你打发掉空闲的时间了，也用不着求别人来做伴、谈天，也无须要求别人同情你、宽容你了。总之，你就会过上一个独立的人应过的生活。接受这个忠告吧，这是我给你的第一个、也是最后一个忠告。

那样，不管发生什么事，你就不需要再依靠我或者任何其他人了。要是不听这个忠告，继续像以前那样一味渴望、哀叹、懒散，那就等着品尝你愚蠢行径的后果吧，不管它有多糟，有多难受。我要明明白白地告诉你，你好好听着，虽然我不会再重复我现在要说的话，但是我将坚决按这话去做。

妈妈去世之后，我就不再管你。从她的棺材抬到盖茨海德教堂的墓穴那天起，你我就各不相干了，就像我们从来不认识的那样。你别以为因为我们碰巧是同一对父母所生，我就会允许你来拖累我，哪怕你提出最微不足道的要求，我也绝不会答应。我可以告诉你——哪怕除我们之外，整个人类都灭绝了，只剩下我们两个人站在地球上，我也会让你留在旧世界，而我自己独自去往新世界。

（三）从《简·爱》译文对比来分析翻译中制约译文语言特点的因素①

《简·爱》是英国19世纪女作家夏洛蒂·勃朗特于1847年发表的长篇成名小说。这部作品以她个人经历为素材，塑造了一个在思想意识上敢于向现实挑战的新女性形象——简·爱。这本著作自面世以来就受到读者青睐。1999年，《简·爱》入选"中国读者理想藏书"书目；2004年9月，入选"英国女性读者爱读书目"。在中国，《简·爱》的译本就有40多种，不同时代的版本相异，同一时代不同译者的作品也不同。以下对黄源深②和宋兆霖③译本中典型的例子进行对比，以期探索小说翻译中制约译文文本语言特点不同的因素。

从翻译批评的角度而言，同一时代的两个译本最具有对比研究的价值。两译本虽然再现同一故事情节，可译本展现给读者的语言各有特色。在《简·爱》的译本中，黄源深以浓缩汉语文化的成语和俗语等再现为主，体现了语言大师汉语功底的精深，采用归化的译法；宋兆霖也以归化为主，但其语言通顺流畅，措辞优美，读来顺口，展现给读者的是语言精辟、简洁明了却不失意蕴的美感。

1. 译者的语言风格对译文再现的制约

翻译行为是人类最基本的交流活动之一，其中译者在文化交流中起着不可替代的作用。翻译过程中译者的主体性决定译文的语言风格，尽管译文的语言受到原文的限定。纵观《简·爱》在不同时代的各种译本，发现译者的语言特色都不同，这证明译本语言具有满足时代需求的特点。黄源深和宋兆霖翻译的译本《简·爱》正是顺应文化再现的翻译理论影响，加之二位大家浑厚的汉语功底，在译本中以汉语言的博大精深和译者自己的语言特色再现原作。例如：

"Do you think, because I am poor, obscure, plain, and little, I am soulless and heartless? You think wrong! —I have as much soul as you—and full as much heart! And if God had gifted

---

① 此部分内容摘自：吕银平. 论制约译文语言特点的因素——以《简·爱》的两个中译本为例. [J] 宁夏师范学院学报, 2015, 36 (02): 141-143+154.
② 黄源深. 简·爱 [M]. 北京: 中译出版社, 1994: 291.
③ 宋兆霖. 简·爱 [M]. 北京: 北京燕山出版社, 1995: 257.

me with some beauty and much wealth, I should have made it as hard for you to leave me, as it is now for me to leave you. I am not talking to you now through the medium of custom, conventionalities, nor even mortal flesh: it is my spirit that addresses your spirit; just as if both had passed through the grave, and we stood at God's feet, equal—as we are!"

黄源深译：
"难道就因为我一贫如洗、默默无闻、长相平庸、个子瘦小，就没有灵魂，没有心肠了？——你不是想错了吗？我的心灵跟你一样丰富，我的心胸跟你一样充实！要是上帝赐予我一点姿色和充足的财富，我会使你同我现在一样难分难舍，我不是根据习俗、常规，甚至也不是血肉之躯同你说话，而是我的灵魂同你的灵魂在对话，就仿佛我们两人穿过坟墓，站在上帝脚下，彼此平等——本来就如此！"

宋兆霖译：
"你以为因为我穷、低微、不美、矮小，我就没有灵魂，没有心了吗？——你想错了！——我跟你一样有灵魂，——也完全一样有一颗心！要是上帝赐给我一点美貌和大量财富，我会让你感到难以离开我，就像我现在难以离开你一样。我现在不是凭习俗、常规，甚至也不是凭着肉体凡胎跟你说话，而是我的心灵在跟你的灵魂说话，就仿佛我们都已离开人世，两人平等地一同站在上帝跟前，——因为我们本来就是平等的！"

上面这一段话是《简·爱》中脍炙人口的名句，淋漓尽致地表现出了简·爱本人的世界观和追求平等爱情的理想。黄源深是以四字词、成语来再现本段的内容，直接表现出汉语言的文化特色；宋兆霖虽然没有过多使用成语和四字词，但是其语言流利、通顺，也很明了地再现了原文的内容，因为语言本身是一个民族文化最核心的体现。由于两位译者的译法和转换原文时的措辞不同，译语的语言效果也有很大的差别。

下面，以本段话中下划线的词"heart""soul"和"spirit"为例来做一分析说明：
（1）"I am soulless and heartless?"
黄源深把划线两词译为"没有灵魂"和"没有心肠"，追求词义之间的平行，宋兆霖译为"没有灵魂"和"没心"。笔者认为，宋兆霖译文较贴切，因为"心肠"和"心"代表的意义不同，在本段话中，简·爱是向罗切斯特表明自己的心迹，不存在"心肠"好坏的问题。因此，黄源深的翻译在译文中"词义和内容"方面有种深沉之感；宋译体现出简在表白心迹时想打破金钱和地位带来羁绊的强烈感情。
（2）"——I have as much soul as you——and full as much heart!"
黄源深把划线两词译为"心灵"和"心胸"；宋兆霖译为"灵魂"和"心"。笔者认为：黄把"soul"译为"心灵"，基本符合文中的意思，把"heart"译为"心胸"就有些跟原文的词义不对等了，在汉语中，有"充实的心"或"心胸狭窄、宽阔"的说法，通常情况下，不说"心胸充实"。
（3）"It is my spirit that addresses your spirit"
黄源深把划线两词均译为"灵魂"；宋兆霖译为"心灵"和"灵魂"。笔者认为，黄译"灵魂"符合上下文意义对等，因为主人公无法在现实中和自己的主人在物质方面进行比较，以示地位和心灵的平等，只能通过坟墓，在另一个世界中，人人平等地站在上帝面前。宋译"心灵"，在这里既然为"不是凭着肉体凡胎跟你说话"，就不该是"心灵和灵魂的对话"，而应是"灵魂与灵魂的对话"。

　　从上面例子的对比发现，黄源深倾向于语言和措辞上的平行，宋兆霖的译法符合平时说话的逻辑，语言严密，紧凑。这也说明两位译者语言表现的倾向不同，决定了译文的不同。那么，两个译者的语言究竟哪一个更好？哪一个译法符合原文中作者和小说主人公的思想呢？

　　文学家茅盾认为文学翻译以读者的反应为第一位，译者要用流利和简洁的语言再现原文的内容，不管译者采取何种翻译方法，并且要强调语言上的对等，使读者能够从目的语中认识到原作美的价值。根据茅盾的翻译观，宋兆霖的译文恰好达到了这个要求，流利而简洁，给读者以通顺、美丽的语言再现《简·爱》动人的故事情节。黄源深译文大量使用四字词和成语，这是其语言的独到之处，如"难道就因为我一贫如洗、默默无闻、长相平庸、个子瘦小"这几个词，非常形象地再现了原文中"because I am poor, obscure, plain, and little"的意义，真正表现出简·爱在追求个性、人格平等方面从内心深处深刻的认识，也顺应了文化转向理论对译文的影响，以目的语的语言特点向读者传达小说的故事情节。所以说，两个译本各有优点，各有千秋。

　　2. 译者的翻译策略对译文再现的制约

　　翻译策略是翻译的指南针，是译者转换原文时考虑的首要问题。对两种语言文化的转换，归化和异化是译者必选的翻译策略，并对译文的再现起着驾驭的作用。翻译策略的选择在于译者恰当地转换原语作者的交际意图，对读者正确理解原文有很重要的意义。它决定了整个译文在目的语中的表现倾向。译者采用的翻译策略决定整个文本语言接近原语作者，还是接近目的语读者；给读者呈现目的语文化，还是原语文化。在小说翻译中，翻译策略对整个原文文本的语言再现有决定性的作用。

　　归化的翻译策略是以目的语转换原语信息，为了减少目的语读者对异域文化的陌生感而使用的一种翻译策略。在归化的译文中，读者以自己的语言和文化理解原语文本的内容，在了解或者欣赏异域文化的时候容易一些。在小说《简·爱》的译文中，我们不难看出，归化的翻译策略起到了决定性的作用。黄源深和宋兆霖都运用归化的策略来表现原文想要表现的美的意境。

　　黄源深的译文使用大量的汉语文化信息，如谚语和俗语，用中国的文化特色表现异域小说故事情节。宋兆霖的翻译语言有四字词语和成语，但是没有刻意地用它们表现中国文化的特殊性，其特点是用生活化、口语化的汉语句子使译文朗朗上口、通顺、流利，并有贴近生活的感觉，但也明显运用了归化的策略。

　　在译文中，黄源深和宋兆霖的共性是以中国文化为主，在汉语语言美的面纱下再造译文的美。对中国读者来说很容易接受英国19世纪40年代末期这样一部异域小说。下面的例子对照、说明二人用相同的归化策略和不同语言再现的艺术美。

　　（1）Her beauty, her pink cheeks, and golden curls, seemed to give delight to all who looked at her, and to purchase indemnity for every fault.

　　黄源深译：她的美貌，红润的面颊，金色的头发，使得她人见人爱，一俊便可遮百丑。

　　宋兆霖译：她的美貌，她红红的双颊和金色的卷发，似乎让每个见了她的人都喜欢上她，都能因此原谅她的每一个缺点。

　　（2）This state of things should have been to me a paradise of peace, accustomed as I was to a life of ceaseless reprimand and thankless fagging.

黄源深译：对我来说，过惯了那种成天挨骂，<u>吃力不讨好</u>的日子后，这光景就好比是平静的乐园。

宋兆霖译：我一向过惯了老是挨骂和<u>费力不讨好</u>的日子，眼前的这种情况，对我来说，本该是个宁静的天堂了。

（3）Miss Smith sent me to sit in a quiet corer of the schoolroom, with direction to hem the same. At that hour most of the others were sewing likewise.

黄源深译：让我坐在教室僻静的角落，根据指令<u>依样画葫芦</u>缝上滚边。

宋兆霖译：要我坐在教室安静的角落去<u>给布沿边</u>。

（4）I alleged："that I have awakened out of glorious dreams, and found them all void and vain, is a horror I could bear and master."

黄源深译：我断言，"我从一场美梦中醒来，发现全是<u>竹篮打水一场空</u>，这种恐惧我既能忍受，也能克服。"

宋兆霖译：我辩解道，"从那些最美好的迷梦中醒来，发现一切都是<u>虚空和徒劳</u>。我能忍受并克服这种恐惧。"

（5）"She is a Fairfax, or wed to one; and blood is said to be thicker than water."

黄源深译："她是费尔法克斯家的，或是嫁给了家族中的一位。据说<u>血浓于水</u>。"

宋兆霖译："她毕竟是费尔法克斯家的人，至少是嫁过一个这家的人。据说<u>自家人总比外人亲嘛</u>。"

（6）"Meantime, you forget essential points in pursuing trifles; you do not inquire why Mr. Briggs sought after you——what he wanted with you."

黄源深译："同时，你<u>捡了芝麻忘了西瓜</u>，没有问问布里格斯先生为什么在找你——他找你干什么。"

宋兆霖译："而且，你<u>只顾追问这种小事</u>，<u>却把最要紧的事给忘了</u>。你也不问一问布里格斯先生为什么要找你——他找你要干什么？"

以上例子中，黄源深所用的"一俊便可遮百丑""吃力不讨好""依样画葫芦""竹篮打水一场空""捡了芝麻忘了西瓜"等都属于汉语中的俗语，而宋兆霖用的"都能因此原谅她的每一个缺点""费力不讨好""虚空和徒劳""自家人总比外人亲嘛""你只顾追问这种小事"这些句子都是生活中的常用语，这足以显示二位译者在进行转换时使用了不同的翻译策略。黄源深用俗语表现出语言的幽默和形象；宋兆霖翻译的语言与日常生活接近，强调语言的连贯性和流畅性，使读者更容易读懂。因为《简·爱》原语文本是一部关于生活和爱情的名著，其语言也多呈现出生活化、口语化。

综上所述，译文文本的语言特点受译者对原语文本的理解、译者本人语言风格和语言呈现的偏好限制，其中最重要的一点是译者的翻译策略的选择。本文从译者的语言风格和翻译策略两个层面对译文与原文进行的对比说明表明了在时代需求的前提下影响译文文本不同的因素，即译文与原文的语言和风格的再现；译者在翻译中所采取的策略。因此，就可以阐释黄源深和宋兆霖两个版本中的文化再现的不同立足点的缘由。最后，笔者认为译者对原文本的再创造是为实现翻译为文化交流服务这样的使命的时代需求。以下为两位学者对另一段译文的不同翻译，大家可仔细欣赏后再做详细分析。

译文赏析

Jane Eyre[①]

I walked a while on the pavement; but a subtle, well—known scent—that of a cigar—stole from some window; I saw the library casement open a hand – breadth; I knew I might be watched thence; so I went apart into the orchard. No nook in the grounds more sheltered and more Eden – like; a very high wall shut it out from the court on one side; on the other a beech avenue screened it from the lawn. At the bottom was a sunk fence, its sole separation from lonely fields: a winding walk, bordered with laurels and terminating in a giant horse – chestnut, circled at the base by a seat, led down to the fence. Here one could wander unseen. While such honeydew fell, such silence reigned, such gloaming gathered, I felt as if I could haunt such shade forever; but in treading the flower and fruit parterres at the upper part of the enclosure, enticed there by the light the now rising moon cast on this more open quarter, my step is stayed—not by sound, not by sight, but once more by a warning fragrance.

Sweet – brier and southernwood, jasmine, pink, and rose have long been yielding their evening sacrifice of incense: this new scent is neither of shrub nor flower; it is —I know it well—it is Mr. Rochester s cigar. I look round and listen. I see trees laden with ripening fruit I hear a nightingale warbling in a wood half a mile off: no moving form is visible, no coming step audible; but that perfume increases: I must flee. I make for the wicket leading to the shrubbery, and I see Mr. Rochester entering. I step aside into the ivy recess; he will not stay long: he will soon return whence he came, and if I sit stillhe will never see me.

But no – eventide is as pleasant to him as to me, and this antique garden as attractive; and he strolls on, now lifting the gooseberry tree branches to look at the fruit, large as plums, with which they are laden; now taking a ripe cherry from the wall; now stooping towards a knot of flowers, either to inhale their fragrance or to admire the dew beads on their petals. A great moth goes humming by me; it alights on a plant at Mr. Rochester's foot: he sees it, and bends to examine it.

简·爱[②]

我在铺筑过的路面上散了一会儿步。但是一阵细微而熟悉的清香——雪茄的气味——悄悄地从某个窗子里钻了出来。我看见图书室的窗开了一手掌宽的缝隙。我知道可能有人会从那儿看我,因此我走开了,进了果园。庭院里没有比这更隐蔽、更像伊甸园的角落了。这里树木繁茂,花儿盛开,一边有高墙同院子隔开;另一边一条长满山毛榉的路,像屏障一般,把它和草坪分开。底下是一道矮篱,是它与孤寂的田野唯一的分界。一条蜿蜒的小径通向篱笆。路边长着月桂树,路的尽头是一棵巨大无比的七叶树,树底下围着一排座椅。你可以在这儿漫步而不被人看到。在这种玉露徐降、悄无声息、夜色渐浓的时刻,我觉得仿佛会永远在这样的阴影里踯躅。但这时我被初升的月亮投向园中高处开阔地的光芒所吸引,穿过那里的花圃和果园,却停住了脚步——不是因为听到或是看到了什么,而是因为再次闻到了一种我所警觉的香味。

[①] 佚名. 常用英语经典 [M]. 珠海: 珠海出版社, 2004: 245 – 246.
[②] 黄源深. 简·爱 [M]. 北京: 中译出版社, 1994: 285 – 286.

多花蔷薇、老人蒿、茉莉花、石竹花和玫瑰花早就在奉献着它们的晚香,刚刚飘过来的气味既不是来自灌木,也不是来自花朵,但我很熟悉,它来自罗切斯特先生的雪茄。我举目四顾,侧耳静听。我看到树上沉甸甸垂着即将成熟的果子,听到一只夜莺在半英里外的林子里鸣啭。我看不见移动的身影,听不到走近的脚步声,但是那香气却越来越浓了。我得赶紧走掉。我往通向灌木林的边门走去,却看见罗切斯特先生正跨进门来。我往旁边一闪,躲进了长满常春藤的幽深处。他不会久待,很快会顺原路返回,只要我坐着不动,他就绝不会看见我。

可是不行——薄暮对他来说也像对我一样可爱,古老的园子也一样诱人。他继续往前踱步,一会儿拎起醋栗树枝,看看梅子般大压着枝头的果子;一会儿从墙上采下一颗熟了的樱桃;一会儿又向着一簇花弯下身子,不是闻一闻香味,就是欣赏花瓣上的露珠。一只大飞蛾嗡嗡地从我身旁飞过,落在罗切斯特先生脚边的花枝上,他见了便俯下身去打量。

简·爱①

我在石子小径上散了一会儿步,可是有一股幽幽的、熟悉的香味——雪茄烟味——从一扇窗子里飘了出来。我看到书房的窗子打开有一手宽光景。我知道可能会有人在那儿窥视我,于是我马上离开,走进果园。庭园里再没有哪个角落比这儿更隐蔽、更像伊甸园的了。这儿树木茂密,鲜花盛开。它的一边有一堵高墙,把它和院子隔开,另一边则有一条山毛榉林荫道形成屏障,使它和草坪分开。果园的尽头是一道低矮篱笆,这是它跟孤寂的田野唯一的分界线。有一条蜿蜒的小路通向篱笆,小路的两边长着月桂树,路的尽头耸立着一棵高大的七叶树,树的根部围着一圈坐凳。在这儿,你可以自由漫步而不让人看见。

在这夜露降临、万籁俱寂、暮色渐浓的时候,我觉得自己仿佛可以永远在这浓荫里流连下去。果园的一个高处较为开阔,初升的月亮在这儿洒下了一片银辉。我被吸引着走向那儿。正穿行在花丛和果树之间时,我的脚步不由得停了下来——既不是因为听到什么,也不是因为看到了什么,而是因为再次闻到了一股引起警觉的香味。多花蔷薇、青蒿、茉莉、石竹和玫瑰一直都在奉献着晚间的芳香,可是这股新的香味既不是来自灌木,也不是花香,这是——我非常熟悉的——罗切斯特先生的雪茄香味。

我看着四周,侧耳细听,我看到的是枝头挂满正在成熟的果实的果树,听到的是半英里外林子里一只夜莺的歌唱。看不见一个移动的人影,听不见任何走近的脚步声,可是那香味却愈来愈浓。我得赶快逃走。我正举步朝通向灌木丛的边门走去,却一眼看见罗切斯特先生正走了进来。我向旁边一闪,躲进常青藤深处。他不会逗留很久,一定很快就会回去的,只要我坐在那儿不动,他绝不会看见我的。可是并非如此——黄昏对他像对我一样可爱,这个古老的花园对他也同样迷人。他继续信步朝前走着,一会儿托起醋栗树枝,看看枝头那大如李子的累累果实,一会儿从墙头下一颗熟透的樱桃,一会儿又朝一簇花朵弯下身去,不是去闻闻它们的香气,就是欣赏一下花瓣上的露珠。一只很大的飞蛾从我身边嗡嗡地飞过,停落在罗切斯特先生脚边的一株花上。他看见后,俯身朝它仔细地察看着。

---

① 宋兆霖. 简·爱[M]. 北京:北京燕山出版社,1995:275-276.

（四）小说翻译中的文化再现——以《简·爱》为例

不同的作者，在语言和风格方面不同，在将小说译成目的语的时候，为了显示原文的风格，译者通过不同的译法使译文具有独特性，使得原语在目的语的读者中获得其价值。

英语和汉语各有其语言特点，语言的文化环境不同。当两种语言进行转换时，形式上的变化非常大，为了保留原文的内容，作者在译入语中根据自己对原文本的理解，用自己的风格和语言特色再现原文本。

在《简·爱》的翻译中，为了使原文简练的语句在汉语中能找到相对应的方法，黄源深在译文中采用了成语和四字词的方法来表现原文的内容。在翻译的策略上采取了归化的方法，用自己的审美和创作意识，给中国读者用自己的语言讲述了一个"外国的爱情故事"。

归化的翻译方法是由韦努蒂提出的，是一种为了给读者减少异域文化的陌生性而常使用的翻译策略。因为它是一语化的译法，也是读者在异域作品中感知自己的文化的方法。

汉语里丰富的四字成语，以具体的形象明理言志，表达形象贴切，给人以短小精悍的感觉，具有典型的中国文化特色。下面是黄源深用成语表达译文的典型例句。

（1）"Dear! Dear! What a fury to fly at Master John!" "Did ever anybody see such a picture of passion!"?

"哎呀！哎呀！那么大的气出在约翰少爷身上！""谁见过那么<u>火冒三丈</u>的！"

（2）In her turn, Helen Burns asked me to explain; and I proceeded forthwith to pour out, in my own way, the tale of my sufferings and resentments.

这回轮到海伦·彭斯要求我解释明白了。我便以自己特有的方式，<u>一五一十</u>地向她诉说了自己的痛苦和愤懑。

（3）They were not bound to regard with affection a thing that could not sympathize with one amongst them; a heterogeneous thing, opposed to them in temperament, in capacity, in propensities; a useless thing, incapable of serving their interest, or adding to their pleasure.

他们没有必要热情对待一个与自己合不来的家伙，一个无论是个性、身份，还是嗜好都同它们<u>泾渭分明</u>的异己。

（4）she took her hand from my arm, and gazed at me as if she really did not know whether I were child or fiend. I was in for it.

她从我的胳膊中抽回手，死死盯着我，仿佛真的弄不明白我究竟是个孩童还是个魔鬼。这时，我<u>骑虎难下</u>了。

（5）"Ten years." "So much?" was the doubtful answer.

"十岁。""这么大了？"他<u>满腹狐疑</u>地问道。

（6）The meal over, prayers were read by Miss Miller, and the classes filed off, two and two, upstairs.

吃完饭，米勒小姐念了祷告，各班<u>鱼贯而出</u>，成双成对地走上楼梯。

（7）and as all was quiet, the subject of their lessons could be heard.

四周<u>鸦雀无声</u>，所以听得见她们功课的内容。

（8）Defend yourself to me as well as you can. Say whatever your memory suggests as true; but add nothing and exaggerate nothing.

"那你在我面前尽力为自己辩护吧，凡是你记得的事实你都说，可别添油加醋，夸大其词。"

(9) A fresh wrong did these words inflict: the worse, because they touched on the truth.

这些话好似雪上加霜，还因为触及事实而更加伤人。

(10) "I will fetch you a candle, sir; and, in Heaven's name, get up."

"我去给你拿支蜡烛，先生。皇天在上，快起来吧。"

在以上例子中，成语是典型的中国文化，这些文化信息主要源自自然环境，地理知识和生活经验。例如，"满腹狐疑""骑虎难下""鱼贯而出""鸦雀无声"都是从特殊的，或者说是从自然环境中得来的，形容小说中人物当时的心情和情形的成语；"泾渭分明"与地理知识相关，表明了两者之间极端的差别；"雪上加霜"则是北方的自然现象，表现了其程度之深及严重性，翻译成"the worse"形象地表达了主人公当时的心情；"一五一十"和"火冒三丈"是我们在日常生活中常用的一个成语，非常仔细，很形象的转换出了"pour out"和"a picture of passion"的意义；皇帝是中国最高统治者至高无上的称呼，是中国特有的文化现象，将"in Heaven's name"译成"皇天在上"，紧紧与中国文化相关，因为西方人信仰基督教，常说的是"上帝"。

以上例子是以成语再现文化的方式进行翻译的，这些表达使得句子更形象地表现了汉语语言的美，也使句子更有节奏，形象地体现了女主人公的爱憎情感，再现了原小说故事蕴含的美感。

一部文学名著，对于读者的人生观和世界观有着一定的影响。译者在翻译外国文学作品的过程中有意识地选择自己的位置和角色，将自己的认识和翻译方法融于其中。译者是文化传播者、文学再创作者和协调者。

【课后练习8-3】

请从译入语文化角度分析说明以下《简·爱》两个译本的差别。

Jane Eyre[①]

"Can there be life here ?" I asked.

Yes, life of some kind there was ; for I heard a movement——that narrow front door was unclosing, and some shape was about to issue from the grange.

It opened slowly : a figure came out into the twilight and stood on the step——a man without a hat. He stretched forth his hand as if to feel whether it rained. Dusk as it was, I had recognized him; it was my master, Edward Fairfax Rochester, and no other.

I stayed my step, almost my breath, and stood to watch him - to examine him, myself unseen, and alas ! to him invisible. It was a sudden meeting, and one in which rapture was kept well in check by pain. I had no difficulty in restraining my voice from exclamation, my step from hasty advance.

His form was of the same strong and stalwart contour as ever : his port was still erect, his hair

---

① 佚名. 常用英语经典 [M]. 珠海：珠海出版社，2004：429.

was still raven black : nor were his features altered or sunk : not in one year's space, by any sorrow, could his athletic strength be quelled or his vigorous prime blighted. But in his countenance I saw a change : that looked desperate and brooding—— that reminded me of some wronged and fettered wild beast or bird, dangerous to approach in his sullen woe. The caged eagle, whose gold-ringed eyes cruelty has extinguished, might look as looked that sightless Samson.

And reader, do you think I feared him in his blind ferocity? —if you do, you little know me. A soft hope blent with my sorrow that soon I should dare to drop a kiss on that brow of rock, and on those lips so sternly sealed beneath it; but not yet. I would not accost him yet.

简·爱①

"这儿会有生命吗?"我暗自问道。

不错、是存在着某种生命,因为我听见了响动——狭窄的门打开了,田庄里就要出现某个人影了。

门慢慢地开了。薄暮中一个人影走了出来,站在台阶上,一个没有戴帽子的男人。他伸出手仿佛要感觉一下是不是在下雨。尽管已是黄昏,我还是认出他来了——那不是别人,恰恰就是我的主人,爱德华·罗切斯特。

我留住脚步,几乎屏住了呼吸,站立着看他——仔细打量他,而不让他看见,啊,他看不见我。这次突然相遇,巨大的喜悦已被痛苦所制约。我毫不费力地压住了我的嗓音,免得喊出声来,控制了我的脚步,免得急乎乎冲上前去。

他的外形依然像往昔那么健壮,腰背依然笔直,头发依然乌黑。他的面容没有改变或者消瘦。任何哀伤都不可能在一年之内销蚀他强劲的力量,或是摧毁他蓬勃的青春。但在他的面部表情上,我看到了变化。他看上去绝望而深沉——令我想起受到虐待和身陷囹圄的野兽或鸟类,在恼怒痛苦之时,走近它是很危险的。一只笼中的鹰,被残酷地剜去了金色的双眼,看上去也许就像这位失明的参孙。

读者呀,你们认为,他那么又瞎又凶,我会怕他吗? ——要是你认为我怕,那你太不了解我了。伴随着哀痛,我心头浮起了温存的希望,那就是很快想要胆大包天地吻一吻他岩石般的额头和额头下冷峻地封闭着的眼睑。但时机未到,我还不想招呼他呢。

简·爱②

"这儿会有人吗?"我问。

是的,是有一点儿生命的迹象,因为我听到了响动——那扇狭窄的前门正在打开,有个人影刚要从房子里出来。

门慢慢地打开了,一个人影出现在暮色中,站在台阶上,那是一个没戴帽子的男人。他往前伸出一只手,似乎想试试天有没有下雨。尽管暮色昏暗,我还是认出了他——那不是别人,正是我的主人,爱德华·罗切斯特!

我停下脚步,几乎屏住呼吸,站在那儿看着他——细细打量着他,他没有看到我,哦,他看不见啊!这是一次突然的会面,一次痛苦完全压倒欣喜的会面。我没有费多大劲

---

① 黄源深. 简·爱 [M]. 北京:中译出版社. 1994:498.
② 宋兆霖. 简·爱 [M]. 北京:北京燕山出版社. 1995:491-492.

就迫使自己没唤出声来,也没有奔向前去。

他的身子仍和以前一样强健、壮实,他的体态仍旧笔挺,头发依然乌黑,他的容貌也没有改变或憔悴。不管有多忧伤,一年时间还不足以销蚀他那运动员般的强壮体魄,或者摧毁他那朝气蓬勃的青春活力。但在他的面部表情上,我还是看出了变化。它看上去绝望而心事重重——它使我想起了一只受到虐待而且身处笼中的野兽或者鸟儿,在它恼怒痛苦之际,走近它是危险的。被残酷地弄瞎一对金睛的笼中雄鹰,看上去大概就像眼前这位失明的参孙吧。

啊,读者,你以为失明后处于凶暴状态的他会使我感到害怕吗?——要是你这么想,那就太不了解我了。我在伤心之中还夹杂着一种温柔的愿望,即过不了多久,我就要大胆地吻一吻他那岩石般的额头,吻一吻他额头下面如此严峻地紧闭着的双唇,但不是现在。现在我还不想招呼他。

第四节　诗歌翻译

诗歌翻译是文学翻译中一个特殊而美丽的文化交流载体,是英、汉语两种语言与中西思想文化对比不可缺少的部分,学习诗歌翻译有助于培养学生的认知,了解世界文学多样化,在"立德树人"教育方面有着得天独厚的优势。诗歌是文学精粹,学习诗歌也可以和现在的课程思政结合,诗歌中爱国、爱家的主题是"立德树人"的典型例子,对培养具有崇高思想品质的双语文化交流人才有重要意义。

一、诗歌翻译标准

许渊冲认为:译诗的标准有"三美",即意美、音美和形美。译出的诗作要和原诗一样能打动读者的心,达到意美;要和原诗一样,读来有韵味儿,达到音美。还有视觉上,达到形美。另外:译文一定要尽可能保持原作的韵味儿,不仅要如原作一样引人入胜,当然也要努力维护原作的外在形式。"三美"之中,意美最为重要,音美次之,最后是形美。[1]

许渊冲教授又提出"翻译标准的四个方面:内容忠实(信)、三似、三化、形式通顺(达),每个标准以低、中、高三个层级来衡量译文水平"。其具体标准,如表8-1所示,比如,"内容忠实(信)"在评价译文时,其低标准为"明确",中标准为"准确",高标准为"精确"。

表8-1　许渊冲翻译标准

标　准	低标准	中标准	高标准
内容忠实(信)	明确	准确	精确
三似	意似	形似	神似
三化	浅化	等化	深化
形式通顺(达)	易懂	通顺	传神

---

[1] 许渊冲. 翻译的艺术 [M]. 北京:中国对外翻译公司,1984:126.

以上表格以层级形式表现了译作的不同标准，是判断译文达到许渊冲提出的层级标准依据。诗歌翻译、文学翻译、翻译实践均可以上表作为对照标准或者评析译作的指南。本节内容所选诗歌评析学习中，均采用许渊冲的翻译层级作为对照标准，可帮助同学们掌握如何表现译文的翻译准确度。

二、诗歌翻译注意事项

诗歌翻译要达到"音美、形美、意美"的标准，就要从英汉语言的本质和诗歌的特点入手看待这个问题，诗歌特殊的形式、语言和意境决定了翻译的难度，下面列出翻译实践中需要注意的三个问题。

1. 诗歌语言时代性的问题

将英语诗歌译成汉语要分清诗歌的时代，注意古诗和现代诗的语言转换问题，不要把古体诗译成现代自由诗，也不要把现代诗歌译成古诗体，造成读者体会不出原诗语言美的问题。译诗因译者的语言风格和偏好不同，可以用不同的表达方式，但不能影响译文的效果。同样，将汉语诗歌进行英译，也要注意语言时代性的问题。

2. 诗歌形式保留的问题

有些汉语诗歌是固定的分行结构，且字数固定，古诗常为四言、五言和七言。英语诗歌写作以单词的音节为准，每个单词的音节长短不一，诗词的形式上长短不一，在学习时可以关注这个细节。因为音节多少和长短不一，将汉语诗歌译成英语时，就会把形式严谨、每行字数相同、美丽而意境深远的诗词句子译成比较直白、简单、长度不一的英语句子，给中国读者一种英语诗歌形式错落有致的感觉。

3. 诗歌意境表现的问题

诗歌是一种审美文体，意境深奥，重韵律节奏，翻译中会有可译和不可译的因素。中国诗歌寓意丰富，对仗、对偶、押韵等平仄结构多，这些因素让初学者难以接受，甚至有人认为诗歌不可译。

汉语诗歌字数固定，用词优美，一般每两行押韵，给读者一种音韵美的感受。英语也押韵，有韵脚押韵、词尾押韵，也有头韵，翻译时要注意做到用词对等，用意译、音译等方法找寻语言间的共性，从内容上和意义上入手，译出原诗词的内容，译出语言的表意本质，不能随意删减其中的成分，这是译诗遵循的基本原则。

一首诗是一个完整的主题，译者要从声音、意义的角度准确把握表达好诗歌的意境，努力找到两种语言文化的契合点，做到保持形美、意美、音韵美。诗歌是文学中的精粹，译成目的语也要表现出这些特点。在学习中尽量把英语和汉语的美结合一起，展现出诗歌的意境，达到文化交流的目的。

三、诗歌翻译实践

（一）中国诗歌翻译

本部分选取了唐朝孟郊的《游子吟》杜甫的《春望》以及王之涣的《登鹳雀楼》为范例，旨在通过学习不同译者对诗歌的不同翻译，使学生能评判优劣、比较异同，在对比中加深理解、习得翻译的方法。

译文赏析

游子吟

孟 郊

慈母手中线，游子身上衣。
临行密密缝，意恐迟迟归。
谁言寸草心，报得三春晖。

Song of the Parting Son ①

Meng Jiao

From the threads a mother's hand weaves,
A gown for parting son is made.
Sewn stich by stitch before he leaves,
for fear his return be delayed.
Such kindness as young grass receives,
From the warm sun can't be repaid.

The Wandering Son's Song ②

Meng Jiao

The thread from my dear mother's hand
Was sewn in the clothes of her wandering son.
For fear of my belated return,
Before my leave they were closely woven.
Who says mine heart like a blade of grass
Could repay her love's gentle beams of spring sun?

《游子吟》是五言乐府诗，全诗三句三十个字，在写法上用了比喻的修辞手法，表达母亲爱的深沉。描写了慈母"子未行，担心儿晚归"的心情，主要表现儿子临行前慈母备上针脚密密的衣服，带着母亲的关怀与思念，也表达儿子不知该如何报答深深母爱的心情。

春 望

杜 甫

国破山河在，城春草木生。
感时花溅泪，恨别鸟惊心。
烽火连三月，家书抵万金。
白头偕更短，浑欲不胜簪。

---

① 许渊冲. 画说唐诗：汉英对照 [M]. 北京：中译出版社，2020：56-97.
② 孙大雨. 英译唐诗选 [M]. 上海：上海外语教育出版社，2007.

Spring View[①]

Du Fu

On war–torn land streams flow and mountains stand;
In vernal town grass and weeds are overgrown.
Grieved over the years, flowers make us shed tears;
Hating to part, hearing birds breaks our heart.
The beacon fire has gone higher and higher;
Words from household are worth their weight in gold.
I cannot bear to scratch my grizzled hair;
It grows too thin to hold a light hairpin.

Spring Prospect[②]

Du Fu

The state being broken up,
Its mounts and streams remain.
The capital in Spring
Doth thickly plants contain.
Aggrieved by the times' events,
On flowers I shed my tears;
With regrets for enforced partings,
The birds' songs stir up my fears.
Midst flares of war for three months,
Home letters seem a huge sum.
Mine hoary hair's scratched so thin,
This hair pin would slip through the thrum.

《春望》是唐代诗人杜甫的诗作。此诗前四句写春日长安凄惨破败的景象,饱含着兴衰感慨。开篇即写春望所见:国都沦陷,城池残破,虽然山河依旧,可是乱草遍地,林木苍苍。通过景物描写,借景生情,移情于物,表现了诗人忧伤国事,思念家人的深沉感情。后四句写诗人挂念亲人、心系国事的情怀,充溢着凄苦哀思。战争是一封家信胜过"万金"的真正原因,这也是所有受战争追害的人民的共同心理,反映出广大人民反对战争,期望和平安定的美好愿望;"白发"是愁出来的,"搔"欲解愁而愁更愁。头发白了,疏了,从头发的变化,表现了诗人内心的痛苦和愁怨,显示出诗人伤时忧国、思念家人的真情流露。

[①] 许渊冲. 画说唐诗:汉英对照 [M]. 北京:中译出版社,2020:97-179.
[②] 孙大雨. 英译唐诗选 [M]. 上海:上海外语教育出版社,2007.

> **登鹳雀楼**
> 王之涣
> 白日依山尽，黄河入海流。
> 欲穷千里目，更上一层楼。
>
> **On the Stork Tower**[①]
> Wang Zhihuan
> The sun along the mountain bows;
> The Yellow River seawards flows.
> You will enjoy a grander sight;
> By climbing to a greater height.
>
> **Ascending the Stork Tower**[②]
> Wang Zhihuan
>
> Behind the mounts daylight doth glow and fail,
> The Luteous River to the sea doth flow.
> The view of a thousand li to command,
> Up a storey higher thou shouldst now go.
>
> 本诗是五言绝句，诗的基本意思是夕阳西下，诗人眼前落日依着群山，只见黄河滚滚奔腾，如果人们要欣赏更广阔的美景，必须登高才能望远。本诗歌颂祖国山河壮丽，表现了诗人胸怀宽广、积极进取的精神。

（二）英国诗歌

本部分选取苏格兰民族诗人罗伯特·彭斯的两首诗歌，因为彭斯写诗时会加上苏格兰本族语，以苏格兰曲调、民间传说、歌谣为基础创作，他因此被誉为爱国诗人，他的诗歌几乎传遍了世界，对苏格兰文化的传播起到了很大的推动作用。他的诗源于田园，歌颂自然、爱情、友情、土地。通过阅读彭斯的诗歌，可以让学生感受英语发源地的英语，欣赏异域的诗歌美，并以其与中国乡土诗歌进行对比研究。

以下选取彭斯两首流传最广、最受人欢迎的诗歌 *A Red, Red Rose* 和 *Auld Lang Syne*，从三个翻译版本对比分析它们的语言、韵脚和结构等。译文分别为李正栓译本[③]，王佐良译本[④]和顾子欣编译本[⑤]。

[①] 许渊冲. 画说唐诗：汉英对照 [M]. 北京：中译出版社，2020：179.
[②] 孙大雨. 英译唐诗选 [M]. 上海：上海外语教育出版社，2007.
[③] （英）罗伯特·彭斯. 彭斯诗歌精选：英汉对照 [M] 李正栓，译，北京：清华大学出版社，2016：151.
[④] 王佐良. 王佐良全集（第十二卷）[M]. 北京：外语教学与研究出版社，2015.12：298-299
[⑤] 顾子欣. 英诗三百首（英汉对照）[M]，北京：线装书局，2014.6

译文赏析

A Red, Red Rose
Robert Burns

1.
O, my luve is like a red, red rose,
That's newly sprung in June.
O, my luve is like the melodie,
That's sweetly play'd in tune.
2.
As fair art thou, my bonie lass,
So deep in luve am I,
And I will luve thee still, my dear,
Till a' the seas gang dry.
3.
Till a' the seas gang dry, my dear,
And the rocks melt wi' the sun!
And I will luve thee still, my dear,
While the sands o'life shall run.
4.
And fare thee weel, my only luve!
And fare thee weel, a while!
And I will come again, my luve,
Tho'it were ten thousand mile!

一朵红红的玫瑰①
罗伯特·彭斯

1.
呵,我的爱人像一朵红红的玫瑰,
六月里蓓蕾初开。
呵,我的爱人像一支甜甜的乐曲,
演奏得和弦合拍。
2.
我的好姑娘,你是这么美,
我的爱是这么深。
我将永远地爱你,亲爱的,
直到大海干枯水流尽。
3.
直到大海干枯水流尽,亲爱的,

---

① 罗伯特·彭斯. 彭斯诗歌精选(英汉对照)[M]李正栓,译,北京:清华大学出版社,2016:151.

直到太阳把岩石化作灰尘。
呵,我将永远地爱你,亲爱的,
只要我生命不止、依稀犹存。
4.
再见吧,我唯一的爱人,
再见吧,让我们暂时分离。
我一定回来,亲爱的,
哪怕是远行千里万里。

一朵红红的玫瑰①
罗伯特·彭斯

呵,我的爱人像朵红红的玫瑰,
六月里迎风初开;
呵,我的爱人像支甜甜的曲子,
奏得合拍又和谐。

我的好姑娘,多么美丽的人儿!
请看我,多么深挚的爱情!
亲爱的,我永远爱你,
纵使大海干涸水流尽。

纵使大海干涸水流尽,
太阳将岩石烧作灰,
亲爱的,我永远爱你,
只要我一息犹存。

珍重吧,我唯一的爱人,
珍重吧,让我们暂时别离,
但我定要回来,
哪怕千里万里!
(王佐良译)

一朵红红的玫瑰②
罗伯特·彭斯

啊,我的爱像红红的玫瑰,
六月里初放花蕾。

---

① 王佐良. 王佐良全集(第十二卷)[M]. 北京:外语教学与研究出版社,2015:298-299.
② 顾子欣. 英诗三百首(英汉对照)[M]. 北京:线装书局出版社,2014:149.

啊，我的爱像甜蜜的乐曲，
演奏起来有多美。

你是多么可爱，好姑娘，
我的爱情多么深，
我将永远爱你，亲爱的，
直至海枯水流尽。

直至海枯水流尽，亲爱的，
岩石被烈日消融！
我将永远爱你，亲爱的，
只要我一息尚存。

再见吧，我的唯一的爱人！
让我们暂时分袂！
我定要回来的，我的爱人，
纵相隔千山万水！

诗歌《一朵红红的玫瑰》是罗伯特·彭斯写的非常有名的一首诗，最早出版于1794年，以英语语言完成，最突出的特点是诗句中用了苏格兰本土语言。在此列举诗中苏格兰语和其英语含义相同的词帮助理解原诗，luve = love；melodie = melody；bonie = good；lass = girl, maiden；a' = all；gang = go；wi' = with, because of；sands o' life：= sands of life（the sand–glass used to measure time in the past）；weel = well；fare thee weel = fare you well, farewell；tho = though；mile = miles，因为诗歌出版后面向英语语言读者，诗中以个别苏格兰语替代英语同义词的方式出现。

总体看来，三篇译文的题目翻译相同，三篇译文都很吸引人，都准确传递了原诗歌的美。

李正栓译文中，原诗用词简洁，句式缓和，清晰易懂，深情表达了对心中姑娘的爱慕。描述了热恋中的男子对于爱人的山盟海誓，表现了他对爱人至死不渝、历久弥坚的爱情。全诗共四节，第一、二节用了偶句押韵，第一节有结构对称的句子，"That's newly sprung in June. That's sweetly play'd in tune."其余是以完整的意群表达。第三节和第四节单句句尾词重复，如："dear, luve"；偶句句尾押韵，如"sun, run"，"while, mile"。译文中，用意译和字面对应的翻译方法表现了原诗的意思，没有像原诗一样译出对偶和对称结构，但是译者也尽可能押韵，在朗读和阅读时能感到其音韵节奏，如"开和拍"，"深和尽"，"尘和存"，"离和里"。

实际上，从意义对等的角度分析，李正栓的译文达到了许渊冲提出翻译的三重标准中的高标准，用词准确，结构上形似，句子通顺。王佐良译文和顾子欣译文各有千秋，个人认为，王佐良译文有其语言特点，他的译文语言很有气势，符合原诗的风格；而顾子欣译文也很通顺，符合原诗的风格。只是美中不足的是，将"And fare thee weel, a while!"一句译为"让我们暂时分袂！"意思有点牵强，造成文化上的沟通不畅。

译文赏析

Auld Lang Syne

Robert Burns

(chorus)
For auld lang syne, my jo,
For auld lang syne,
We'll tak a cup o' kindness yet,
For auld lang syne!

1.
Should auld acquaintance be forgot,
And never brought to mind?
Should auld acquaintance be forgot,
And days o' auld lang syne?

2.
And surely ye'l be your pint-stowp!
And surely I'll be mine!
And we'll tak a cup o' kindness yet,
For auld lang syne

3.
We twa hae run about the braes,
And pou'd the gowans fine;
But we've wander'd monie a weary foot,
Sin auld lang syne.
We twa hae paidl'd I' the burn,

4.
Frae mornin' sun till dine;
But seas between us braid hae roar'd
Sin auld lang syne.

5.
And there's a hand, my trusty fiere!
And gie's a hand o' thine!
And we'll tak a right guid-willie waught,
For auld lang syne.

过去的好时光[①]

罗伯特·彭斯

合唱：
为了过去的好时光，朋友，
为了过去的好时光，
让我们干一杯友谊的酒，
为了过去的好时光。

1.
老朋友怎能遗忘掉，
永不再放心上？
老朋友怎能遗忘掉，
还有过去的好时光？

2.
请你干尽这杯酒，
我也把这一杯喝光。
让我们干一杯友谊的酒，
为了过去的好时光。

3.
我们俩曾游遍山冈，
并把野菊来采摘；
我们已历尽苦与辛，
远离过去的好时光！

4.
我们俩曾蹚溪又过河，
从早晨直到晚上灯火亮：
如今大海将我们分离，
远离过去的好时光！

5.
老朋友，我已伸出我的手，
请你也伸手相握，
让我们干一杯友谊的酒，
为了过去的好时光。

[①] 罗伯特·彭斯. 彭斯诗歌精选（英汉对照）[M]. 李正栓, 译, 北京：清华大学出版社, 2016.

往昔的时光[①]

罗伯特·彭斯

合唱：
为了往昔的时光，老朋友，
为了往昔的时光，
再干一杯友情的酒，
为了往昔的时光。

1.
老朋友哪能遗忘，
哪能不放在心上？
老朋友哪能遗忘，
还有往昔的时光？

2.
你来痛饮一大杯，
我也买酒来相陪。
干一杯友情的酒又何妨？
为了往昔的时光。

3.
我们曾遨游山岗，
到处将野花拜访。
但以后走上疲惫的旅程，
逝去了往昔的时光！

4.
我们曾赤脚蹚过河流，
水声笑语里将时间忘。
如今大海的怒涛把我们隔开，
逝去了往昔的时光！

5.
忠实的老友，伸出你的手，
让我们握手聚一堂。
再来痛饮一杯欢乐酒，
为了往昔的时光！

[①] 王佐良. 王佐良全集（第十二卷）[M]. 北京：外语教学与研究出版社，2016.

友谊地久天长[1]

罗伯特·彭斯

1.
难道能把老朋友遗忘,
不把他记在心上?
难道能把老朋友遗忘,
还有过去的时光?

副歌:为了过去的时光,朋友,
为了过去的时光,
再痛饮一杯友情之酒,
为了过去的时光!

2.
你举起大杯一饮而尽,
我也把我的喝光;
再痛饮一杯友情之酒,
为了过去的时光!

3.
我们曾一起在山中游荡,
采摘野菊的芬芳;
但后来我们历尽坎坷,
不再有过去的时光。

4.
我们曾一起在小河游荡,
从日出到正午时光;
但后来被呼啸的海浪阻隔,
不再有过去的时光!

5.
这是我的手,忠实的朋友,
请给我你的手掌;
让我们再干上一杯美酒,
为了过去的时光。

副歌:同前。

---

[1] 顾子欣. 英诗三百首(英汉对照)[M]. 北京:线装书局,2014.

Auld Lang Syne 被译为许多种语言,其意思为"Old long since",其译名有:《昔日好时光》《友谊地久天长》《过去的好时光》,这首歌曲不仅在英国人人皆知,而且享誉全世界。在离别、远行、毕业季很受人们青睐,它歌颂过去流逝的岁月和纯真难忘的友谊。

三首译文对应原诗的押韵、重复,在形式安排上很美,错落有致。不同的是三位译家对结构的处理不一,有合唱,有副歌,造成理解困难。从整体来看,李正栓译文和王佐良译文很通顺,语言表达很精辟。顾子欣的翻译稍欠通顺,语言读来有点生硬。如最后一节中,他将"And there's a hand, my trusty fiere! And gie's a hand o' thine!"译为:"这是我的手,忠实的朋友,请给我你的手掌"。不过,全诗整体意义表达得还算全面,对原诗的翻译很到位。

彭斯对苏格兰的贡献很大,他整理了大量的苏格兰民谣,汇集成册,编成音乐集和歌曲集,本诗是从苏格兰民谣中整理而来,本诗中苏格兰语非常多:"twa hae = two have; pou'd = pulled; powans = wild daisies; monie = many; fit = foot; sin = since; paidl'd = paddled; frae = from; fiere = comrade; gie's = give us; guid willie = good will; waught = a bit draught."① 因而在翻译诗歌前,必须查清楚它们的含义,这是本诗翻译的一个重点。彭斯用英语写诗,其中个别词用苏格兰语代替,是他诗作最大的突破②。他把苏格兰语融入诗歌里面,记录了苏格兰语,保留了自己本土的文化,所以彭斯在苏格兰人心中被视为爱国者。

【课后练习8-4】

一、请翻译下面三首古诗,注意如何在英译中全面表现诗歌的音形意,即诗歌的韵脚、结构和意义。后附译文,以供大家对照学习。

送元二使安西
王维(渭城曲)
渭城朝雨浥轻尘,
客舍青青柳色新。
劝君更尽一杯酒,
西出阳关无故人。

峨眉山月歌
李白
峨眉山月半轮秋,
影入平羌江水流。
夜发青溪向三峡,
思君不见下渝州。

---

① 顾子欣. 英诗三百首(英汉对照)[M]. 北京:线装书局,2014:149.
② 王佐良. 王佐良全集(第十二卷)[M]. 北京:外语教学与研究出版社,2016.

溪 居

柳宗元

久为簪组束,幸此南夷谪。
闲依农圃邻,偶似山林客。
晓耕翻露草,夜榜响溪石。
来往不逢人,长歌楚天碧。

二、请翻译下面两首英语诗歌,分析原诗的韵脚、结构和用词。

Daffodils

William Wordsworth

I wandered lonely as a cloud
That floats on high o'er vales and hills,
When all at once I saw a crowd,
A host, of golden daffodils;
Beside the lake, beneath the trees,
Fluttering and dancing in the breeze.

Continuous as the stars that shine
And twinkle on the milky way,
They stretched in never－ending line
Along the margin of a bay:
Ten thousand saw I at a glance,
Tossing their heads in sprightly dance.

The waves beside them danced; but they
Outdid the sparkling waves in glee;
A poet could not but be gay,
In such a jocund company;
I gazed－and gazed－but little thought
What wealth the show to me had brought:

For oft, when on my couch I lie
In vacant or in pensive mood,
They flash upon that inward eye
Which is the bliss of solitude;
And then my heart with pleasure fills,
And dances with the daffodils.

On the Grasshopper and Cricket

John Keats

The poetry of earth is never dead:
When all the birds are faint with the hot sun,
And hide in cooling trees, a voice will run
From hedge to hedge about the new-mown mead;
That is the Grasshopper's—he takes the lead
In summer luxury,—he has never done
With his delights; for when tired out with fun
He rests at ease beneath some pleasant weed.
The poetry of earth is ceasing never:
On a lone winter evening, when the frost
Has wrought a silence, from the stove there shrills
The Cricket's song, in warmth increasing ever,
And seems to one in drowsiness half lost,
The Grasshopper's among some grassy hills.

第九章　旅游景点的文化翻译

本章导读

随着我国经济影响力提升，来中国学习、旅游和文化交流的中外友人越来越多，外国友人常在空闲时间欣赏当地美景、体验文化，在某种程度上说，这是一个地区国际化水平的表现。因此，英译的指示牌、路牌，还有景区介绍对游客来说显得格外重要。有些景区公共场所虽有英文标识，但是英文标识用语语言不规范，这种情况让游客不能理解，也容易引起误会，应引起有关部门的注意。

本章内容基于本土化文化翻译，以固原须弥山公共场所英语译文、宁夏博物馆展馆解说词翻译、固原市某县生意旺盛的某酒店服务指南英译为例，进行分析讲解。选取这些实例的原因一方面是英语专业培养的学生毕业后基本在宁夏本区服务，另一方面让学生近距离了解本土文化的价值和对外传播现状，也能了解本土文化传播翻译的情况、优点及不足。因为这些例子是真实存在于生活，教师在教学中给学生做笔译实证例子讲解，其说服性更强，也可加强学生的实际翻译应用能力。选取的例子中有些译文较好，有些译文不通顺，都可根据具体情况具体分析学习。教师在教学中把一些不合格的翻译列出来，可以引起学生的重视。作为英语专业的学生，在未来从事翻译的时候，一定要以一种严谨的态度译出正确的译文，不影响我们国家的形象，达到跨文化交流顺利进行的目的。

第一节　宁夏旅游景点文化翻译

旅游景点文化的翻译，遵循段落翻译的方法，讲求句子精炼、通顺。因为景点文化的特有性，翻译的方法也不尽相同，如果是介绍客观存在的自然景物或实物、文物以及其构造、性质等，译文就要相对专业，语句严谨；如果旅游景点中介绍的是相关的故事、传说，译文就会讲究用词优美，句子结构变化多样。这些情况都需要译者在翻译前要注意准确判断。

以下例子中，有的翻译比较通顺，编者在行文中已经具体标出，以供大家借鉴学习；有些例子翻译得不大妥当，编者也在其后加上了"建议译文"，希望同学们学习时作为参照，翻译时做到严谨、准确，努力达到尽善尽美的标准。

一、宁夏固原须弥山景点文化翻译

（一）须弥山介绍

固原是"丝绸之路"东段北道线上的咽喉要塞，是多种文化相互影响、融汇之地①。

须弥山特殊的地理位置和地质结构，开窟造像有着得天独厚的条件，成为早期佛教东传的产物②，千姿百态的雕像和多彩的壁画，是石窟艺术的宝库③。

原译文：

Guyuan was a vital link and an important pass in the eastern half of the northern silk road route and a place where all sorts of cultures influenced each other and blended①. The Mt. Xumi's unique geographical position and geological structure provided a good condition for opening the whole statuary and then became a place of early Buddhism eastward②. It was the rock cave art treasure house in which Statues were shaped in thousands of ways and the murals colorful③.

我们在公共场合见到的出错译文，大多是犯了字面译的错误，如本段存在理解错误和句子主次、前因后果表达错误，造成句子逻辑不通的问题。

句①中因字面译的原因，"each other"一词放错了位置。句②把因果关系理解为承接关系，所以错用了"then"。句③中译者想表达此句——"千姿百态的雕像和多彩的壁画，是石窟艺术的宝库"的意思，用了强调句的结构。关于用强调句式的作用，其实是为了某个成分的重要性，但是本句不通顺，含义模糊，并没有译出更自然的句子。因此，本句可以直接用主、系、表的结构译成简单句："Various statues and colorful murals are the treasure house of grotto art."

尽管原文根据上下文可以读出大概的意思，但是为了句子通顺，让游客更容易读懂，笔者认为全段可做修改如下：

建议译文：

Guyuan was a vital link and an important pass in the eastern half of the northern silk road and a place where all sorts of cultures influenced and blended with each other. The Mt. Xumi's unique geographical position and geological structure provided a good condition for carving the whole statuary and thus became a place of early Buddhism spreading to the east. Various statues and colorful murals are the treasure house of grotto art.

特别说明：以上建议修改的译文中，删掉了"the northern silk road route"一句中多余的单词"route"。

（二）神话故事翻译

飞 来 石

飞来石，重达5吨，在神话小说《西游记》中，铁扇公主用芭蕉扇把孙悟空扇到须弥山，同时扇来此块石头，故称"飞来石"①。这块石头属酸性花岗岩，其质地、颜色、硬度等方面都与须弥山红砂岩有着本质的不同②，在须弥山50公里范围内仅此一块③。

The Flying Rock

The Flying Rock weighs around 5 tons. Its name originates from Journey to the West, one of the Four Greatest Classical Novels of Chinese literature. Monkey King was blown to Mount Sumeru Grottoes by Princess Iron Fan with her Palm Leaf Fan, as well as this rock, thus get the name of the Flying Rock①. This rock is an acidic granite, which is different from the red sandstones within the region of Mount Sumeru Grottoes in nature, including its texture, color, hardness and so on②. It is the only one of this type that can be found within 50 kilometers of Mount Sumeru Grottoes③.

把句②译成:"This rock belongs to the acidic granite categories, which is different from the red sandstones in the area of Mount Sumeru Grottoes in its nature, texture, color, hardness and so on."这样的话,英语句子就在逻辑上明了清楚。句③"在须弥山50公里范围内仅此一块"的英译不精练,也可以修改。

建议译文:

The Flying Rock

The Flying Rock weighs around 5 tons. Its name originates from Journey to the West, one of the Four Greatest Classical Novels of Chinese literature. It is said that Monkey King was blown to Mount Sumeru Grottoes by Princess Iron Fan with her Palm Leaf Fan, as well as this rock, thus get the name of the Flying Rock. This rock belongs to the acidic granite categories, which is different from the red sandstones in the area of Mount Sumeru Grottoes in its nature, texture, color, hardness and so on. It is the only rock that can be found within 50 kilometers of Mount Sumeru Grottoes.

特别说明:在译文中加上"It is said that(据说,有人说)",达到句子通顺,也符合讲故事的语言特点。

(三) 结束语的翻译

结 束 语

中华民族以自信坦诚的胸怀,善于将包括佛教文化在内的外来文化吸收、改造、转化为自己的能量和骨血①,在不断进取中保持着旺盛的生命力。改革开放的今天②,中国人民必将以更开放的胸襟,接纳人类的一切智慧,迸发更大活力和创造力,将中华民族文化推向更辉煌的高峰。

原译文:

Conclusion

The Chinese nation, **because of its confidence and open – mindedness**, excels at **absorbing, reforming, and transforming foreign cultures including Buddhist religious culture into its ownself and spirit**①. Even as it has continuously adopted foreign elements culturally, it has maintained its own vital energy. In today's period of economic reform②, Chinese citizens will certainly become more open – minded and accepting all types of human knowledge. They will emerge with greater energy and creativity and Chinese national culture will reach greater and more magnificent heights.

以上原文与译文,均摘自固原市须弥山景区。本段是一个完整的意群,可以作为长句翻译的练习,帮助学生确定词的含义和句子结构,主要考查学生在理解的基础上对原文的分析,审视译文的优缺点。本段翻译中单词基本没错误,但是还存在句子结构欠佳;用词不恰当;过多的直译或者可以说是字面译等问题。

原句①标成黑体的部分过于字面翻译,句②In today's period of economic reform 的翻译比较过于字面译,所以在试译文中删掉了不用的单词。还有用词不恰当的问题,特殊场合的语言,必须注意译文的通俗性和大众性,还要不失文化性的特征。下面的建议译文在尽量做到通顺的基础上,重新对用词和句子做了调整。

建议译文：

The Chinese nation, because of its genuine and open-minded feature, is good at absorbing and transforming foreign cultures like Buddhism culture as one part in its own culture, and it maintained its vital energy as it has continuously adopted foreign culture. Today, Chinese people will certainly become more open-minded and receive all types of human knowledge thanks to the open-up policy. with outburst of vitality and creativity, and we will push the Chinese national culture towards the more magnificent heights.

通过上面三个例子的英汉原语对照分析，对译文不必要的瑕疵做了修改，对原翻译也作了润色和调整，尽量使译文句子符合原语表达习惯。

二、宁夏博物馆解说词翻译示例

宁夏博物馆位于宁夏首府银川，是目前宁夏最大的博物馆，展厅里的解说词醒目漂亮，给游客赏心悦目的感觉。鉴于授课内容的安排，本节只选取了和上面须弥山解说词一样的结束语，从而让学生对比感知宁夏文化的美。下面以汉语和英语对照的方式分析学习。

译文赏析

结　束　语

这是一片神奇的土地，雄伟壮丽的锦绣山河，孕育着无限生机；这是一片广袤的土地，悠久辉煌的古老文明，承载着丰厚的历史文化①。在这片神奇而广袤的土地上，一场场历史大剧不断上演，无数的曲折与坎坷，考验着这片土地上的民族与众生②，自强不息、厚德载物、勇于探索、敬守家园、爱好和平，铸就了宁夏千年万年的历史篇章③。

这些悠久的历史，从遥远的古代走来，带着博大精深的思想，带着包容和平的心态，带着砥砺前行的意志，带着深厚宽广的底蕴，成为我们宝贵的遗产，历久而弥新。它像一座灯塔，照亮着我们的复兴之路，我们将在"一带一路"倡议下，谱写出宁夏新的历史华章。

（摘自宁夏博物馆展厅）

原译文：

Conclusion

Ningxia is a magical place, surrounded by magnificent mountains, rivers and lakes with vast stretches of open land. Ningxia has a long and glorious past dating back to the dawn of man in the Stone Age and is rich in culture and history①. In this vast open land, the drama still continues on the stage, with its constant twist and turns, ups and downs, testing our nation and the people of this land, to write a new chapter of this region's history②. one of self-improvement, morality, integrity, exploration and courage that has respect for our home in a peaceful loving manner for the people of Ningxia of the present and a thousand generations to come③.

> Our longstanding historical past, comes from ancient China, bringing it with broad and profound thoughts, that are peaceful and tolerant, in the knowledge that we shall all overcome tough times and difficulties, it is the core of our foundation, it is profound, it is our heritage and it will be lasting and revitalized in our spirits. Our history is like a lighthouse that lights a road to revival. Together we shall all write a new chapter of Ningxia in history that under the advocation of the "New Silk Road, Belt and Road initiative".

第一段的翻译中，句子①是排比句，将"这是一片神奇的土地"中的"这是"译成"宁夏"的方法非常可取。这样翻译句意清楚明了，很符合英语中直接点明主语的特点。但是，在句子"这是一片广袤的土地，悠久辉煌的古老文明，承载着丰厚的历史文化"中译者处理的不恰当，犯了字面译的错误，此处可修改为：Surrounded by magnificent mountains, rivers and lakes, Ningxia is a magical place with great vitality. Historically, it has a long and glorious past dating back to the dawn of man in the Stone Age and is rich in culture.

句子②中"drama"前的定语"一场场历史大剧"没有翻译出来，这样做不合适，因为这个定语有实际意义，"历史"一词可以省略，因为在后半句有"history"一词，通过上下文理解语义完整。本句可以修改为：In this vast open land, the stormy and heroic events still happens dramatically on the stage, with numerous twist and turns, ups and downs, testing our nation and the people of this land.

句子③，在一长串形容词的情况下，根据句意断句，调整词序和语义是个难题，因此，本句可用增加主语的方法达到语义明晰的目的。可以译为：One of self-improving, honest, innovative and peaceful loving people, they shaped history of Ningxia in the long run.

通过上面的分析，第一段译文可修改如下：

建议译文：

Surrounded by magnificent mountains, rivers and lakes, Ningxia is a magical place with great vitality. Historically, it has a long and glorious past dating back to the dawn of man in the Stone Age and is rich in culture. In this vast open land, the stormy and heroic events still happens dramatically on the stage, with numerous twist and turns, ups and downs, testing our nation and the people of this land. One of self-improving, honest, innovative and peaceful loving people, they shaped history of Ningxia in the long run.

第二段的翻译主要是并列形容词多，安排位置难，翻译时要合理断句，调整表达方式，原译文中过多形容词堆砌造成读者理解困难，也不符合英语句子的表达习惯。因此，本段可用意译的方法，把汉语句子中的四字词、排比结构根据上下文的意思，在英语译文中重新确定表达结构。笔者认为可以按照如下的建议译文进行调整，简单明了，有助于游客和学习者理解。

建议译文：

Our long-standing history is stemmed from ancient China, it turns into our heritage and becomes more precious with people's extensive and profound thoughts, peaceful and tolerant mind. Our history is like a lighthouse that lights a road to revive with the deep and broad cultural foundation shaped in the long history. Under the advocation of the "New Silk Road Belt and

Road" initiative we shall all compose a new chapter for the rejuvenation of China.

【课后练习 9-1】

一、请同学们分析本节最后部分宁夏博物馆解说词"结束语"第二段中存在的语言问题，继续润色，争取译出更好的译文。

二、请同学们结合本节课所学知识翻译下面段落，注意译文句子结构和数字的准确表达。

泰山

泰山位于山东省西部。海拔1 500余米，方圆约400平方公里。泰山不仅雄伟壮观，而且是一座历史文化名山，过去3 000多年一直是人们前往朝拜的地方。据记载，共有72位帝王曾来此游览。许多作家到泰山获取灵感，写诗作文，艺术家也来此绘画。山上因此留下了许许多多的文物古迹。泰山如今已成为中国一处主要的旅游景点。(2017年12月大学英语四级翻译题)

黄河

黄河是亚洲第三、世界第六长的河流。"黄"这个字描述的是其河水浑浊的颜色。黄河发源于青海，流经九个省份，最后注入渤海。黄河是中国赖以生存的几条河流之一。黄河流域 (river basin) 是中国古代文明的诞生地，也是中国早期历史上最繁荣的地区。然而，由于极具破坏力的洪水频发，黄河曾造成多次灾害。在过去几十年里，政府采取了各种措施防止灾害发生。(2017年6月大学英语四级翻译题)

第二节　景点相关公示语翻译

公示语 (public signs) 是一种比较独特的应用文体，它包含图形、标志、辅助文字和约定俗成的公共信息用语。① 公示语是一种面对公众的服务性语言，在公众场合最为常见，通常由图形、文字组合在一起，向公众形象、简洁、明了地传递信息。公示语有我们生活中常见的路标、广告牌、商店招牌、宣传语、旅游景点指示用语、警示语，还包括交通、运输中的标识等。例如，高速路边牌子上的图标就是特殊的公示语，这种公示语一般是几个简单的图形和词语组成，有汉语拼音和英语说明，通过简单的语言和图标很明了地告诉人们它们的功能和意义，给人们的生活带来巨大便利。以下主要说的是文字公示语，主要介绍旅游景区的公示语。

一、公示语的特点

公示语的语体比较正式，语言简洁明了、规范。英语公示语的特点可用五个由字母C开头的单词来概括：concise, conventional, consistent, conspicuous, convenient (简洁、规范、统一、醒目、方便)②。这五个词语基本概括了公示语译文的特点，也是公示语翻译

---

① 王欣. 现代旅游翻译理论研究与公示语翻译策略 [M]. 东南大学出版社，2019, 9 P101
② 丁衡祁. 努力完善城市公示语，逐步确定参照性译文 [J]. 中国翻译，2006 (42). 第6期

时可依据的最明了、指导性最强的原则。

在我国，公示语一般只用汉语表示，但是在风景区则用中英两种语言标示，一般是上下两行，上面是汉语，下面是英语。

二、公示语的类别

1. 指示性公示语（Directive Public Signs）

指示性公示语体现了公共场所对公众的信息服务水平，对公众没有限制、警示和强制意义，主要起到为公众指示方位、地点、服务等作用。比如：

First Aid	急救
Travel Service	旅游服务
Ticket Office	售票处
Service Area	服务区
Ticket & Travel Center	票务与游客中心
Visitor Information	旅游问询处
Tourists Information Center	游客咨询中心
Souvenir shop	纪念品店
Sightseeing Bus Stop	游览车车站
State Protected Historic Site	国家级文物保护单位
Bicycle Rental	自行车租赁
Ticket Parking Area	购票停车

2. 提示性公示语（Informatory Public Signs）

提示性公示语为公众提供有关告知性信息。比如：

Wet Paint	油漆未干
Out of Stock	此货暂缺
Under Repair	正在维修
Reserved	保留车位
Tourist Complaint Center	游客投诉电话
Hikers Get Off Here	步行游客请在此下车
Admission to Ticket Holders Only	凭票入场
Students Reduction	学生优惠
Automatic Check – In	自动检票
Admission is Free	全天开放
Admission by Ticket Only	凭票入场
Children and Senior Citizen Free	儿童和老人免费
For Visitors	参观通道
Please Follow the Way You Come	原路返回
Visitor Parking Only	外来车辆停放点
Parking for Tourists Only	游客车辆停放点

3. 警示性公示语（Cautionary Public Signs）

警示性公示语起警示作用，提醒公众需要注意的问题。比如：

Handle With Care	小心轻放
Caution! Wet Floor!	小心地滑
School Ahead	前方有学校
Falling Rocks	当心滚石
Beware of Animal Attack	当心动物伤人
Beware of Falling Rock	当心高空落石
Mind Your Head	注意碰头
Mind the Step	注意路滑
Do Not Lean out of the Window	请勿探出窗外
Caution! Deep water.	水深危险！
Beware of Pickpockets	严防小偷

4. 限制性公示语（Restrictive Public Signs）

限制性公示语限制、约束公众的有关行为，特别强调公众应当注意的事项，起告知和提醒的双重作用。比如：

Disabled Only	残疾人设施
Restricted Height 3M	限高3米
Speed Limit 80 Minimum 60 kilometers	限速60—80公里
Free for 60-year-old People with Senior Citizen Identity Cards.	60岁老人持老年证免票
Free for Children under 1.2 Meters High	身高1.2米（含1.2米）以下儿童免票
Smoke-Free Scenic Area	无烟景区
Emergency use only	仅限紧急情况使用
Passenger only	乘客专用
Staff only	闲人莫入

5. 强制性公示语（Mandatory Public Signs）

强制性公示语要求公众必须采取或者不能采取某种行为，语言应用直白、强硬，毫无商量余地，多用祈使句，起警示、强制作用；违反者往往受到一定的处罚或者制裁，这类公示语旨在约束公众行为、维护社会正常秩序与公众安全方面起作用。比如：

Vendors Prohibited	禁止摆卖
Overtaking Prohibited	严禁超车
No Littering	禁扔废弃物
Absolutely No Smoking!	禁止吸烟！
Please Keep off the Grass!	请勿践踏草坪
No Parking in Front of this Gate	门前禁止停车
No Smoking in the Museum	馆内禁止吸烟
No Admission for Tourist Buses	游客车辆禁止入内
Please Do Not Park on The Lawn	请不要在草坪上停车
No Photography	禁止拍照

Tickets Not Refundable　　　　　　　　恕不退票

6. 宣传性公示语（Public Slogans）

宣传性公示语，是向公众传递信息或者对某一特定事件进行宣传。比如：

New Beijing, Great Olympics　　　　　新北京 新奥运
Thrilling Games, Harmonious Asia　　　激情盛会 和谐亚洲
Better City, Better Life　　　　　　　　城市，让生活更美好（上海世界博览会宣传口号）
Welcome Home　　　　　　　　　　　欢迎回家（2004年雅典奥运会宣传口号）
Together For a Shared Future　　　　　一起向未来（2022北京冬奥会宣传口号）
Heart to Heart, @ Future　　　　　　　心心相印，爱达未来（2022杭州亚运会主题口号）

三、实例翻译学习

下面的公示语例子："文明公约"是从固原当地著名景点须弥山石窟景区得到的一手资料，特选为我们学习英汉语表达差异的例子。

1. 旅游景点的公示语翻译。

以下是须弥山景区牌子上的《文明公约》。

文明公约

重安全，讲礼仪。

不喧哗，杜陋习。

守良俗，明事理。

爱环境，护古迹。

文明行，最得体。

原译文：

Civility Convention

Safety First, Be Polite.

No Noise, Good Behavior.

Good Manners and Reasonableness.

Care for the Environment and Historic Sites.

Politeness and Decency.

以上这则文明公约以三字词为主，语句简练清晰，读来上口，容易吸引游客，在翻译时也要体现这种特点。从形式上来看，译文整体翻译能达到和原文对等的效果；从字面上来看，译文用词恰当，以名词短语和简单的动词句为主。但经笔者仔细推敲后，还是有点美中不足的感觉，译句没有透彻地译出这则倡导文明公约的意图，会让外国游客产生误解。从译法上来说，这个公示语出现了"字面译"的错误。"守良俗 明事理"的译文"Good Manners and Reasonableness"翻译欠佳，应该翻译为"behave well and be rational"，以呼吁游客做文明人。笔者认为，从整体上看，这则翻译有堆砌名词之嫌，没有透彻表达其中意思，最后一行："文明行，最得体"是一个意群，应该意译，不能做简单字面单词的英译。笔者在建议译文中做了修改，尽量让游客能读出这则《文明公约》的意思。

建议译文：
Civility Convention

Having safety in mind, Following etiquette.
Making no noise, Showing no bad habits.
Behave well, Be rational.
Cherish the Environment and protect Historical Sites.
Courtesy is valued in your tour.

2. 景区公示语（须弥山景区）

（1）原文：旅途漫漫，文明相伴

译文：Enjoy Your Visit!

本句有翻译不足之瑕疵，后半句没译出来，可改译为："Behave well and enjoy your visit!"

（2）游遍天下山川，只留脚印一串!

Be Well-behaved! Enjoy Your Journey!

本句英译恰当，基本达意。汉语句子特别有诗意，"川"和"串"发音相似，读起来押韵，而且句意耐人寻味，要求游客注意讲文明，不破坏景区的环境。英译用了意译的方法，使很浪漫的汉语句子和简洁的英语翻译达到意义对等的目的。

【课后练习9-2】

一、请收集关于交通、道路、商场、酒店等场所的公示语，对比英汉公示语的特点和翻译方法。

二、请查阅黄忠廉提出的"变译方法"和"变译理论"，理解其在公示语翻译中的运用。

三、请同学们根据所学知识，对以下《游客须知》进行润色、修改，使译文更贴切准确。

游客须知 Notice to Visitors

一、旅游区凭票游览。一人一票，门票当日有效。请保留门票，以备查验。

1. No admission without tickets. One person, one ticket. The ticket is valid only for the day on which it is purchased.

二、现役军人、老人、残疾人、小孩、学生等特殊人群享受优惠政策，购买优惠门票时请出示有效证件。

2. For the active duty serviceman, the old, the disabled, children and students, please present the valid certificate to enjoy the preferential policy.

三、维护环境卫生。请勿随地吐痰和扔废弃物；请勿在旅游区内吸烟。

3. Please keep the area tidy! Do not spit or litter and no smoking in the tourist area.

四、遵守公共秩序。不喧哗吵闹，不拥挤打闹，不酗酒滋事；进入旅游区的车辆请按规定的路线行驶，自觉遵守旅游区停车管理规定。

4. Observe public order. Do not make noise and do not be rowdy. Alcoholic beverages are also not permitted. The vehicle entering the tourist area should follow the prescribed route and obey parking management regulations.

五、保护生态环境。不踩踏绿地，不攀折花木。请勿携带易燃易爆等危险物品进入旅游区，请勿在旅游区内烧烤、燃放烟花爆竹等使用明火。

5. Protect the environment. Stay off public lawns, and refrain from picking flowers. Inflammable and explosive goods are prohibited in tourist areas. Barbecues, campfires and fireworks are strictly prohibited in tourist areas.

六、保护文物古迹。请勿在文物古迹上随意涂刻、杜绝爬触摸文物等不文明行为。

6. Protect cultural relics and historic sites. Vandalism and other uncivilized behavior is strictly prohibited.

七、爱惜公共设施。不损坏旅游区设施，节约用水用电，不在景观、设施上刻画、涂污。

7. Protect public facilities. Do not damage facilities in tourist areas. Save water and electricity, do not damage the scenic spots.

八、遵守公共道德。不长期占用公共设施，尊重旅游区服务工作人员的劳动。

8. Respect public morals. Do not occupy public facilities for long. Respect the service staff.

九、讲究以礼待人。衣着整洁得体，不在公共场所袒胸赤膊，礼让老幼病残，礼让女士，举止文明。

9. Be polite. Be well-dressed in public areas. Be polite towards the old, young, sick and women. Don't use obscene language.

十、注意人身财产安全。注意安全警示标识，勿攀爬、翻越安全防护栏及危险地段，不去危险区域游览，遇有雨雪、沙尘暴等恶劣天气，听从工作人员指挥。

10. Pay attention to personal safety and property security. Be aware of safety and warning signs. Do not climb over the safety fence. In case of bad weather such as rain, snow and sandstorm, please follow the directions of the staff or your tour guide.

十一、遇到紧急状况请不要惊慌，可就近联系旅游区工作人员或拨打救援电话：××××－×××××××

11. Don't panic if there's an emergency; contact the nearest tourist area or call ××××－××××××

第三节　酒店服务相关翻译

一、学习目的

本科生学习酒店英语，主要是为了提高学生的跨文化交际服务能力，培养学生运用英语的思维习惯。以下就以酒店服务中的部分内容为例进行学习。

二、迎宾致辞翻译

尊敬的宾客：

欢迎您下榻××（县）××饭店！我谨代表个人及全体员工向您表示热烈的欢迎并致

以诚挚的问候！衷心希望您在住店期间生活愉快！

××饭店致力于向您提供高水准的服务，以使您的每一个细节需求都达到尽善尽美。豪华舒适的客房；精致美味的佳肴；先进完善的娱乐设施；我们希望这些周到温馨的服务会成为您旅途中的美好记忆！

如果您对我们的服务有意见和建议，请随时告诉我们，我们将努力做得更好！

再次祝您旅途愉快！

总经理

原译文：

Dear guest：

Welcome to the ×× Hotel, ×× county!

On behalf of our staff and management, I wish to extend a warm welcome to you.

The ×× Hotel is dedicated to the highest standard, special occasions require special attention so that every detail is made perfect.

We believe our deluxe facilities, which include our rooms, our unique recreation center and our outstanding food and drinks, combined with our warm and unique service will impress you. We hope to leave a pleasant memory in your mind forever.

We appreciated your valuable comments and suggestions concerning everything in our hotel. We will strive to do better!

With best wishes.

General Manager

本段话的翻译犯了常见的字面译的错误，也就是我们常说的"word for word"翻译，影响了原译文的通顺和语句结构的逻辑。出现这种问题是因为译者态度不端正、不严谨，对基本的英语句子规则不懂。翻译活动最重要的品德是负责任，不对顾客负责最要不得，这恰恰是因为社会各界对英语宣传不重视，也有一部分企业、商家自身文化层次低，对英语的识别度不高。当然，还有一点，就是提供译文服务的个人或者公司自身水平不高，把错误的翻译运用到酒店宣传册中，给顾客带来了理解困难。以下建议译文对以上错误进行了调整和修改，主要把不符合英语句子的单词做了替换，也将一些中式英语和错译部分做了修改，大家可以参考并对照分析学习。

建议译文：

Greetings from General Manager

Dear guest：

Welcome to the ×× Hotel of ×× county, Ningxia Hui Autonomous Region!

On behalf of our staff and myself, I wish to extend a warm welcome to you.

The ×× Hotel is dedicated to offering you the highest standard of service. We believe you'll be deeply impressed with our deluxe facilities, rooms, unique recreation center and outstanding food and drinks, together with our warm and unique service. We hope to leave a pleasant memory in your mind forever.

We appreciated your valuable comments and suggestions on our hotel, and we will strive to do better!

Wish you have a happy journey!

General Mangaer

三、饭店简介翻译

饭店简介

××饭店位于××县老城区西湖小区对面,长隆广场北面,××县长途汽车站向西2公里处,距中卫香山机场99公里,距中卫火车站83公里,交通便利。

饭店外观采用别具特色的现代设计建筑,总建筑面积10260平方米,拥有标准双人房、豪华单间、豪华套房共计55间,并设有粤、川、湘菜的特色中餐厅及豪华包房,园林式设计的生态餐厅、茶楼及多功能厅、会客厅、各种大中小型会议室,可供商务会议的各种需要。饭店建筑美观大方、功能齐全、装修豪华、设施高档,10兆高速光纤上网,方便快捷,内部环境温馨典雅,令人流连忘返。

××饭店在该县饭店行业中独树一帜,以独特的建筑风格、齐全的服务项目、先进的设施设备为各界宾客提供热情周到、体贴入微的服务。

原译文:

Introduction

×× Hotel is located in the north of Changlong square and opposite to the Xihu District in the old city zone of ×× County. It is 2 kilometers west of ×× County coach station. It is 99 kilometers away from Zhongwei Xiangshan Airport and 83 kilometers away from Zhongwei Railway Station.

The hotel has a distinctive appearance of modern design buildings, with a total floor area of 10260 square meters, a total of 55 standard double rooms, single rooms, business suites, and features Chinese restaurants and luxury private rooms with Guangdong, Sichuan and Hunan cuisine, garden - style ecological restaurants, tea houses and multi - purpose halls, parlors, various large, medium and small meetings. The conference room is available for all kinds of needs of business meetings. The hotel has beautiful buildings, complete functions, luxurious decoration and high - grade facilities. All of them are equipped with domestic advanced equipment. The 10 megabit fast fiber optic network is convenient and fast. The interior environment is warm and elegant, which makes people linger over and forget to return.

×× Hotel is unique in the hotel industry of ×× County. With its unique architectural style, complete service items and advanced facilities, ×× Hotel provides warm and thoughtful service to guests from all walk of life.

建议译文:

Introduction to the Hotel

×× Hotel locates in the north of Changlong square and opposite to the Xihu District in the old city of ×× County. It is 2 kilometers away from the west of the coach station, 99 kilometers from Zhongwei Xiangshan Airport and 83 kilometers from Zhongwei Railway Station.

The hotel specializes in its modern design, with a total area of 10260 square meters, 55 standard double rooms, single rooms, business and luxury private rooms suite for Chinese style dishes with Guangdong, Sichuan and Hunan cuisine. Garden - style ecological restaurants can meet all kinds of needs for business meetings since tea houses and multi - function halls, saloon, various large, medium and small meetings, conference room are available for excellent functions with luxurious decoration and high-grade domestic facilities. The 10 megabit fiber optic network is convenient and fast. The interior condition of the hotel offers a warm and elegant atmosphere, making people linger over and forget to return.

×× Hotel is unique in the hotel industry of ×× County. With its unique architectural style, perfect service and advanced facilities, ×× hotel provides warm and excellent service to guests from all walk of life.

四、客房服务指南的翻译

客房服务指南在酒店客房中是必备品，一般会详细介绍入住房间内提供的服务，在旅游英语翻译中是必学内容，下面以本酒店提供的服务指南英译为例分析对比学习，掌握相关信息的翻译方法。

因为该酒店提供的客房服务指南中是中英对照的形式，下面也以原形式安排，并对译文不合理的句子重新翻译，以建议译文的形式附在原译文之后。

1. 传真服务（Fax service）

位于大堂商务中心，为阁下提供图文传真、电脑上网，详情请咨询总服务台电话。内线"6666"；饭店传真号码：0955-4014063。

原译文：

It is the business center. It provides the picture fax service and online service. For more details, please contact the front desk. Inside TEL：6666 Fax No. 0955-4014063.

建议译文：

The business center in the lobby provides fax service and online service. For more details, please contact the reception desk. Internal line：6666 Fax Number：0955-4014063.

2. 贵重物品（Valuables and properties）

客房的房间内请不要存放贵重物品。如果宾客带有现金、珠宝等时，请放在大堂收银处为您提供的免费寄存服务。内线电话"6666"。

原译文：

Don't deposit your values and properties in your rooms. We provide the cash and jewelries deposit service for free in the cashier. Inside tel：6666.

建议译文：

Don't leave your valuables in the room. The cash and jewelries deposit service are free, if necessary, receptionist at the lobby will help you. Internal line：6666.

3. 客房房卡（Romm Card）

为保障阁下财务的安全，在您离开房间时，请您随身携带房卡。如不慎遗失房卡，请及时通知收银处，重新办理房卡领取手续，并补交50元房卡制作费。

原译文：

To ensure your safety, please bring along your room card when you go out of the room. If you loss it, please notice cashier in time and get the new room cards again you need to pay 50 yuan for it.

建议译文：

Please carry the room card around in case your valuables lost when you go out of the room. If it lost, please contact the clerk in the cashier and get the new room cards, another 50 yuan must afford for the new one.

4. 擦鞋服务（Shoes – clean service）

您如需提供擦鞋服务，请将鞋放入鞋筐内或直接与房务中心联系。电话：6666；

原译文：

If you need any shoes – clean service, please put your shoes in the specified basket and contact the room service. Tel：6666.

建议译文：

If you need shoes – clean service, please put your shoes in the basket offered in the room and contact the room service. Internal line：6666.

5. 失物招领（Lost & Found）

如有物品遗失，请与客房中心联系。遗失物品，饭店保留三个月，易变质物品只保留三天。在上述期限内无人认领的物品，饭店有权自行处理。

原译文：

For lost and found items, please contact Housekeeping, the hotel will keep lost and found items for a period of three months. Perishable items will be retained for three days only. The hotel reserves the right to dispose of any item which is not claimed within this period of time.

建议译文：

For lost and found items, please contact the housekeeping. The time limit for hotel to keep lost and found items is for three months. Easily going bad ones will be retained for three days only. The hotel would dispose of any item which is not claimed within this time limit.

6. 房内用餐服务（Room Service）

本饭店提供11：00—24：00房内用餐服务（提供中餐菜单，详情可参阅客房提供的送餐服务单）。联系电话：6666

原译文：

Our hotel provide a wide selection of superb Western and Chinese cuisine 14 hours a day. Please refer the guest room menu to make your choice or contact Housekeeping.

建议译文：

Our hotel provides food service in your room within the duration of 11：00 a.m. to 24：00 p.m., if Chinese food is needed, please refer the guest room menu to make your choice or contact the housekeeping. Internal line：6666.

7. 吹风筒（Hair Dryer）

客房的浴室备有吹风筒，有问题请与客房中心联系。

原译文：

Please contact Housekeeper if there is any problem with the hair dryer in your washroom.

建议译文：

Please contact the housekeeper if there is any problem with the hair dryer in your washroom.

8. 大堂保险箱（Lobby Safe Box）

大堂接待处为阁下提供免费使用的保险箱，较大的贵重物品可存放在大堂保险箱内。酒店对留在客房内物品的损坏或遗失不负任何责任。

原译文：

Each room is fitted with a safe, your valuable belongings are recommended to be kept in the safe. Please open your safe door before you checkout. Bye the way, the lobby located provide free safes for bigger valuable belongings. The hotel management is not liable to any loss or damage valuables left in the guest rooms

建议译文：

Free Safe Box

Your valuable belongings are recommended to be kept in the free safe box offered in the lobby. The management is not liable for any loss or damage in the guest rooms.

9. 电熨斗/熨衣板（Iron/Iron Board）

客房中心备有电熨斗和熨衣板，如有需要可与客房中心联系。

原译文：

The Housekeeping provide iron and iron board. If any need please contact the Housekeeping.

建议译文：

The housekeeping provides iron and ironing board. If there is any need, please contact the housekeeping.

10. 请勿打扰（No interruption）

当您需谢绝探访或不想被打扰时请将"请勿打扰"牌挂在门外，或按亮"请勿打扰"灯。

原译文：

If you don't want anyone to interrupt you, please hang "no interruption" cards out of the room.

建议译文：

If you don't want anyone to interrupt you, please hang the "No Interruption" cards out of the room or keep the "No Interruption" light on.

11. 万能充电器（Multi-Functional chargers）

为方便您的旅行，客房服务中心准备有万能手机充电器，如有需要请致电"6666"，使用后随时通知我们收回，如有损坏，赔付金额为30元。

原译文：

We provide the multi-functional chargers for the guest. If any need, please contact room service. Tel: 6666. Please contact us to get it back in time. If there is any damage, you need to pay 30 yuan for fine.

建议译文：

Multi-functional chargers for the guest are provided, if any needs, please contact room service. Internal line: 6666. Please contact us to get the chargers back in time. The compensation is 30 yuan for damage.

12. 保安系统（Safety service）

本饭店备有二十四小时巡查服务。每间房门上都安装有猫眼，若有任何可疑情况，请立即与客房服务中心联络，内线电话：6666。另外提醒您睡觉时，请将门后边的防盗扣扣上。

原译文：

We have 24-hour inspect service and monitors out of the rooms. If you found abnormal situation. Please contact the room service center. Inside call is 6666. Please fasten the door guard when you are asleep.

建议译文：

We have 24 – hour inspect service out of the rooms, cat's eyes are installed on each door. If you found something unusual, please contact the room service center. Internal line: 6666. Please fasten the anti – theft clasp when you are asleep.

13. 网络服务（Internet service）

饭店每个房间均有网络端口，为您提供优质的网络连接服务。

原译文：

You can use the broadband access in your room the surf the internet.

建议译文：

You can use the network port in your room to surf the internet.

说明：本句关于术语的翻译："网络端口，在原译中"被译为"broadband access"，但是在改译中译为："network port"更为贴切。

14. 留言服务（Message service）

阁下如需留言服务，请致电接待处留言，内线电话：6666.

原译文：

If you have any message to leave, please contact the receptions. Inside call：6666.

建议译文：

If you have any message to leave, please contact the receptionist. Internal line：6666.

15. 洗衣服务（Laundry Service）

如果阁下有衣物需要洗涤，请将需洗涤的衣物一并放入洗衣袋内，与房务中心联系。电话：6666.

原译文：

If you have any clothes washed, please put your clothes in the laundry package and contact the room center, Tel：6666.

建议译文：

If you have any clothes washed, please put them in the laundry package and contact the room center. Internal line：6666.

16. 客房小吧（Room bar）

客房房间内均配置了饮品及相关物品，该商品都是有偿使用，房内放置有酒水单价表，敬请参阅。

原译文：

We provide drinks and beverages in the room, you could enjoy it, please look up the related price on the price list.

建议译文：

We provide drinks and beverages in the room, the goods are paid for use, please refer to the price list.

17. 房间取电（Electric service）

本饭店客房取电方法：到房间时，必须使用房卡取电，方能有效。为了方便您的进出，当您出门时，请将房卡取出，并随身携带。

原译文：

Please use the room cards to get the electric, bring along your room card when you are to go out.

建议译文：

Please use the room cards to get the electric, bring along your room card when you are out.

18. 叫醒服务（Wake-up service）

阁下如果在某个时间段需要叫醒服务时，请致电6666与接待处联系。我们会为您提供准时叫醒服务。

原译文：

If you want to be waked up any time, please call：6666.

建议译文：

If you want to be woken up any time, please call：6666.

19. 饮食服务（Food service）

饭店一二楼中餐厅7：00—9：00为住客提供免费早餐。如阁下需要送餐服务，请致电内线电话"6666"联系。

原译文：

We provide breakfast for free from7-9 a.m. on the first and second floor. If any need for it in your room, please contact us by calling 6666.

建议译文：

We provide breakfast for free from7-9 a.m. on the first and second floor. If any need, please contact us and call 6666.

20. 饭店入住客人互打房间电话（Internal call）

如果您要拨打客房电话，请在房间号码前加"6"；

原译文：

Please add 6 first when you need to dial any room in the hotel.

建议译文：

Please dial 6 first and add the room number when you need to dial any room in the hotel.

21. 长途电话的拨打方法（Long-distance call）

请拨打总台电话告知您的房间号，开通您房间的外线，在您所要拨打的号码前加拨90；如要拨打北京地区电话6506688，则可拨90+地区代码（010）+6506688；

原译文：

If you need a long-distance call, please contact the service desk first. we will connect it for you. And please add 90 before the number you dial.

建议译文：

If you need a long-distance call, please contact the service desk for connection. And add 90 before the number you dial. For example, if you want to dial 6506688, you need dial 90 and the area code number 010, then 6506688.

四、翻译问题小结

从上面的实例原译问题和改译进行对比，可以归纳出本节酒店英译指南翻译中存在的问题：

（1）译者不懂翻译，翻译态度不端正，乱译。

（2）译文过度字面译，对词的用法和含义模糊不清。

（3）饭店负责宣传的人员外语水平欠缺，无法核验译文对错。

对于以上问题的解决方案，笔者希望相关机构对这种拙劣的译文市场加强管理，由翻译专业人员审核，确认译文合格后，方能将其置于公共场所。

【课后练习 9–3】

请仔细核对下面汉英对照的《宾客安全须知》，润色修改其英语翻译文本，以提供尽可能完美的译文。

尊敬的宾客：

您好！为了您的人身安全，请配合饭店遵守以下规章制度和要求：

Dear guests：

To ensure your security, please comply with the following rules：

一、登记住宿时，请您出示护照、身份证等有效证件及告知离店日期。如需延长住房时间，请提前通知前台。

Please present your passport, IDs and tell us your departure time when you resign accommodation. If you postpone your departure time, please notice us.

二、请先到前台办理手续后方可入住，房费结算在前台收银处办理，退房时间为每天的 14：00 前，14：00 以后加收半天房费，若在 18：00 以后退房，则按全天收费计算。

No visitors not registered in the hotel unless registered as required. Please check out before 14：00 o'clock. Any delaying after 14 o'clock, you will pay for it for half the day's fee. And any delaying after 18 o'clock, you should pay for it for another one day.

三、为了保障公共安全，请宾客不要携带枪支武器、弹药和易燃易爆品进入饭店。所有个人携带的武器在办理入住手续前须交当地公安机关妥善保管。

In order to protect public safety, guests do not carry fire army weapons, ammunition and explosive materials into the hotel. All carry personal weapons in the former cross–check the local public security organs for safe keeping.

四、若您携带有金钱、珠宝及贵重物品等，请存放在收银处为您提供的免费保险箱内，否则，如有遗失，饭店不予承担责任。

Money, jewelry and other valuables stored in the Cashier Office to provide you with a free safe deposit box, or, if lost, the hotel shall not be liable.

五、房间设备，包括向客房部借用的设备，请不要损坏、丢失或改装，如损坏，需照价赔偿，如果您想留作纪念，可与房务中心联系。

Room facilities：all the facilities borrowed from the hotel should not be damaged, lost or modified. If damaged, lost or modified, guests should pay for it according to its price. If you want to keep it for Commemorate, please contact with the room center.

六、为防止火灾，请不要在床上吸烟，也不要在灯罩、空调上烘烤衣物，除吹风机及剃须刀外，房间内禁止使用电炉及其他电器，如需使用，请先征得饭店同意。

Don't smoke in bed and bake your clothes on the air conditioner. Any electrics are not allowed in the hotel except shavers and hair dryers. If you need to use to, please contact us.

七、离开房间时，请将房门锁好，退房时请将房卡交还前台。

Please lock the door when you go out of the room. And please hand in the room card before you checkout.

八、请保持楼层安静，严禁在饭店内进行打架斗殴、酗酒闹事、宿娼卖淫、吸毒贩毒、走私贩私、赌博等违法行为。

Keep the floor clean. No fighting, Alcoholism, Prostitution, drug, Smuggling, trafficking, Gambling in the room.

九、本饭店不允许携带私人宠物进入。

Any pets are not allowed to enter into the hotel.

十、访客必须于23：00点前离开饭店，如需在23：00之后停留，请通知前台，并填写住宿登记表。

The visitors must leave before 23：00, if any stay, please contact the front desk and fill in the accommodation registrations.

十一、消防安全提示

Fire safety reminders：

（1）当您入住客房时，请务必熟悉楼道安全出口的位置，并查看房门后的"火灾疏散示意图"，以便万一发生火灾时能安全撤离。

While checking in, please do acquaint yourself with the location of the safety exit and "fire evacuation instruction" behind your hotel room door to ensure a safe evacuation in case of any fire.

（2）一旦发生火灾，请您切勿惊慌，请及时报警。并拨打总台电话，与总台联系。饭店的各项应急措施将确保您的人身安全。

In the event of any fire, don't be panic, dial the front desk who will take all possible emergency measures to ensure your personal safety.

（3）为了您的安全起见，请您自觉遵守《宾客安全须知》。

Please follow this *security reminders* for your own benefits and security.

下篇 翻译技术概述

第十章 翻译技术

本章导读

当今科技发展已到人工智能时代，其速度可谓惊人。同时，随着各种新科技不断深入交叉融合发展，翻译相关技术也在不断迭代变化、推陈出新，正好为语言服务行业的巨大需求提供了有力的技术支持。因此，对译者而言，理解和掌握现代翻译技术，势在必行。在新时代背景下，翻译技术包括哪些方面？翻译技术和翻译活动之间有哪些实质关联？翻译搜索技术、语料库技术、计算机辅助翻译和机器翻译之间的联系和区别是什么？翻译技术将面临什么样的未来？这都是本章要讨论的议题。

第一节 概论

一、概念与本质

翻译技术的概念是什么？国内外学者论述颇多，需要从头说起。起初，它不叫"翻译技术"，而是有很多其他名称，如"Machine Translation"（机器翻译）、"Automatic Translation"（自动翻译）、"Computer Translation"（电脑翻译）、"Computer－Aided Translation"（计算机辅助翻译）、"Computer－Assisted Translation"（计算机辅助翻译）、"Machine－Aided Translation"（机器辅助翻译）、"Machine－Aided/－Assisted Human Translation"（机器辅助人工翻译）；等等。国内译过来的名字也不相同，如"机械工程翻译""计算机翻译""电脑翻译""手动翻译""机器翻译""机器辅助翻译""电脑辅助翻译""人工辅助翻译""计算机辅助翻译"；等等。上述名称虽然各有不同，但共同指向一个概念，即"翻译技术"。翻译技术是指在翻译活动中，翻译服务提供者综合运用的各种技术，包括译前的资源获取、格式转换、字数统计、术语提取、预翻译技术等，译中的电子词典和平行语料库查询及验证、翻译记忆匹配、术语识别技术等，译后的质量检查、翻译格式转换、译后排版、语言资产管理技术等[1]。

上述定义看似清楚，但是作为翻译初学者，我们似乎依然无法深刻地理解翻译技术这个概念，总是感觉很模糊。为什么要把"翻译"和"技术"这两个概念放到一起形成"翻译技术"这样一个概念？"翻译"与"技术"之间到底存在什么样的关系？"翻译技术"的本质是什么？

其实，要搞清楚翻译技术的本质，首先需要弄清技术的本质。"技术"在本质上是人的力量的延伸与异化。换言之，人在发明技术的同时也在技术中实现了自我发明与进化。

---

[1] 王华树. 翻译技术教程（上册）[M]. 北京：商务印书馆，2017：4.

所以，从某种意义上讲，人类的发展史也是一部技术的迭代史。同理，翻译的发展史也是一部翻译技术的迭代史。最初，人们通过口头翻译进行沟通，有文字记载的时候用纸笔翻译交流，然后有双语词典的编纂、口译设备的发明、机器翻译的尝试、计算机辅助翻译的流行；等等。由此可见，在翻译的发展过程中，技术如影随形。所以，翻译活动中出现技术的应用是自然而然的事情。因此，翻译技术的本质就是助力人类翻译的实物工具与虚拟手段。译者要学会使用这一"利器"，辅助翻译活动顺利进行。

二、分类与构成

翻译技术可以简单分成三种：人工翻译、计算机辅助翻译和机器翻译①。人工翻译很好理解，即译者不借助翻译软件进行翻译。但计算机辅助翻译技术与机器翻译技术之间的联系和差异，究竟是什么？

狭义的计算机辅助翻译（Computer-Aided Translation）技术，简称 CAT 技术，指为改善翻译流程而开发的专门软件和专门技术②。它利用计算机存储记忆的长久性，将翻译流程中反复出现的表达交由电脑来做，从而把译者从重复性的工作中解放出来，让其聚焦于翻译活动本身。如此，翻译记忆（Translation Memory，TM）技术起到了辅助翻译的功用，这便是所谓的"计算机辅助翻译"。而广义的计算机辅助翻译范畴则可指在翻译过程中应用到的多种技术，包括但不限于桌面排版、文字处理、翻译管理、翻译记忆工具、计算机辅助翻译、修订工具、本地化工具、机器翻译、术语管理、语音-文本识别以及其他现存和未来将要出现的多种翻译技术。

机器翻译（Machine Translation，MT）是指自动翻译系统，即不需要人工任何翻译行为的参与。机器翻译的说法 60 年前就有了，如今的谷歌翻译、必应翻译、百度翻译、有道翻译、Deep L 等都是此类技术的代表。所以，MT 与 CAT 的不同主要在于机器功能的发挥程度，即 MT 是机器全自动翻译，而 CAT 是以计算机相关技术为辅、人工翻译为主的翻译。

信息化网络时代的翻译，不仅要具备传统的翻译才能，还应具有娴熟的翻译技术才能。学者王华树认为：现代译者翻译技术能力的构成要素至少应包含这五个方面的能力——计算机技能、搜索能力、语料库技能、CAT 工具能力及译后编辑能力。③

【课后练习10-1】

一、简述翻译技术与计算机辅助翻译的关系。
二、计算机辅助翻译与机器翻译的有何异同？
三、狭义翻译技术与广义的翻译技术有什么区别？
四、学习翻译技术是否会降低译者的翻译能力？为什么？
五、机器翻译是否会最终取代人工翻译？请在调查研究的基础上进行课前汇报。

---

① Bowker, L. *Computer-aided Translation Technology：A Practical Introduction* [M]. Ottawa：University of Ottawa Press, 2002.
② 徐彬. 翻译新视野：计算机辅助翻译研究 [M]. 济南：山东教育出版社, 2010：3.
③ 王华树. 翻译技术教程（上册）[M]. 北京：商务印书馆, 2017：21-22.

第二节 搜索技术

众所周知,我们现在身处的年代是个信息爆炸的时代,海量的信息数据如洪流般席卷世界。英特尔公司预测,到 2025 年,全球数据量估计达到 175ZB,相当于 65 亿年时长的高清视频内容。[①] 如此丰富的网络信息,译者应充分利用这些资源为翻译服务。

一、概念与要素

在翻译工作中,搜索技术是指利用信息技术和技巧,借助网络等资源,查找和筛选所需信息的技术。搜索技术是翻译技术的重要内容之一。因此,译者的搜索能力也被称为"搜商",即高效利用信息平台,搜索、提取和总结信息的能力。

搜索技术主要由两大要素构成:资源搜索与内容搜索。资源搜索是指网络资源搜索,即译者利用各种网络搜索引擎、网络词典、在线数据库和语料库等进行相关资源的搜索,以便解决翻译问题。而内容搜索是指翻译内容搜索,即利用搜索资源扫清翻译障碍、解决具体某一方面内容的翻译问题。下面主要就这两方面展开讨论。

二、搜索资源

网络资源是互联网使用者日常上网积累的产物,译者也会通过翻译实践,掌握宝贵的搜索资源。职业译者应当在翻译实践中持续积累搜索资源,并以此积累核心语言资产,助力翻译技术能力的提高。对译者而言,常用的搜索资源除了百度、必应、搜狗微信这些常用的搜索引擎之外,还有在线词典、在线语料库、专业数据库、术语库和桌面搜索等。

(一)搜索引擎

众所周知,百度是全球最大的中文搜索引擎,在中文搜索方面有得天独厚的优势,网民们亲切地称它为"度娘"。百度搜索提供的中文检索结果很多,但不好的一点就是其中有一些是广告和无用信息,使人不太容易找到想要的答案,而且还要耗费大量的时间与精力。

如果必须使用百度,那么有一个去广告的小技巧,初学者可以用起来,以提高搜索效率。这个技巧就是运用百度搜索中去除广告的语法 intitle。可以过滤大部分广告。如用百度搜索怎样预防脱发,会出来很多广告,导致用户无法得到想要的回答。这时可以在搜索框输入:intiltle:怎样预防脱发,便可过滤掉很大一部分广告,直接得到科普文章或百度百科等权威性较高的解答。

如果不想用百度,其实还有很多其他的搜索引擎可以利用,如搜狗微信。搜狗微信可以直接搜索微信公众号上的内容,很多微信公众号里发布的大多是比较权威的相关专业人士独家收录的一些信息,而且一搜即达,中间不会有太多的让人烦心的广告。如搜索怎样预防脱发,可直接得到专业医疗卫生公众号或者专业医生建立的公众号的解答,比充满广告的搜索引擎靠谱一些。

谷歌是全球最大的搜索引擎,英文搜索的利器,但是目前在我国是无法使用的。在我国境内,要想进行英文资料的搜索,可以用必应。必应(Bing)是由微软公司发布的互联

[①] 详见通信世界网(CWW):http://www.cww.net.cn/article?id=463871。

网搜寻引擎,优点是广告较少。必应有国内搜索和国际搜索两种渠道。译者可以通过国际搜索渠道搜索英文,以查看英文的检索结果是否有预期答案,或者用国内搜索渠道搜索英文,以查看相应说法所在的中文语境,以期激发翻译灵感。

由于搜索引擎自身算法设计的局限和用户检索词的不确定性,再加上网上信息的不断更新变化,没有任何搜索引擎可以覆盖所有搜索内容。所以,在遇到翻译困难时,译者可以尝试着变换使用不同的搜索引擎,从不同的网络资源中获取翻译所需资源。

(二)在线词典

在线词典是纸质词典的网络化产品,是辅助翻译的利器。相较于纸质词典而言,在线词典具有便宜、方便、快捷三大优势。

常见的在线词典有以下 14 个,如表 10 – 1 所示,其中比较有特色的是前 5 个词典。

表 10 – 1 部分常用在线词典

序号	词典名称	查询地址
1	Dictionary. com	https://www. dictionary. com/
2	OneLook	https://www. onelook. com/
3	Video Dictionary	http://www. vidtionary. com/
4	Visual Thesaurus	https://www. visualthesaurus. com/
5	词源在线	https://www. etymonline. com/cn
6	海词	http://www. dict. cn/
7	汉典	http://www. zdic. net/
8	金山词霸	http://www. iciba. com/
9	柯林斯词典	https://www. collinsdictionary. com/
10	朗文词典	https://www. ldoceonline. com/
11	灵格斯	http://www. lingoes. cn/
12	牛津词典	https://en. oxforddictionaries. com/
13	有道词典	http://www. youdao. com/
14	韦氏大学词典	https://www. merriam – webster. com/

Dictionary. com 不仅可以查询单词的定义,还可以查询单词的同义词、词源和用法等。

OneLook 其实是一款单词和词组的搜索引擎。在检索框输入单词或词组,除了能得到各种网络词典对该单词或词组的解释和定义,还可以查到搭配、近义词、词源等。

Video Dictionary 是一个在线视频词典,它将常用的易于通过视觉理解的词用短视频的方式进行解释,非常便于学生理解。英语教师更喜欢使用该词典,因为它可以将一个词的含义直观地展示在学生面前,提高教学的效率与趣味。

Visual Thesaurus 是一款可视化、互动式的英语词典,除了具备一般词典基本的功能以外,它还可以用树状图显示单词的相关词汇,如近义词、反义词等。对于准确用词和理解词义有很大帮助。

词源在线是一款展现英语单词词义发展轨迹的电子词典。"词源"不是定义，但词源解释了我们现在所使用的单词在过去的 600 年甚至 2000 年前的意思和发音是怎样的，可以帮助我们更好地理解它现在的意思为什么是这样的。如"rate"一词，我们都知道它是"比率、速率"的意思，大家在中学就学过这个单词，但是它还有一个意思："评估、评价、配得上"。有人可能不太理解 rate 的这个词义，因为"评估""评价""配得上"都有它们各自对应的英文单词："estimate""evaluate""deserve"，怎么能跟"rate"（比率，速率）扯上关系呢？但若是在词源在线上进行检索，如图 10-1 所示，你就会发现"rate"一词原本就有"price/value"的名词含义，是从古法语中发展而来的动词含义："估价、估值"，后来便衍生出了"评估、评价、配得上"的含义。

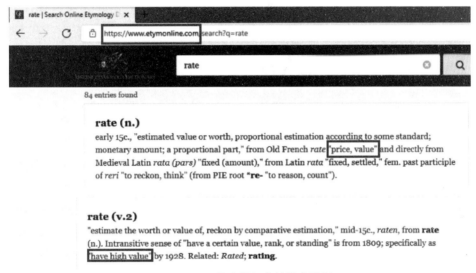

图 10-1　词源在线词典的检索举例

（三）在线语料库

译者在翻译过程中，由于不是母语使用者（native speaker），在搭配和准确性上可能会出现问题，就算不会出错，也可能会翻译得不地道、不自然。语料库可以很好地解决这个问题。它会帮助译者选择合适的词汇或表达方式，避免翻译痕迹过重。语料库主要有单语、双语和多语三种语料库。在单语语料库中，翻译能够达到合理用字、恰当搭配、地道表达等目的，但在双语和多语语料库中，译者可以获得包含关键词的双语或多语对照语料库，不仅有助于准确理解原文，还可以获得丰富多样的译文表达方式，甚至还可以查找到完整的译句。因此，可以说在线语料库是一件难能可贵的翻译利器。具体语料库信息，如表 10-2、表 10-3 所示。

表 10-2　部分常见单语语料库

序号	名称	语种	规模	网址
1	BNC	英语	1 亿	http://www.natcorp.ox.ac.uk
2	COCA	英语	10 亿	http://corpus.byu.edu/coca/

续表

序号	名称	语种	规模	网址
3	iWeb	英语	140亿	https://www.english-corpora.org/iweb/
4	北京大学CCL语料库	汉语	2.6亿	http://ccl.pku.edu.cn:8080/ccl-corpus/index.jsp
5	BCC汉语语料库	汉语	150亿	http://bcc.blcu.edu.cn/
6	语料库在线	汉语/古汉语	1亿	http://corpus.zhonghuayuwen.org/

表10-3 部分常见双语及多语语料库

序号	名称	语言对	网址
7	Glosbe	多语	https://glosbe.com
8	Linggle	英语	http://linggle.com
9	Linguee	多语	http://www.linguee.com/
10	TAUS Date	多语	https://data-app.taus.net/
11	Tmxmall	汉语、英语	http://www.tmxmall.com/
12	句酷	汉英、汉日、日英	http://www.jukuu.com/
13	中国法律法规汉英平行语料库	汉语、英语	http://corpus.usx.edu.cn/lawcorpus4/
14	专利翻译网	汉英、汉日	http://www.wipleader.com/

以上14种语料库中，比较常用的语料库是COCA、Linggle、Linguee和句酷这4个语料库。

COCA，即美国现代英语语料库，是美国英语语料库中体裁分布比较平衡的大型语料库，也可能是英语使用最广泛的语料库。COCA含有多达10亿字以上的文章（每年增加约2 500多万字，时间跨度为1990—2019年），数量是同类语料库BNC的10倍，且COCA是免费开放的。其中的语料主要包括口语、短篇小说、流行杂志、报纸、学术文章、博客以及其他网站等内容。

Linggle语料库，也是一种可以进行英文撰写的语法、句型工具。可以协助学习者分析更精准的英文书写建议，也可以通过词性来推测短语与句型，并精确分享完整英文句型的写作。Linggle通过对英文搭配进行概率统计，为用户提供若干个可供选择的可用搭配。

Linguee语料库，也是翻译搜索引擎的"领头羊"，它将搜索引擎与词典合二为一，提供更宽广的搜索范围，搜索结果包含1亿多条多语互译的例句。Linguee网站将关键词搜索结果分为两栏，网页左栏是词条的翻译列表，右栏是来自网络双语互译的例句示范。左边简洁明了的单词表源自可靠的印刷版词典，使该词汇的翻译可能性一目了然；右边源自网络译文例句，可以帮助用户了解该词汇的使用语境及使用方法。通常不建议输入单词，因为这样会检索到很多译文例句，输入某个词组或表达则效果比较好。Linguee 所提供的现成翻译资料数据不但丰富而且全面，每个例句都是完整句型的段落。这样，使用者就能够很容易地查阅各种搜索词条，包括成语和俗语的全部含义，以及其翻译例句，而且还有专门术语、单词的全部含义，以及翻译的难点。

句酷语料库是 2004 年年初由我国北京邮电大学创立的语言搜索引擎，是目前世界最大的双语例句网络搜索引擎之一。句酷把自身的发展目标定为建立中国人自身的汉语网络搜索引擎，以协助中国人了解外国思想并正确表现自我。句酷目前已累积了成千上万的双语例句，有汉英、汉日、日英三个语种对等和覆盖全国的广泛客户群，使用者无须登录句酷网页，就能查询双语例句。句酷还与灵格斯网络字典（http://www.lingoes.com）合作，可把双语例句查询功能整合到字典软件中，让使用者随时查询相关例句。句酷的 WAP 版本、以及句酷手机终端，能够让使用者通过移动手机或掌上电脑等无线传输网络平台，及时随地实现双语例句查询。

（四）专业数据库

专业数据库比网络搜索引擎以及一些语料库更具有权威和科学性，而且准确度也更高，能够在极大程度上提升译者的查询效果。译者所使用的专业数据库系统主要有中国知网、中国万方数据资源管理系统、Patentscope、电子书网站等。

1. 中国知网（CNKI）

中国知网[①]，即中国知识产权基础建设系统工程（China National Knowledge Infrastructure，CNKI）。利用中国知网的数据库，译者可以查询术语译法、背景知识、同族文献、概念解释等。为了便于使用，CNKI 以知网检索为基础，CNKI 还发布了一个英汉互译工具——CNKI 翻译助手[②]。它不仅支持词和短文本的双语翻译服务，还可以进行基于机器翻译领域的长文本双语翻译；学术文献和专业双语词汇分别突破了 5 亿和千万，并仍在持续扩充中；语料训练逐渐垂直化，涉及经济、机械、军事、医药、化工等 53 个学科或领域。

2. 中国万方数据资源管理系统

中国万方数据资源管理系统，即万方数据知识服务平台（WANFANG DATA）[③]，这个平台整合了海量学术文献，构建多种服务系统，同知网类似，可帮助译者查询背景知识、概念术语等。

3. Patentscope

Patentscope[④] 是全球知识产权机构（WIPO）所属的专利数据库系统，包含 1.04 亿份专利文件，包括 430 万份已发布的国际专利申请。Patentscope 数据库还提供了一款专利领

---

① https://cnki.net/gycnki/gycnki.htm.
② https://dict.cnki.net/index.
③ https://www.wanfangdata.com.cn.
④ https://patentscope2.wipo.int/search/en/search.jsf.

域的机器翻译引擎(WIPO Translate①),支持包括中英在内的十几个语言对之间的神经机器翻译。

4. 电子书网站

电子书网站是数字化出版物(主要指书籍)的一个数据库。译者有时候需要根据专业书籍去查找一些信息,但是一般的搜索引擎很难下载到电子版的书籍,这时候就需要去专业的电子书网站去查找。常见的电子书网站如表10-4所示。

表10-4 部分常见免费电子书网站

序号	名称	网址	特色
1	ePUBee电子书库	http://cn.epubee.com/books/	最全最新电子书
2	Library Genesis	https://librarygenesis.pro/	综合类一站式电子书网站
3	SoBooks	https://sobooks.cc/	主攻人文社科
4	Thoughtco.	https://www.thoughtco.com/	主打教育类文章
5	Z-Library	https://z-lib.org/	全球最大的数字图书馆、英文原版书籍与文章
6	超星读书	http://book.chaoxing.com/	工具类书籍、期刊、报纸
7	古腾堡电子书	http://www.gutenberg.org/	世界最大公益数字图书馆
8	鸠摩搜书	https://wwwjiumodiary.com/	书籍格式丰富
9	全国图书馆参考咨询联盟	http://www.ucdrs.superlib.net/	文献远程传递服务
10	世界数字图书馆	https://www.wdl.org/zh/	文化相关的数字图书馆
11	书伴	https://bookfere.com/ebook	权威和优质的电子书

另外,有许多数据库,如百度法律、百科、欧专局、美专局、MBA智库等,均可提供专门的法律查询结果。这些数据库的搜索结果较少,但专业性较强,搜索效果立竿见影。

(五)术语库

术语在翻译中至关重要。为了保障术语的准确性,译者通常需要查询专业的术语库。查询术语的网络资源很多,译者常用的有以下几种,如表10-5所示。

表10-5 部分常用的术语资源网站

序号	名称	网址
1	Lextutor	https://www.lextutor.ca/
2	加拿大术语库	https://www.btb.termiumplus.gc.ca/

---

① https://patentscope.wipo.int/translate/translate.jsf?interfaceLanguage=en.

续表

序号	名称	网址
3	联合国粮农组织	https://agrovoc.fao.org/browse/agrovoc/en/
4	联合国术语库——UNTERM	https://unterm.un.org/unterm/portal/welcome
5	欧盟术语库	https://iate.europa.eu/home
6	欧洲术语库	https://www.eurotermbank.com/
7	世界卫生组织术语库	http://www.who.int/substance_abuse/terminology/zh/
8	术语在线——权威的术语知识服务平台	http://termonline.cn/index.htm
9	中国规范术语	http://shuyu.cnki.net/index.aspx
10	中国核心语汇——多语言的中国百科全书	https://www.cnkeywords.net/index
11	中国特色话语对外翻译标准化术语库	http://210.72.20.108/index/index.jsp
12	中华思想文化术语传播网	https://www.chinesethought.cn/

其中比较有名的术语在线和联合国术语库。术语在线平台于 2016 年 6 月 15 日正式上线，免费向全社区推出了术语搜索、术语提取、术语收集、术语收集、术语纠错、术语共享等功用。该平台总数据量近百万条，已成为全球中文术语资源最全、数据质量最高、功能系统性最强的一站式知识服务平台。截至 2020 年 12 月，术语在线已经累积提供 1 亿次检索服务，用户来自全世界的一百余个国家和地区。联合国术语库——UNTERM 是一个多语种术语数据库，由联合国秘书处以及联合国系统内的若干专门机构，包括国际海事组织、联合国教育、科技和人文机构、世界卫生组织，以及世界气象组织等联合维护。UNTERM 支持联合国六种官方语言搜索，提供多种筛选条件，反应速度快，术语信息丰富，还提供术语所在原文的链接。

其实每个领域都有自己的术语资源，译者需长期积累，通过翻译实践和主动收集，建设术语资源，形成自己的语言资产，制成术语库之后，就可以在翻译实践中使用或分享。

（六）桌面搜索

桌面搜索工具是计算机上搜索本地硬盘资料的工具，不需要借助互联网来实现搜索。如果你曾经有过使用 Windows 系统来搜索电脑文件的经历，你就会知道那是一件非常耗时且有时令人沮丧甚至崩溃的事情。所以，对译者来说，使用一款优秀的桌面搜索软件，使其可以对硬盘文件进行快速搜索，节省查找文件的时间，进而提高工作效率，是一件十分重要的事。常见的桌面搜索工具如表 10-6 所示。

表 10 – 6　部分桌面搜索软件

序号	名称	下载官网	特色
1	Everything	https://www.voidtools.com/zh-cn/	文件名搜索
2	File Locator Pro	https://www.mythicsoft.com/filelocatorpro/	全文检索
3	Google 桌面	https://google-desktop.en.softonic.com/	全文检索
4	Search and Replace	https://www.searchandreplace.com/	全文检索
5	百度硬盘搜索	http://disk.baidu.com/	全文检索
6	火柴	http://www.huochaipro.com/	文件名搜索

其中比较有特色的是 Everything、File Locator Pro 和火柴这 3 种搜索工具。

"Everything"是 Windows 上一款本地搜索引擎（无广告且完全免费），它能够基于文件名快速定位文件和文件夹位置。"Everything"索引文件和文件夹名，一般仅需 1 秒即可索引完成，而且占用非常少的系统资源。"Everything"也可以搜索文件内容，但是需要通过搜索函数来实现，不会用函数的人可能就会放弃。这时候可以用第 2 个搜索软件"File Locator Pro"。

"File Locator Pro"它支持全文检索。译者有时候会只记得某个文件中的内容，而不记得文件名是什么，这时候就可以用"File Locator Pro"。它既可以全文检索指定的关键词和指定文件夹，也可以限定文件日期和大小，对硬盘进行全文搜索，有利于译者从杂乱无序的文件海洋中快速找到所需信息，提高工作效率。

火柴，原名"火萤酱"，是一款集成了各种功能的桌面搜索工具软件。它的启动特别方便，不需要鼠标去定位，只需双击 Ctrl 就会跳出对话框，在对话框中可以搜索所需查找文件，1 秒即可搜到文件及其所在位置（即文件夹），当所搜文件是软件时，可以直接启动软件，所以，它也可以当作软件启动器。如果所搜内容查找不到，它会提示进行网络搜索，只需按下 Enter 即可。"火柴"还有很多其他有趣且方便的操作，追求计算机工作效率的译者不妨一试。

网络和搜索工具是我们获取信息和提高效率的重要途径之一。在翻译过程中，如果发现译文有问题或者不太令人满意，不妨尝试网络搜索或搜索工具，说不定会给我们带来意想不到的收获。

三、搜索内容

网络资源非常丰富，译者遇到翻译障碍时应勤于搜索，综合利用搜索资源找到解决问题的办法。但是初学者往往只会一股脑地将翻译原文全部放到搜索引擎或机器翻译中进行搜索或翻译，其结果往往不如意。译者应学会从以下几个方面进行内容搜索：背景知识、词语搭配、术语、专有名词、双语例句、平行文本等。

（一）背景知识

不管是应用翻译还是文学翻译，译者经常会遇到难以理解的原语表达。这时候如果不进行搜索查找，也不请教专家的话，可能就会出现翻译出错的情况。以下例句的翻译，便是使用搜索背景知识的办法来完成的。

（1）中心分级贫油预混预蒸发组织燃烧技术是目前最具前景和发展潜力的低排放燃烧技术，已经在 LEAP-1A/B 等发动机上进行了应用①。

原文含有丰富的信息，没有查证，一般译者对以上例句可能有些不理解：中心分级贫油预混预蒸发组织燃烧技术是什么意思？低排放燃烧技术又是什么意思？LEAP-1A/B 指什么？经过查询百度，可知 LEAP-1A/B 是 LEAP 系列飞行器发动机的 AB 两个系列，该飞行器发动机还有一个 C 系列。通过百度搜索低排放燃烧技术，可知这是一种为加强环保而设计的航空发动机和工业燃气轮机的燃烧室燃烧技术。到此可以理解原文大概意思，但是在具体翻译用词上又出现了问题：贫油是 poor oil 吗，燃烧是用 burn 还是 flame？通过前面介绍的搜索技术中的在线术语库"术语在线"进行搜索，可以查到贫油是 lean oil，燃烧技术是 combustion technology。据此，可将此句翻译如下：

The premixed and pre-evaporated organizational combustion technology of central-graded lean-oil is currently the most promising and potential low-emission combustion technology, which has been applied in LEAP-1A/B engines.

（二）词语搭配

词汇搭配就是将词汇结伴关联或共现关联②。换言之，词语搭配就是在某一语言中将某些词习惯连在一起使用。译者在译入目的语时往往由于缺乏母语使用者的语感，有时会使用不当搭配，使译文读起来生硬、奇怪、不地道，甚至晦涩难懂。在翻译中通过搜索相关搭配可以有效解决这一问题。

（2）睡眠分为深睡、浅睡两个阶段，实际上后者在使我们恢复精力上起的作用较为有限③。

翻译以上例句中的"浅睡"一词时，很多同学会脱口而出：shallow sleep。也有个别学生提到 light sleep 和 superficial sleep。到底哪个搭配更地道？这是需要验证的。查询汉英词典时，可能会查不到。于是使用机器翻译，结果出现的译文是 shallow sleep 和 light sleep，但仍无法断定这二者哪个更地道。这时候就需要用到英文单语语料库来解决这个问题。在 COCA 语料库中，依次检索这些词语组合的频率，发现 light sleep、shallow sleep 和 superficial sleep 的出现频率依次是 32 次、7 次和零次。可见，superficial sleep 是中式英文，而其他两个短语则是地道的英文表达。所以 light sleep、shallow sleep 两个都可以用，但是根据使用频率来看，大多数母语使用者更倾向于使用 light sleep。再结合英语词典，查阅具体解释，发现其中没有收录 shallow sleep。因此可以断定，在翻译"浅睡"时，使用 light sleep 更可靠一些。单语语料库收集了海量的原汁原味的语料，是检测单词搭配是不是很地道的最好方法，译者应熟练掌握用单语语料库来确定准确的词语搭配的方法。

---

① http://www.avicaeroengine.com/hkfdj/ch/reader/create_pdf.aspx?file_no=20200605&flag=1&journal_id=hkfdj&year_id=2020.
② Firth, J. R. *Papers in Linguistics* [M]. London: Oxford University Press, 1957: 195.
③ https://beijing.ufh.com.cn.

(三) 术语

术语，指"各门学科所使用的专门用语"[①]。在我们所处的这个时代，全球化进程日益加快，科学技术发展突飞猛进，学科分类愈来愈精细化，专业知识无时无刻不在迭代更新，"知识爆炸"引发语言世界中的"术语爆炸"。人类的繁荣与发展有赖于知识在全球范围内的持续流动，这就需要知识跨越语言文化的障碍，由此产生了巨大的术语翻译需求。术语的翻译不能凭空臆想，一般情况下，它都有现成的权威的翻译，译者需要借助术语库进行检索和提取。术语信息库（term bank），或称术语数据库（term databank），是对术语和有关信息的数字化与集成。术语库产生于 20 世纪六七十年代，是纸质技术词典的信息化产物。术语库与翻译实践一直有着密切的联系。在专业翻译工作中，译者花费大量的时间用于术语译名的查询和验证，术语库可为译者提供便捷的术语查询途径，进而能够节约译者查询术语的耗时，提升翻译工作效率。常用的术语库前文已有介绍，本段主要以加拿大 TERMIUM Plus ⓒ术语库和微软术语门户网站为例介绍术语库的检索方法。

1. 加拿大 TERMIUM Plus ⓒ术语库

TERMIUM Plus ⓒ术语库由加拿大翻译总局维护，其目标为对公共服务和联邦行政领域的术语进行标准化。目前，该术语库已成为世界上最大的术语数据库之一，拥有数百万的术语词条，涉及英语、法语、西班牙语和葡萄牙语四个语种，涵盖行政、农业、工业、化工、建筑、经济、电力、司法、通讯、医学、环境科学、人文与社会科学、自然科学等众多领域。

如图 10 – 2 所示，用户可以在【Which term?】下方的方框中输入需要查询的术语，在【Where?】下方的方框中选择需要查询的语言及所需数据的类型，在【In which subject field?】下方的方框中选择所涉及的具体专业领域，然后点击【Launch】按钮进行查询。该网站将根据用户的选择显示查询结果，包括所涉四种语言中关于所查术语条目的相关信息。目前，该术语库中术语的英语和法语信息相对比较完备，西班牙语和葡萄牙语还有待

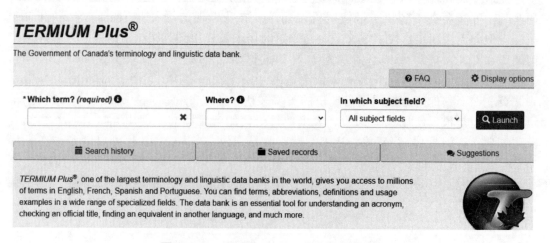

图 10 – 2 TERMIUM Plus ⓒ术语查询界面

[①] 陈至立. 辞海（第七版）[Z]. 上海：上海辞书出版社，2020.

进一步完善。另外，还可以通过【Search history】按钮查看术语检索历史，通过【Saved records】查看已保存的术语查询记录，通过【Suggestions】按钮提交术语库中未收录的术语词条信息，或对已收录的术语词条提出改进建议。其网址为：https://www.btb.termiumplus.gc.ca/tpv2alpha/alpha-eng.html?lang=eng。

2. 微软术语门户网站

微软术语门户网站汇集了微软的各种产品中所使用的术语，涵盖语种达数十种之多，可为计算机领域的翻译工作和软件本地化提供术语支持服务。

如图10-3所示，微软术语门户网站的查询界面操作比较容易上手，选择好原语言和目标语言以及相应的软件产品，输入所要查询的术语，点击【搜索】按钮即可实现术语查询。查询结果界面包括所查询术语的译名与定义，还会显示含有所查询术语的其他相关术语及其译名与定义。如，查询浅层睡眠，会直接得到它的英文名称为light sleep，还有定义：The phase of sleep when you may be more restless and have not yet entered deep sleep. Typically, it's easier to wake someone up during this stage.（此句意思为：在此睡眠阶段，你可能没睡着，还没有进入深度睡眠。通常，在这个阶段人更容易被叫醒）。

图10-3 微软术语门户网站的查询界面①

（四）双语例句

双语例句法是指运用信息检索技术进行双语互译的信息搜索。双语例句与语料库不一样，它往往集成于在线词典，不独立存在。通过双语例句，译者可以查询不同译法，准确表达译文。比较优秀的中英双语例句库有爱词霸、句酷、有道词典和必应词典等，还有一些著名的大型双语语料库也提供双语例句检索，如Glosbe、Linguee等。

(3) It's not all or nothing. Make the shift in areas of lesser importance. Visit a restaurant without first checking the menu; mark a date in your diary two weeks from now, and try to relish uncertainty till then. It's unlikely your world will fall apart during that time!②

译文：这不是非此即彼的两难选择。你可以在一些不太重要的事情上做一些尝试。不必非得看好菜单才决定是否去那家餐厅；在你的日程安排中挑一个两周后的日子，在那之前试着去享受不确定带来的好处。不要害怕你的世界会因为这样的尝试而分崩

---

① 此图网址：https://www.microsoft.com/zh-cn/language/。
② 例出：2022年第六届普译奖全国大学生翻译比赛英译汉组原文。

离析。

在本句中,"It's not all or nothing"是一个翻译难点。如果选择直接用机器翻译的话,译文可能让你无法接受:"这不是全部或全部"(百度翻译、谷歌翻译);"不是孤注一掷"(有道翻译)。如果查询词典,查哪一个单词都没有确切结果。所以感觉这应该是一个习语。于是在必应词典中进行查询。一搜即得:"all or nothing"是个习语,意为:everything or nothing at all,直译为汉语就是:"要么全有,要么全无。""It's not all or nothing"于是可以译为:"这不是全有或全无的情形。"但是,若在此句中如此翻译,读者恐怕依然读不懂。所以,这种意思明白但不好表达的原文需要双语例句库的启发,在不同的多种表达中获得灵感。利用 Glosbe 检索此句,获得如下双语例句详情如图 10-4 所示。

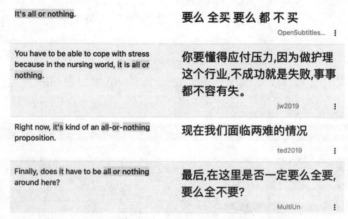

图 10-4 Glosbe 检索结果

因此,参考双语例句库的译法,以上英语原句可试译为上述译文。

(五)平行文本

在很多翻译项目中,常常有一些表达比较难翻译,这些表达不单独出现,而是在这一类风格的文本中成群结队地出现,如果自己翻译非常耗时且不一定准确或者规范,这时候就可以用到平行文本的概念。平行文本不仅仅指双语对照的平行翻译文本,更重要的是,它可以由不完全对照的双语文本组成,如同一主题下的中英文文章就是一个平行文本。在此意义之下的平行文本也可以理解为跨语言相似文献。由于平行文本往往包含了项目文件的大量术语、专业表达、行话等,可以从中查询术语、特殊表达的译法。因此,平行文本对于翻译项目具有重要的参考价值。

(4) But the pace of liberalization was slow. The economy is yet to become open enough to unlock the full potential of private investors. So the government released another guideline in 2010, called the New 36 Clauses, in a bid to renew that drive. However, during the global financial crisis the authorities were forced to launch a massive stimulus package. The stimulus capital bailed out the state-owned enterprises and made them even more powerful. Some economists even worried that the bailout of SOEs might imply a counter trend, that is, "the advance of the state and the retreat of the private"[1]。

---

[1] 张丽华. 专题口译 [M]. 北京:外语教学与研究出版社,2020:125-126.

译文：但自由化步伐很慢。经济不够开放，私人投资者的潜力不能全部释放。因此，政府在 2010 年发布了另一项指导方针，称为"新 36 条"，以更新以前的条款。然而，在全球金融危机期间，国家被迫推出刺激经济重大举措。这些刺激资金拯救了国有企业，并使其更加强大。一些经济学家甚至担心，对国有企业的救助可能意味着一种相反的趋势，即"国进民退"。

这是一段关于民营经济发展的文字。本段文字有很多专业表达，如"the pace of liberalization""the New 36 Clauses""a massive stimulus package""the advance of the state and the retreat of the private"等。译者只根据英语字面意思翻译的话，很难译出其本来的、确切的中文表达。通过查询中华人民共和国国家发展和改革委员会官网，获得其年终报告的中英文版本，可知上述表达可依次表述为"自由化步伐""新 36 条""刺激经济重大举措""国进民退"。

以上所述，只是翻译实践中搜索技术的一小部分。译者往往需要根据项目要求，搜索很多其他方面的内容，如同义词、反义词、俚语等。另外，搜索技术还包含搜索方法和技巧，译者选择合适的检索方法可以达到事半功倍的效果，如使用通配符、综合利用搜索引擎的检索语法、深度搜索（如通过挖掘关键词深入搜索）、图片搜索等。

搜索是现代译者的必修技能。在翻译实践中，译者难以避免地会遇到不熟悉的领域或知识。要解决这些问题，译者不能不搜索，不可不查证。在长期搜索查证的过程中，译者就会养成良好的搜索习惯，不断提高搜索技术、积累搜索资源，从而形成自己的翻译语言资源库，便于后续的翻译工作。

【课后练习 10-2】

一、你认为什么是"搜商"？

二、有人认为了解常用的集中搜索资源即可，不用浪费时间探索更多的搜索资源，你怎么看待这种观点？

三、结合使用本节所学搜索技能试翻以下句子，并详述问题的解决过程。

The Americans had viewed foreign policy as if it were a western movie in which the cavalry appeared at the climacteric moment to use superior firepower on opponents who were usually of another race.①

四、结合使用本节所学搜索技能试翻以下句子，并详述问题的解决过程。

It began full generation service on 15 March 2010, supplying the Electricity Generating Authority of Thailand with 1,000 megawatts.②

五、请搜索《庄子·齐物论》全篇的权威英文翻译，并详述你的搜索过程。

---

① 张维为. 英汉同声传译 [M]（修订版）. 上海：上海外语教育出版社，2011：18.

② ADB/ADBI. ASEAN, *PRC and India: The Great Transformation by Asian Development Bank Institute* [M]. Tokyo: ADBI, 2014：161.

第三节 语料库技术

语料库是语言材料的集合,从一开始就与翻译有着千丝万缕的联系。随着计算机技术的发展,翻译与语料库的关系日益密切,越来越多的学者和译者利用语料库开展翻译研究与实践工作。在学术研究方面,学者们近些年来开始尝试建构语料库翻译学[①]。在翻译实践方面,语料库主要服务于机器翻译和计算机辅助翻译等相关翻译技术的应用。

一、概念与原理

语料库,顾名思义即为储存语言资料的数据库,其英文为 corpus(复数为 corpora),来源于拉丁语,本意为 body,有"全集"的含义。现在我们谈到语料库时,指的往往是一个大型电子文库,所以从本质上讲语料库是"依照某种原则方式所收集的大量文本总汇"[②]。梁茂成等将语料库定义为"按照一定的采样标准采集而来的、能够代表一种语言或者某语言的一种变体或文类的电子文本集"[③]。王克非则更进一步阐明语料库是"运用计算机技术,按照一定的语言学原则根据特定的语言研究目的而大规模收集并贮存在计算机中的真实语料"[④]。

从翻译实践方面看,语料库的基本原理在于"提供核心技术,建设具有海量信息的知识库,以满足机助翻译或自动翻译的需求"[⑤]。胡开宝等进一步指出:"在发现基于规则的机器翻译研究并不理想时,学界另辟蹊径,研究以平行语料库为基础的计算机辅助翻译,并获得了较快发展"[⑥]。

计算机辅助翻译的核心技术是翻译记忆,其跟语料库的区别与联系是什么?其实,翻译记忆库可被看作是一个特殊的平行语料库,一般在翻译过程中由计算机辅助翻译(CAT)等工具自动保存更新,并提供给搜索者使用,以减少翻译中的重复工作,从而达到省时省力、提高效率的效果。而语料库的概念范围更广泛,除了应用于 CAT 实践外,语料库也常被用于机器翻译(MT)的研究与实践中。

二、历史与发展

语料库的历史发展过程以是否使用计算机为分界线,可简单分为传统语料库(18 世纪至 20 世纪中期)与现代语料库(20 世纪 60 年代至今)两个阶段。

(一)传统语料库

最早的传统语料库可追溯至在古埃及发现的罗塞塔碑(Rosetta Stone,制造于约公元前 196 年),其碑文由三种文字刻成,像一个多语平行语料库,如图 10-5 所示。在计算

---

① 胡开宝,朱一凡,李晓倩. 语料库翻译学 [M]. 上海:上海交通大学出版社,2018:1-6.
② Kenny, D. Lexis and Creativity in Translation: A Corpus-Based Study [M]. Manchester: St. Jerome Publishing, 2001.
③ 梁茂成,李文中,许家金. 语料库应用教程 [M]. 北京:外语教学与研究出版社,2010:3.
④ 王克非. 语料库翻译学探索 [M]. 上海:上海交通大学出版社,2012:9.
⑤ 胡开宝,朱一凡,李晓倩. 语料库翻译学 [M]. 上海:上海交通大学出版社,2018:11.
⑥ 胡开宝,朱一凡,李晓倩. 语料库翻译学 [M]. 上海:上海交通大学出版社,2018:15

图 10-5　罗塞塔石碑

机出现之前，传统人工语料库主要为词典编纂、语法研究、教学文章收集等服务。在 20 世纪 50 年代中期之前，语言研究总体上以经验主义为主体，因而学者在当时对语料十分重视，语料库曾一度成为研究热点。但是，50 年代中期以后，以乔姆斯基为代表的理性主义的转换生成语法学派占据上风，改变了 50 年代结构主义语言学的研究方向，被视为经验主义产物的语料库研究遭到否定，几乎失去立足之地。

（二）现代语料库

现代语料库的建设始于 20 世纪 60 年代，大致可以分为第一代、第二代、第三代三个阶段[①]。

1. 第一代语料库

第一代语料库一般指 20 世纪 60 年代以后 80 年代以前建设的电子语料库，它们的规模一般不超过 100 万字。第一代语料库的典型代表是 BROWN 语料库（Brown University Standard Corpus），它是一个当代美国英语书面语语料库。第一代语料库确定了语料库建设的一些基本方法与原则，为建立更大规模的语料库奠定了基础，规模基本上在百万字范围内，这是和当时的计算机技术水平、计算机应用水平相一致的。

2. 第二代语料库

第二代语料库一般指 20 世纪 80 年代之后出现的一些语料库，和第一代语料库相比较，它们的规模要大得多，常常在千万字、上亿字以上。这一阶段，随着计算机应用水平的不断提高和语料库语言学研究的不断深入，语料的获取变得越来越容易，语料加工的自动化程度越来越高，知识发现的工具也越来越多、越来越好用，建设大规模、深加工的语料库比以前容易得多。

20 世纪 80 年代由 Harper Collins 出版社与英国伯明翰大学合作开发的 COBUILD 语料库是第二代语料库的典型代表，所含语料超过 4 亿词。与第一代语料库相比，COBUILD 语料库不仅规模大得多，而且结构设计更合理，语料标注的信息更加全面。COBUILD 语料库是 80 年代语料库语言学复兴的标志，它使人们认识到计算机语料库潜在的巨大用途，

---

① 转引自：何婷婷. 语料库研究 [D]. 华中师范大学，2003：7。

并引发了建设和利用大型计算机语料库的热潮。在这一时期，中国建立了上海交通大学"科技英语语料库"、北京航空航天大学"现代汉语语料库"、北京师范大学"中学语文教材语料库"、北京语言大学"现代汉语词频统计语料库"等。

3. 第三代语料库

20世纪90年代以来，计算机应用水平有了极大的提高，互联网的普及、电子图书的出现、无纸化办公的实现，使获取电子文本的语料变得非常容易；计算机硬件技术高速发展，存储器的容量、中央处理器的速度都有极大的提高，光电扫描仪和识别软件的精度达到90%以上；计算机索引技术、全文检索技术极大地提高了对大规模语料库的处理和查找速度。以上三方面为特大型语料库和监控语料库的建设提供了硬件基础，二者成为第三代语料库的代表。

建设特大型语料库对计算机技术的要求比建设一般的语料库要求更高。首先必须要有高质量的自动标注软件，对特大型语料库的标注，如果采取软件标注加人工校对的方法进行标注几乎是不可能的；其次，特大型语料库对计算机检索技术也提出了更高的要求，检索软件需要有更快的速度，更高的查全率、查准率。监控语料库（Monitor Corpus）加进了一个动态的元素，新文本被源源不断地加进去，通过软件分析、识别和发现新词、发现词汇的新用法。特大型语料库和监控语料库为语料库语言学的研究提出了新的问题，开辟了新的研究方向，语料库将向规范化、自动化、网络化、智能化、多功能等方向发展。

上述现代语料库均为单语语料库，且其建设目的主要是为语言学研究服务，但世界上最早旨在研究翻译的现代语料库，则是当代翻译研究学术巨擘——莫娜·贝克（Mona Baker）在1995年建立的"翻译英语语料库"（Translational English Corpus），其容量超过2 000万词，收集了由当代英美翻译家译自世界其他国家语言的翻译英文文本。此语料库被公认为语料库翻译学的开山之作。

三、主要技术

语料库技术，是指在语料库的制造过程和使用流程各个环节所使用的技术手段，主要包括了语料的提取、对齐以及与语料库相关的翻译技术。

（一）语料获取技术

语料提取技术，是指从不同来源渠道收集整理语言材料，并按照要求将其转化为可编辑加工的电子数据的各种技术。该技术主要包含网络爬虫技术、光学字符识别技术、格式转换技术。

1. 网络爬虫技术

爬虫技术是指按照一定的规则自动地抓取万维网信息的技术，可获取网络上的各种语料。目前Python网络爬虫技术较为流行，在论文、网页等语料资源的获取上有很大优势。

2. 光学字符识别技术

光学字符识别（Optical Character Recognition，OCR）技术，指针对印刷体字符，采用光学的方式将纸质文档中的文字转换成为黑白点阵的图像文件，并通过识别软件将图像中的文字转换成文本格式，供文字处理软件进一步编辑加工的技术。国外的ABBYY Fine Reader等软件识别外文较好，国内的金山、汉王等对于汉字识别效果理想。

3. 格式转换技术

格式转换技术是指把各种格式的源文件转换成可编辑的目标文档的技术。例如转换 PDF、EPUB、MOBI 等格式的文件，获得文本内容，用于后期编辑标注等过程。

（二）语料对齐技术

语料对齐技术指把双语文件逐句对齐，比如中文和英文对齐。语料对齐的目的是建立语料库或翻译记忆库，将其应用于计算机辅助翻译，可以大大提高翻译效率，尤其适用于专业领域翻译。市场上有很多语料对齐的免费软件，如 Tmxmall 在线对齐、WinAlign、ABBYY Aligner、雪人对齐、ParaConc 等软件。

（三）语料库相关的翻译技术

语料库相关的翻译技术主要涉及计算机辅助翻译（CAT）和机器翻译（MT）两个方面。CAT 的基本功能是通过 CAT 工具（如 RWS Trados）在翻译记忆库的基础上对翻译内容进行翻译。MT 系统的基本逻辑是基于实际产生的大规模平行语料，在经过统计规则或神经网络算法后，将原文自动转为译文。可见，语料库是 CAT 和 MT 不可或缺的技术来源。

【课后练习 10 – 3】

一、请简述语料库技术的概念与原理。
二、请简述语料库与翻译记忆库的异同。
三、请简述语料库发展历史的特点。

第四节　计算机辅助翻译技术

效率就是生命。假设你要翻译一篇 3 000 字的文章，按照每日翻译 500 字的速度，至少 6 天完成，就算累点也没关系；如果要翻译 300 000 字的一本书呢？那就是 600 天，近两年的时间，那可不是累一点，而很有可能会累趴下，再加上"一名之立，旬月踯躅"的可能性，在累趴下的情况下，能在两年内按时交稿，实属不易。有人可能会说，利用机器翻译，他一天就可以搞定。是的，机器翻译非常迅速，但是现阶段，直接利用机器翻译结果而不做任何改动就交稿，基本上不可能，即便有可能，也没有哪家单位敢接收这样的稿件。所以，高效翻译的选择只剩下一个，那就是计算机辅助翻译。

一、概念与原理

何谓"计算机辅助翻译"？根据 *Key terms in Translation Studies*（《翻译学核心术语》）一书中的解释，"计算机辅助翻译，其英文简称为 CAT，是指译者为提高翻译效率，在特定计算机工具的帮助下进行的专门领域的翻译①。"计算机辅助翻译的核心技术是翻译记

---

① 此句译自 Palumbo, G. *Key terms in Translation Studies* [M]. Annotated by Wang Dongfeng. Beijing: Foreign Language Teaching and Research Press, 2016: 27. 原句为："Also called computer – aided translation, computer – assisted translation, or CAT, is the translation carried out, generally at a professional level, with the help of specific computer tools aimed at improving the efficiency of the translation process"。

忆技术，其主张是"做过的事无须再做"①。下面从翻译记忆的概念和原理来阐释计算机辅助翻译技术的原理。

（一）翻译记忆的基本概念

翻译记忆（translation memory，TM），指"一个包含已翻译过的译文及其原文的电子数据库（electronic database）；该数据库由特定软件工具管理，其中的文本片段及其译文可被即时提取出来，以便之后在翻译相关领域的文本时进行匹配，然后再次使用"②。文本匹配有两种：完全匹配（exact match）和模糊匹配（fuzzy match）。完全匹配是在遇到与先前翻译过的一模一样的句子时发生的，而模糊匹配是新句子与翻译记忆的句子部分相同或相似时发生的。

（二）翻译记忆的基本原理

学者徐彬表示："在翻译流程中，计算机主要起'记忆'的作用，辅助译者工作，帮助译者自动查询术语，并可以重复利用翻译完成的文本，借助相似译例快速翻译。"③ 可见，在翻译重复率较高的文档时，如年度报告、法律合同、产品说明书等，通过翻译记忆可以防止做重复性劳动，还可保持翻译的前后一致性（如关键词、术语等的统一），进而提升了翻译质量与翻译效果。

二、历史与发展

计算机辅助翻译的历史虽然短暂（始于1967年），但是其发展却很顺利且迅速。计算机辅助翻译的发展历经四个时期：萌芽期、稳定发展期、迅速发展期、全球发展期④。

（一）萌芽期：1967—1983 年

计算机辅助翻译是从机器翻译（Machine Translation，MT）或计算机翻译发展而来，也可以把它称作机器辅助翻译（Machine – aided Translation，MAT）⑤。而机器翻译自从1946 年第一台电子计算机问世以来，就被人们研究并寄予厚望。然而，由于当时的机器翻译效果并不理想，费用又贵，加之美国国家自然语言处理咨询委员会（ALPAC）1966 年发布的研究报告中对机器翻译的负面评价，人们转而开始寻求以其他的方式提升翻译效率。于是，计算机辅助翻译应运而生。关于机器翻译曲折又有趣的历史，详见下节"机器翻译与译后编辑"。

20 世纪70 年代，翻译记忆的概念逐步产生，到了80 年代初期，马丁·凯（Martin Kay）撰写了一份备忘录，正式指出了类似于翻译记忆系统雏形的功能以及对翻译工作的重要意义，这也标志着现代翻译记忆原则的建立⑥。

（二）稳定发展期：1984—1992 年

1984 年，德国塔多思集团公司（Trados GmbH）和瑞士的 STAR 集团公司（STAR

---

① 王华树. 计算机辅助翻译概论 [M]. 北京：知识产权出版社，2019：99.
② 此句原文出自：Palumbo, G. Key terms in Translation Studies [M]. Wang Dongfeng (annotation). Beijing：Foreign Language Teaching and Research Press, 2016：151. 编者译.
③ 徐彬. 翻译新视野：计算机辅助翻译研究 [M]. 济南：山东教育出版社，2010：31.
④ 陈善伟. 翻译科技新视野 [M]. 北京：清华大学出版社，2014.
⑤ 钱多秀. 计算机辅助翻译 [M]. 北京：外语教学与研究出版社，2011.
⑥ 陈善伟. 翻译科技新视野 [M]. 北京：清华大学出版社，2014.

Group）成为世界上最早的两家计算机辅助翻译服务公司，其对计算机辅助翻译的发展产生了深远的影响。1988 年，计算机辅助翻译开启商业化发展。当时国际商业机器公司（IBM）日本分部的研究员发明了一种升级版的电子词典，已经具备了翻译记忆的特征。同年，塔多思公司推出了第一个商业化的翻译记忆开发工具，并于两年后推出第一个术语库开发工具。1991 年，STAR 集团又推出主要提供给企业的内部应用，同年，俄罗斯电脑语言学专家创建 Prompt 公司，提供翻译记忆与数据挖掘服务。

1992 年，塔多思公司推出世界上第一套商业计算机辅助翻译系统软件搭多思（TRADOS），标志着世界商业计算机辅助翻译软件系统的开始。另外，塔多思公司也开始在世界各地设立分支机构。同年，英国成立了两家专门从事翻译软件生产的公司：SDL 和 ATA，他们分别提供软件全球化服务和翻译记忆混合系统。

（三）迅速发展期：1993—2002 年

1993—2002 年 10 年期间，市场上出现约 20 个计算机辅助翻译（CAT）系统，包括后来非常知名的西班牙的 Déjà vu、英国的 SDLX、法国的 Wordfast、中国的雅信 CAT（1998 年），之后中国计算机辅助翻译事业也步入了快速发展期。

在此期间，各家 CAT 系统内置功能变多、越来越依赖 Windows 窗口操作系统、支持的文件格式与翻译的语言对数目也越来越多，塔多思（TRADOS）的市场领导地位日益巩固。

（四）全球发展期：2003 年至今

2003 年后，北美及欧洲的计算机辅助翻译发展开始活跃。加拿大、德国、法国、匈牙利、波兰、俄罗斯、乌克兰等国或发布了新的 CAT 系统，或对旧的 CAT 系统有新功能的更新，其中尤以匈牙利的 Kilgray 公司开发的 MemoQ 软件令人瞩目。

2012 年后，计算机辅助翻译技术全面繁荣发展，CAT 系统的版本和功能也越来越多，其中中国的计算机辅助翻译工具值得一提。传神联合信息技术公司的 TCAT、佛山雪人公司的雪人 CAT、成都优译信息技术公司的 Transmate，再加上之前提到的雅信 CAT，中国的计算机辅助翻译技术的发展也越发繁荣与全面。

随着计算机技术的发展，CAT 工具不管是从界面上或者是功能上都达到了前所未有的发展。众多工具也开始逐渐转变成独特的操作界面，而且也能够在 Windows、MacOS、Linux 等各种电脑操作系统中应用。在功能上可以兼容几十种文件格式，并且在翻译完成后保持版式不变。大数据分析、云计算时代的来临，也诞生了很多云端翻译平台，并且还能够实现云端协作翻译。计算机辅助翻译工具在全球语言服务行业被广泛运用，逐渐就成了译者高效完成翻译的必备工具。各高校为了顺应翻译技术发展的新趋势也纷纷开设了翻译技术相关课程。翻译技术在翻译教育与人才培养等方面也日益引起了人们的关注，对翻译技术方面的研究成果也日渐增多，计算机辅助翻译技术发展到了全面繁荣时期。[①]

三、计算机辅助翻译的应用

计算机辅助翻译的应用具体包括借用计算机辅助译者进行翻译时的基本流程、CAT 工具的主要实践应用和国内外主要 CAT 工具简介。

---

① 本段转引自：王华树. 翻译技术教程（上册）[M]. 北京：商务印书馆，2017：130。

（一）计算机辅助翻译基本流程

CAT 工作流程跟人工翻译步骤一样可分为译前、译中、译后三个阶段，但是具体内容却大不相同。在译前阶段，计算机辅助翻译有很多工作要做，如新建项目、导入文件、切分句段、对齐文本、统计字数等，但是最重要的还是建立翻译记忆库和术语数据库。做好相关译前准备工作之后，译者就可以着手翻译了。译中阶段主要是在记忆库、术语库"双库"辅助下进行预翻译，确定匹配率及翻译工作量，并确保译文风格统一、表述正确。当然，译中最重要的工作还是要人去完成，那就是完全翻译，即完整翻译从句段到篇章的原文到译文。这与传统人工翻译几乎没有什么不同。但是译后阶段却有更多内容。除了传统的译后审校不同——CAT 里称为 QA，即 Quality Assurance（质量保证），还涉及项目导出、译文排版、语言资产储存等内容。

（二）CAT 工具的主要实践应用

CAT 工具是商业翻译实践的首选。CAT 工具不仅可以应用软件本地化、网页翻译等场景中，更可以应用到包括文学翻译在内的大多数文本的翻译中，因为 CAT 工具可以提供便捷的词汇查询以及更快的译文输入方式、提供更符合人体工学的翻译工作环境和更友好的译文校对环境。所以，从 CAT 工具的多功能和包容性上看，与商业实践中的翻译需求是十分匹配的。

CAT 工具亦可应用于翻译教学实践。随着语言服务的全球化、市场化，翻译职业化进一步深化，翻译市场对翻译技术人才的需求日益增长，当前外语、翻译专业也掀起了 CAT 教学热潮。CAT 应用于翻译教学主要有两方面，一是以技术为教学手段，倒逼翻译教学改革；二是教授计算机辅助翻译技术，培养具有信息素养与翻译能力的新时代翻译人才。翻译教学可从四个方面应用 CAT 技术：实现数据库驱动的翻译教学模式、实现网络化互动教学模式、建立面向市场的培养模式、使学员形成项目管理的思想。

（三）国内外主要 CAT 工具简介

近 10 年来，CAT 技术不断精细化发展，CAT 工具的数量与功能日益增长和完善。当前市场上的计算机辅助翻译软件客户端和云端翻译平台达数十种。这里主要介绍国内外各 3 种主流计算机辅助翻译工具。相关信息参考了各软件的官方网站及百度百科。

1. 国外主流 CAT 工具

（1）Trados

Trados 来源于三个英文单词 Translation，Documentation 和 Software，中文译名为"塔多思"。塔多思在 1984 年创建于德国，2005 年被美国 SDL 公司并购，改名为 SDL Trados，2020 年又被英国的 RWS[①] 公司收购，现已更新到 Trados Studio 2022 版本。塔多思经过近 40 年的发展，已然成为 CAT 界名副其实的"领头羊"。Trados Studio 是全球超过 270 000 名翻译专业人员都在使用的计算机辅助翻译工具，它为编辑、审校、管理翻译项目和术语提供了一个完整的集中式翻译环境：可以通过桌面工具离线使用，也可以通过云端在线使用；Trados Studio 充分利用其丰富的功能以加快团队的翻译流程和提高一致性，同时构建可以反复使用的语言资产库，提供更灵活的翻译工作方式，以满足不断变化的行业需求。其具体工作情况如图 10-6 所示。

---

① 即如文思语言技术与服务控股公司，语言服务提供商龙头企业，目前世界排名第一。其具体信息可参考 http://transtech.lingosail.com/news/detail/188270/cn。

图 10-6 塔多思软件初译界面

(2) memoQ

memoQ 是由成立于 2004 年的匈牙利 Kilgray 翻译科技有限公司发布的一款翻译软件。memoQ 的产品有很多，也拥有很多功能，如调用神经机器翻译结果等，并且能够实现质量保证、规范断句、业务流程自动化等，在中国也广受欢迎。

(3) Déjà Vu

Déjà Vu 是由西班牙 Atril 公司所研发的翻译工具，中文名为"迪佳悟"，它的翻译界面集成化较高，对用户较为友好。Déjà Vu 是法语，意为"似曾相识"，比喻翻译记忆内容的再现。Déjà Vu 功能齐全且非常有特色，导出灵活，机器翻译引擎接口多，译后编辑环境好，翻译效能提高幅度大，是初学者常选的 CAT 工具。

2. 国内主流 CAT 工具

(1) 雅信 CAT

雅信 CAT 的优点是用户可以通过网络共享资源，不但自己翻译过的内容无须重复翻译，别人翻译过的内容也可以利用。译者还可利用系统中的"CAM"（Computer - aided Memory，电脑辅助记忆）模块自动建库。雅信 CAT 与 MS - Word 无缝对接，翻译排版可一次完成。雅信 CAT 的人机交互方式方便，提供了多种方便快捷的交互手段。此外，方便的例句搜索、丰富的语料库、量级高的词典、双语保存的翻译结果等都对用户比较友好。

(2) 火云译客

火云译客最大的特点是译者可以在线翻译、协同翻译，寻找翻译伙伴，分享使用术语库资源等，能让专兼职译者在一个平台上高效率完成翻译的一系列工作。该软件嵌入了新版本 iCAT 翻译工具，更是新增了在线翻译功能。翻译资源管理分类清晰，支持多种格式的导入导出；译客协作从稿件上传派发到译稿回收，流程清晰操作简单，对用户较为友好。图 10-7 为火云译客 iCAT 的翻译界面。

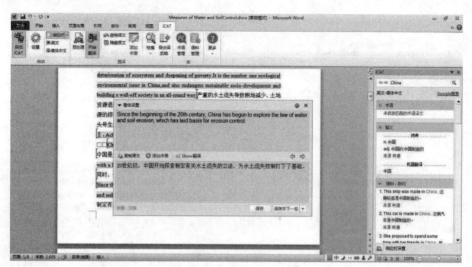

图 10-7　iCAT 翻译界面

（3）雪人 CAT

雪人 CAT 属于独立开发软件，即不需要依附于其他软件。其执行效率较高，消耗的系统资源少，运行稳定。雪人 CAT 软件可谓短小精悍，功能强大，是市面上 CAT 软件中运行速度最快、最稳定的系统之一。雪人 CAT 将需要翻译的术语库、记忆库等全部打包在"项目文件"中，其集成性和工作组管理性能较高。另外，雪人 CAT 和雅信 CAT 一样，都附带有词典，其专业版词典收录单词量超过 1 000 万个。

四、计算机辅助翻译的评价

现阶段，人们对计算机辅助翻译的评价褒贬不一。负面评价主要有三大方面：无法做到语义理解、影响译者创造性的发挥与翻译能力的退化、软件操作复杂且学习周期长。但是，越来越多的人意识到，计算机辅助翻译工具对于信息时代翻译的利远大于其弊端，CAT 工具在翻译中的作用也远大于传统人工翻译所采用技术的效果，主要体现在语言资产的复用、翻译质量的控制、翻译格式的简化、辅助翻译的协作与管理上。

解决好以上负面评价中的问题，并且更好发挥好其优势，就能提高译者的翻译效率，减少重复性劳动，避免译文不一致的低级错误。部署应用 CAT 系统所带来的生产力的提升幅度，几乎总是会超过使用传统手段翻译的译者的想象。相信扬长避短之后，CAT 技术大有可为。

【课后练习 10-4】

一、简述翻译记忆的基本原理。
二、简述计算机辅助翻译的基本流程。
三、计算机辅助翻译的发展过程有哪些特点？
四、国内外常用的 CAT 工具有哪些？根据兴趣，请选择一款适合自己的 CAT 工具。
五、有人认为计算机辅助翻译不需要教师教授，完全可以自学，你认为呢？请在调查研究的基础上得出自己的结论，并在班上进行讨论。

第五节 机器翻译与译后编辑

几乎从电子计算机一出现,人们就开始了机器翻译系统研究①。经过七十多年的曲折发展,如今的机器翻译系统已逐渐成熟,为人类口头和书面的跨语言交流提供了极大便利。尽管如此,机器翻译还不尽完美,仍需最后一道工序——译后编辑,才能满足人们不同程度的翻译需求。

一、概念与原理

机器翻译(Machine Translation,MT),又称自动翻译(Automatic Translation),"是利用计算机将一种自然语言②(原语言)转换为另一种自然语言(目标语言)的过程"。跟前文讲过计算机辅助翻译不一样,机器翻译系统是全自动翻译,即输入原文即可得到译文,中间无任何人工干预。

机器翻译的现代概念自 1949 年被正式提出以来,其技术经历了"直接转化法、基于规则的转换翻译方法、基于中间语言的翻译方法、基于语料库的翻译方法"③。其中,基于语料库的翻译方法又可以分为基于记忆的翻译方法、基于实例的翻译方法、统计翻译方法和神经网络翻译方法④。特别是自 2017 年谷歌基于自注意力机制的 Transformer 模型提出以来,机器翻译技术取得了突破性进展。由于机器翻译的具体工作原理涉及计算机科学,比较复杂,且最新的神经机器翻译结果像一个"黑匣子"⑤一样难以解释,因此本节不做具体讨论,感兴趣的同学可以阅读《机器翻译研究》⑥《机器翻译》⑦《神经机器翻译》⑧等专著进行了解。

虽然神经机器翻译极大地提高了机器翻译的可读性,其"最后一公里"依然难以完成,因为要彻底解决机器翻译这项任务并不现实。所以,近几年来学者们另辟蹊径,开始研究译后编辑技术(Post Editing,PE),即"通过少量的人工修改以对机器生成的翻译进行完善的过程"⑨。借助译后编辑,机器翻译比传统人工翻译大大提高了生产力。

译后编辑原理不难理解,但是高质量的译后编辑却也不太容易实现。一方面,机器在翻译长句子、复杂的文本时,翻译质量就会骤降,导致译后编辑体验感差,在编辑时长不变的情况下,译后编辑的质量就偏低;另一方面,译后编辑的深度不好确定,因为有时机器翻译的质量已经达到可以顺畅阅读的级别,这时译后编辑需要做哪些方面的修改呢?是选词更加符合规范、还是要检查机译文对原文的忠实度呢?因此,为规范译后编辑的程

---

① (德)菲利普·科恩. 神经机器翻译 [M]. 张家俊,赵阳,宗成庆,译. 北京:机械工业出版社,2022:27.
② 自然语言,指人类自然形成的语言,如汉语、英语、法语、德语、日语等。计算机程序语言(如 C 语言、Java 等)与人造语言世界语(Esperanto)不属于自然语言。
③ 宗成庆. 统计自然语言处理:第 2 版 [M]. 北京:清华大学出版社,2013:299-300.
④ 王华树. 计算机辅助翻译概论 [M]. 北京:知识产权出版社,2019:87-88.
⑤ 黑匣子是一个物理术语,意思是指不明白其工作原理的机器。
⑥ 冯志伟. 机器翻译研究 [M]. 北京:中国对外翻译出版公司,2004.
⑦ (法)蒂埃里·波贝. 机器翻译 [M]. 连晓峰,等,译. 北京:机械工业出版社,2019.
⑧ (德)菲利普·科恩. 神经机器翻译 [M]. 张家俊,赵阳,宗成庆,译,北京:机械工业出版社,2022.
⑨ 李晗佶,陈海庆. 国内机器翻译研究动态科学知识图谱分析(2007—2016)——基于语言学类与计算机科学类期刊的词频对比统计 [J]. 西安外国语大学学报,2018(2):103.

度，翻译自动化用户协会（Translation Automation User Society）提出，可以根据客户对质量的要求，将译后编辑分为两类：一类是理解级译后编辑，一类是出版级译后编辑；国际标准化组织进一步提出译后编辑的3C原则，即可理解（Comprehension）、原/译文的一致性（Correspondence）和满足客户要求（Compliance）①。

人们对译后编辑的研究发展到一定程度，突然发现，译后编辑这么吃力的部分原因可能是原文的不规范导致的，进而想到或许可以通过对规范化原文而提高机器翻译质量、减少译后编辑障碍，这就是译前编辑（Pre-editing）。尤其当一个文件需要机器翻译为多种语言时，译前编辑的必要性就越发凸显。

二、历史与发展

真正的机器翻译与译后编辑的历史并不很长，原因是计算机的出现比较晚。但是不能说在计算机出现之前，没有机器翻译。事实上，机器翻译的历史可以追溯到许多年前②，下面简要介绍一下机器翻译和译后编辑的历史与发展。

（一）前计算机时期：17世纪—1946年

关于用机器来进行语言翻译的想法，远在古希腊时期就已经有人提过了③，但将机器翻译的想法进行实践尝试却是在17世纪才出现。在这方面，被称为西方哲学之父的法国学者笛卡尔（Descartes）和被誉为17世纪的"亚里士多德"的德国数学家莱布尼茨（Leibniz）常被机器翻译的先驱们提及，尤其是笛卡尔，他明确提出用统一的数字代码来替换单词。他们的思想启发了一些学者在17世纪中叶尝试将特定数字（标识符）与每个单词或概念相关联的"数值字典"④的开发。之后人们开始尝试在逻辑原则和图形符号的基础上，创造出一种无歧义的语言，这样一来，人们就不必再由于误解而产生交际方面的困惑了。这种语言就是后来有人提出的中介语，试图将世界上所有的概念和实体都加以分类和编码。之后有人也曾提出建立一种数字语法，加上词典的辅助，可以利用机械将一种语言翻译成多种语言。这个人就是最早提出"机器翻译"这个术语的德国人利格（W. Rieger）⑤。第二次世界大战期间，有人设计了面向多语言字典——机械大脑和半自动翻译的机械系统，即辅助翻译环境⑥。

总之，20世纪初期，机器翻译的先驱们一直在探索用机器辅助的方法解决语种间的语码交换问题，但均未能取得根本性进步，直至1946年世界第一款计算机ENIAC问世，才为机器翻译的研究增添了勃勃生机。计算机惊人的运算速度，激励了人类重新考虑使用机器完成翻译工作的可能性。

（二）萌芽期：1947—1966年

在第二次世界大战期间，计算机发挥了巨大的作用，英国人利用计算机破译德国密

---

① ISO 18587. Translation Services—Post-editing of Machine Translation Output—Requirements [S]. Geneva, Switzerland: ISO copyright office, 2017: 8-13.
② Hutchins, J. *Machine Translation: Past, Present, Future* [M]. Chichester: Ellis Horwood, 1986: 3-15.
③ 冯志伟. 机器翻译研究 [M]. 北京: 中国对外翻译出版公司, 2004: 12.
④ （法）蒂埃里·波贝. 机器翻译 [M]. 连晓峰, 等, 译, 北京: 机械工业出版社, 2019: 37.
⑤ 冯志伟. 机器翻译研究 [M]. 北京: 中国对外翻译出版公司, 2004: 12.
⑥ （法）蒂埃里·波贝. 机器翻译 [M]. 连晓峰, 等, 译, 北京: 机械工业出版社, 2019: 40-43.

码,这个过程就像是对语言代码进行解码的过程。1949年,机器翻译的先驱之一沃伦·韦弗(Warren Weaver)发表了一篇后来影响世界的文章,在该文中他阐述了可以利用计算机像破解密码一样进行翻译的观点,此后,他的观点迅速扩散,使机器翻译一度成为炙手可热的研究领域。此后,机器翻译的研究给人们带来了无限的期待,研究人员提出许多方法,希望能够早日解决高质量全自动机器翻译的问题,很快第一个机器翻译系统就问世了,但是其翻译质量还非常低下,其详情可忽略不提。

20世纪50年代,我国也开始了机器翻译的研究工作。1956年,国家把机器翻译研究列入了科学发展规划,至1959年,该项研究已初见成效:中科院语言研究所研制的机器翻译系统顺利地翻译了九个复杂的、句型不同的句子。这一时期,英美俄等国的机器翻译探索也不断深化,研发出了在当时看来很有意义的机器翻译系统。

经过20年的发展,人们乐观地认为,机器翻译离全自动高质量翻译不远了。殊不知就在这时,机器翻译被突然泼了一大盆冷水。美国国家自然语言处理咨询委员会(ALPAC)1966年发布的研究报告,几乎全面否定了机器翻译,导致其研究在全球范围内被迫中断,陷入停滞状态。

(三)停滞期:1967年—1984年

ALPAC报告发布后的一段时间内,英语世界的机器翻译研究也中断了。其他国家则继续资助相关研究团队,在此期间出现了"第一个商用系统"①,即Systran公司研发的翻译系统,它先后为美国空军和欧盟提供了俄英翻译和欧洲语言对翻译。1976年蒙特利尔大学研发了Météo机器翻译系统②,用于天气预报的翻译。此后近十年,机器翻译的技术创新发展非常有限,陷入低谷期。

(四)复苏期:1985年—2001年

20世纪80年代中期,机器翻译终于迎来解冻期,开始缓慢复苏。1987年,中国的"科译1号"机器翻译系统问世,成为中国首个商用机器翻译系统,被评为中国1988年的计算机世界十件大事之一③。

另外,译后编辑的研究在这一时期也开始步入正轨。1985年,Dorothy Senez进行了一次关于将机器翻译译后编辑服务在欧盟委员会中广泛使用的研究,"标志着译后编辑研究正式进入人们的视野"④。2001年,Hans Krings发表了译后编辑的专著 *Repairing Texts: Empirical Investigations of Machine Translation Post-Editing Processes*(《修复文本:机器翻译后编辑过程的实证研究》)。

20世纪80年代后期,IBM实验室的研究人员产生了实现统计机器翻译的想法,但是他们却离开了机器翻译领域,这导致90年代其他大多数研究人员还只是在关注与语义相关的翻译系统,直到"1998年约翰斯·霍普金斯大学(Johns Hopkins University)举办了一场研讨会"⑤,与会人员重提IBM的相关方法,统计机器翻译才开始迅猛发展。

---

① (法)蒂埃里·波贝. 机器翻译[M]. 连晓峰,等,译,北京:机械工业出版社,2019:77-78.
② (法)蒂埃里·波贝. 机器翻译[M]. 连晓峰,等,译,北京:机械工业出版社,2019:77-78.
③ 冯志伟. 机器翻译研究[M]. 北京:中国对外翻译出版公司,2004:24.
④ 王华树. 翻译技术教程(下册)[M]. 北京:商务印书馆,2017:23.
⑤ 菲利普·科恩(德). 神经机器翻译[M]. 张家俊,赵阳,宗成庆,译,北京:机械工业出版社,2022:29-30.

(五) 繁荣期：2002 年至今

进入 21 世纪以来，由于统计机器翻译研究的低门槛，许多学术与商业研究的实验室都开发了各自的统计机器翻译系统，这些努力也促成了很多新翻译公司的成立。成立于 2002 年的 Language Weaver 翻译公司便是其中一个优秀的代表，该公司提出一种全新的模式，许诺"通过数字实现翻译"①，现已被英国的如文思（RWS）公司收购。

传统的机器翻译公司和计算机辅助翻译公司也开始将机器翻译系统整合到它们自己的软件之中，如 Systran, Trados 等。随着移动终端的流行、5G 技术的兴起，机器翻译像浏览器一样成了人们的日常工具。这时候的机器翻译质量已经能够粗略满足人们的低层次需求，如旅游、聊天、网页浏览等，发展速度惊人。到了 2013 年，神经机器翻译横空出世，随后便以迅雷不及掩耳之势席卷全球。其翻译质量明显高于统计机器翻译结果，使研究人员几乎彻底放弃统计方法，完全采用神经网络的机器翻译方法。2017 年谷歌研究人员提出 Transformer 模型后，神经网络方法已完全成为主流机器翻译方法。

值得指出的是，2016 年进入人工智能时代后，译后编辑突然火了。一是因为机器翻译质量大幅提升，译者觉得机器译文有利用价值，且编辑距离逐渐缩减，体验感不像以前那么糟糕了。二是因为翻译需求剧增，译者为追求效率，通常都是先让机器翻译过一遍，然后再进行译后编辑。只要能满足客户对质量的要求，在短时间内，译后编辑不失为译者的一种选择。最新的译后编辑研究学者李梅认为，在译后编辑中，原文有时不是那么重要，不参考原文也可以进行译后编辑，行业专家也可以进行机器翻译译后编辑②。可见，在高质量机器翻译系统的加持下，译后编辑时代已然来临。

三、应用

机器翻译是一个跨学科的研究领域，涉及语言学、计算机科学以及数学等学科。因此，机器翻译研究从理论上讲有其重要研究价值：推动相关学科及领域（如自然语言处理、语音与图像处理技术等）发展、促进人类对跨语言理解更深层次的认知等。从实践上讲，机器翻译的应用可谓广泛，个人、社会、国家都越来越依赖机器翻译技术。据统计，"一带一路"涉及 60 多个国家、44 亿人口、110 余种语言，可见要推动"一带一路"倡议的实施，机器翻译是其中不可或缺的重要赋能技术。

（一）机器翻译的应用

现如今机器翻译的应用非常广泛，包括但不限于信息获取、人工辅助翻译、交流、自然语言处理的管道式系统和多模态机器翻译。

1. 信息获取

百度、谷歌、深度学习（Deep L）等在线机器翻译系统可直接为需要进行翻译任务的用户提供翻译任务，如网页翻译、应急救援翻译、新闻翻译、专利翻译、经贸翻译等。

2. 人工辅助翻译

现在的大多数计算机辅助翻译工具都将机器翻译整合进来，通过 API 接口获得机器翻

---

① （德）菲利普·科恩. 神经机器翻译［M］. 张家俊，赵阳，宗成庆，译，北京：机械工业出版社，2022：29-30.

② 李梅. 机器翻译译后编辑过程中原文对译者影响研究［J］. 外语教学，2021，42（04）：99.

译结果，然后进行译后编辑，翻译效率也因此大幅增加了；另外，交互式机器翻译向译者动态提供翻译预测，译者可以选择采纳或者不采纳。

3. 交流

操不同语言的人们可以利用机器翻译进行视频对话、实时聊天、旅游交际、听课等。

4. 自然语言处理的管道式系统

人们可以利用机器翻译进行更大范围的自然语言处理的应用，如跨语言信息检索和抽取，即用其他语言在搜索引擎上进行相关信息的检索，然后用机器翻译进行理解。这涉及文本的深度挖掘，是深度搜索的一部分，具体参考本章第二节《搜索技术》。

5. 多模态机器翻译

随着人们的信息需求越来越多样化，机器翻译还可以应用到多种形态的信息翻译中，如图片标题翻译、视频字幕翻译、语音识别后的文本翻译等。这是机器翻译的一大挑战，目前还未看到普遍应用，但是未来在新的神经网络架构下，有可能会广泛应用。

（二）译后编辑的应用

近年来人们对译后编辑的自动化研究兴趣日益强烈，目前可投放市场并且功能相对完备的商业化翻译后编辑工具数量非常有限，因此本文仅推荐以下 3 个较为经典的商业译后编辑工具。

1. 动态质量框架（Dynamic Quality Framework）

动态质量框架（DQF）向供应商提供独立的环境来评估翻译译文。用户可以对机器翻译的译文进行后期编辑，评估目标句子的准确性和流畅度，并基于错误类型对比翻译和计数错误。这些工具能够对比投资收益和平均收益，帮助用户做出明智的决策。DQF 采用动态的评估标准，根据内容格式、文本使用目的和目标读者等对译文进行评估，用户可以根据自己的需要选择不同的评估模式。DQF 的目标是规范译文质量评估流程，使整个流程更加客观透明。

2. memoQ 编辑距离统计功能（Edit distance statistics）

MemoQ 是由匈牙利 Kilgray 翻译科技有限公司发布的一个翻译软体，包括云端和客户端协作、项目管理、流程管理、内容管理、客户管理等功能，也可通过软件自身集成的编辑距离统计功能，实现对译者和审校的译后编辑工作量的统计。编辑距离统计功能通过计算源文档与翻译记忆库的匹配值以及已机器翻译的数值，计算译者的译后编辑工作量；编辑距离报告（Edit distance report）对译者提交的翻译任务进行统计，计算审校的译后编辑工作量。

3. Déjà Vu X3 中的机器翻译译后编辑

1993 年由 Atril 公司研发的 Déjà Vu，是目前市场上第一个基于 Windows 的计算机辅助翻译管理软件，而 Déjà Vux3 则是其于 2014 年推出的最新版本。Déjà Vux3 中的机械翻译译后编辑功能能提供以译者记忆技术为核心的计算机辅助翻译、机器翻译与翻译后管理集成，从而构成了译者的集成翻译管理环境。它所提供的初始译者，是将译者记忆的模糊匹配译者、机械译者与人工译者结合的新产品。在 Déjà Vu X3 中实现了机器翻译与译后编辑的流程，可包括准备阶段、译后编辑过程、译后编辑的后处理过程等三个阶段。

【课后练习10-5】

一、机器翻译与译后编辑的历史发展有何特点?请用100字左右的文字进行简述。

二、在平时的学习生活中,你是否会使用机器翻译?请将你的使用经验在课堂上分享出来。

三、如果老师要求你用译后编辑的方式提交练习中的译文,你认为怎样才能够达标呢?

四、现在如果要求你用计算机来做翻译,你会选择使用CAT还是采用MT?为什么?

五、你认为译后编辑人员和翻译审校之间有什么联系和区别?

第六节 翻译技术展望与翻译行业未来

中国人自古对技术都抱有谨慎的态度,这是中国人能够贡献给世界的大智慧。但是,即使有现象的重复而导致的表面上看起来历史的倒退,人类社会却是单向度演化的,技术的洪流是无法阻挡的。

当前,在信息技术的影响下,翻译的产业发展、翻译的行为模式、翻译主体、翻译过程和翻译工具等有关翻译的方方面面都发生了重要的变化,造就了翻译研究对象的信息化嬗变,翻译研究从面向文本的研究,向翻译产业和翻译技术研究扩展。

翻译技术的发展是永恒的,而且会迎来加速度式的发展。随着翻译实践的发展,翻译逐步走向产业化、专业化,国内外形成了专业性极强的翻译市场。同时,翻译的专业化推动了翻译与技术的结合,成为当今翻译技术研究的核心话题;而翻译技术又进一步推动了翻译产业的迅速发展。

可见,翻译行业未来发展已经愈来愈离不开翻译技术的强有力支持。作为翻译技术的主要内容,语料库技术、计算机辅助翻译技术、机器翻译与译后编辑的发展展望将有助于读者一窥翻译技术前景与翻译行业未来发展。

一、语料库技术与翻译行业发展展望

语料库技术可用于外语产学研的方方面面,但是对于翻译技术而言,其主要用于CAT和MT两大领域。现在的CAT和MT都依赖于特殊的语料库——翻译记忆库(TM),前者在TM的基础上对译文进行"编辑式翻译",后者内核建构基于大规模的真实语言资料——双语/多语对照的平行语料库。因此未来的CAT和MT无论如何发展,其根本都离不开语料库的支持。

近30年来,语料库和语料库语言学飞速发展,但在翻译技术研发方面,仍明显需进一步发展,需要建立大型双语或多语数据库,尤其是面向专业领域的平行对齐语料库,以使目前广泛使用的计算机辅助翻译技术能够在特定领域实现自动化处理,在处理过程中对人的依赖程度进一步降低,最终实现翻译全过程的计算机化。

按照目前的发展态势,可以预见,语料库容量将会更大,类型更加多样化,语料库方法将会与其他语言相关的理论研究、应用(教学)研究和技术开发进一步融合,并将有更多、更激动人心的发现和应用。

二、计算机辅助翻译技术（CAT）发展展望①

中国近年来的快速发展导致各种各样的社会交流日益增加，对翻译的需求量也随之增加。CAT 技术不仅能够节约巨大的人力资源和时间成本，而且可以将翻译的个人活动转变为团队协作活动。可以说，CAT 极大地变革了传统翻译活动模式。未来 CAT 将会继续向高度自动化、精准化、智能化、云端化发展，具体体现在以下方面：

1. 自动化程度持续提高

未来 CAT 工具的功能将日益增多，其应用前景将更加广阔。原来只支持记忆库模糊匹配和翻译编辑，未来将逐渐拓展至文本的拖拽上传、文本分割与整合、重复句对去重、文本自动分配，翻译中文本的自动输入、机器翻译导入提示、拼写检查，以及翻译后的质量保证、翻译审校等翻译环节。日后随着图像和语音识别技术的日益完善，CAT 工具将会越来越自动化和集成化，贯穿翻译活动的整个流程。

2. TM 检索不断精准化

当前的 TM 检索算法基于语言形式而不是意义，也无法在搜索时进行精细化选项设置，所以检索深度与精度都不高，检索结果仅为翻译中表层的很少部分的知识和经验。随着对 TM 技术和 TM 系统更多的跨学科研究，学科交叉协同合作越来越多，检索技术将深度改善。

3. "TM + MT + PE" 智能化模式日益普及

"TM + MT + PE" 指翻译记忆（Translation Memory）、机器翻译（Machine Translation）与译后编辑（Post Editing）相结合的翻译模式。自从神经网络机器翻译技术发布以来，机器翻译的准确性明显提高，在非专业领域尤其如此。如今主流机器翻译系统均提供了开放的 API Key，方便 CAT 工具调用机翻结果。原语输入 CAT 工具后，首先设定与记忆库的匹配率，再使用"预翻译"功能将原文和已有的记忆库中内容加以对应，之后达不到设定匹配率的句段就可使用 MT 得出正确结果，因此翻译时仅需要通读文本并做出少量调整即可，从而极大节省了翻译成本，也大幅提高了翻译效率。

4. 云端化更加明显

随着大数据、云计算时代的到来，CAT 工具也从本地逐渐转向了网络化。一方面，CAT 工具让项目经理分配任务更便捷，可对项目进度进行查看，更好把控流程，也让译者摆脱了时空限制，随时随地完成个人翻译任务、团队协作任务；另一方面，大数据存储也将从本地化走向云端化，且检索速度只增不减，只需连接互联网即可。

三、机器翻译与译后编辑发展展望

TM 暂时起到了连接人类和计算机各自的优点的桥梁的作用，它将人的创造性思维和计算机强大的数据存储以及检索功能结合起来，是目前专业翻译领域理想的解决方案。但是自 2014 年神经网络机器翻译（NMT）模型提出以来，MT 质量显著提升，机器翻译技术大幅促进了翻译质量提升，因此机器翻译产业也将出现巨大变革，并有更大范围的应用。人们将在更多生活和工作场景中享受更高质量的机器翻译服务，学者徐彬甚至可以很乐观

---

① 本部分转引自：王华树. 翻译技术教程（上册）[M]. 北京：商务印书馆，2017：152 – 154。

地断言：随着计算机技术，尤其是人工智能的发展，MT 有朝一日将取代人工翻译①。但是目前来说，机器翻译还存在一些缺点，达不到用户的全部要求。

近年来，机器翻译译后编辑（MTPE）越来越受到业界青睐，已成为翻译新业态。学者李梅认为：由于 MT 输出译文的高质量，译后编辑已基本避开如更正语法及拼写类的初级工作，而更多专注于斟词酌句的高级别语言修改②。因此，在译后编辑技术充分发展的情况下，未来的 MTPE 模式将有望超过 CAT 工具、成为译者首选的翻译技术与模式。

四、翻译行业未来

翻译行业未来的发展潜力无限，原因有三：一是人类交流离不开翻译，尤其随着中国逐步走向世界舞台的中央，中译外也越来越多。二是翻译产业化、本地化日益加强，翻译市场逐年扩大，翻译行业所处的语言服务业产值连年大幅增长，所以从经济学上讲，翻译行业也是朝阳产业；三是翻译研究日新月异，而且领域越来越细化，可研究的点越来越多，翻译学科成为一级学科的呼声日益高涨，翻译行业展现出旺盛的生命力和良好的发展前景。

作为翻译专业或英语（翻译）方向的学生，应该充分认识到翻译行业光明的前景，勤学苦练翻译能力，融会贯通翻译技术，努力打造自身综合素养，成为新时代的合格译者。

【课后练习 10-6】

一、简述翻译技术与翻译行业未来的关系。

二、简述计算机辅助翻译技术主要体现在哪几个方面。

---

① 徐彬. 翻译新视野：计算机辅助翻译研究［M］. 济南：山东教育出版社，2010：96.
② 李梅. 机器翻译译后编辑过程中原文对译者影响研究［J］. 外语教学，2021，42（04）：99.

参考答案

【课后练习1-1】

一、请同学们翻译下面短文,列出翻译的难点和问题。

大学生活的一个重要方面

伍德罗·威尔逊

完全有可能把我们大学的生活组织得使学生和教师都参加在其中,使师生之间产生完全自然的日常交流;只有通过这样的组织,才能使大学这种严格地培养人的地方真正充满朝气,才能使大学师生们成为共同生活的团体。年轻人在其中会充分认识到脑力劳动是多么有趣味,多么充满活力,多么重要,并且与一切现代成就有着多么紧密的联系——只有通过这样的组织,才能使学习成为生活本身的一部分。课堂讲授常常显得一本正经而空洞无物;背诵往往非常枯燥而收效甚微。在与学者们的谈话和自然的交往中,你才能懂得知识是多么生气蓬勃,知识与一切有趣和重要的事物是多么紧密相连,它是这些事物的不可分割的一部分,是一切"实用的"以及与当今世界有关的事物密切相连的一部分。读书并不一定能使人变得善于思考;但是,一般情况下,与善于思考的人们交往,就能使人善思。(徐越庭译)

二、讨论题(略)

【课后练习1-2】

一、结合课本谈谈个人对翻译的认识。(略)

二、结合翻译课程目标中设定的知识目标、能力目标和素养目标,谈谈自己平时应该如何努力,才能成为一名专业的翻译工作者。(略)

【课后练习1-3】

一、通读本节第二部分,分析一下本科阶段学习翻译课程的重难点,以及具体表现在哪些方面。(略)

二、请区分教学翻译、翻译教学之间的异同,并分析它们的本质区别。(略)

【课后练习2-1】

请尝试翻译下面段落,并依据本节的翻译标准评析自己所译英文在语言措辞方面的特点。

The Silk Road

The Silk Road was a trade route connecting China and Eurasia, which began to emerge in the 2nd century BC. This ancient trade route started mainly with the trade of silk, hence the name the Silk Road. This trade route was also an important link connecting ancient Chinese civilization with that of other countries across Asia and Europe. It was through the Silk Road that ancient China's Four Great Inventions, namely papermaking, gunpowder, compass, and printing, were spread to the rest of the world. China's silk, tea, and porcelain were spread across the world through the

Silk Road, and Europe also exported its commodities to China by means of the Road to meet the need of the Chinese market. As an international trade channel and a cultural bridge, the Silk Road effectively promoted the Eastern and Western economic and cultural exchanges, and it had a profound impact on Chinese and Western trade, social and economic development, and even the process of civilization.

【课后练习 2-2】
请同学们根据"四步翻译法"分析下面两段汉英对照,核对英文译文是否正确表现了原文的内容和形式。(略)

【课后练习 3-1】
请翻译下面句子,并指出运用的是直译还是意译,或者兼有两种方法。
1. 宁有公开的敌人,不要虚伪的朋友。(意译)
2. 即使皇帝也有穿草鞋的亲戚。(直译)
3. 时间能治愈最大的创伤。(直译)
4. 友谊第一,比赛第二。(直译)
5. 马克·吐温以写轻松幽默的作品而著名。(直译)
6. 作为宝贵的文化遗产,中国剪纸在民间的影响根深蒂固。(直译+意译)
7. 太极拳在中国历史悠久,打太极拳是老年人最喜爱的运动之一。(直译)
8. 悬崖勒马犹未晚,船到江心补漏迟。(直译+意译)
9. 黄河被视为中华民族文明的摇篮,是中国人的精神家园。(直译)
10. 中华人民共和国自成立以来,在外交事务中取得了巨大的进步。(直译)

【课后练习 3-2】
一、请根据本节内容,理解直译和意译的区别与联系。(略)
二、请复习本节例子,理解归化与异化的异同及联系。(略)
三、请阐明直译和意译,归化与异化的联系及异同。(略)

【课后练习 4-1】
一、将下列句子译成汉语。
1. 当地的警察竭力缓和这个社区种族间的紧张局面。
2. 这是提高公司声誉的机会。
3. 吉米是被收养的,和贝丝没有血缘关系。
4. 温度升高,水的体积就增大。
5. 人们常抱怨孩子花太多时间玩电脑游戏。
6. 他看着迈克尔笑了。
7. 她说话冷冰冰的。
8. 她难为情得脸红了。
9. 那天风雨交加,我开车翻过小山去米兰德。
10. 结识来自这个国家不同地区的人是有益的。

二、将下列句子译成英语。
1. We should take more care of our historic buildings.
2. Financially, I'm much better off than before.
3. The elevator is out of order. We've got to go up the stairs.

4. The children grew up in an atmosphere of violence and insecurity.

5. Previously he had been a night guard there.

6. People in the most parts of North China cannot plant rice due to excessively dry and cold weather.

三、赏析下列句子的译文,并评论其中翻译精妙之处。(略)

【课后练习4-2】

一、翻译下列句子,并运用替换法翻译重复的部分。

1. Soldiers took away four people one of whom was later released.

2. We need to create a climate in which business can prosper.

3. Knowledge obtained from books is as important as that from social practice.

4. You can't make a cow move backward by pulling it by the tail, nor you make it move forward by dragging it by the ear.

5. Inflation will fall and thereafter so will interest rates.

6. We should not fear failure, because it is not the end of the road.

7. As smartphones have multiplied, so have questions about their impact on how we live and how we work.

8. We consistently put 100 million dollars to work each year in China and the US, and we will do it this year.

9. Such measures are desirable, if not essential.

10. My teaching style is similar to that of most other teachers.

二、运用重复法翻译下列句子,注意画线部分。

1. 我写信给我认识的每个人,告诉他们我的项目情况。项目进行得很好。

2. 周一,法国卫生部门报告了833例冠状病毒新增死亡病例,死亡总数已接近9 000人。

3. 现代人生存于特定的社会制度下,社会制度成为人存在与发展的基本社会平台。

4. 毕竟,每个人似乎都在当顾问,从社交媒体顾问,到咖啡馆顾问及宠物顾问。

5. 我意识到全职妈妈不容易,必须认认真真。

6. 但对大家来说,她就是个相貌娟秀、青春活泼的乡下姑娘。

7. 他雄才大略,满腹经纶,是个不可多得的人才。

8. 我还在试图把那愚蠢的疑神疑鬼的感觉撵走,所以集中不了注意力。

9. 他为人聪明大方,生气勃勃,忠厚耿直,谦虚谨慎。

10. 这里气候温和,四季分明,雨量充沛,日照充足,适合多种树木生长。

【课后练习4-3】

一、将下列词语译为汉语或英语。

1. the Jinbo Lake

2. the Huang Sea

3. the Huanghe River

4. yinyuan

5. kowtow

6. 撒哈拉沙漠

7. 卡通片

8. 厄尔尼诺现象
9. Wonton (dumpling soup)
10. Taimiao (the imperial ancestral temple east of the Forbidden City)

二、将下列句子译为汉语，注意画线部分。
1. 在某种意义上，核污染是核工业的致命要害。
2. 最主要的是，他渐渐意识到，上大学并坚持到毕业将是一项极为艰巨的任务。
3. 别这么不够朋友。既然你今天下午不出去就把自行车借给他用一用。
4. 他是一个沉默寡言的人。
5. 别和他共事，他太狡猾。
6. 这是我的爱好。
7. 在我承担着你大部分工作的同时，你是想偷懒吗？
8. 我和我丈夫过着吵闹不止水火不容的日子。几年后，我们决定分开了。

三、将下列句子译为英语，注意画线部分。
1. We should boldly give them work and promote them and not be overcautious.
2. She got suspicious and decided to get to the bottom of it.
3. I messed something up. I'm trying to make amends.
4. Her experiences provide a cautionary tale for us all.
5. Inside, the two small rooms were spare and neat, stripped bare of ornaments.
6. After the deed was done, the slayer would be beside himself with grief.
7. Even if I got Superman powers, such a problem is beyond me.
8. A visit to Paris will never be quite as simple as a quick look at Notre–Dame, the Louvre, and the Eiffel Tower.

【课后练习4–4】
一、将下列句子译为汉语反面表达形式，注意画线部分。
1. 这个年轻人的表现极端无礼。
2. 我们都应该为药物未产生有害作用而感到庆幸。
3. 我的腿再也不能往前跑了。
4. 这些大楼多年来一直无人看管。
5. 这位警察总是不注意自己的健康。
6. 他的服务劳绩一直未得到上司的重视。
7. 他不愿相信他的儿子沾染毒品。
8. 还未到门口我遇见了玛丽。
9. 他童年时根本没有得到过爱。
10. 她翻找自己的护照，但没找着。
11. 他毫不费力地找到了那地方。
12. 我们已无法控制这一局面。
13. 再蠢的鱼也不会上钩两次。
14. 他最不可能说谎。

二、将下列句子译为汉语正面表达形式，注意画线部分。
1. 裁判吹响哨子，比赛才算结束。

2. 她为自己的婚礼费了一番力气。
3. 环保的重要性我们再强调也不为过。
4. 当前，大学培养的人和产业需要之间存在差距。
5. 他们出发前往这个国家人迹罕至的内陆。
6. 这个群体的作家全都清心寡欲，淡泊金钱与权力。

三、根据英语表达习惯翻译下列句子，注意画线部分。

1. The main drawback of this cellphone is that its battery easily loses its charge.

2. Many believe this form of hybrid ownership — part government, part private, with the responsibilities of ownership unclear—will not prove workable.

3. Fate presents an opportunity wrapped in a necessity: to modernize multilateralism and markets.

4. This soldier was standing on the ledge over the valley and had a moment.

5. That might mean that some of the early analyses would be far from the satisfaction of the public.

6. Asia – Pacific leaders said they will take "concrete steps" toward creating a "comprehensive" regional free – trade agreement, without setting a target for achieving that goal.

7. Moreover, U.S. allies will have fewer resources to address these objectives, including Washington's request for Seoul and Tokyo to assume a larger global security role in Afghanistan.

【课后练习 4 – 5】
一、将下列句子译为汉语，注意画线部分。
1. 以往很多年我们对于中国国内的生活情况所知甚少。
2. 皮尤调查中心最近的一项调查发现，仅仅四分之一的美国人相信在一篇报道里新闻机构是总体把握了正确的事实。
3. 显而易见，所有脂肪并非都相同，储存在身体内的脂肪会极大地影响健康。
4. 这个假设显然是可以理解的，而且肯定不与任何力学定律相悖。
5. 她希望先在当地报社找一份工作，最终去了《泰晤士报》工作。
6. 对100名不同年龄段的冬泳者作的调查表明，其中80%的人原来都患有某种疾病。
7. 这个婚姻似乎出现了裂缝，通常是在下班和晚饭之间那段傍晚时分。
8. 尽管年事已高，他依旧过着一种忙碌的生活。
9. 一旦禽流感开始轻易由人直接传染给人，就可能造成大灾难。
10. 虽然出现过一些问题，但这基本上仍不失为一个好系统。
11. 在中国，茶最初在南方传播，后来传到了北方，再后来政府就开始征税。
12. 很多中国人是从诗人王昌龄写于8世纪上半叶的一首名诗中知道楼兰这个名字的。
13. 一项主流学术研究显示出身相对富有的演员占据着电影院和电影行业的半壁江山。
14. 我们的汽车可与世界上任何地方生产的汽车媲美。
15. 这封电子邮件是由一位以英语为母语的人士用英语所写，而邮件接收人是一位以英语为第二语言的同事。

二、将下列句子译为英语，注意画线部分。

1. Twenty-year-old girl Chen Yiling from the Chorus Training Class of more than 200 students had come out exceedingly well in the preliminary test.

2. After 40 years' development, the institute has become a major base of China's space technology and product development, and turns into the most powerful backbone of China's space industry.

3. It has established extensive ties with aerospace corporations and space research organizations in more than 10 countries and regions.

4. Coal is some kind of energy with the most reserves on the earth, but there have been surging voices against the use of coal.

5. The development of the Internet has significantly narrowed our gap with the advanced countries in design concepts and talents.

6. "The trees also have an important role in slowing the soil erosion caused by the wind, reducing the dust, and acting like a large rough doormat, halting the sand-laden winds from the Sahara," he added.

7. The family moved from Hangzhou to this countryside late in the fifth month of the lunar year.

8. Later, I went abroad to study at Gottingen University, Germany, and stayed in Europe for altogether eleven years.

9. He helped to acquaint her with new technology, such as using an iPhone and accessing the company's virtual private network from her laptop so she could work from home but still access internal files.

10. The company's business covers various properties such as medium and high-end residential buildings, apartments and villas.

【课后练习 4-6】

一、将下列句子译为汉语，并注意画线部分。

1. 今天，一枚热核弹头的杀伤力就相当于二次大战中全部炮火的总和。
2. 在现代世界上，盐除了供食用外，还有许多其他用途。
3. 发展中国家背负着巨额外债。
4. 别担心，他们正在审议这个计划呢。
5. 万斯办事向来有条不紊，因此，他并没花大量的时间就做好了离开华盛顿的准备。
6. 她讲了个笑话来打破僵局。
7. 于是，他向母亲请示是否可以出去走走，并得到了许可。
8. 加里对保拉的感情非常明显，他毫不掩饰他的感受。
9. 你的孩子们很快意识到，你对他们厚此薄彼。
10. 他说："我要是还能在这儿再工作五年就好了，毕竟我还很年轻，没到退休年龄。"
11. 中美双方在双边关系各领域都有着广泛合作需求和巨大合作潜力。
12. 她的健康状况急剧恶化，不久便去世了。
13. 这项计划对城里的交通拥挤状况应该有所缓解。
14. 他们怀疑档案中信息的正确性。
15. 我们对客户要确保服务的连贯性。

16. 公司倒闭的直接原因是经营不善。
17. 教会不应与政治结盟。
18. 这本书一开头引用了歌德的隽语。
19. 从耶鲁大学毕业后,他就获得了许多留在美国的机会。
20. 这所学院因靠近伦敦而备受欢迎。
21. 他是该球队不可多得的新队员。
22. 每笔交易都是公开进行的,并通过电子设备将交易资料发往全国各地的每一家经纪行。

二、将下列句子译为英语,并注意画线部分。

1. He was a plump, placid boy with a philosophical approach to life.
2. Since the 1960s, afforestation has changed the countryside.
3. Research of relationship between sleep and diseases and senility process
4. People wore colorful clothes and seemed to be having a good time.
5. We hail from all corners of the country.
6. The garden was a paradise on earth, with more food and clothes than could be consumed and more money than could be spent.
7. The child seemed rather ill in the morning, but by tea time he was bursting with energy again.
8. He came straight to the question of money; which was a shock to me.
9. The women and children in the village were evacuated to prevent enemies do something desperate.
10. She walked off with the new nylon umbrella.
11. If none of these methods can solve the problem, I will be at a loss.
12. If there're things being not her taste, she will throw the whole family into great disorder.
13. He was horror-stricken when he heard the cries of the wolves at midnight.
14. But the prevalence of GMO food in China remains a hot potato.

【课后练习 5-1】

请大家翻译以下短语和句子。

1. 欠款;赤字;亏空
2. 官僚作风;使办事效率降低的繁文缛节、烦琐程序
3. 变得非常生气;勃然大怒
4. 生于富贵之家;生来有福
5. 三寸不烂之舌;能言善辩
6. 不图回报;拱手相让
7. 昂贵却没用的事物
8. 善意的谎言
9. 洁白无瑕;人品清白
10. 感觉沮丧,压抑
11. 很少;千载难逢
12. 没有预料到;突然;晴天霹雳

13. 嫉妒，充满妒意
14. 精通园艺；植物种得好
15. 希望渺茫；前途没有光亮
16. 黑市
17. 我外公对行为举止的看法非常刻板，因此他看什么事情都是黑白分明的。
18. 布莱尔是位出色的司机，但是他还是在事故多发地段发生了车祸。
19. 他从来没有想过自己能够夺得一等奖。
20. 马克并不很聪明，但是他很努力。
21. 我们问起他的新女朋友时，他满脸通红。
22. 讨论风景简直就是在转移注意力。
23. 政府必须让自己看上去非常清正廉洁。
24. 他想放弃比赛？我一直都觉得他没有这个胆量。
25. 杰西花了半个月的工资买了一块手表，但是她从来没有使用过，这块手表简直就是一个累赘。

【课后练习 5-2】
请翻译以下文化负载词语。

1. *A Dream of Red Mansions*
2. acupuncture
3. ancestral temple
4. Cantonese Opera
5. Chinese characters
6. traditional Chinese characters
7. Chinese paper-cutting
8. descendants of Yan and Huang
9. Four Treasures of the Study
10. Heavenly Stems and Earthly Branches
11. oracle bone inscriptions
12. Tang tri-colored glazed pottery/tri-colored glazed pottery of Tang Dynasty
13. The Four Books and Five Classics
14. *The Compendium of Materia Medica*
15. shadow play/shadow puppetry
16. classical Chinese/literary Chinese
17. Double Ninth Festival
18. Dunhuang Mogao Grottoes/the Magao Caves
19. siheyuan (courtyard)
20. the Grand Canal/the Beijing-Hangzhou Grand Canal

【课后练习 5-3】
请翻译以下词语和句子。

1. Pamphlet of Chinese Surnames/ Book of (China's) Family Names
2. Lotus Award (for professional dance)

3. the Chinese people of all ethnic groups
4. socialist modernization drive
5. build a moderately prosperous society in all respects
6. all assistance and support policies
7. new urbanization and rural revitalization
8. make decisive progress in the three critical battles against poverty, pollution and potential risk
9. the joint pursuit of the Belt and Road Initiative (BRI)
10. the Party Central Committee
11. the central Party leadership's eight-point decision on improving work conduct
12. step up law-based administration and promote social advancement
13. endeavor to build a human community with a shared future
14. stay true to the Party's founding mission
15. the 13th Five-Year Plan
16. lift out of poverty
17. the Guangdong-Hong Kong-Macao Greater Bay Area
18. integrated development in the Yangtze River Delta
19. ecological protection and high-quality development in the Yellow River
20. widen the avenues of employment
21. Popular culture and arts have developed considerable.
22. China has made a large number of important scientific and technological achievements, such as the atomic bomb, hydrogen bomb, satellite, manned spaceflight, hybrid rice and high performance computer.
23. Traditional Sinology has great value that finds full expression in elevating the national spirit, carrying forward the fine traditions of the Chinese nation, enhancing our cultural qualities, strengthening our spiritual civilization, maintaining national unification and promoting world peace.
24. champion the pursuit of fine workmanship
25. Clean heating will account for 70 percent of all heating in northern China.

【课后练习5-4】
请翻译以下词语或句子。
1. It's all fleeting cloud.
2. fake, counterfeit, copycat
3. Otaku ("homebody" in English); geek
4. in shock
5. ambivalent
6. anxious
7. a tear-inducing misery
8. the reverse of one's expectation
9. Brother is only a legend.
10. vulnerable; be prone to getting hurt
11. It goes without saying that…

12. seckill; speed kill
13. like a breath of fresh air
14. time-travel TV drama
15. Whether you believe it or not, I am convinced.
16. daddy-is-the-key; parents privilege competition
17. Happiness is the way.
18. act cute
19. scheming
20. an angel with broken wings
21. calm; unruffled
22. envious, jealous and hateful
23. group purchasing
24. Micro blog
25. rich second generation
26. dwelling narrowness; a bedsitter
27. human flesh search engine/cyber manhunt
28. twuilt（来自 twitter 和 guilt 两个字，表示不发微博心里就内疚）
29. overseas returnee
30. be a fame whore; seek attention
31. university autonomous enrollment
32. Lolita
33. leftover ladies; 3S women (3S = single, seventies, stuck)
34. ant-like graduates
35. style

【课后练习 6-1】

一、请结合本节内容，翻译下列含定语从句的句子。

1. 香港成功应对了巨大的经济、社会和政治转变，世界其他地方遇到此类重大变化时常常发生骚动和混乱，而在香港几乎没有见到。

2. 欧洲有些国家，天气很糟糕，人们要找到景色如画的地方，往往颇费周折，而这些国家的人们恰恰普遍最喜欢乡村生活，最爱自然风光。

3. 我们现在所做的选择至关重要，它将引领我们走向可持续和包容的低碳增长道路，并将有助于恢复活力。

4. 他们已经达成了一项条约，将使他们能不受限制地进入战区，而不会遭受任何一个交战方军事力量的攻击。

5. 如今大家都认识到即使吃的食物中没有任何有害物质，如果缺乏一些重要的元素，也有可能会引发严重的疾病。

6. 因此，我们的独特机遇是，可以建立新一代具有气候适应力且以人为本的城市和交通系统，以及优先考虑低排放和可持续性的能源网。

7. 环顾世界，我们也看到越来越多的政府、城市和企业认识到气候解决方案是实现公平、繁荣和可持续未来的明智投资。

8. 这强调了经济增长的重要性，因为其能够产生包容、可持续且持久的社会和环境收益。

9. 我认为"一带一路"倡议还提供了重要空间，从而使绿色原则可以在绿色行动中得以体现。

10. 不吸烟的妇女，如果在吸烟的家庭环境中生活40年或更久，其患肺癌的风险会增倍。

二、请结合本节内容，翻译下列句子。

1. 把窗子关上，以防下雨。
2. 不管费多大劲，我都无法劝说他改变主意。
3. 他刚到门口又走了回来。
4. 如果不是他们帮忙，我们会陷入严重的困境。
5. 局势是这样，达成协议的可能性不大。
6. 随着地球气候变暖，人们面临越来越多的自然灾害威胁，比如海平面上升、破坏力更强更加频繁的风暴、热浪、火灾和干旱等等。
7. 人与兽类不同，人能思维，会说话。
8. 朱迪说，即使世界上只剩下弗雷德一个男孩，她也不会跟他约会。不过我知道，这只是吃不到葡萄说葡萄酸。
9. 一个女人家有了5个成年的女儿，就不该对自己的美貌再转什么念头了。
10. 我们12月27日才到达西安，那时少帅已经用飞机将他的俘虏送回南京了。

【课后练习6-2】

请结合本节内容，翻译下列句子。

1. 凡本公约未明确解决的属于本公约范围的问题，应按照本公约所依据的一般原则来解决，在没有一般原则的情况下，则应按照国际司法规定适用的法律来解决。

2. 当事人营业地在不同国家的事实，如果从合同或从订立合同前任何时候或订立合同时，当事人之间的任何交易或当事人透露的情报均看不出，应不予考虑。

3. 供应尚待制造或生产的货物的合同应视为销售合同，除非订购货物的当事人保证供应这种制造或生产所需的大部分重要材料。

4. 本公约只适用于销售合同的订立和卖方和买方因此种合同而产生的权利和义务。特别是，本公约除非另有明文规定，与以下事项无关：（a）合同的效力，或其任何条款的效力，或任何惯例的效力；（b）合同对所售货物所有权可能产生的影响。

5. 凡本公约未明确解决的属于本公约范围的问题，应按照本公约所依据的一般原则来解决，在没有一般原则的情况下，则应按照国际私法规定适用的法律来解决。

6. 在确定一方当事人的意旨或一个通情达理的人应有的理解时，应适当地考虑到与事实有关的一切情况，包括谈判情形、当事人之间确立的任何习惯做法、惯例和当事人其后的任何行为。

7. 作为根据上一款所做声明对象的国家，如果后来成为缔约国，这项声明从本公约对新缔约国生效之日起，具有根据第（1）款所做声明的效力，但以该新缔约国加入这项声明，或作出相互单方面声明为限。

8. 如果根据本条作出的声明本公约适用于缔约国的一个或数个，但不是全部领土单位，而且一方当事人的营业地，为与该缔约国内则为本公约的目的，该营业地除非位于本公约适用的领土单位内,否则视为不在缔约国内。

9. 如果承运人或代其签发提单的其他人确知或者有合理的根据怀疑提单所载有关货物的品类、主要标志、包数或件数、重量或数量等项目没有准确地表示实际接管的货物,或在签发"已装船"提单的情况下,没有准确的表示实际装船的货物,或者他无适当的方法来核对这些项目,则承运人或该其他人必须在提单上作出保留,说明不符之处,怀疑根据,或无适当的核对方法。

10. 本国法律规定,销售合同必须以书面订立或书面证明的契约国,可以按照第 12 条的规定,声明本公约第 11 条、第 29 条或第二部分准许销售合同或其更改或根据协议终止,或者任何发价、接受或其他意旨表示得以书面以外任何形式做出的任何规定不适用,如果任何一方当事人的营业地是该缔约国内。

【课后练习 6 - 3】

一、请同学们仔细分析对照下面的被动句子,找出英汉句子表达的差异。(略)

二、英译汉练习。请将下列句子译成汉语,并注意斜体被动语态的翻译。

1. 在旧中国,因为被封建阶级(feudal class)瞧不起,杂技从未在剧场里表演过。
2. 1288 年,将甘肃行省下设的中兴路改为宁夏府路,此为"宁夏"一名之始。
3. 元明清三代,宁夏地区社会经济相对稳定,文化多元,中原农耕文化和边塞草原文化交流、融合,使宁夏呈现出"塞北江南"的美丽景象。
4. 秧歌舞(Yangko Dance)是中国的一种传统民间舞蹈,过去在农村,大型的秧歌队是为婚礼、生日宴会等场合组建的。
5. 《三十六计》(Thirty - Six Stratagems)是有关战术的古书。三十六计按照计谋名称排列,共有六类。
6. 中国历史上有大量的科技发明,四大发明中有两个,即火药和活字印刷(movable - typeprin ting),都诞生于宋朝。
7. 在中央政府和全国人民的大力支持下,海南将建成中国最大的自由贸易试验区。
8. 大部分海滩几乎全年都是游泳和日光浴的理想场所,因而被誉为中国的四季花园和度假胜地。
9. 云南生态环境优越,生物多种多样,被誉为野生动植物的天堂。
10. 青海省得名于全国最大的咸水湖青海湖。青海湖被誉为"中国最美的湖泊",是最受欢迎的旅游景点之一,也是摄影师和艺术家的天堂。

三、汉译英练习。请将下列句子译成含有被动结构的英语。

1. Respecting the elderly is one of the traditional virtues of the Chinese nation. In July, 2013, "regularly visit aging parents" was put into the law.
2. The HSK was officially made a national test in China in 1992. It is to test Chinese proficiency for non - native Chinese speakers.
3. The instant noodle was invented by a Japanese in 1958. Despite its little nutrition, it is delicious and a hunger killer, so it has been developing rapidly since its birth.
4. As a traditional Chinese calculation tool and an important ancient Chinese invention, the abacus was widely used before the invention of Arabic numerals in the world.
5. Due to China's reform and opening - up, more and more parents are now able to send their children to study abroad or to participate in international exchange programs so that they can

broaden their horizons.

6. Lanterns are usually made of brightly-colored tissue paper in a variety of shapes and sizes.

7. Yan'an is well recognized as a national education base for patriotism, revolutionary traditions and the Yan'an spirit.

8. Jinggangshan, located at the boundary between Hunan Province and Jiangxi Province, is well recognized as "the red cradle of Chinese revolution".

9. The site of the First National Congress of the Communist Party of China (CPC) is located at No. 76 Xingye Road in Shanghai, a typical Shanghai-style house built in the autumn of 1920.

10. In September 1952, the site of the First National Congress of CPC was restored, and a memorial hall was established and opened to the public.

【课后练习 6-4】
下面两篇短文选自 2021 年 12 月大学英语六级考试翻译真题，请同学们对比分析两种语言在句子结构、专有名词、被动语态，以及措辞表达等方面的异同。（略）

【课后练习 7-1】
一、思考题（略）
二、翻译练习
1. 请将以下人名翻译为汉语，并说明采用的是哪种译法及这么翻译的理由。

安妮·弗兰克（音义兼顾）
Anne 本来的发音接近"安"，但是根据音义兼顾法中的第二条——区分人物性别，在"安"这个无法分辨男女的名字之后加上"妮"更容易凸显该人物的女性角色，因此译为安妮为好，世界人名大辞典中也记录的是这个版本。

科林·鲍威尔（约定俗成）
Colin Powell 根据"标准读音"原则，应译为科林·鲍尔，但是此人是美国前国务卿，当时已有定名，所以，根据"约定俗成"原则，定名不咎，应继续沿用"科林·鲍威尔"这个习惯译法，以免引起译名混乱，如美国前总统 Dwight D. Eisenhower 当时的定译为"德怀特·艾森豪威尔"，不宜改为现在的标准读音"艾森豪尔"，否则会引起人们认知上的混乱，不知到底所指为谁。

骆家辉（回译法）
Gary Locke 按正常译法应为"加里·洛克"，但是译者如果考察他的族裔背景，就会立马了解到他是华裔。海外华人一般都有自己的中文姓名，查证之后得到"骆家辉"。因此，此名的译法为回译法。

葛浩文（名从主人）
Howard Goldblatt 是美国著名的汉学家葛浩文，他是 2012 年诺贝尔文学奖得主莫言作品的英文译者。按照汉译规则，Howard Goldblatt 原应译为霍华德·戈德布拉特，葛浩文在其姓氏 Goldblatt 中提取"Gol"这部分的读音，选用"葛"来对应，在 Howard 中提取"How"这部分的读音，以"浩"来对应，而"文"字则是根据含义来增添的，以便听起来更像汉语名。一般的汉学家都为自己起了中文名，译者应尊重他们自己的选择，这就是名从主人的翻译原则。

傅履仁（回译法）

John Fugh 按音译法应译为约翰·福格，但是华裔没有"福格"这样的姓氏。直接百度搜索 John Fugh，发现是傅履仁——美国首位华裔陆军少将，其父是傅泾波（Philip Fugh）——司徒雷登的中文秘书。可见"Fugh"对应的是中文姓氏"傅"，属回译法。

约翰·洛克菲勒（统一规范）

John Rockefeller 是美国实业家、资本家约翰·洛克菲勒，他是十九世纪第一个亿万富翁，被人称为"石油大王"。他的姓 Rockefeller 根据《世界人名大辞典下（修订版）》应译为洛克菲勒，属规范译名，因此可归为统一规范的译法。

曹操（名从主人）

Jonathan Kos-Read 本应译为乔纳森·科斯-里德，但是他在大学选修过汉语，给自己起过汉语名字，他当时喜欢足智多谋的曹操，名字也好记，所以就给自己起名"曹操"。在这种情况下，译者需遵循"名从主人"的原则，按名字的主人认可的译名进行翻译。

张德培（回译法）

华裔都有中文姓名，所以此名不应译为常迈克。根据回译法，查证 Michael Chang 为美国华裔网球明星张德培。Chang 是"张"的威妥玛拼音，容易错译为"常"姓，而后者的威妥玛拼音是 Ch'ang。

塞雷娜·威廉斯（统一规范）

此人为美国网球名将，很多人都错译为塞雷娜·威廉姆斯，多了一个"姆"字。根据统一规范原则的第一条：避免把名字写得太长，可以通过省略一些不清楚或不规范的声音实现。虽然"Williams"中的"m"有实际发音，但是此音向来忽略不译。因此，该姓应译为"威廉斯"而非"威廉姆斯"。

费雯丽（约定俗成）

按理不应译为费雯丽，因为有将姓氏女性化之嫌，但是如玛丽莲·梦露（Marilyn Monroe）、格蕾丝·凯莉（Grace Kelly）、辛迪·克劳馥（Cindy Crawford）等姓名因审美或商业的需要都已成定名，无须追究。

2. 请将以下人名翻译为英语，并说明采用的是哪种译法及这么翻译的理由。

Andrew Tan（逆回译法）

海外华人，尤其东南亚华人，"陈"是第一大姓，根据《华侨华人百科全书》，新加坡人陈姓应译为"Tan"而非音译为 Chen。再通过百度搜索"陈天发 新加坡"，看能否找到其英文名，未果。再查其所属单位，是"新加坡国防与战略研究所（IDSS）"，查找其官网，没有找到官网，但是发现此单位隶属于南洋理工大学。"在'Staff of IDSS'栏目下的'Faculty and Research'，查到'Tan Tian Huat, Andrew, assistant professor'，他的研究领域是东南亚冲突与亚太安全问题。"[①] 至此，陈天发（新）可译为 Andrew Tan。因回译法指将译入语的人名还原到原语的过程，而此处过程正好反了过来且不是音译法，因此暂且称为"逆回译法"。

Tung Chee-hwa（统一规范）

董建华是香港特别行政区前任行政长官。"'一国两制'杰出贡献者"国家荣誉称号

---

① 常雷. 专名汉译技巧与实例：英汉对照 [M]. 北京：外文出版社，2013：131.

获得者。其中文名按统一规范的英译原则第三条应译为其惯用拼写法 Tung Chee-hwa。

Li Ka-shing（统一规范）

李嘉诚，祖籍广东潮汕地区，长江实业集团有限公司资深顾问、香港首富。其姓名译法同上，应使用其惯用拼法 Li Ka-shing.

Lü Buwei（统一规范）

吕不韦（？—前235年），姜姓，吕氏，名不韦，卫国濮阳（今河南省安阳市滑县）人。战国末年卫国商人、政治家、思想家，后为秦国丞相，姜子牙的二十三世孙①。《大英百科全书》② 将吕不韦译为 Lü Buwei 或 Lü Pu-wei（韦氏拼法）。因我国大力推行《汉语拼音方案》和《汉语拼音正词法基本规则》来英译中国人名，且吕不韦没有自己的英文名或其他习惯拼法，因此弃用韦氏拼法 Lü Pu-wei。此译法属统一规范的英译原则第一条。

Lin Shu（统一规范）

林纾（1852—1924），字琴南，号畏庐。福建闽县（今福州）人，近代著名文学家、翻译家。一生不会外语，翻译小说却达180余种，获称"译界之王"③。提出"信、达、雅"翻译标准的严复也盛赞林纾的翻译。林纾虽是翻译家却没有为人熟知的英文名，因此根据统一规范的英译原则第一条，译为 Lin Shu.《大英百科全书》也是此译法，可资借鉴。

Mark Rowswell（回译法）

陆世伟是加拿大笑星、电视节目主持人，相声界大师姜昆的徒弟，艺名"大山"。陆世伟是他根据自己的姓氏发音自己起的中文名，因此应回译为其英文本名 Mark Rowswell。

George Hatem（回译法）

马海德是美籍黎巴嫩裔中国共产党党员，杰出的国际主义战士、新中国卫生事业的先驱。经过查证得知他的原名为 George Hatem，"马海德"这个名字是在宁夏同心县取的，实际上是把"Hatem"的中文译音"海德姆"三个字颠倒了次序："姆德海"，因"姆"音似"马"，于是叫"马海德"。因此，在翻译成英文时，译者应回译为其英文本名。

Sidney Shapiro（回译法）

沙博理（1915—2014），中国籍犹太人，翻译家，中国作家协会会员，全国政协委员，宋庆龄基金会理事，2010年12月获"中国翻译文化终身成就奖"，2011年4月获"影响世界华人终身成就奖"。沙博理的英文姓氏 Shapiro，应音译为"夏皮罗"，但作为翻译家，怎会用此没有多少文化内涵的名字，于是取其谐音沙博理，意为"博学明理"。因此，在翻译成英文时，译者应回译为其英文本名。

John Leighton Stuart（回译法）

司徒雷登是燕京大学创办人、前美国驻华大使 John Leighton Stuart。其汉语名字也是他自己取的。按照严格的翻译，他的英文名字对应的汉语名字应为"约翰·莱顿·斯图尔特"。斯图尔特是他的姓氏，而"斯图"与中国姓氏"司徒"发音一致，对于中间名字的

---

① 百度百科：https://baike.baidu.com/item/吕不韦/593525?fr=aladdin.
② 大英百科：https://www.britannica.com/biography/Lu-Buwei.
③ 百度百科：https://baike.baidu.com/tashuo/browse/content?id=a80008013ab859d97070f353&lemmaId=473387&fromLemmaModule=pcBottom&lemmaTitle=林纾

"Leighton",他选取了"雷登"这两个汉字,用作名字则充满了气势。毛主席 1949 年在《人民日报》发表的那篇《别了,司徒雷登》,抨击美国的"白皮书"和美国政府扶持支持中国国民党发动内战政策的同时,也让司徒雷登成了一个家喻户晓的名字。因此,在翻译成英文时,译者应回译为其英文本名。

Stephen Owen(回译法)

宇文所安是美国著名汉学家、唐诗研究专家,哈佛大学教授,1972 年或耶鲁大学博士学位[①]。按照汉译规则,Stephen Owen 对应的汉译原本应为"斯蒂芬·欧文",但并没有这样汉译自己的姓名。因他的姓氏 Owen 与中国复姓"宇文"相近,而宇文这一姓氏虽然人口并不多,但在中国历史上也不乏姓宇文的响亮名字,如南北朝时建立北周朝(又称"宇文周")的宇文觉和隋代弑杀隋炀帝的宇文化及、宇文成都父子。而"所安"二字,出自《论语·为政》篇:视其所以,观其所由,察其所安,人焉廋哉?可见,宇文所安在给自己起汉语名字时花费不少心思,因此,在翻译成英文时,译者应回译为其英文本名。

【课后练习 7-2】

一、思考题(略)

二、翻译练习

1. 请将以下地名翻译为汉语,并说明采用的是哪种译法及这么翻译的理由。

厦门(回译法)

据考证,Amoy 是通过闽南语音译而成。早在 15 世纪末 16 世纪初,葡萄牙人以闽南语的葡文称金门为 Quemoy,厦门为 Amoy,而这些称谓就此流传,并为后来的荷兰、法国、英国等殖民国家所沿用。不过,现在国家要求采用汉语拼音来外译地名,因此厦门的外文名应为 Xiamen。Amoy 是旧称,不能随便译为其他地名,应回译为厦门,因此可归为回译法。

不列颠哥伦比亚省(统一规范)

British Columbia 是加拿大的一个省,该省最大城市是温哥华(Vancouver)。1858 年,此地成为英国殖民地,维多利亚女王取名为"Colony of British Columbia"[②]。为了强调哥伦比亚地区属于英国,特意加上前缀"British"(英属)。因此,台湾译为"英属哥伦比亚省",加拿大讲粤语的华人则根据该省的英文缩写"B.C."将其音译为"卑诗省"。我国的官网标准译法是"不列颠哥伦比亚省",译者应从之。因此,可将此译法归为统一规范。

科珀山(音意译结合法)

Copper Mountain 有两个,一个在加拿大,一个在美国。前者音译为科珀芒廷,把 mountain 都音译了,而后者意译为科珀山,简洁明了且字数少。孰优孰劣,一目了然。因此,此译法可归类为音意译结合法。

弗利特河(音译法)

Fleet River 是伦敦最大的地下河,有人译为舰队河,后有人又依此将伦敦报业集中的 Fleet Street 译为舰队街,实属误译。其实这里应译为弗利特河,因为弗利特河的得名,则

---

① 常雷. 专名汉译技巧与实例:英汉对照 [M]. 北京:外文出版社,2013:159.

② 常雷. 专名汉译技巧与实例:英汉对照 [M]. 北京:外文出版社,2013:32.

来自古英语（盎格鲁－撒克逊语）中的 flēot，原意为"潮汐河口"。"弗利特河"之名和作为"舰队"之意的"fleet"为同源的同形异义词，所以舰队街与舰队街的译法并不能准确反映其原义。因此，这里的翻译采用了音译法，是正确的做法，《世界地名翻译大辞典（修订版）》也是此译，可资借鉴。

海牙（音译法）

The Hague 位于荷兰的南荷兰省，是荷兰第三大城市。海牙不是荷兰的法定首都，但是荷兰中央政府所在地，荷兰国王居住办公地，所有的政府机关与外国使馆都位于此，另外最高法院和许多组织也都在此办公。海牙的荷兰语本名"Des Graven Hage"在字面上的意思是"伯爵的树篱"或是"伯爵的私人围场"，因此魏源的《海国图志》里，将海牙给意译成"候林邑"了①。将 The Hague 译为海牙，应该是用闽南语译的，因为厦门话的"牙"即 /ga/ 或 /ge/，《海国图志》里就把法国加龙河（Garonne）译作"牙伦江"②。所以，此译也算做音译。

兰开夏郡（约定俗成）

英国的行政区划有郡、市、区、镇等。英国现有 34 个郡（Shire），如 Yorkshire（约克郡）、Derbyshire（德比郡）、Nottinghamshire（诺丁汉郡）等，但是只有 Lancashire（兰开夏郡）的译法独一无二，因为它的译名"兰开夏郡"是把 Lancashire 音译了之后再加上一个"郡"字，这等于是将 shire 音译成"夏"之后又意译了一遍。这样的译法应该是约定俗成的结果。

首尔（名从主人）

Seoul 原译"汉城"，如 1988 年的汉城奥运会，众所周知。二十世纪八十年代韩国提出更名为"首尔"的申请，认为"汉城"之名有"汉人之城"的联想，让人认为有附属于中国的嫌疑。我国当时没有正面回应。2005 年时任汉城市长的李明博再次向中方提出申请，我国才批准了"首尔"这一译名。可见，不同译法有时表达的是政治意志，其重要性不言而喻，译者不可不察。综上，Seoul 译为"首尔"，是遵循了名从主人的翻译原则。

陕西省（回译法）

Shaanxi Province 是陕西省的音译，Shanxi Province 是山西省的音译，原因是陕西的"陕"是三声，发音上加上一个 a 更能体现三声的发音特点，也可根据韵母 an 的中文罗马化的四声标法，依次为 an（一声）、arn（二声）、aan（三声）、ann（四声）来判定陕西省英译为 Shaanxi Province。所以，后者应回译为陕西省。

卢浮宫（统一规范）

Louvre Museum 位于法国巴黎市中心的塞纳河北岸，位居世界四大博物馆之首。始建于 1204 年，原是法国的王宫，居住过 50 位法国国王和王后，是法国古典主义时期最珍贵的建筑物之一，以收藏丰富的古典绘画和雕刻而闻名于世。因此，此博物馆一般译为卢浮宫，而非卢浮（或罗浮）博物馆。《世界地名翻译大辞典（修订版）》也译为卢浮宫，因此，其译法可归为统一规范。

---

① 参考知乎：https://www.zhihu.com/question/40266242/answer/1074300914
② 参考知乎：https://www.zhihu.com/question/40266242/answer/1074300914

时代广场（释义法）

Times Square 是美国纽约著名广场，有人译为时报广场①，有人译为时代广场。译名不统一，到底选择哪个译法？根据新华社译名室主任李学军②的说法，应译为时代广场。原因有三。一是时报广场的说法容易让人产生这一广场属于《纽约时报》的错觉；二是时代广场见证了美国各个时代的社会变迁，名副其实；三是世界上不少著名城市的商场或建筑物都纷纷效仿纽约的时代广场，给自己取名"Times Square"，包括英国、日本、新加坡、马来西亚等，也包括中国内地（大陆）和香港、台湾地区，显然不能译为"时报广场"，而应译为"时代广场"。所以，此译可归为释义法。

2. 请将以下地名翻译为英语，并说明采用的是哪种译法及这么翻译的理由。

Beijingnan Zhan（音译法）

北京南站有两个翻译：Beijing South Railway Station 和 Beijingnan Zhan。前者是以前的翻译，后者是最新的地铁站的翻译。按理说两个翻译都各有各的道理，而且各有各的文件根据。译者如何取舍？很难决定。这就涉及理论指导了。有人说翻译是不需要理论的，只要文字信达雅，就是好翻译。那么请问这两个翻译的版本，哪个不信、不达、不雅？这就涉及本章开头提到的专名翻译的第一理论或原则了，即目的论或目的原则。翻译北京南站的目的如果单纯地是为了让外国友人明白地点的意思，那么第一个译文不失为好翻译。但是如果要让中国人和外国人能够统一发音，则能更好地让外国人知道具体地点，不会走错。所以翻译目的应该定为哪个呢？根据最新的地铁站更名的政策③，显然后者占据了上风。其背后应该综合考量了多方因素，包括最新的翻译研究动态——国际传播能力与译者话语权研究。综上，可定此译为音译法。

Macao（约定俗成）

澳门的英语是 Macao，葡语是 Macau，所以外文二者皆用，英语以前者为准。按汉语拼音来说，罗马化的澳门应该是 Aomen，就算按韦氏拼音也译不到 Macao 去，这是怎么回事呢？原来当初葡萄牙人刚到澳门是在妈阁庙附近登岸的。他们不知地名，就问当地渔民，这是什么地方？渔民答道："妈阁"（Maa Gol），于是葡萄牙人以为这就是当地的地名。从此把澳门成为 Macau，后英语借音，译为 Macao。虽然此译名为错译，但是使用已久，改起来太麻烦，只能将错就错了④。因此，此译法属约定俗成。

Shanxian County（音译法）

单县在译为英文的时候要注意两个方面。一是根据课文汉译英地名注意事项第一条：专名是单音节时，其通名部分应视作专名的一部分，先音译，后重复意译；二是多音字地名要查证真实发音后再翻译，否则会错译。因此，将"单县"译为"Shanxian County"，译法属音译法。

Zhenbeibu Town（音意译结合法）

镇北堡的翻译难点在于两个方面。一是堡的发音，二是镇北堡的行政区划属性。堡作

---

① 常雷. 专名汉译技巧与实例：英汉对照 [M]. 北京：外文出版社，2013：63.
② 李学军. 译名差错案例与解析 [M]. 北京：外语教学与研究出版社，2022：289-293.
③ 指《北京市国际交往语言环境建设条例》，是 2021 年 11 月 26 日北京市第十五届人民代表大会常务委员会第三十五次会议通过的条例，自 2022 年 1 月 1 日施行。
④ 此部分参考：常雷. 专名汉译技巧与实例：英汉对照 [M]. 北京：外文出版社，2013：62.

为地名的发音有三个：[pù]，如十里堡；[bǎo]，如张家堡；[bǔ]，如吴堡（在陕西）、柴沟堡（在河北）。

据实地考察，镇北堡的堡是最后一个读音，所以音译为 Zhenbeibu。根据银川市的行政区划，镇北堡是个镇，所以最后释义为 Zhenbeibu Town。因此，此译为音意译结合法。

Dashilan

大栅栏是北京市前门外一条著名的商业街。其翻译也有两个难点：一是多音字栅的读音易出错，二是栏的儿化音需不需要处理。第一个好处理，按照实际情况，应读作 Dàshílànr，如果音译，应译为 Dashilanr。但是第二个问题，栏的儿化音需不需要处理？应该怎么处理？有人音译为 Dashilar，是否可取？作为自由译者或者个人喜好，如此翻译没有问题。但是如果官方翻译，建议遵循统一规范的原则，严格执行国务院关于使用汉语拼音规范人名和地名罗马化的决定，即译为 Dashilan。

Laoting County（音译法）

分析同"单县"

Xuning County（音译法）

同上。

City of London（the City）（统一规范）

伦敦金融城是英国伦敦市的一个城区，驻有许多金融机构，一般称为"金融城"，实际上是伦敦市的老城区。有人将之译为伦敦城或伦敦区，是不标准的译法，容易引起歧义，因为伦敦金融城并不隶属于伦敦市，其行政首长称为"the Lord Mayor（市长）"，拥有独立的警察部队，是地位极为特殊的城中之城。"伦敦金融城"是新华社与《人民日报》的标准译法，因此可归为统一规范的翻译原则。

Chaoyang West End

"朝阳区"可以译为"Chaoyang District"，但是如果简单地将"朝阳西区"译为"Chaoyangxi District"有可能会引起误会，因为 District 是指一个行政区域，其前面的名词是这个行政区域的名称，导致"Chaoyangxi District"的名称为"朝阳西"区。实际上，关于"西区"的译法，英、美等国的城市都有一个说法，即"West End"。因此，"朝阳西区"可译为"Chaoyang West End"，译法可归为音意译结合法。

【课后练习 7-3】

一、思考题（略）

二、翻译练习

1. 请将以下组织机构名翻译为汉语，并说明翻译的难点所在。

国际广播电视协会

该组织机构名的翻译难点有三个方面。一是 Broadcasters 的译法有待商榷。Broadcasters 有广播员的意思，但是在这却是广告公司的意思。这是将 Broadcasters 中的"-er"赋予了新的更大范围的内涵。这种做法在组织机构名中很常见。如将 Builder（建筑工人）引申为建筑商或建筑方；将 Farmer（农民）引申为农场主、牧场主或某种类型的农民，如奶农、麦农等；将 Maker（制造者）引申为制造商、制造方、制造业等，如 Automobile Makers 指汽车制造商或汽车业，而不是汽车工人；将 Producer（生产者）引申为生产商、生产厂或生产国，如 Milk Producer 指的是牛奶生产商而非挤奶工。二是 Society 的译法。Society 在组织机构名中，一般指学会、协会、互助会、校友会或某某社，此处不确定，需查证；三是此名译为中文"国际广播公司协会会"后,在百度、必应等搜索引擎上查找并未发现其实体,但是有一个叫"国际广播协会"的实体,可是其英文名不是 International Broadcasters Society,可见二者不是指同一个实体。于是,在必应中搜索英文原语,出现第一个网页,发现其解释中有法语。用网页中嵌入的翻译器翻译该法语,发现其名称为国际广播电视协会,然后用百度搜索此中文译名进行回证,发现该组织曾与中央电视台都有合作。因此判定此名存在实体,译为"国际广播电视协会"更为合理。综上,此名的翻译难点就是它可以翻译出来,但是难以确定其最终的译名。

斯德哥尔摩建筑工会

此名的翻译难点在于以下三点。一是 Builder 的译法不能确定,因为 Builder 有建筑工人、建筑商、建筑方的意思,不能确定具体是指哪一个。二是 Trade Union 为什么指工会?Trade 不是指贸易吗?Trade Union 不应该是贸易联合会吗?三是网络搜索英文原文后也没有发现相关的实体信息,无法确定其具体译名。

其实第一个问题在解决了第二个问题之后就迎刃而解了。Trade 其实不仅仅有贸易的意思,如果查询词典会发现,Trade 还有"手艺、行当、同行"的意思,如,英式英语中如今都有的一个表达:What's your trade? 意为"你是干哪一行的?"因此,Trade Union 的本意为手艺人联合会、同行联合会,如今即引申为工人联合会,简称"工会"。解决了这个问题之后 Builder 的译法也就确定了下来,因为既然 Trade Union 是工会的意思,那么 Builder 就应该是建筑工人,而非像前文所指"建筑商"的意思,这叫活译,不能死记硬背单词意思,而是要吃透单词含义,在碰到不同语境时要随机应变。综上,此名可暂译为"斯德哥尔摩建筑工会"。

全国印刷工人协会

此名翻译难点有三处。一是 Printers 有印刷工、印刷商、印刷机、印刷厂等多个含义,此处不知其具体所指。二是 Operative 有"技术工人、操作员和特工"的名词含义,也有"可用的、手术的"等形容词含义,此处不知与 Printers 搭配之后,应译为"技术印刷工"还是"可用印刷机"。三是 Assistants 的译法。Assistants 的意思很明确,即助理,但是选择将其译出之后,"全国技术印刷工人和助理协会"一名略显冗长,不知应如何处理。

实际上前两个问题是同一个问题,即 Operative Printers 的译法问题。其实为表明自身性质,有些机构专名在 Printer 前面加上 Employing 或 Master 表示出资方,加上 Operative 表示劳动方,如 International Master Printers Association(国际印刷业协会)、美国的 New York Employing Printers Association(纽约印刷业协会)、英国的 National Society of Operative Printers and Assistants。助理在此是指"印刷工的助手",所以可以合并为一个翻译,即"印刷工人"。综上,此名可译为"全国印刷工人协会"。

联合国水务局

该名的翻译难点在于 Agency 的翻译。Agency 的含义极为丰富,在组织机构名中,一般有局、署、社三个含义,如 Central Intelligence Agency 中央情报局、United States Information Agency 美国新闻署、news/travel agency 通讯/旅行社,因此该名可译为"联合国水务局"。注意:不可译为水局,因为组织机构名中的 Water、Milk、Copper、Mine 等译成中文只有一个汉字的单词,翻译时要加上"业"或者"务"字,如美国的 National Milk Producers Federation 全国奶业联合会。

布雷登铜业公司

此名有两点不好翻译。一是 Braden 这个人名在机构名称里如何翻译？二是 Co. 应如何翻译？首先，包含姓名的外国机构名一般有两种来源：一是实际创办人的姓名，二是社会名流的姓名。无论哪种来源都应进行翻译，但是要注意有些在华开展业务的外国企业事业机构都给自己起了中文名，此时要采取"名从主人"的翻译原则，即采用他们自己取的中文名，如 Kentucky Fried Chicken（肯德基公司）不译为"肯塔基公司"，McDonald's（麦当劳公司）不译为"麦克唐纳公司"，Unilever（联合利华公司）不译为"联合利弗公司"。第二个难点，Co. 是 company 的缩写，可译为公司、企业、商行、商号等。

根据《世界人名大辞典》（修订版），Braden 这一姓氏有两个来源：英语和葡萄牙语。查询该公司创始人之一的 William Braden Burford 为美国人，未发现其葡萄牙裔的线索①。因此建议译为"布雷登铜业公司"。

赞比亚矿业工会

该名称的翻译难点在于 Mine Workers' Union 应该译为矿工工会还是矿业工会为好？其实后者更好一点，因为前者存在重复用字的问题，因为矿工是矿业工人的意思，而工会就是"工人会、职工会"的意思，译为矿工工会，意思就变成了矿业工人工人会，因此译为前者为好。

毕索大学

该名称的翻译难点在于 Bishop 是一个英文单词，到底应该意译还是音译？其实在2010年以前，该大学都采取意译的方法，但是，2010年起该大学正式更改其中文名为"毕索大学"。

道琼斯公司

该名称的翻译难点在于两点。一是"Dow Jones"的译法，二是"& Company. Inc."的译法。首先，"Dow Jones"是人名，但不是一个人的名字，二是其两位创始人的名字（Charles Dow 和 Edward Jones）合在一起的情况，因此不能译为道·琼斯。根据前文分析，组织机构中的人名有两种译法，一种是音译法，一种是名从主人的译法（即尊重企业在中国注册的名称）。根据360百科，该公司在1999年就推出了中文信息服务产品，其为自己取中文名为道琼斯公司。"& Company"是公司命名的一种方法，这样命名公司的内涵在于强调其合资性质，表示其创始人不止一个，如 Merriman Curhan Ford & Co.（梅里曼-柯恩-福特公司）。也有一些公司以"& Partner"或"& Associates"结尾，可译为"同仁、合伙"等，也可不译。另外，"Inc."是"Incorporate"的缩写，译为"股份有限公司"，在此处可不译。综上，该公司名应译为"道琼斯公司"。

陶氏化学公司

该名称的翻译难点在于 Dow 的翻译。是否可译为道化学公司？不可，因为中文译名是单字的姓氏，如 Dow（道）、Joe（乔）等后面通常需要加上"氏"字才觉得顺口，因此可译为道氏化学公司，但是"道氏"似乎不是一个常见的中国姓氏，因此改为"陶氏化学公司"感觉更合适一些。

哈罗德百货公司

该名翻译的难点在于"Harrods"译法有分歧。有人将"Harrods"译为"哈罗兹"，

---

① 维基百科：www.wiko.wiki/es/William_Braden.

认为这样的翻译更符合英文的发音。但其实正确的译法为哈罗德，因为该公司的创始人为 Charles Henry Harrod，而非"Harrods"，至于其为什么在名字后面加个 s，是因为有时公司的命名采取的是创始人姓氏加上"'s"的方式，如 Bainsbridge's（班布里奇）。将名称中"'s"中的"'"号省略就成了现名"Harrods"。所以，该名称应译为"哈罗德百货公司"。

2. 请将以下组织机构名翻译为汉语，并说明翻译的难点所在。

German Council on Foreign Relations

该名称的原文是德语，其中文名是根据英文译名翻译过来的，所以该名称的翻译难点就在于两点。一是很多译者不懂德文，二是其英文版本多，不确定应还原为哪一个。第一个问题好解决，弃之不理即可。第二个难点确实是难点，因为该协会的英文名有三个：German Council on Foreign Relations、German Society for Foreign Affairs、German Council on Foreign Affairs。那到底以哪个为准呢？名从主人！因为其官网上显示的英文名只有第一个，那就是第一个，因此还原为 German Council on Foreign Relations。

ETH Zurich

瑞士著名大学"联邦工学院"有两个分校，一个是在德语区的苏黎世（Zurich），一个是在法语区的洛桑（Ecole）。查询其官网，可获得其原译名为 ETH Zurich，其中 ETH 应为其德语单词首字母的缩写，故采用此译名。

University of Washington

美国有三所大学都叫华盛顿大学。一个在美国首都华盛顿特区，名为 George Washington University；一个在美国密苏里州的圣路易斯市，名为 Washington University，还有一个在美国华盛顿州的西雅图市，查询其官网，可得其原名为 University of Washington，故采用此译名。

Northwest University

根据名从主人的翻译原则，查询官网得知其译名为 Northwest University。

Northwestern University

美国有两所大学的名称都叫作"西北大学"。一所在美国的华盛顿州，英文名为 Northwest University。而另外一所就在伊利诺伊州。查询其官网，可得英文名 Northwestern University。

Citibank, N. A.

该名的翻译需要一定历史知识[①]。近代以来，西方国家在华设立了众多企事业机构。在这些机构中冠名"花旗"与"万国"的特别多，带有明显的时代标志。实际上"花旗"是那时上海人对星条旗的俗称。"万国"是英文单词"International"的时译词。当年美国在华机构有很多被冠以"花旗"二字，中国人最熟悉的一个"花旗"即为花旗银行。1902 年为接收庚子赔款，美国 International Backing Corporation（IBC）在上海设立分行，正式中文名称为"万国宝通银行"，由于银行门口悬挂的星条旗，遂被中国人俗称为花旗银行。

1926 年，IBC 并入纽约城市银行（National City Bank of New York）。在之后的近 100 年中，该银行多次兼并重组，名称几经变更，从 National City Bank 到 The National City

---

① 本部分主要参考：常雷. 专名汉译技巧与实例：英汉对照 [M]. 北京：外文出版社，2013：65-72.

Bank of New York、First National City Bank of New York，再到 1976 年，该公司的名称正式改为 Citibank，N. A.，沿用至今。1949 年花旗银行撤离中国大陆，1995 年在时隔近半个世纪之后，花旗银行获得中国政府批准在上海开设的分行提供全面金融服务，中文名依然沿用其旧称"花旗银行"。综上，花旗银行在不同的历史时期有不同的英文名，译者应注意区分，但是当下来说，应用其现名 Citibank，N. A.。

People's Liberation Army

中国人民解放军①，简称人民解放军、解放军，是中华人民共和国最主要的武装力量。中国人民解放军的前身是 1927 年 8 月 1 日的南昌起义后留存的部队——中国工农革命军，经过五次反围剿的土地革命战争、抗日战争、解放战争，在 1949 年合并八路军、新四军、东北抗日联军等部队陆续改称为中国人民解放军。翻译的时候可直译为 People's Liberation Army，英文简称为 PLA。

Royal Air Force

英国空军一般指英国皇家空军。英国海陆空三军之中，海军（Royal Navy）和空军（Royal Air Force）都拥有皇家（Royal）的称号，唯独陆军（British Army）没有皇家称号。据说②，历史上的陆军曾背叛过皇室，从此失去了 Royal 的称号。因此，不能译为 British Air Force，而要根据名从主人的原则译为 Royal Air Force。

Peking Union Medical College

该名称的英译难点在于"协和"二字的翻译。"协和"其实是英文"Union"的雅译，出自《尚书》：百姓昭明，协和万邦。其实，该医学院最初是由外国人创办的，因由数家医院合并而成，而取名 Union Medical College。因此，此中文名译为英文属于回译法。

Foreign Affairs Office of Ningxia Hui Autonomous Region

曾有人将"外事办"译为 Diplomatic Office，应属错译。Diplomatic 对应的是国家层面的外事活动，称为"外交"，而地方无外交，只有外事。因此应译为 Foreign Affairs Office。另外，宁夏回族自治区的译法是从尝常识，译者应自觉掌握中国各个自治区及特区的英译法。

【课后练习 7-4】

一、思考题。

（略）

二、翻译练习。

1. 请将以下英文商标翻译为汉语，并说明采用了哪种译法及这样翻译的理由。

锐步（谐音取义法）

奔腾（谐音取义法）

好顺（谐音取义法）

保维尔（谐音取义法）

亨氏（音译法）

克莱斯勒（音译法）

绿盾（直译法）

皇冠（直译法）

---

① 本部分主要参考百度百科：https://baike.baidu.com/item/中国人民解放军/458031? fr = aladdin。
② 常雷. 专名汉译技巧与实例：英汉对照［M］. 北京：外文出版社，2013：65.

康柏（音译法）
万众（意译法）
棒！约翰（音译与释义结合法）
桂格（重新命名法）
本田（转译法）
金利来（音译与释义结合法）
增你智（谐音取义法）

2. 请将以下中文商标翻译为英语，并说明采用了哪种译法及这样翻译的理由。
Liby（拟音法）
Gree（变异拼写法）
Haier（音译法）
Frestech（拼译法）
Xiali（音译法）原名 Charade（转译法）
Bing Dwen Dwen（拟音法）
Huawei（音译法）
Golden Rooster（直译法）
Moutai（约定俗成）
Jingdong（音译法）

【课后练习 8 – 1】
一、严复提出的"信、达、雅"翻译标准为什么被认为是翻译界的"三字经"？（略）
二、试通过下面的汉英对照比较来说明散文翻译的风格及语言效果。（略）
三、请认真理解并翻译下面段落，注意译文的句子结构与原文对应。
参考译文：

生活的目的①
林语堂

　　我喜欢春天，可它过于稚嫩；我喜欢夏天，可它过于骄矜。因而我最喜欢秋天，喜欢它泛黄的树叶、成熟的格调和斑斓的色彩。它带着些许感伤，也带着死亡的预兆。秋天的金碧辉煌所展示的不是春天的单纯，也不是夏天的伟力，而是接近高迈之年的老成和睿智——明白人生有限因而知足，这种"生也有涯"的感知与丰富的人生经验变幻出和谐的秋色：绿色代表生命和力量，橘黄代表金玉的内容，紫色代表屈从与死亡。在月光照耀下，秋天陷入沉思，露出苍白的神情；而当夕阳的余晖抚摸她面容的时候，她仍然能够爽悦地欢笑。山间的晨风拂过，枝杈间片片颤动着的秋叶舞动着飘向大地，你真不知道这落叶的歌吟是欣喜的欢唱还是离别的泪歌，因为它是新秋精神的歌吟：镇定、智慧、成熟。这种歌吟用微笑面对悲伤，赞颂那种令人振奋、敏锐而冷静的神情——这种秋的精神在辛弃疾的笔下表现得最为恰切：

　　少年不识愁滋味，爱上层楼。爱上层楼，为赋新词强说愁。

　　而今识尽愁滋味，欲说还休。欲说还休，却道天凉好个秋。

（佚名译）

---

① 陈福田. 西南联大英文课 [M] 罗选民，等，译. 北京：中译出版社，2017：71.

四、小说翻译欣赏及评论。请同学们试着翻译以下《西游记》节选段落，根据个人的翻译和参考答案对影响小说翻译的因素做出说明。

参考译文：

Chapter 10①

How true it is that if you talk on the road there will be someone listening in the grass. A patrolling yaksha from the Jing River Palace overheard Zhang Shao's remark about always catching fish and rushed straight back to the palace of crystal to make an urgent report of disaster to the dragon king. "What disaster?" asked the dragon king, and the yaksha replied, "Your subject was patrolling in the water by the river's edge when I heard a fisherman and a woodcutter talking. Just when they were parting they sounded very dangerous. The fisherman said that there is a soothsayer on West Gate Street in Chang'an city whose predictions are very accurate. The fisherman gives him a golden carp every day, and he hands the fisherman a slip saying that he'll catch fish at every attempt. If his calculations are so accurate, won't all we water folk be wiped out? Shall we fortify the water palace, or shall we make some leaping waves to strengthen Your Majesty's prestige?"

The dragon king seized his sword in a great rage, intending to go straight to Chang'an city and destroy this fortune-teller, but then his dragon sons and grandsons, shrimp officials, crab soldiers, shad generals, mandarin-fish ministers, and carp premier submitted a joint memorial that read: "We beg Your Majesty not to act in anger. As the saying goes, 'words overheard are not to be trusted.' If Your Majesty were to go now you would have to be accompanied by clouds and helped by rain; and if this frightens the common people of Chang'an, Heaven may take offence. Your Majesty is capable of making all sorts of transformations, and of appearing and vanishing unexpectedly; so you should change into a scholar for this visit to Chang'an. If you find that it is true, you will be able to punish him at your leisure; and if it turns out to be false, you will avoid killing an innocent man." Taking their advice, the dragon king put aside his sword, and without raising clouds or rain he climbed out on the back, shook himself, and turned into a scholar dressed in white.

He was Handsome and noble, towering into the clouds. His step was stately and he observed the rules of conduct. In his speech he showed his respect for Confucius and Mencius, His manners were those of the Duke of Zhou and King Wen. He wore a gown of jade-green silk, a cloth wrapped casually round his head. Once on the road he strode straight to West Gate Street in Chang'an city, where he saw a crowd of people pushing and shouting.

【课后练习 8 – 2】

一、请认真阅读并翻译培根的《论旅行》（*Of Travel*）节选部分，注意原文的用词和语句特点，尽量译出原作的语言特色。

论旅行②

对于年轻人来说，旅行是一种学习方式；而对于年长者来说，旅行是一种经验的累积。当一个人打算去某国旅行时，首先要掌握该国的语言。如果一个年轻人在旅行的路

---

① 吴承恩西游记［M］（英）詹娜尔（Jenner, W. J. F.）译，北京：外文出版社，2003：311 - 314.
② （英）培根. 真理是一颗日光下的珍珠［M］张文兴，译，北京：北京联合出版公司，2018：73 - 75。

上，身边有一个对该国语言和风俗了解透彻的向导，那么对旅行者来说将是莫大的帮助。不然，旅行者就会像一只被蒙住眼睛的老鹰，四处乱撞，很难说清自己的所见所闻。

在海上旅行时，尽管除了天就是海，航海家却总要写航行日志。而在陆地上，尽管有许多层出不穷的新奇事物，人们却常常忽略写日记。这很奇怪，难道一览无余的东西比应该认真观察的东西更值得记录吗？照理说来，在旅行中，是应该坚持写日记的。

如果一个年轻人想通过一次短促的旅行迅速得到一些见识的话，以上所谈的方法是可以借鉴的。为了达到这一目的，他必须通晓所去国家的语言，还要找一个熟悉国情的向导，带上介绍该国情况的书籍、地图，坚持写日记。在每一地逗留时间的长短要根据所能获得知识的价值来决定，但最好不要耽搁过久。在某地住下时，如果可能，最好经常换住所，以便更广泛地接触社会。不要只找熟识的同乡，要设法接触当地的上流社会和人士，以便在需要时能获得他们的帮助。如果能结识各国使节的秘书和随员，那么你虽只到一国，却能得到许多国家的知识。在旅行时还可以去拜访一下当地有名望的贤达人士，以便观察一下他们的实际情况与所负的名望是否相称，但千万要避免卷入纠纷和决斗。这种对决的缘由不过是夺取情人、地盘、荣誉，或者语言冒犯。了防止纠葛的产生，在待人接物上必须谨慎，在与那些性格莽撞的人交往的时候要格外小心，因为这类人总爱招惹是非。

在旅行结束回到家中后，不要把刚刚去过的国家抛之脑后，而应该与那些在旅途中结交的新朋友保持联络。此外还要注意的一点是，在回到家乡后不要故意穿一身异国情调的服饰，在他人询问旅途情况的时候，最好如实回答，不要夸大其词。不要给人家留下一种好像出了国就忘了本国的印象，而应该做一个将他国优良风俗习惯植入本国土壤中的人。

（张文兴译）

二、请认真阅读下面散文，评析原文和译文的表达、形式等是否达到了对等。（略）

【课后练习 8 - 3】

请从译入语文化角度分析说明《简·爱》两个译本的差别。（略）

【课后练习 8 - 4】

一、请翻译下面三首古诗，注意如何在英译中全面表现诗歌的音形意，即诗歌的韵脚、结构和意义。后附译文，以供大家对照学习。

Bidding Adieu to Yuan Junior in His Missoin to Anxi ①
Wang Wei（song of the Town of Wei）

  The fall of morning drops in this Town of Wei
  Its dust light doth moisten,
  Tenderly green are the new willow sprouts
  Of this spring - adorned tavern.
  I pray thee to quench once more full to the brim
  This farewell cup of wine,
  For after thy departure from this western - most pass,
  Thou will have no old friend of thine.

---

① 孙大雨. 英译唐诗选［M］. 上海：上海外语教育出版社，2007：34.

Song of the Emei Mount Peaks Moon ①
Li Bai

Half a disc of that autumnal moon o'er Emei peaks
Throws its bright image into the streams of Pingqiang
Leaving Qingyi for the Three Gorges by night,
I think of, seeing not thee, all the way down to Yuzhou.

Living by the Brookside ②
Liu Zongyuan

Tired of officialdom for long,
I'm glad to be banished southwest.
At leisure I hear farmer's song;
Happily I look like hillside guest.
At dawn I cut grass wet with dew;
My boat comes'r pebbles at night.
To and fro there's no man in view;
I chant til southern sky turns bright.

二、请翻译下面两首英语诗歌，请分析原诗的韵脚、结构和用词。

咏水仙③
威廉·华兹华斯

我好似一朵孤独的流云，
高高地飘游在山谷之上，
突然我看见一大片鲜花
是金色的水仙遍地开放，
它们开在油畔，开在树下，
它们随风嬉舞，随风波荡。

它们密集如银河的星星，
像群星在闪烁一片晶莹；
它们沿着海湾向前伸展，
通往远方仿佛无穷无尽；
一眼看去就有千朵万朵，
万花摇首舞得多么高兴。

---

① 孙大雨. 英译唐诗选 [M]. 上海：上海外语教育出版社，2007：82.
② 许渊冲. 画说唐诗：汉英对照 [M]. 北京：中译出版社，2020：44.
③ 顾子欣.《英诗三百首》英汉对照 [M]. 北京：线装书局，2014：193-195.

粼粼湖波也在近旁欢跳，
却不如这水仙舞得轻巧；
诗人遇见这快乐的旅伴，
又怎能不感到欣喜雀跃；
我久久凝视——却未领悟
这景象所给我的精神至宝。

后来我多少次郁郁独卧，
感到百无聊赖心灵空漠；
这景象便在脑海中闪现，
多少次安慰过我的寂寞；
我的心又随水仙跳起舞来，
我的心又重新充满了欢乐。

水　仙①
威廉·华兹华斯
我独自漫游，像山谷上空
　悠悠飘过的一朵云霓，
蓦然举目，我望见一丛
　金黄的水仙，缤纷茂密；
在湖水之滨，树荫之下，
正随风摇曳，舞姿潇洒。

连绵密布，似繁星万点
　在银河上下闪烁明灭，
这一片水仙，沿着湖湾
　排成延续无尽的行列；
一眼便瞥见万朵千株，
摇颤着花冠，轻盈飘舞。

湖面的涟漪也迎风起舞，
水仙的欢悦却胜似涟漪；
有了这样愉快的伴侣，
诗人怎能不心旷神怡！
我凝望多时，却未曾想到
这美景给了我怎样的珍宝。

从此，每当我倚榻而卧，

---

① （英）华兹华斯. 华兹华斯诗歌精选 [M]. 杨德豫，译，太原：北岳文艺出版社，2010：100.

或情怀抑郁，或心境茫然，
水仙啊，便在心目中闪烁
那是我孤寂时分的乐园；
我的心灵便欢情洋溢，
和水仙一道舞踊不息。

（杨德豫译）

蝈蝈与蟋蟀①
约翰·济慈
大地的诗歌永不间断：
当鸟儿因酷日而懒洋洋
在树上藏身乘凉，新刈的草地上
另一种声音便飘荡在篱笆之间；
那是蝈蝈在唱，它率先
享受盛夏的喜悦，不停地唱，
喜不自禁；直到要累了不能再唱，
便心里舒适，憩息在欢乐的草丛间。
大地的诗歌永远不停：
当孤寂冬夜里，冰霜冻结，
万籁俱寂，炉边却响起了
蟋蟀的歌声，音量随室温而升，
对醺醺欲睡者
仿佛是蝈蝈在草坡上鸣叫。

（李正栓译 P129）

蝈蝈和蟋蟀②
约翰·济慈
大地的歌吟永远也不会消亡：
尽管烈日下小鸟晒得发晕，
进了清凉的树荫，却有个嗓音
越重重篱笆，沿新割的草场飞扬；

那是蝈蝈的嗓音，他带头歌唱
盛夏的富丽豪华，他的欢欣
永无止境；他要是吟倦兴尽，
就到愉快的小草下休憩静躺。

大地的歌吟永远也不会终了：

---

① 李正栓，等. 英美诗歌欣赏 [M]. 北京：清华大学出版社，2021：129
② （英）济慈. 济慈诗选 [M]. 屠岸，译，长春：时代文艺出版社，2020：63.

在冬天落寞的傍晚，眼看严霜
把一切冻人静寂，忽然从炉边

扬起蟋蟀的高歌，而炉温渐高，
听的人慵倦欲睡，迷离怅恍，
仿佛听到蝈蝈吟唱在草山。

（1816 年 12 月 30 日）（屠岸译 P63）

【课后练习 9－1】

一、请同学们分析本节最后部分宁夏博物馆解说词"结束语"第二段中存在的语言问题，继续润色，争取译出更好的译文。

（略）

二、请同学们结合本节课所学文旅译文语言特点翻译下面段落，注意译文句子结构和数字的准确表达。

Mount Tai

Located in western Shandong province, Mount Tai stands over 1500 meters above sea level and covers an area of about 400 square kilometers. It is a renowned mountain which is not only spectacular but also of historical and cultural significance. Pilgrims have been visiting Mount Tai for the last over 3000 years. In recorded history, 72 emperors once came here to make a tour. Mount Tai has seen many writers who have traveled here for inspiration to make poems and compositions. Artists also come here for painting. That explains why Mount Tai features numerous cultural relics and historic sites. It has now become one of the leading tourist attractions in China.

The Yellow River

The Yellow River ranks the third longest in Asia and the sixth longest in the world. The word "yellow" describes the muddy water of the river. The Yellow River, one of several rivers for China to live on, originates from Qinghai, flows through nine provinces, and finally pours into the Bohai Sea. The river basin is not only the birthplace of ancient Chinese civilization, but also the most prosperous region in the early history of China. However, due to the frequent devastating floods, it has caused many disasters. In the past few decades, the government has taken various measures to prevent disasters.

【课后练习 9－2】

一、请收集关于交通、道路、商场、酒店等场所的公示语，对比英汉公示语的特点和翻译方法。（略）

二、请查阅黄忠廉提出的"变译方法"和"变译理论"，理解其在公示语翻译中的运用。（略）

三、请同学们根据所学知识，对以下《游客须知》进行润色、修改，使译文更贴切准确。（略）

【课后练习 9－3】

请仔细核对下面汉英对照的《宾客安全须知》，润色修改其英语翻译文本，以提供尽可能完美的译文。（略）

【课后练习 10-1】
一、简述翻译技术与计算机辅助翻译的关系。(略)
二、计算机辅助翻译与机器翻译的有何异同?(略)
三、狭义翻译技术与广义的翻译技术有什么区别?(略)
四、学习翻译技术是否会降低译者的翻译能力?为什么?(略)
五、机器翻译是否会最终取代人工翻译?请在调查研究的基础上进行课前汇报。(略)

【课后练习 10-2】
一、你认为什么是"搜商"?(略)
二、有人认为了解常用的集中搜索资源即可,不用浪费时间探索更多的搜索资源,你怎么看待这种观点?(略)
三、结合使用本节所学搜索技能试翻以下句子,并详述问题的解决过程。(略)
四、结合使用本节所学搜索技能试翻以下句子,并详述问题的解决过程。(略)
五、请搜索《庄子·齐物论》全篇的权威英文翻译,并详述你的搜索过程。(略)

【课后练习 10-3】
一、请简述语料库技术的概念与原理。(略)
二、请简述语料库与翻译记忆库的异同。(略)
三、请简述语料库发展历史的特点。(略)

【课后练习 10-4】
一、简述翻译记忆的基本原理。(略)
二、简述计算机辅助翻译的基本流程。(略)
三、计算机辅助翻译的发展过程有哪些特点?(略)
四、国内外常用的 CAT 工具有哪些?根据兴趣,请选择一款适合自己的 CAT 工具。(略)
五、有人认为计算机辅助翻译不需要教师教授,完全可以自学,你认为呢?请在调查研究的基础上得出自己的结论,并在班上进行讨论。(略)

【课后练习 10-5】
一、机器翻译与译后编辑的历史发展有何特点?请用 100 字左右的文字简述。(略)
二、在平时的学习生活中,你是否会使用机器翻译?请将你的使用经验在课堂上分享。(略)
三、如果老师要求你用译后编辑的方式提交练习中的译文,你认为怎样才能够达标呢?(略)
四、现在如果要求你用计算机来做翻译,你会选择使用 CAT 还是采用 MT?为什么?(略)
五、你认为译后编辑人员和翻译审校之间有什么联系和区别?(略)

【课后练习 10-6】
一、简述翻译技术与翻译行业未来的关系。(略)
二、简述未来计算机辅助翻译技术主要体现在哪几个方面?(略)

附录　英汉译音表

英汉译音表（Table on English – Chinese Transliteration）

序号	国际音标（元音）	音标译音	1 b	2 p	3 d	4 t	5 g	6 k	7 v	8 w	9 f	10 z/dz	11 ts	12 s/ðθ	13 ʒ	14 ʃ	15 dʒ	16 tʃ	17 h	18 m	19 n	20 l	21 r	22 j	23 gw	24 kw	25 hw
1	aː, æ, ʌ	阿	布	帕	达	塔	加	卡	瓦(娃)	瓦(娃)	法(娃)	扎	茨	萨(莎)	日	什	贾	查	哈	马(玛)	恩	拉	拉	亚(娅)	瓜	夸	华
2	e, ei	埃	贝	佩	德	泰	盖	凯	韦	韦	费	泽	策	塞	热	谢	杰	切	赫/黑	梅	内	莱	雷(蕾)	耶	圭	奎	惠
3	ə	厄	伯	珀	德	特	格	克	弗	沃	弗	泽	策	塞	热	舍	哲	彻	赫	默	纳(娜)	勒	勒	耶	果	阔	霍
4	iː, i(j)	伊	比	皮	迪	蒂	吉	基	维	威	菲	齐	齐	西	日	希	吉	奇	希	米	尼(妮)	利(莉)	里(丽)	伊	圭	奎	惠
5	ɔː, ɔ, ou, o, ə u	奥	博	波	多	托	戈	科	沃	沃	福	佐	措	索	若	肖	乔	乔	霍	莫	诺	洛	罗(萝)	约	果	阔	霍
6	uː, u	乌	布	普	杜	图	古	库	武	伍	富	祖	楚	苏	茹	舒	朱	楚	胡	穆	努	卢	鲁	尤	—	库	—
7	juː, ju	尤	比尤	皮尤	迪尤	蒂尤	久	丘	维尤	威尤	菲尤	久	丘	休	—	休	久	丘	休	缪	纽	柳	留	—	—	—	—

附录 英汉译音表

续表

序号		1	2	3	4	5	6	7	8	9	10	11	12	13	14	15	16	17	18	19	20	21	22	23	24	25
国际音标（辅音）		b	p	d	t	g	k	v	w	f	z dz	ts	s ð θ	ʒ	ʃ	dʒ	tʃ	h	m	n	l	r	j	gw	kw	hw
国际音标（元音）	音标译音																									
ai	艾	拜	派	代	泰	盖	凯	韦	怀	法	兹	茨	斯（丝）		夏	贾	奇	赫	姆	恩	尔	尔	伊			
au	奥	鲍	保	道	陶	高	考	沃	沃	福	宰	蔡	塞		绍	焦	柴	海	迈	奈	莱	赖	耶	古	库	胡
æn, ʌn, an æŋ	安	班	潘	丹	坦	甘	坎	万	万	凡	藻	灿	桑	日	尚	詹	乔	汉	毛	南	兰	兰	尧	瓜伊	夸	怀
a:ŋ, ɔ:n, ɔŋ, ɔn	昂	邦	庞	当	唐	冈	康	旺	旺	方	赞	仓	桑		尚	章	钱	杭	曼	璐	朗	朗	扬	关	阔	环
en, eŋ, ə n, ə ŋ	恩	本	彭	登	滕	根	肯	文	文	芬	藏	岑	森	让	申	百	昌	亨	芒	南	伦	伦	扬	光	匡	黄
in, i:n, iə n, je n	因	宾	平	丁	廷	金	金	温	温	芬	曾	岑	辛	任	欣	金	琴	亨	门	嫩	伦	伦	廷	古恩	昆	
iŋ	英	宾	平	丁	廷	京	金	温	温	芬	津	欣	辛		兴	京	钦	欣	明	宁	林（琳）	林（琳）	因	古因	昆	
u:n, un, oun	温	本	蓬	敦	通	贡	昆	文	文	丰	尊	聪	孙		顺	准	春	洪	蒙	农	伦	伦	云	古英		
uŋ	翁	邦	蓬	东	通	贡	孔	翁	翁	丰	宗	聪	松		雄	琼	琼	洪	蒙	农	隆	龙	永			洪

说明：（1）此表脱形于《世界人名大词典（修订版）》所载附录的原附录，英汉译音表中的韦氏音标，保留国际音标，删除其中的韦氏音标，添加序号（2）、（3）条说明也源自原附录的说明。（2）表中 a 在词首发 [ə] 时，按 [a:] 行译写；a 在词尾时，ia 在词尾时，按 "亚" 译写；a 按 "亚" 译写；元音 [a]，[e]，[i]，[o]，[u] 在非重音节时，一般形译；双元音 ai，ay 在词首时，按形译；r 或 re 在词尾，音标为 [ə] 时，均按 "尔" 译写；[r] 和 [dr] 按 [t] 加 [d] 加 [r] 行汉字译写；[n] 译写，但当 m 后面的 b 不发音时，m 仍按 [m] 译写，m 用于词首。浊辅音清化一般仍按形译。（2）（娅）（呙）（琳）（娜）（琍）（莉）（莎）（黛）（丝）（妮）等用于女名；（弗）用于词首。

参 考 文 献

[1] 常雷．专名汉译技巧与实例：英汉对照［M］．北京：外文出版社，2013．
[2] 陈安定．英汉修辞与翻译［M］．北京：中国青年出版社，2004．
[3] 陈德鸿，张南峰．西方翻译理论精选［M］．香港：香港城市大学出版社，2000．
[4] 陈善伟．翻译科技新视野［M］．北京：清华大学出版社，2014．
[5] 陈毅平，秦学信．大学英语文化翻译教程［M］．北京：外语教学与研究出版社，2014．
[6] 邓炎昌，刘润清．语言与文化［M］．北京：外语教学与研究出版社，1989．
[7] 丁声树．现代汉语语法讲话［M］．北京：商务印书馆，1961．
[8] 端木义万．美英报刊阅读教程（中级精选本）（第5版）［M］．北京：北京大学出版社，2019．
[9] 范仲英．实用翻译教程［M］．北京：外语教学与研究出版社，1994．
[10] 范周．企业文化导论［M］．北京：世界知识出版社，1991．
[11] 方梦之．中国译学大辞典［Z］．上海：上海外语教育出版社，2011．
[12] 方梦之．译学词典［Z］．上海：上海外语教育出版社，2004．
[13] 冯庆华．实用翻译教程（第3版）［M］．上海：上海外语教育出版社，2010．
[14] 冯庆华．实用翻译教程［M］．上海：上海外语教育出版社，2008．
[15] 冯志伟．机器翻译研究［M］．北京：中国对外翻译出版公司，2004．
[16] 顾君忠，杨静．英汉多媒体技术辞典［Z］．上海：上海交通大学出版社，2016．
[17] 顾子欣．英诗三百首英汉对照［M］．北京：线装书局，2014．
[18] 胡卫伟．翻译与文化研究新视野［M］．长春：吉林人民出版社，2019．
[19] 胡显耀，李力．高级文学翻译［M］．北京：外语教学与研究出版社，2009．
[20] 胡玥．汉英翻译精讲学习手册［M］．上海：上海外语教育出版社，2018．
[21] 华先发．新编大学英译汉教程（第2版）［M］．上海：上海外语教育出版社，2013．
[22] 季羡林．季羡林谈翻译（典藏本）［M］．北京：当代中国出版社，2015．
[23] 金惠康．跨文化交际与翻译［M］．北京：中国对外翻译出版公司，2002．
[24] 蓝红军．译学方法论研究［M］．北京：外语教学与研究出版社，2019．
[25] 李公昭．新编美国文学选读（英汉对照）［M］．西安：西安交通大学出版社，2000．
[26] 李林波．中国新时期翻译研究考察：1981—2003［M］．西安：西北工业大学出版社，2007．
[27] 李晓倩．语料库翻译学［M］．上海：上海交通大学出版社，2018．
[28] 李学军．译名差错案例与解析［M］．北京：外语教学与研究出版社，2022．
[29] 李振清，等．读《纽约时报》学英文．社会·生活［M］．南京：译林出版社，2011．
[30] 连淑能．英汉对比研究［M］．北京：高等教育出版社，2010．

［31］连淑能．英译汉教程［M］．北京：高等教育出版社，2006．
［32］连淑能．英译汉教程教师用书［M］．北京：高等教育出版社，2007．
［33］廖七一．当代西方翻译理论探索［M］．南京：译林出版社，2000：232．
［34］刘敬国，何刚强．翻译通论［M］．北京：外语教学与研究出版社2011．
［35］刘龙根，胡开宝，伍思静．大学英语翻译教程［M］，北京：中国人民大学出版社，2012．
［36］卢敏．笔译备考实训：汉译英［M］．北京：外文出版社，2017．
［37］卢敏．英语笔译全真试题精解［M］．北京：外文出版社有限责任公司，2018．
［38］卢敏．英语笔译实务（二级）．［M］．北京：外文出版社，2016．
［39］马秉义．英译汉教程新编［M］．上海：上海交通大学出版社，2013．
［40］马真．简明实用汉语语法教程［M］．北京：北京大学出版社，1997．
［41］孟昭毅，李载道．中国翻译文学史［M］．北京：北京大学出版社，2005．
［42］彭萍．实用英汉对比与翻译［M］．北京：中译出版社，2015．
［43］钱多秀．计算机辅助翻译［M］．北京：外语教学与研究出版社，2011．
［44］托马斯·哈代．德伯家的苔丝．[M]．盛世教育西方名著翻译委员会，译，上海：上海世界图书出版公司，2012．
［45］宋兆霖．简·爱［M］．北京：北京燕山出版社，1995．
［46］宋兆霖．简·爱［M］．北京：中译出版社，2018．
［47］孙大雨．英译唐诗选［M］．上海：上海外语教育出版社，2007．
［48］谭载喜．西方翻译简史［M］．北京：商务印书馆，2004．
［49］谭载喜．翻译学［M］．武汉：湖北教育出版社，2000．
［50］王东风．国外翻译理论发展研究［M］．北京：外语教学与研究出版社，2020．
［51］王宏印．中国文化典籍英译［M］．北京：外语教学与研究出版社，2009．
［52］王宏印．中外文学经典翻译教程［M］．北京：高等教育出版社，2007．
［53］王华树．翻译技术教程（上册）［M］．北京：商务印书馆，2017．
［54］王华树．翻译技术教程（下册）［M］．北京：商务印书馆，2017．
［55］王华树．计算机辅助翻译概论［M］．北京：知识产权出版社，2019．
［56］王克非．语料库翻译学探索［M］．上海：上海交通大学出版社，2012．
［57］王欣．现代旅游翻译理论研究与公示语翻译策略［M］．南京：东南大学出版社，2019．
［58］王佐良．王佐良全集（第十二卷）［M］．北京：外语教学与研究出版社，2016．
［59］王佐良．王佐良全集（第九卷）［M］．北京：外语教学与研究出版社，2016．
［60］吴笛．浙籍作家翻译艺术研究［M］．杭州：浙江大学出版社，2009．
［61］武峰．24篇真题通关CATTI英语三级笔译［M］．北京：北京理工大学出版社，2021．
［62］谢天振，何绍斌．简明中西翻译史［M］．北京：外语教学与研究出版社，2013．
［63］徐彬．翻译新视野：计算机辅助翻译研究［M］．济南：山东教育出版社，2010．
［64］徐应庚．西湖细语［M］．杭州：浙江大学出版社，2005．
［65］许建平．英汉互译实践与技巧［M］．北京：清华大学出版社，2003．
［66］许钧．翻译概论［M］．北京：外语教学与研究出版社，2009．
［67］许渊冲．翻译的艺术［M］．北京：中国对外翻译公司，1984．

[68] 杨平．名作精译［M］．青岛：青岛出版社，2014．
[69] 杨士焯．英汉翻译教程［M］．北京：北京大学出版社，2006．
[70] 张春柏．英汉翻译教程［M］．北京：高等教育出版社，2003．
[71] 张道真．实用英语语法（全新版）．［M］．北京：外语教学与研究出版社，2002．
[72] 张丽华．专题口译［M］．北京：外语教学与研究出版社，2020．
[73] 张培基．英语声色词与翻译［M］．北京：商务印书馆，1964．
[74] 张培基．英汉翻译教程（修订本）［M］．上海：上海外语教育出版社，2009．
[75] 张培基．英译中国现代散文选（二）［M］．上海：上海外语教育出版社，2007．
[76] 张培基．英译中国现代散文选（三）［M］．上海：上海外语教育出版社，2007．
[77] 张培基．英译中国现代散文选（四）［M］．上海：上海外语教育出版社，2012．
[78] 张培基．英译中国现代散文选（一）［M］．上海：上海外语教育出版社，2007．
[79] 张维为．英汉同声传译（修订版）［M］．上海：上海外语教育出版社，2011．
[80] 张政．计算机翻译研究［M］．北京：清华大学出版社，2006．
[81] 赵晓红，等．新视野大学英语读写教程4（第3版）［M］．北京：外语教学与研究出版社，2015．
[82] 周仪，罗平．翻译与批评［M］．武汉：湖北教育出版社，1998．
[83] 周玉忠，等．宁夏旅游景点、酒店中文公示语英译指南［M］．银川：宁夏人民教育出版社，2011．
[84] 朱和平．中国工艺美术史［M］．长沙：湖南大学出版社，2019．
[85] 宗成庆．统计自然语言处理（第2版）［M］．北京：清华大学出版社，2013．
[86] 新华通讯社译名室．英语姓名译名手册（第4版）［M］．北京：商务印书馆，2004．